大理大学学术著作出版基金资助出版

求用·求美·求在
——夏丏尊语文教育思想论

汲安庆 著

图书在版编目（CIP）数据

求用·求美·求在：夏丏尊语文教育思想论/汲安庆著.—北京：中国社会科学出版社，2018.1

ISBN 978-7-5203-1088-8

Ⅰ.①求… Ⅱ.①汲… Ⅲ.①夏丏尊(1886—1946)—汉语—语文教学—教育思想—研究 Ⅳ.①H19

中国版本图书馆CIP数据核字（2017）第238521号

出 版 人	赵剑英
责任编辑	郭晓鸿
特约编辑	席建海
责任校对	周　昊
责任印制	戴　宽

出　　版	中国社会科学出版社
社　　址	北京鼓楼西大街甲158号
邮　　编	100720
网　　址	http://www.csspw.cn
发 行 部	010-84083685
门 市 部	010-84029450
经　　销	新华书店及其他书店

印　　刷	北京明恒达印务有限公司
装　　订	廊坊市广阳区广增装订厂
版　　次	2018年1月第1版
印　　次	2018年1月第1次印刷

开　　本	710×1000 1/16
印　　张	28
插　　页	2
字　　数	339千字
定　　价	119.00元

凡购买中国社会科学出版社图书，如有质量问题请与本社营销中心联系调换
电话：010-84083683
版权所有　侵权必究

序

在"夏丏尊研究"著述中，汲安庆这部书较为宏观、系统、深入，颇具学术含量。

安庆是我的博士生，该书的基础是他的博士学位论文。作为导师，听说他博士学位论文经过修订将出版，颇为欣慰；为之作序义不容辞。

安庆考博不易，连考四年才如愿以偿。

勤奋与执着，是我招收他的主要理由。虽然这不是获取学术成就的首要条件，却是读博的必备要求。我不能断定他将来是否优秀，但可以断定他是考生中发表文章最多的。考生中不乏与我多年交往的学生，然而，安庆超乎常人的努力、毅力与科研成绩打动了我，使我心中的天平不由地向他倾斜。

此前，我和他只是在博士研究生入学面试时见过几次，并不十分熟悉。只知道他任教于厦门英才中学，已发表数百篇文章，出版过著作，这在中学教师中极为罕见。他考博屡败屡战，已到报考年龄上限，我不能不给他最后的机会。

读博，他不只是得偿夙愿，更意味着治学观念的蜕变。他如果不读博，好好读书、教书，一如既往地写作，也会出类拔萃，成为优秀的语文教师。但很可能一辈子徘徊于"感想""随笔""评论"的层次，不得治学之门而入。安庆说读博于他，犹如凤凰涅槃，就治学观念更新而言也许并不为过。

我对博士生的期望很简单——成为专心致志的学者：懂得学问就是目的，如何做学问；不但是学问的占有者、应用者，更是学问的生产者、原创者。这是我的博士教育宗旨。不明于此，学习再认真，文章、著作再多，也没多大意义。这个期望看似简单，做起来却很难。多数人即使明白也未必做得到。但是，博士毕业至少要懂得这道理，能否做到得看各人造化。如果只为文凭那就白读了。

博士学位论文写作表面上看是写一篇文章，实际上是为了达成一个宗旨。从理论上说，学问无所不包，选题无所不可，论文培养、检测的是学识水平，其实不然。博士学位论文事关学术信念、根基、治学路径，是治学态度、规范、方法的培育，是引领论文作者走上正确的求知、治学之路，因而至关重要。

对于初入门者，最主要莫过于"史"的研究；在"史"的研究中，最主要是源头性研究。这一从选题到论文完成的过程，最有可能将上述要求蕴含其中。进入学科史追源溯流，首先是治学心性的养成，其次才是治学方法的要求。走近大师，感受先贤治学风范，沉浸于原典，对祛除急功近利的浮躁气不无裨益。诚如朱熹所言：涵养须用敬——心静则理明，培育良好的治学态度、性情，比掌握治学方法还重要。

我期待的论文选题是原点、原典性的。要敬畏先贤、经典，要有源头意识，"振叶以寻根，观澜而索源"，可谓普遍的治学方式。今天的许多研究之所以所言不得要领，皆因为治学态度不对，图省事，走捷径，不愿从源头做起，做的是半截子的表面文章。未能溯源穷根，不知学科思想之累积及其流变、因果、规律、走向，缺乏历时性视野、眼光，势必见识浅陋，思维局限。学术研究须"以识为先"，这个"识"，首先是"史识"——这是当今绝大多数语文学者所欠缺的，是学术研究的致命伤。没有良好的治"史"背景，做当下热点选题，除了自欺欺人外，别无意义。

治"史"，说到底是积累学科基础学养，建立宏观参照系。学术眼光、见识都离不开基础学养、宏观参照系。有"史识"，才担得起治学之重。有"学"（源流性、传承性的学识基础）有"术"（由微观、中观到宏观；述而后作，述作并重；整合性原创等研究方法）之文，才算高质量的学术论文。

语文教育良好"史识"的获得，包括对古代与现代语文教育史的研究。我国古代语文教育源头是先秦，现代语文教育源头是清末民初。前者是整个语文教育的总源头，后者是白话文教育的源头。理想的研究路径是先在古代语文教育史范畴内选题，从先秦入手，稳扎稳打，滚动推进，再顺理成章进入现代语文教育史研究，最终贯通古今。但是这样加大了工作量和难度，是读博期间不可能完成的任务。因此只能二者取其一：或古代，或现代。还只能选择其中一个点，在力所能及的范围内完成由点到线到面的辐射。

安庆选择"夏丏尊语文教育思想研究"这个点，以现代语文教育史范畴论是不错的选题。我国现代与古代语文教育在教育目的、教学内容上有明显分界，是从科举向普及教育、从文言文向白话文教育转型，因此有不同的要求、规律、特点；现代语文教育也勉强自成格局。从"夏丏尊研究"进入现代语文教育史，作为积累学养、培育史识，以及对治学态度、方法的初步了解未尝不可——这自然是权宜之计，不等于可以绕过古代语文教育史研究。如果真想做学问，这门功课迟早得补上。

他的选题是有感而发的，最初是有感于名家之课"忽略文本形式的整体规范"，触动了他对语文教学形式美的关注；而培育语文形式、规范，是夏丏尊语文教育论的一个主要特点与亮点。当他进一步思考了这个问题，研读了大量相关著作后，深感夏丏尊语文教育思想的博大，逐渐产生了深入探究的兴趣，期望重塑其在语文教育史应有的地位。对此，我是极表赞同的。

夏丏尊的与众不同也曾吸引过我。当年，他的一本薄薄的《文章作法》让我爱不释手，至今还放在案头，时常翻阅。他"绪言"中"法则没用而有用"的认知教我怎么看待理论与实践——知识本位与能力本位的关系，让我深受启发，铭记一辈子。夏丏尊对实用主义的批判、国文学习要着眼于文字形式的观点、对语感重要性的发现……让我对其激赏不已。

安庆选择研究夏丏尊是无心插柳柳成荫，抑或是凭学术敏感、直觉与灵气，我更希望是后者。他并不十分了解那一代语文学者，并未对他们做过比较全面的分析、比较。在诸多大师、名家中，能与夏丏尊相遇，是一种幸运。从小处说，选对题，是论文写作的一种智慧与才华；从大处说，人的成才，是做了他最该做的事。选对目标，方能最大限度地释放潜能与才情，方能做得最好。多数庸碌，皆因选错题、走错路。

我国现代语文教育源头性研究对象有一批重量级学者：蒋维乔、梁启超、蔡元培、黎锦熙、陈望道、胡适、高语罕、胡怀琛、王森然、吴研因、朱自清、朱光潜、叶圣陶、夏丏尊、蒋伯潜、蒋祖怡、阮真……这些人都值得研究。毫无疑问，就夏丏尊语文教育思想的分量看，他是当之无愧的语文教育大家，说是其中翘楚也不为过。同时，他与我国现代语文教育最具代表性的人物叶圣陶有着千丝万缕的关系。可以说，了解夏丏尊，对了解叶圣陶乃至我国现代语文教育主流思想极有助益，是极大的丰富。因此，这一选题是值得做的。此前的夏丏尊研究相对冷清，却也有为数不少的论著，但宏观性的深入探讨不多，还没能很好地展示其全貌与精髓。从安庆的学养与勤奋看，我相信他能做好这一选题。

"夏丏尊研究"远不及"叶圣陶研究"的热度。长期以来，学术界研究现代语文教育首先想到的必是叶圣陶。这既是因为叶圣陶语文教育思想本身的水平，也是因为其身居高位且长寿，使其影响力得以持续发挥。在20世纪三四十年代，叶圣陶与夏丏尊联袂共谱新语文教育华章，成为国文界交相辉映的双子星座。后来夏丏尊因早逝逐渐淡出人们的视线，其光彩被叶圣陶遮蔽。人们误以为他们思想相似，了解叶圣陶就够了。他们确实有很多相似点，否则就不会如此亲密无间地合作共事。但他们也有许多不同，夏丏尊比叶圣陶更博大、深刻、敏锐，还原并开掘夏丏尊的贡献，无疑是一件很有意义的事。

安庆的研究最大的挑战是如何立意，如何借此建构论述体系。夏丏尊、叶圣陶、朱自清、吕叔湘等这代学人的语文教育思想有一个共同点，就是他们大多没有创作一部宏观性、体系化的语文教育学理论专著。他们写的多是随笔、杂感、短论，少有论文，而且零散、杂乱。少数成系统的著作，一般是语文教学法方面的，也罕见严密的论述、论证，理论性偏低。夏丏尊研究，得从诸多散漫的文章、著作中去归纳、提炼出语文教育思想，为其归纳体系化、多层次的理论有较大难度。安庆较好地完成了这一艰巨的任务，殊为不易。

对夏丏尊语文教育思想进行抽象概括，正确定位，至为关键，因为这是全书的主脑。安庆以"求用、求美、求在"为纲，涵盖夏丏尊语文教育观的整体，这一基本思想的本体论定位，堪称他个人的创新性见解。以这一认知提纲挈领，贯穿语文课程论、教材论、阅读教育论、写作教育论、测评论、形式美学论，便形成了一个庞大的相互支撑、阐发的逻辑结构。在平民化的实利主义教育的时代大潮中，夏丏尊是很独特的。"求用、求美、求在"的三维结构，确实较好地体现了他的语文教育思想精髓。安庆第一次做大选题、写大论文，能自出机杼、一语中的，这出乎我的意料。

夏丏尊这代知识分子，处于新、旧教育的变革期，一方面是对旧教育知识本位、利禄主义、古典主义毫不留情地一概批判、排斥；另一方面深受美国学者杜威的实用主义哲学、教育学影响，以"生活本位"——"求用"为思想基础、思维共性。基于此，他们为平民的文化救济做出了历史性贡献，但其中也包含讲求实用、实利的时代局限。夏丏尊是那个时代少数对"实用主义""实利主义"持否定态度的学者之一。他不能不"求用"，但不是无条件地追求"当前受用"与物质利益，而是在与"求美""求在"三位一体的交融中有所超脱与坚守，捍卫了"'人'的教育"之体性，难能可贵。安庆认为：

> 他的"求"很好地注意了"用"的内外兼顾，虚实相生。求用的同时，他也注意"求美"——灵魂之美、形式之美、修辞之美、意趣之美、贯通之美等等。非常可贵的是，夏丏尊在对语文教育本体的思考中，还触及了"求在"的思想。纵观其论述，其"在"的内涵蕴含下述三个层面：一是"存在"，即通过阅读、写作、人格修炼等方式，实现确证自我本质力量的坚韧而美好的存在。这主要是从语文学习求真的层面说的。二是"亲在"，即满怀热情、深情、诗情，与语文学习的内容融合，使对象与学习主体的距离消失，彼此之间成为排除了异己性、外在性的存在……三是"同在"，即把语文学习当作生活的方式乃至生命的

方式，通过语文学习不断地充实自我，净化自我，超越自我，使自我活得更多，活得更好，活得更美。

这一分析较全面、透彻、到位。夏丏尊不像同时代许多人那样，向"生活本位""生活教育""工具教育"一边倒。尽管他也在相当程度上接受了"应付生活"的观念，但在求用中没有失去求美、求在的精神诉求。以求美、求在，弥补求用之不足。夏丏尊主张涵育立体的学养——就是求用的同时，也"求美""求在"。既"应付生活"，又"超越生活"，坚守培育人的美好与自在的底线，这体现了夏丏尊超乎常人的智慧、眼光与境界。

安庆对"求用、求美、求在"关系的描述堪称精彩：

求用其表，求美其里，求在其魂，各有侧重，且主次分明。对求美、求在的思考尽管尚无明确的思想体系，且随着夏丏尊的离世也未得到进一步的展开，但纵观其语文教育思想——由实向虚，由外向内，由物向人的发展轨迹——依然清晰可辨。谋求语文的应用性，却极度反感唯实唯利；建构语文的科学性，却不忘美的浸润与提升；关注语文的现代化发展，却更紧扣人的坚韧而美好的存在。

安庆对三维关系的归纳、分析是较为清晰、中肯、精辟的。不但道出其表里、内外、主次，揭示其思维运行、发展、升华的轨迹且辨析了三维内部二元对立的关系与价值取向。这既是对夏丏尊语文教育思想内在精髓与深层结构的思考，也渗透着作者自身对语文教育的期待。从某种意义上说，他对三维关系的认识，已然超出了夏丏尊语文教育思想研究的范畴，达到追索教育普遍规律的层面。

教育目的与价值，在相当程度上体现在如何正确处理这三维的关系上。"求用其表，求美其里，求在其魂"，不失为对教育宗旨的恰当定位。不论过去、现在还是将来，这一表述都具有较高的普适性、合理性。

随着时光的推移，盛极一时的低层次、技能型的"求用"需求，"工具性""语用"认知，业已遭到人工智能的逆袭与狙击，其日渐萎靡困顿是不可阻挡的历史大势。面对这一严峻挑战，出路唯在高层次、智慧型的"求用"须与"求美""求在"相互支撑，并向"求在"倾斜。这是人与自我创造物之间的一场水涨船高的无止境博弈，在这一较量中，"求在"是人唯一的也是最后的法宝，鹿死谁手尚无定论。但可以断言，"求美""求在"，尤其是"求在"——追求言语、精神生命的实现与存在，追求卓越与超拔，是人类在这个星球、宇宙中存续的唯一理由。"天不变，道亦不变"，时代在变，但变中有不变。"求在"即教育之终极关怀、本质与归宿；是超越时空、恒久不变之理念。因此，安庆所谓的"求在其魂"是有道理的。

"求用"，实即"求利"，其实质是"实利主义"价值观。当今教育，"求用"仍是主流，应试教育愈演愈烈、登峰造极，教育界仍在"求用"的纸牌屋中昏睡，但愿夏丏尊"求美""求在"的教育观能使之幡然警醒。我以为，夏丏尊对教育本质穿越性与前瞻性的三维结构认知，是其语文教育思想的最高价值，也是安庆的研究与本书的最高价值所在。

夏丏尊语文教育思想的三维结构，既是夏丏尊创造的一个客观存在，但在某种程度上也是安庆赋予的。与其说是研究夏丏尊，不如说是重塑心中的夏丏尊与语文教育理想。任何诠释，本质上都是主观的。所谓主客观的统一，没有绝对的量化的标尺，是因人而异的。研究的主观性——主体性，体现的恰是人的生命意志、自由理性、精神能动性，弥足珍贵。

在研究方法上，古人有"我注六经""六经注我"之说。其实，这只是表明各有侧重而已："我注六经"，不会无"我"；"六经注我"，不能无"六经"。"六经注我"须建立在"我注六经"上。要是离开了"我注六经"，"六经注我"就成了空中楼阁。从侧重而言，不难看出安庆的研究不是"我注六经"，而是"六经注我"。他将夏丏尊置于自己的认知网络、话语体系与教育经验、思考中，让夏丏尊的思想在当下语境中复活、重生；他对夏丏尊的诠释，力求超脱、超越，力求个性鲜明、与时俱进地自铸新词，描摹自己心目中的夏丏尊，因而有耳目一新之感。

仔细揣摩，我们会觉得安庆对夏丏尊思想价值的"六经注我"式研究，仍是建立在对文献最大限度的集纳与对论文之"意"的反复推敲、打磨上的，他在"我注六经"上是做足功夫的，大致做到持之有故、言之成理——用证据说话，有几分证据说几分话，是治学的第一法则，安庆的超越与创新，是以这一法则为准绳的。要是失去这一前提，任凭主观性泛滥，自说自话，那就不是超越与创新，而是儿戏。在"我"与"六经"二者间拿捏好分寸，对研究者极其重要。

从文献资料的搜集、占有、梳理入手，这也许是与他过去写文章的最大不同。安庆是爱读书的，读过很多书，写过很多文章，但为了完成一篇论文，从搜集资料开始，专门读一大批书；不但尽可能穷尽相关资料（主要是第一手资料），还悉心辨伪考订，写出"年谱"（这超出了论文写作占有资料的要求）；在开题、预答辩、答辩中，受到各位教授毫不留情的挑剔、批评，大幅修改思路，几易其稿，不断自我否定、修改完善，这种体验是他的第一次。他经历了一次读书、写作的方法、态度的嬗变与升华。

他对夏丏尊的诠释显示出积累丰厚的优势。他引入了诸多参照系，不但有与夏丏尊同时代的学者，还有不同时代的学者以至国外的学者。其中最重要的互文性比较对象是叶圣陶。他研究夏丏尊的同时也研究叶圣陶，旁及梁启超、胡适、朱自清、朱光潜……他以夏丏尊为入口，为抓手，尽可能地深入现代语文教育的思想体系内。他重塑夏丏尊还得益于长期读、写的积累，得益于知识面宽，勤于思考，笔耕不辍，因而在写作论文时得以调动较为充分的思想资源，得心应手地搜罗剔抉、旁征博引……这是值得肯定的。他的积累与求索，超过一般博士生的水平，是本书让人印象深刻的一个原因。

安庆读博期间成果丰硕，出版的著作与文章在"量"上，堪称文学院博士生之"最"，相信他在新工作岗位上还会走在科研的前列。这值得追求，但不必太看重。关键在不忘初心，持之以恒，在于"质"的提高与突破。这个"质"，与发文数量或发在什么级别刊物上，得什么奖、获什么课题没有必然的关系，而与学问、思考的广度、厚度、深度直接相关，是积铢累寸、厚积薄发、水到渠成。夏丏尊研究是治学求"质"的新起点，要实现真正意义上"质"的提高与突破，他还需要"接着讲"，还有很长的路要走。

愿安庆心无旁骛，居敬持志，知止而往。

潘新和

二〇一七年五月一日

于闽江之滨寓所

目 录

绪　论　何曾只道是寻常
　　——夏丏尊语文教育思想研究的缘起、现状及意义 ……… 1
　第一节　选题的缘起 ………………………………………… 1
　第二节　相关文献综述 ……………………………………… 23
　第三节　选题的意义与价值 ………………………………… 44
　第四节　研究的方法 ………………………………………… 57

第一章　三位一体：求用、求美与求在
　　——夏丏尊语文教育本体思考论 ………………………… 68
　第一节　求用：进窥学问，应付生活 ……………………… 71
　第二节　求美：诗意浸润，守住本心 ……………………… 85
　第三节　求在：言语表现，确证自我 ……………………… 96

第二章　灵肉一致，陶养成人
　　——夏丏尊语文课程思想论 ……………………………… 108
　第一节　课程：一种动态的教育存在 ……………………… 109
　第二节　语文课程思想中的诸范畴 ………………………… 115
　第三节　指向灵肉一致的成人之美 ………………………… 128

· 1 ·

第三章　科学活用，文质彬彬
——夏丏尊语文教材编制思想论 ……………… 138
第一节　体大思精，追求科学的尊严 ……………… 140

第二节　突出形式，捍卫语文的体性 ……………… 151

第三节　注重化用，追求自我的确证 ……………… 162

第四章　博观约取，丰富生活
——夏丏尊语文阅读教育思想论 ……………… 175
第一节　为何读：多元共生，意在读外 ……………… 176

第二节　读什么：广涉中西，博通古今 ……………… 188

第三节　怎么读：生命融合，养成能力 ……………… 199

第五章　诚意正心，阳明兼得
——夏丏尊写作教育思想论 ……………… 212
第一节　为何写：与写共生，为我而存 ……………… 213

第二节　写什么：抒写自我的发达情思 ……………… 224

第三节　怎么写：形之于外，求之于内 ……………… 237

第六章　遵路识真，化为关怀
——夏丏尊语文测评思想论 ……………… 256
第一节　关于语文测评的构想 ……………… 256

第二节　走向科学的大测评观 ……………… 268

第三节　超越测评，确证自我 ……………… 281

第七章 体上求用，用中见美
　　——夏丏尊语文教育形式美学论 …………… 290
　第一节　夏丏尊语文教育形式美学概述 …………… 294
　第二节　夏丏尊语文教育形式美学中的相关概念 …………… 322
　第三节　语文教育形式美学：拔高，还是实评 …………… 351

结　语 …………… 363
附录一　夏丏尊先生年谱简编 …………… 368
附录二　夏丏尊先生著述年表简编 …………… 385
参考文献 …………… 398
后　记 …………… 425

绪　论

何曾只道是寻常*
——夏丏尊语文教育思想研究的缘起、现状及意义

第一节　选题的缘起

一　从两节名课的瑕疵说起

因缘际会，读到了两位名师的教例。

一是李镇西老师执教的《致女儿的信》。在引导学生围绕上帝的"伫立凝视""深沉思索"，以及"人为何从那时起就成了大地上的上帝"这个问题来思考，感受爱情的伟大，处于学习的高潮阶段时，可能是为了彰显语文特色，他突然很生硬地插问："同学们还有没有什么问题，包括写作上的问题，比如写法上有什么特点"，这被李海林批为"颇煞风景"，因为"中断了学生心灵的感动、思考和神往"。①

---

* 本章发表于《集美大学学报》（教育科学版）2015 年第 6 期。
① 李镇西：《听李镇西老师讲课》，华东师范大学出版社 2010 年版，第 153 页。

二是窦桂梅老师执教的《晏子使楚》。预先抛出自己的阅读感悟"规圆矩方",然后以之为导向,组织学生"悟文品字";渐近尾声,为了体现出文化味道及哲理品格,她将一位历史学家的言论引入讨论:晏子使楚的外交胜利,是否与国家尊严有关?这种教学处理,王荣生觉得有违正常的阅读规律且乱了方向。因为一旦将文本定位成历史故事,那么,对晏子的所做所言的评价,就不应仅仅依凭《晏子使楚》这篇文章的表达。况且,历史学家也并非只是针对《晏子使楚》这篇文章而提出上述问题的。①

如此一流的名师,在"吃透"文本和学生,乃至在中国语文教育史、语文课程与教学论、文艺理论等方面应该都是用力甚勤,且颇有经验的,驾驭和建构课堂教学也该应对裕如,可为什么还会出现如此低级的错误?两位学者只点出症结,并未开出具体的药方,却一下子引发了我探究的兴趣。

通过悉心钻研,我发现:上述瑕疵的产生,与忽略文本形式的整体规范,有着潜在的关联。

同是涉及三个回合的冲突描写,《致女儿的信》突出"情"——情之深,情之永,情之美,情之力,文学味盎然。李镇西老师紧扣上帝的感受,如"无与伦比""不可理解的美""从未见过的力量"等,激活学生的生命体验;抓住那对夫妻"一会儿望望天空,一会儿你看看我,我看看你,相互传情",感受爱情的古典、浪漫、简单,将课上得精彩迭现,酣畅淋漓,就是因为应和了情脉的跌宕、婉转,突出了上帝与那对夫妻的冲突中形成的表现张力。

在导入部分,李老师问学生在14岁的时候有没有想过爱情;想

---

① 王荣生:《听王荣生教授评课》,华东师范大学出版社2007年版,第155页。

过以后，与父母交流，他们又是怎么说的；李老师坦承，自己在女儿14岁的时候，主动给她看了苏霍姆林斯基的这封信，拉拉杂杂，耗时不短，但并没有让人生厌，觉得累赘，也是因为暗合了文本的形式规范——双重叙事结构：祖母和"我"聊爱情，"我"和女儿聊爱情。教者与学生聊爱情则是对这种爱情叙事与阐释的延续或回应，属于异形同构——面对的都是上帝与那对夫妻的故事，即爱情真谛的形象载体。

让学生谈文章的写法特点，不是不可以，但一定要注意：以不破坏情感的旋律、心理的发展及审美的推进为宜。在形式审美的视野下，"如果将那个突兀的问题，变形一下，如这个故事采用的是上帝的视角，如果运用其他视角，如一头牛、一匹马、一棵枣树，是否还能突出爱情的伟大？故事中，爱情主人公目光中的美和力量，像歌曲的旋律一样，一共回荡了三次，这和《诗经》中《关雎》《蒹葭》等歌咏爱情诗篇的一唱三叹，是否有相同的抒情写意效果？上帝对爱情的态度从困惑到愤怒，再到感动、默认，被处理得极富戏剧色彩，假如抹去了这些曲折和冲突，一开始就写上帝的惊叹、赏识、沉醉，故事是否还会具有耐人寻味的哲理意蕴？"① 使关于写作的思考自然而然、悄无声息地融入学生体验爱情的美、力量、忠诚，以及心灵的追念过程，达到与文本形式同构的境界，恐怕就不会给人以生硬之感了。

《晏子使楚》突出"智"——想象之智、类比之智、思辨之智、奚落之智，借着自贬的弹性，将对方贬得更远、更狼狈、更不堪，言语火候却又把握得特别到位，使历史故事的严肃与民间故事的谐趣杂糅在一起，却又相得益彰。窦老师让学生在陈述"敝国规矩"（敝国

---

① 汲安庆：《语文教育中，文本形式何为》，《中学语文》2014年第7—8期合刊。

有个规矩，访问上等的国家，就派上等人去；访问下等的国家，就派下等人去。我最不中用，所以被派到这儿来了）的过程中，尝试添加"因为"，以体验晏子的雄辩艺术；抓住晏子的神态"看了看"，而不是"想了想"，以体验晏子的自信、敏捷；从对"只好""我原来"等词语的玩味和角色朗读中，感受楚王的沮丧、惭愧与可爱，堪称与形式规范妙然契合的神来之笔，将课上得妙趣横生，极富智慧。

将"规圆矩方"这一先见直接抛给学生，之所以让人不适，正是因为这种体悟是教学者事先细读文本后所得且只是多元解读中的一种，相对于没有接触文本的学生，这一先见是独立于文本形式之外的。即使要分享，也得等重返文本，与学生一起细读，使他们有了一定的感性体验，甚至获得了一定的认识后才行。换言之，这种体悟必须让它贴紧文本，贴紧学生的体验，自然而然地生长出来，而不是直接亮出旗帜，挥手招呼："跟我走吧！"

至于将某历史学家的言论"晏子使楚的外交胜利，与国家尊严无关"作为一个辩题，激发学生深度思考，"解构主题"（教学者观点是：自己要有真才实学，才能在这个世界站得住脚。对外呢，要圆融，讲规矩，懂礼节）——实际的教学情况是非但未解构，反而建构、捍卫了，这倒也不是不可以，文本形式的涵盖力极强，用外引资料去丰富文本的意义空间无妨，但只凭一则故事说事、论理，已经犯了论证的大忌——孤证根本说明不了什么问题，得从晏子的一生，在国内、国外参与辩驳的大量历史资料中查证后，方能作出判断，得出结论。可是，这又不是一篇文本的形式所能承载的了。

周作人说："文学具有某种美学形式，它能表达作者独特的情感与思想，并使读者因能体验到它而获得乐趣。"① 对于作者来说，捕获了这种美学形式，内在混沌、奔突的情思便会趋向确定和提纯，进而具备普遍、长久的审美效能。对于教者和学生来说，循美学形式之波，讨作者情思之源，则可以收到执一御万，顺利融入作者营构的艺术世界的效果。法国小说家罗布·格里耶也指出："我们不再信服僵化凝固、一成不变的意义……只有人创造的形式才可以赋予世界以意义。"② 克罗齐甚至宣称："审美的事实就是形式，而且只是形式。"③ 可见，形式并非我们所臆想的机械地、被动地服务于内容的工具，而是与内容同在，甚至比内容更有恒久意义和创造价值的本体性存在。没有无形式的内容，也没有无内容的形式。一些看似很干净、很纯粹的形式，如某些抽象的符号、图画，其实也积淀了"社会的价值和内容""人的理性性质"④。朱光潜早就说过："本来文学之所以为文学，在内容与形式构成不可分拆的、和谐的有机整体。如果有人专从内容着眼或专从形式着眼去研究文学作品，他对于文学来说，就不免是外行。"⑤ 语文教育亦然。要想富有整体感，进而富有生命感和美感，必须抓住形式审美这根缰绳。抓住了，语文教育才可纵情驰骋，挥洒自如；抓住了，语文教育才会忙而不盲，浑然天成。

然而，对于我的这一津津乐道的发现，民国时期的教育家夏丏尊早就有了系统而深入的论述。他主要是从捍卫语文"体性"的角度来

---

① [英] 波拉德：《中国对文学的看法：就传统而言，周作人的文学价值》，美国加州大学出版社 1973 年版，第 26 页。
② 余秋雨：《艺术创造论》，上海教育出版社 2005 年版，第 147 页。
③ [意] 克罗齐：《美学原理·美学纲要》，朱光潜译，外国文学出版社 1983 年版，第 23 页。
④ 李泽厚：《美的历程》，天津社会科学院出版社 2001 年版，第 22 页。
⑤ 朱光潜：《谈文学》，安徽教育出版社 2006 年版，第 26 页。

谈的①:"国文科是语言文字的学科,除了文法修辞等部分外,并无固定的内容。只要是白纸上写有黑字的东西,当作文字来阅读来玩味的时候,什么都是国文科的材料。国文科的学习工作,不在从内容上去深究探讨,倒在从文字的形式上去获得理解和发表的能力。"② 注意念诵以把握文气的指导,传染语感于学生的提倡,还有大量对经典文本形式秘妙揭示的案例③,莫不是他着眼于形式的教育思想的具体展开。既高屋建瓴地确定了语文教学的内容,又顺利划清了与其他学科教学内容的边界。

说到体性的辨正与捍卫,可谓语文教育中的一个敏感、核心、热点的问题。从叶圣陶对语文独当其任的"任"的强调——那就是阅读和写作的训练④,朱自清对国文教学法的重申:"只注重思想而忽略训练(指语言文字的训练,如语汇的扩展、字句的修饰、篇章的组织、声调的变化等),所获得的思想必是浮光掠影。因为思想也就存在语汇、字句、篇章、声调里……"⑤ 到解放区负责教育的徐特立将学习国语的目的分为两个方面,"主目的,即对语言、文字(文章)的理会,和对语言、文字(文章)的发表。副目的,即从语言、文字(文章)获取知识,涵养德行,养成好的情趣"⑥。再到当下学者对伪语文、泛语文、反语文现象的口诛笔伐,对语感、体式素养、形式秘妙的日趋重视,对语文教学内容确定问题的执着探讨,百年来的中国语

---

① "体性"一词源于刘勰的《文心雕龙》,"体"指体貌、风格,"性"指作家的才性,我们接引过来,专指语文的体貌、内容、风格和本性、本质,力求使其具有更大、更强的包容力和概括力。
② 夏丏尊:《夏丏尊教育名篇》,张圣华总主编,教育科学出版社2007年版,第151页。
③ 李铎:《中国古代文论教程》,北京大学出版社2000年版,第359页。
④ 叶圣陶:《国文教学的两个基本观念》,张圣华总主编《叶圣陶教育名篇》,教育科学出版社2007年版,第136页。
⑤ 夏丏尊、叶圣陶:《文心》,生活·读书·新知三联书店2008年版,第6页。
⑥ 张隆华主编:《中国语文教育史纲》,湖南师范大学出版社1991年版,第198页。

文教育，从来没有回避过这个问题。但是，像夏丏尊那样谈得深入、持久、系统、具体的，似很罕见。当下不少有价值的思想成果，更是直接受惠于夏丏尊语文体性捍卫的思想，如语文新课标中提到的语感培养，讨论得热火朝天的语文内容确定问题等。浙江师范大学王尚教授说："语文之外的其他学科所教所学的是教材的言语内容，而语文学科则以教材的言语形式为教学内容；质言之，其他学科重在教材'说什么'，语文学科则重在教材'怎么说'，以使学生从中学习如何具体理解和运用语言文字的本领，培养听说读写等语言能力。"① 这一精彩阐述，完全是对夏丏尊着眼形式思想的忠实继承。

国外关于语文体性的探讨也多集中于"教什么"这一范畴，大体经历了从重文学熏陶和道德教育到重实际运用，从应付生活到关注语文学科特点与学生个性发展的过程。这从斯宾塞对绅士教育重装饰性知识教育倾向的批评，杜威对"教育即生活，学校即社会"的提倡，还有当今世界语文课程与教学发展的新特点（在教学观念上，语言的实际运用与文学熏陶并重；在培养方向上，智力发展与个性发展兼容并蓄）等，不难见出。不过，总体看来，西方对语文体性的探究，远不及中国语文学者自觉、深入。华东师范大学倪文锦教授也指出了这一点："语文教学重视语文的实际运用无疑是历史发展的必然趋势，但是教学实践也证明，那种单纯培养语言实际运用能力的语文教学同样不能适应现代社会的需要，以美国为代表的西方现代模式便是例证。"②

其实，我国百年来对语文"怎么教"的探讨，也多是围绕语文体

---

① 王尚文：《人文・语感・对话》，上海教育出版社2010年版，第12页。
② 倪文锦、欧阳汝颖主编：《语文教育展望》，华东师范大学出版社2002年版，第31页。

性的辨正与捍卫展开的。自1904年语文独立设科就开始兴起的语文教学"重内容,还是重形式""重文言,还是重白话"的争鸣,到1956—1958年昙花一现般的语言、文学分科,从"文化大革命"期间喧嚣一时的语文学科政治化现象,再到新时期的注重"双基""强化能力训练",以及对"乱花渐欲迷人眼"的教学模式的狂热追踪——外国的如赫尔巴特学派的五阶段教学法、凯洛夫的五环节教学、巴班斯基的教学过程最优化;本土的如红领巾教学法、钱梦龙的"三主四式",魏书生的"定向—自学—讨论—答疑—自测—自结"六步教学法,直到当下素养本位的崛起,尤其强调"语文核心素养"的培养,均能从语文教学价值的现代诉求中或隐或显地看到要么重视语文体性,要么遗落语文体性的思想面影,而其间引起的自得、焦虑、自信、无奈等复杂的教育心理亦能触之可及。至于当下语文教学中对文本类性、篇性、时代性的强调,对形式秘妙的揭示及对言语表现指向的倡导,更能见出对语文体性有了深层的体认与发展。

对语文"是什么"的探赜同样触及了语文体性问题。这从语文课程名称的嬗变,内涵的多解,以及对性质的不断追解,可以一窥信息。

1904年,《奏定学堂章程》颁布,语文终于从与经学、哲学、史学、伦理学等混沌一体的状态中离析而出,开始了语文教育现代性的漫漫征程。当时的晚清王朝将传统的语文教育内容分为讲经、读经和中国文字(小学)、中国文学(中学)二科。后来,语文课程名称又经历了三次重大变更。第一次发生在1912年,作为时任中华民国教育总长的蔡元培为了体现民主共和的资产阶级革命精神,取消了读经、讲经科,将语文科改成"国文";第二次发生在1920年,经历了"五四"新文化的洗礼,废除文言,倡导白话的观念日益深入人心,北洋政府训令中小学国文科逐步采用白话,小学称"国语",全部用白话文，初级中学称"国语国文"，高级中学称"国文"；第三次发生在1949年，华北人民政府教科书编委会接受了叶圣陶等人的建议，决定将"国文"统一改称"语文"，叶圣陶为之解释："口头为语，书面为文。"虽然当下也有人建议将"语文"改为"华语"，做到"既能显示学科的基本性质，又具有鲜明的民族性，也能和国际惯例相一致"，而语文"不能显示国别，对外交际不方便"[①]，但因积久成习，并未被广大语文教师所接受，顶层设计者们也未采纳这种建议。不用远求，仅从语文课程名称中指涉的内容，如读经、讲经、文字、文学、文言、白话、口头语、书面语，便可见出语文内容的复杂、多变，而对语文体性辨正与捍卫的艰难努力亦隐约可见——更别说当下仍在进行的语文概念之争：语文到底是指什么？语言、文字，语言、文学，还是语言、文章或语言、文化？

对语文性质的辨认，1963年是个标志性的界碑。此前，人们忙于辨析语文教育的内容是什么，尚未思考语文性质这一更为根本的逻辑起点。到了1963年，语文教学大纲中明确规定了语文科的性质——语文是学习和工作的基础工具。其内在的逻辑是：语文是口头语言和书面语言的合称，而语言是思维和交际的工具，所以语文就是工具，这便是"工具说"的基本内涵。但是随着人文主义思潮的兴起，人们逐渐发现：工具性，很多学科都具有，并不能彰显语文学科鲜明的人文性特点，于是又有了"人文性是语文学科的本质属性"的提法，代表人物有陈钟梁、韩军、于漪、王尚文等，1996年的《全日制普通高级中学语文教学大纲》也对此作了肯定："语文是最重要的交际工具，是人类文化的重要组成部分"，这一定性中内在地包含了"语

---

① 王文彦、蔡明主编：《语文课程与教学论》，高等教育出版社2002年版，第58页。

是交流思想感情的工具"之意。再后来，人们同样发现，人文性是所有人文学科的共性，并非语文科所独专，所以又有了"工具性与人文性统一"之说（见2001年《全日制义务教育语文课程标准》）。不过，这种定性依然含糊，并未揭示出语文课程与其他课程的种差。于是，福建师范大学潘新和先生提出了"言语性"一说——语言来自言语，言语包含了语言。言语性，是指语文课程所独具的学习"个人在特定语境中的具体的语言运用和表现的属性"。简而言之，语文课程的特性，即学习言语（包括学习语言，但终极目的是学习言语）。学习言语，包括学习个人的口头语言与书面语言的实际运用和表现[①]。潘先生还从人本质上是精神动物、文字动物、言语动物的高度，指出语文科的终极使命应该是培养学生的言语生命意识，达到表现与存在的统一，为语文体性的辨正与捍卫作出了更为深入、独特的理论贡献。

但因为工具本体思想的泛滥及应试教育观念的甚嚣尘上，加上语文体性辨正与捍卫的研究并不系统、明晰、深入、大面积，很多情况下是问题歧出且病入膏肓时才紧急浮出水面，因此很多极富建设意义的探讨并未引起人们的高度重视。况且，不少语文老师迷信教材、习题册，罔顾语文课程与教学理论、语文教育史，自断语文的精神血脉，因此语文教育乱象丛生、积弊深重的状况始终未能得到有效的根治。

从这个角度说，系统、深入地梳理和挖掘夏丏尊着眼形式的语文体性捍卫思想，不仅可以更好地承续语文教育的精神血脉，而且对进一步深化语文学科的性质、目标、内容的理解，深度推进教法革新、

[①] 潘新和：《语文：表现与存在》，福建人民出版社2004年版，第136页。

教材编制、测评优化，都是大有裨益的。这不仅对语文教育整体感、生命感、美感的培养与提升有诸多帮助，而且对彰显语文学科魅力，注重语文课程与生活、历史，还有其他课程的打通，提升学生的语文实践能力、审美能力等方面也会有无尽的启示。

二　岂止"体性论"这一美点

然而，夏丏尊语文教育思想，并非仅限于立足形式审美的"体性论"这一美点。

他的"灵肉一致，陶养成人"的语文课程灵魂观，视学生的人格完成，高于知识授受，讲求身心诸能力的全面发展，不仅与古希腊、古罗马、文艺复兴时期所追求的"完人的教养"（以智育、美育、德育、体育的和谐统一为旨归）精神暗合，而且与当下的"全人教育""关注人文精神""强调情感本体的高扬"等诸多教育理念也是声气相通的。

他的工具性、人文性、言语性浑融自在的语文性质观，着眼于当时文盲充斥的社会现实，有不忘应付生活的一面，但更注重能力的养成与心性的陶冶且追求以创作的态度面对生活，"忠于自己，不能有半点的随便和丝毫的不认真"[1]，被誉为"主张言语性的先驱"[2]，已经有将言语表现的意识融入生命、化入生活、更好地确证自我、能动而坚实地存在的追求了。

他的注重"本国文字阅读与写作能力教养"的语文课程目标，对原本相济，"济于实用"，后来却流于琐屑、机械的"义理、考据、辞

---

[1] 夏丏尊、叶圣陶：《文心》，生活・读书・新知三联书店2008年版，第323页。
[2] 潘新和：《语文：表现与存在》，福建人民出版社2004年版，第138页。

章",是一种反叛;对替圣贤立言、为封建道统服务,已经走向僵死的"八股"写作,更是一种反叛。与当时教育部出台的中学国文课程标准加以比照,如"深切了解固有的文化,负起振兴民族的担子""要能做语体文,又要有用文言文的技能""有创造新语新文学的能力,又要有解读古书,欣赏中国文学名著的能力"……夏丏尊关注阅读与写作学习的目标,显得更为简约、实用,堪称施于学习、融于生活的化用、生长和发展。

强调读书过程中的对话、反省、做札记,认为"仅仅留心内容,或只注意于文字的摹效,都不是最好的方法"①。对如何加强文气的独具匠心的归纳与总结:(1)以一词统率许多词句;(2)在一串文句中叠用相同的词句;(3)多用接续词,把文句尽可能地上下关联(夏丏尊《所谓文气》),莫不如此。白作霖说:"所谓国文科之目的,实括言语、文字、文章三者之知识授予之,使确知而善用而已。故除上述三者之形式外,实有其内容。内容者,即由形式表示其思想感情,其相须为用,殆如物之表里焉。故课儿童时,于此授以形式知识,养其活用之力。于彼即取修身、地理、理科等内容材料以启发其心情。"② 善用、活用读写知识,以读写统领听说、带动听说,并借此丰富、渊深自我的语文素养,夏丏尊很出色地做到了。

还有"语感""寡兵拒敌""振起全文""内部注意力""外部注意力"等一大批土生土长,却极具统摄力的命名,正像海德格尔所说的那样,语言是"存在的家园",是对世界的命名,可以"召唤物,令物到来"③。海洛庞蒂说得更直接:"通过将词语运用于一个对象

---

① 夏丏尊:《夏丏尊文集·文心之辑》,浙江文艺出版社1983年版,第549页。
② 白作霖、蒋维乔:《各科教授法精义》,上海商务印书馆1909年版,第47页。
③ [德]海德格尔:《在通向语言的途中》,孙周兴译,商务印书馆2004年版,第12页。

上，我就意识到我把握住了这个对象。"① 夏丏尊的这些命名，一下子将其语文教育的思想、智慧集结并召唤出来，使它们就地扎根、生长、扬芳吐蕊，不仅达致与不同精神生命对话的目的，而且使语文教育中的诸多复杂现象、问题、本质得以顺利地剖析、诠释和把握，堪称"伟大的命名"。尤其是"语感说"，直接开启了后世的语感理论研究，而且还进入了"语文新课标"——"新课标"的"课程的基本理念"部分提到了"培养语感"，"总目标"部分提到了"形成良好的语感"，"教学建议"部分提到了"积累、体验、培养语感"，"评价建议"中提到了"在诵读实践中增加积累，发展语感，加深体验与领悟"，使原本模糊、玄奥、单薄的思想，越来越清晰、平易、丰满，由边缘慢慢进入中心，终于成为"显学"和通识，泽及越来越多的学子。其他命名或设喻虽然没有流行开来，但依然是后世语文学研究弥足珍贵的思想武库。

至于他的"放入·冷静·参考"的鉴赏观（夏丏尊《关于国文的学习》），更是给人以启迪。将自我"放入"所鉴赏的对象，在文章布局、遣词造句、句际关系等方面多多比较，"一壁读，一壁自问：'如果叫我来说，将怎样'"，这对因隔膜而导致的无效读书，或只顾追寻内容，而忽略对形式秘妙玩绎、内化、运用，致使中学卒业依然文字不通的低效读书，不是一种有力的反拨吗？放入对象，需要换位思考，全情投入，在比较、碰撞、融合的过程中实现生命能量的交换、互补与强旺，这与狄尔泰的"生命融合"说、姚斯的"期待视野"说，在本质上，不是异曲同工吗？对鉴赏，他和叶圣陶在《文心》中"鉴赏座谈会"一章中提出了"三个阶段"说，即"见"

---

① 涂纪亮：《现代西方语言哲学比较研究》，中国社会科学出版社1994年版，第62页。

"视""观"。"'见'只是感觉器官上的事,'视'是知识思辨上的事,'观'是整个的心理活动。无论看文章或看绘画,要到了'观'的境界,才够得上称'鉴赏'。'观'是真实的受用,文章或绘画的真滋味,要'观'了才能亲切领略。用吃东西来做譬喻,'观'是咀嚼细尝,'见'和'视'只是食物初入口的状态而已。"这可以说是将"放入"的认知与体验过程进一步细化了,尤其是"用了整个的心"去和对象相对的"观",正是主动阅读、积极阅读、高效阅读的表现。也只有这样,才能培养对名篇阅读求甚解的严谨态度,进而真正实现"观其会通,窥其奥窔"的审美效果[①]。

夏丏尊所说的"冷静"主要是指阅读的沉潜心态,就像玩游戏,沉浸其间,"无所为而为"。唯其如此,才能真正地步入"玩赏"或"清玩""雅鉴""清赏"之境。在他看来,"玩赏"最好在收得梗概、了解大意后进行。"用了'玩'的心情,冷静地去对付作品,不可再囫囵吞咽,要仔细咀嚼。诗要反复地吟,词要低徊地诵,文要周回地默读,小说要耐心地细看!"这对一目十行,知其然却无法知其所以然,还美其名曰"寻读""快读"的现象,不是一种得力的矫治吗?对读了很多书,依然不知贯通,不知化用,最终只能沦为"人形鹦鹉""两脚书橱",甚至连这程度都达不上的悲催现象,不是一种及时的当头棒喝吗?"寻读""快读"在阅读过程中当然是需要的,但不能仅满足于此。因为这还停留在粗读、浅读的层面上,只是求其"知"而已。要想登堂入室,必须精读、深读——不仅求其知,还要求其解,求其通,求其美。这样,情感的润泽、想象的放飞、思想的提升才有可能实现。一如叔本华所说的"自失于对象之中",好像

---

① 王国维:《王国维戏曲论文集》,中国戏剧出版社1957年版,第3页。

"仅仅只有对象的存在而没有觉知这对象的人了,所以人们也不能再把直观者(其人)和直观(本身)分开来了,而是两者已经合一;这同时却是整个意识完全为一个单一的直观景象所充满,所占据"①。对这种冷静赏玩的阅读方式,朱光潜也有过类似的表述,"不能沉醉在作品里面,永远得不到真正的美感的经验"②。顾祖钊也说:"读者已浑然不觉哪是客体,哪是主体,哪是人物,哪是自己,已经忘却现实的存在而沉迷于艺术世界。这里的主体已经变得无牵无挂、自由自在,忘记了现实,忘记了物质功利,同时也忘记了自我。在文本提供的精神家园中让人性舒展,让灵魂升华,并获得最大的审美享受。"③可见,是否冷静玩赏的确是检验审美阅读、上品阅读的一块试金石。

至于"参考",夏丏尊主要是基于激发学生阅读兴趣,教示学生诗文或小说好处所在,发达学生鉴赏力的考虑。但是,他同时也指出:"前人的诗话、词话、文评、小说评,是前人鉴赏的结果。用以帮助自己的鉴赏能力则可,自己须由此出发,更用了自己的眼识去鉴赏,切不可为所拘执。"为什么呢?因为"前人的鉴赏法有好的也有坏的。特别是文评,从来以八股的眼光来评文的甚多,什么'起承转合',什么'来龙去脉',诸如此类,从今日看去实属可哂,用不着再去蹈袭了"。"操千曲而后晓声,观千剑而后识器"(刘勰《文心雕龙·知音》),对文本的鉴赏亦然。参考他人的认识成果,对开拓自己的视界、启悟自己的灵感、提升自己的水平,肯定是大有助益的。思辨力、创造力再强悍的人都需要借力,否则无法实现高质量的创造。所谓"一空依傍,自铸伟辞",只不过所借的力已化为背景或血肉,看不出来罢了。

---

① [德]叔本华:《作为意志和表象的世界》,石冲白译,商务印书馆1982年版,第250页。
② 曾祥琴主编:《阅读学新论》,语文出版社1999年版,第281页。
③ 顾祖钊:《文学原理新释》,新华出版社2002年版,第392页。

夏丏尊的厉害之处是：承认参考的价值，但不忘对参考对象进行价值之辨。这说明忠于体验、独立思考的阅读意识已经化入他的骨髓了。这对盲目地迷信权威，理论先行，霸王硬上弓式的硬阅读、死阅读无疑是一种警醒。拾人牙慧，毫无自家的体验、判断与主张，阅读只能像害了软骨病一样跪着、躺着，无法傲然挺立，活力四射。对这种扬弃性的主动鉴赏、深度鉴赏，叶圣陶也是十分赞成的："文艺鉴赏犹如采矿，你不动手，自然一无所得，只要动手去采，随时会发现一些晶莹的宝石。""这些晶莹的宝石岂但给你一点赏美的兴趣，并将扩大你的眼光，充实你的经验，使你的思想、情感、意志往更深更高的方面发展。""认真阅读的结果，不但随时会发现晶莹的宝石，也随时会发现粗劣的瓦砾。于是吸取那些值得取的，排除那些无足取的，自己才会渐渐地成长起来。"[1] 参考他人成果自然也是"采矿"，且有助于磨砺鉴别力，发现更多的"宝石"。

　　以上仅是择要来谈，至于其他美点，诸如读者意识、写作教学观、文学鉴赏教学论、情感教育思想论、语文教育思想中的宗教精神等，远未涉及和展开。随着人们对夏丏尊语文教育思想研究的推进和深化，以及教育学、心理学、文艺学、语文学、美学理论新成果的不断引进，夏丏尊语文教育思想中必将有更多的美点结晶而出。

三　重塑夏丏尊语文教育思想经典

　　可是，相对于叶圣陶、朱自清、黎锦熙等教育名家，夏丏尊语文教育思想的研究是非常冷清的。

---

[1] 叶圣陶：《文艺作品的鉴赏》，中央教育科学研究所编《叶圣陶语文教育论集》，教育科学出版社1980年版，第259—261页。

以知网上提供的数据为例。自 1988 年以来，篇名中含有叶圣陶字样的研究文章为 1779 篇，含有朱自清字样的研究文章为 1662 篇，含有黎锦熙字样的研究文章为 170 篇，而含有夏丏尊字样的研究文章仅为 75 篇。尽管也有人津津乐道于 1984 年之后，几乎每隔十年就会掀起夏丏尊语文教育思想研究的高潮，并将之归结于三个原因：(1) 1983—1984 年浙江人民出版社和浙江文艺出版社先后出版《夏丏尊文集》三卷，其中第二卷《文心之辑》专收其语文教学方面的论著，为此领域的研究提供了资料；(2)《文心》出版 50 周年，在纪念这个"现代文章学的历史丰碑"时刻，人们关注到了作为文章学先驱者的夏先生；(3) 20 世纪 80 年代初，"中国现代语文教育史的辛勤开拓者"顾黄初先生"从不同层面探寻现代语文教育发展史上发生的重要的语文教育思想、语文教育现象及语文教育活动""发掘并考察了那些今天读者早已陌生，而在当时却产生过重大影响的一批语文教育改革的风云人物"。[①] 他的《夏丏尊与语文教育》成为此领域研究的开拓性文章，带动了当时的研究。[②] 但这仅是个人的纵向比较，倘若进行群体中的横向比较，所谓的"高潮"便显得特别虚弱、乏力，难以立足——如此"躬逢盛世"，又有名家推动，研究成果才仅占叶圣陶研究的 4.2%，朱自清研究的 4.5%，黎锦熙研究的 44.1%，这怎么能不让人五味杂陈呢？中国人民大学复印资料全文数据库的显示更是惊人：1995—2014 年，标题中含有叶圣陶字样的研究文章为 35 篇，含有朱自清字样的研究文章为 5 篇，含有夏丏尊字样的研究文章为零。

研究景象的荒寒，固然与夏丏尊较早离世，其思想的影响力无法

[①] 刘正伟、宋颧江：《中国现代语文教育史的辛勤开拓者——顾黄初先生现代语文教育史研究述评》，《忻州师范学院学报》2003 年第 12 期。

[②] 参见关名朴《夏丏尊语文教育思想研究综述》，《四川教育学院学报》2006 年第 7 期。

像叶圣陶那样持续发挥，导致人们对其日渐隔膜、淡忘有关；还有，叶圣陶、朱自清的文章进入了中小学语文课本，广为一代又一代的学生所熟悉，而夏丏尊没有，这自然也会影响人们研究的视点和兴趣；另外，只从科学的视角研究，忽略了美学的视角，注重工具本体的高扬，削弱了情感本体的价值，以为夏丏尊语文教育思想的资源挖掘殆尽，也会妨碍对其思想持续、深入的研究。但是，最重要的原因恐怕还是对夏丏尊语文教育思想的浅读、误读，进而导致对其语文教育思想价值的低估——要说较早离世，朱自清也是很早的，与夏丏尊相隔两年四个月都不到，可人们对其语文教育思想的研究热情不是依旧很高涨吗？要说作品进课本，黎锦熙也没有啊，但人们对其研究的热度并不太低。要说注重情感本体的张扬，《夏丏尊语文情感教育思想论》《对夏丏尊爱的教育的反思》等聚焦情感教育的论文在夏丏尊语文教育思想的研究中也为数不少，但因为过于关注史料的梳理，论析结合了当时而遗忘了当下，情感教育思想的超越性价值始终没有淋漓尽致地凸显出来，因此水过鸭背、了然无痕，也就在情理之中了。

所以，根源还是在对一些重要概念内涵的浅读、误读上。如对夏丏尊的"着眼于形式"的语文教育思想，很多人将之视为"形式论"而非"形式美学"，甚至连"形式论"也谈不上，是十足的"形式主义"。在这方面，连对夏丏尊持肯定态度的人都不能幸免。袁宝莲认为，夏丏尊将阅读能力分为三个层级："理解""鉴赏""触发"，与现代阅读学的研究成果基本吻合[1]，但将属于认知能力的词句辨析和

---

[1] 当下国内外学者一般倾向于将阅读能力分为四个层级：认知性阅读能力、理解性阅读能力、评价性阅读能力和创造性阅读能力。认知性阅读能力指对文章的词句语义的辨析能力；理解性阅读能力是基于一定基础知识之上的体验感悟能力和理性思维能力；评价性阅读能力指对文章内容的性质、价值、精确性和真实性等方面给出个人判断和评价的能力；创造性阅读能力是指读者根据自己的情感、思想、知识及阅历对作品进行创造性领悟和理解的能力。

属于理解能力的概括主旨，全部统归为"理解能力"是一大不足。另外，鉴赏应该兼及读物的内容和表现形式，夏丏尊却只限于形式上的评价，也是一大不足[①]。此类判断固然出于研究者的忠实体验与严谨思考，但一经产生，更容易形成思想共同体中的"摄动现象"，导致以讹传讹。加之甚嚣尘上的浮躁之气的推波助澜，谁还愿意潜下心来，殚精竭虑地从事这种看似毫无价值的研究呢？如此一来，夏丏尊语文教育思想研究落入岑寂的境况，也不难理解。

事实上，真正经典的教育思想是阐释不尽的。任何看似客观、辩证、充分的阐释，都只能是处于"进行时"而非"完成时"。夏丏尊早就说过："议论文以推理为依据，除了自然界的现象以外，人类社会的事情非常复杂，而人的推理又非绝对可恃，所以无论何种名文，总不免有驳击的余地。"[②] 他是就议论文来谈的，学术研究何尝不是如此？

例如，夏丏尊将词句辨析和概括主旨纳入"理解能力"的范畴是否一定就是"不足"，这是值得商榷的。后世学者提出的认知、理解、评价、创造真的是油水分离，判然有别吗？这样四层级划分是否能实现逻辑的自洽？认知只能仅限于词句的语义辨析吗？现代心理学可是将"知觉、记忆、注意、思维和想象"能力都纳入"认知能力"范畴的。既然提到了思维，怎能局限于只对词句的语义进行辨析？另外，理解能力也并非偏于主旨概括（"中、高级"理解水平），也包含了"辨认与识别对象"（"初级"理解水平），怎么就不能将语义辨析纳入理解能力呢？为了对阅读能力有更精细、更深刻的把握，人为

---

① 袁宝莲：《夏丏尊语文教育思想新探》，硕士学位论文，首都师范大学，2006年，第18页。

② 夏丏尊：《议论文·作驳论的注意》，见夏丏尊、刘薰宇《文章作法》，中华书局2013年版，第81页。

地加以区分，这仅是研究者认识上的权宜之计，可我们硬要将权宜之计作为一个真理性的大前提加以肆意演绎，靠谱吗？还有，夏丏尊在鉴赏文本时，真的是"只限于形式上的评价"吗？没错，他的确说过："我们学习国文所当注重的，并不是事情、道理、东西或感情的本身，应该是各种表现方式和法则。"① 但是，"所当注重"并非"只限于"之意，而是两者兼顾地突出重点。

浅读、误读在夏丏尊的后世"拥趸"中，也存在不少。

说夏丏尊是我国著名的教育家、文学家、出版家、翻译家，甚至称他的"有些见解在敏锐和深刻上"要超过叶圣陶，可是著名在何处？敏锐、深刻在何方？创作、出版、翻译，与他的语文教育存在着怎样的关联？鲜见更深一步的阐述。还有，对夏丏尊的语文课程思想、教材编写思想、阅读与写作教学思想，以及测评思想、编辑思想等资源的开掘、整合与阐扬，多停留在机械复述的层面上，既缺少哲学的深度观照，又缺少基于科学和审美的个性化提炼与发展，含智量、含美量、含情量可以说都不是很高。尤其是与当下语文教育的精神贯通，做得还远远不够。加上有的梳理、总结又出现了跑偏，甚至"夏冠叶戴"现象，如上述的对夏丏尊阅读能力层级的提炼——"理解""鉴赏""触发"，主要是依据夏丏尊《关于国文的学习》一书，以及与叶圣陶合著的《文心》中"触发"一章。可是，夏丏尊本人在文章中一直用的都是"方法"一词：

> 以下试讲一般的阅读方法。第一是理解……理解以外，还有所谓鉴赏的一种重要的功夫须做，对于某篇文字要了解其中的各

---

① 夏丏尊：《夏丏尊教育名篇》，张圣华总主编，教育科学出版社2007年版，第152页。

句各段及其全文旨趣所在,这是属于理解的事。①

读书贵有新得,作文贵有新味。最重要的是触发的功夫。所谓触发,就是由一件事情感悟到其他的事。你读书时对于书中某一句话,觉到与平日所读过的书中某处有关系,是触发;觉到与自己的生活有交涉,得到一种印证,是触发;觉到可以作为将来某种理论说明的例子,是触发。这是就读书说的。对于目前你所经验着的事物,发现旁的意思,这也是触发……书是用文字写的,我还希望你于有字的书以外,更留心去读读没有字的书,在你眼前森罗万象的事物上获得新的触发。②

方法的使用确实能反映一个人的能力,但方法与能力毕竟无法等同。方法主要指为达到某种目的而采取的途径、步骤、手段等,而能力则主要指完成一项目标或者任务所体现出来的素质。一为表,一为里;一为现象,一为本质,根本不可等量齐观。其次,在专谈阅读方法时,夏丏尊只谈了理解与鉴赏两种,根本没有涉及"触发"。"触发"在《文心》中出现时,也是指向了生活实践、体验与写作的,并非专指阅读。硬生生地概括,是否有"抓壮丁"的感觉?更何况,"触发"一说,是否专属夏丏尊的阐释范式也有存疑。没错,《文心》是夏丏尊和叶圣陶的合著,连叶圣陶自己也坦承因时过境迁,他早已记不起哪些是谁写的了,完全可以视为两人共同拥有的思想,但这种时而一锅煮,时而又撇清的态度,毕竟谈不上严谨、科学。其他学者从精读、略读的角度总结夏丏尊的"阅读能级"③,也是犯了概念误

---

① 夏丏尊:《夏丏尊教育名篇》,张圣华总主编,教育科学出版社 2007 年版,第 102—104 页。
② 夏丏尊、叶圣陶:《文心》,生活·读书·新知三联书店 2008 年版,第 111—113 页。
③ 程稀:《夏丏尊与现代语文教育》,中国社会科学出版社 2010 年版,第 155 页。

读的弊病。有学者甚至发现，叶圣陶"一方面，试图发挥他的教学论强大兼容力，充分地、有时是过分地吸纳着夏丏尊、朱自清的理论主张和教学的内容项目。一方面，又或多或少地改造了他们的理论，以适应自己的教学论。这种改造，给他的教学论带来了兼容过量乃至失去自身的负面影响，客观上也造成夏丏尊、朱自清教学论的长期湮没"[1]，这自然也会加剧人们对夏丏尊、叶圣陶理论"蔽大异而存大同"的倾向，进而不知不觉忽略，乃至遗忘了夏丏尊语文教育思想的独特价值。

基于此，重新阐扬夏丏尊语文教育思想的价值，恢复其应有的经典地位，显得极为必要。

然而，与钱锺书、张爱玲、沈从文等作家的文学艺术价值被发掘，从此由边缘走向中心，由无名走向显赫不同的是，夏丏尊语文教育思想在他那个时代便已风行天下。参与教育部的国文课程标准的讨论与制定，教学与撰述相得益彰，在广播中向全国的师生谈如何学习国文，编辑教材、字典，创办《中学生》《一般》等刊物，翻译意大利作家亚米契斯的小说《爱的教育》，成为当时最畅销的儿童文学译作，堪称名副其实的领语文教育风气之先的人物。蔡元培在《赖斐尔》一文中写过这样的话，"其（指拉斐尔的《基督现身图》，笔者注）不死之精神，常若诱掖吾侪，相与脱卑暗而向高明"，夏丏尊语文教育思想中便有着这种朴素而动人的力量，常常能诱掖着我们从语文教育的山穷水尽处，步入柳暗花明的胜境。在当下整个世界向物质倾斜，人间恶质化，语文教育被应试绑架，过分追求考点、分数，把学生当鸭子灌、当野兽训，无视灵魂质量、生命境界的时代，夏丏尊

---

[1] 王荣生：《夏丏尊文学鉴赏教学论辩证（上）》，《宁波大学学报》（教育科学版）1999年第10期。

的满蕴了爱意和智慧的生命化教育、个性化教育思想,更是具有无可置疑的救赎力量。

王一川说:"每个时代有每个时代的学术,每个时代有每个时代的观点。所以总有后面对前面的拨乱反正,要找到一些新东西。"① 重塑夏丏尊语文教育思想的经典地位,正是为了运用新的理论、新的视野、新的方法对其语文教育思想进行全面、深入地梳理、估衡,正视历史上的种种质疑、误读与漠视,进行灵活而高效地正本清源,祛蔽扬美,找出一些"新的东西",使之更加有力地服务并指导当下的语文教育实践。

第二节 相关文献综述

在夏丏尊语文教育思想的研究中固然存在着一定程度的浅读、误读现象,但令人温暖的亮色也为数不少。

一 范围:涉及语文教育多领域

侧重文学、佛学、生活、人格等方面的研究,可以说是夏丏尊语文教育思想的侧面研究、外围研究,而侧重课程、教材、教学、修辞等方面的研究,则属于正面研究、内部研究。外与内、侧与正是相对而言的。进行静态分析时,为了认识上的便利,可以这样区分。但是,外围研究、侧面研究的内容一旦与夏丏尊语文教育思想贯通的时

---

① 王一川:《文学理论演讲录》,广西师范大学出版社2004年版,第337页。

候,则又会化为内部研究、正面研究。两者彼此渗透、不断生成、相互转化的关系一直存在。

比如,童尔男的《论夏丏尊散文的客观性倾向——从夏丏尊散文的"对话体"现象说起》,从表现形态上看,是研究夏丏尊的散文创作的,是典型的侧面研究、外部研究,而论者在文中也的确探讨了这种客观性的形成原因,以及背后显示的"文章写作的严肃态度",以及"对于散文文体有意或无意的探索"①,可是因为触及夏丏尊与同时代作家创作思想的相异之处——林语堂就主张"冶抒情与议论于一炉""夹叙夹议乃现代散文之技巧"②,以及他本人作文教学中强调的记述文、叙事文当如实记述事物,态度纯属客观的思想,如"不容作者露出自己的面目",否则会"减杀读者的趣味",一如"恋爱男女喁喁情话着,媒介者突然露出面影来孱入障害一样"③,倘若硬加、硬塞进自己的抒情、议论,则"实在等于佛头着粪,大是一种冒渎"④,并从留白艺术、散文文体规范与作法的角度论证其独特的理论价值,事实上又具有了浓郁的写作学色彩,成了语文教育的正面研究、内部研究了。

体现这种由外向内,内外兼容,内外相通,正侧相成风格的研究文章,大陆的主要有:韦俊识的《莲荷风骨,道德文章——夏丏尊散文简论》[《浙江师大学报》(社会科学版)1991年第3期]、朱文斌的《生活的艺术化——评夏丏尊的〈白马湖之冬〉》(《名作欣赏》

---

① 童尔男:《论夏丏尊散文的客观性倾向——从夏丏尊散文的"对话体"现象说起》,《湖州师范学院学报》2007年第3期。
② 林语堂:《林语堂美文精粹》,作家出版社1992年版,第5页。
③ 夏丏尊:《论记叙文中作者的地位并评现今小说界的文字》,见夏丏尊、刘薰宇《文章作法》,中华书局2013年版,第127页。
④ 夏丏尊:《文章的省略》,见夏丏尊、叶圣陶《文章讲话》,中华书局2007年版,第40页。

2007年第7期)、谭桂林的《夏丏尊与佛学文化的关系》(《安徽教育学院学报》1994年第1期)、田瑞云的《夏丏尊教育思想中的宗教精神》(《泰山学院学报》2007年第4期)、张永祥的《论夏丏尊编辑思想的教与学特征及其显示意义》(《焦作师范高等专科学校学报》2012年12月)、周振甫的《从编字典看夏丏尊先生的为人》(《辞书研究》1986年第4期)等。

中国台湾的主要有：王昌焕的《夏丏尊"生活的艺术"修辞策略》(《国文天地》2001年7月)、简宗梧的《愧对行云一高僧——评夏丏尊散文"生活的艺术"》(《师友》1985年12月)、杨昌年的《具象与情绪——夏丏尊散文》(《国文天地》1997年6月)、耿秋芳的《谈白马湖作家——夏丏尊散文风格》(《国文天地》2003年3月)等。

这些文章因为与夏丏尊语文教育思想研究"貌离神合"，因而颇具多维触发的意义，能不时给人以柳暗花明的新体验、新发现。例如，夏丏尊"以无我无相的教导和人格魅力的感化，实践着自觉觉人的禅式教育"[①]，在文章的省略艺术、意念的表达艺术里，不是都有形象的阐述吗？在"风号湖鸣""霜月当空"的夜晚享受"瑟瑟的诗趣"过程中所体现的"刹那主义"[②]，与其主张的"以创作的态度对付生活"，还有鉴赏过程中对情意、诗趣的强调，不是本同而末异吗？夏丏尊早就说过："中学校的国文科的内容不是什么《古文观止》，什么《中国国文教本》，也不是教师所发的油印文选讲义，所命的课题，所批改的文卷，乃是整个的对于本国文字的阅读与写作的教养。"[③] 还

[①] 田瑞云：《夏丏尊教育思想中的宗教精神》，《泰山学院学报》2007年第7期。
[②] 朱文斌：《生活的艺术化——评夏丏尊的〈白马湖之冬〉》，《名作欣赏》2007年第4期。
[③] 夏丏尊：《夏丏尊教育名篇》，张圣华总主编，教育科学出版社2007年版，第119页。

有他和叶圣陶对读"无字之书"的强调:"进学校固然可以求得知识,但是离开了学校并不就无从学习。学习的主体是我们自己!学校内,学校外,只是场所不同罢了。我们自己要学习的话,在无论什么场所都行。假如我们自己不要学习,便是在最适宜的场所,也只能得到七折八扣的效果。"① 这种统摄万有,与历史、生活、人格"打成一片",却又能点石成金的"大语文观",被不少学者敏锐地感觉到了——将"国文的抽象的知识和青年日常可以遇到的具体的事情融成了一片"②;"将读法与作法打成一片",不但指点方法,而且着重训练;"将教学也打成一片,师生亲切的合作才可达到教学的目的"③;将思想品德教育与整个教学活动打成一片,就像《文心》中的语文教师王仰之一样,"随时注意以自己的言行影响学生"④。

属于正面、内部的研究文章,大陆的主要有王荣生的《夏丏尊文学鉴赏教学论辩证·上》[《宁波大学学报》(教育科学版)1999年第5期]、潘新和的《夏丏尊写作教学观初探》[《福建师范大学学报》(哲学社会科学版)1994年第3期]、刘正伟的《治教育则归于至情,研语文则时获创见——夏丏尊语文情感教育论》(《淮阴师专学报》1994年第4期)、黄贺的《夏丏尊语感论及其在当代的发展》(首都师范大学硕士学位论文)、金真真的《论夏丏尊的中学作文教学思想》(重庆师范大学硕士学位论文)、汲安庆的《夏丏尊语文教育形式观之辨正》[《青海师范大学学报》(哲学社会科学版)2015年第1

---

① 夏丏尊、叶圣陶:《文心》,生活·读书·新知三联书店2008年版,第181页。
② 陈望道:《序一》,夏丏尊、叶圣陶《文心》,生活·读书·新知三联书店2008年版,第1页。
③ 朱自清:《序二》,夏丏尊、叶圣陶《文心》,生活·读书·新知三联书店2008年版,第5页。
④ 叶至善:《附录:重印后记》,夏丏尊、叶圣陶《文心》,生活·读书·新知三联书店2008年版,第330页。

期]等。

中国台湾的主要有覃思的《读夏著〈文章作法〉一得》(《中国语文》1981年3月)、何永清的《夏丏尊〈文心〉述要》(《中国语文》1995年4月)和《"风"言"风"语——〈白马湖之冬〉析赏》(《国文天地》2003年1月)、陈玉芳的《夏丏尊、叶圣陶的读写理论研究》(台湾师范大学硕士学位论文)、杨舒惠的《夏丏尊及其作品研究》(台湾政治大学中文研究所硕士学位论文,其中有一节谈到了革新取向的语文教育,从三个方面加以论述:①新文化运动与语文教育制度;②"动"的语文教学观与实践;③真实的态度——作文教学改革)等。

内容广涉夏丏尊的语文课程思想[如陈珑的《论夏丏尊的语文课程思想》(湖南科技大学硕士学位论文)]、教材编制思想[如马妮娜的《夏丏尊语文教育思想述评》(上海师范大学硕士学位论文)]、语文教学思想(阅读教学、作文教学)、语感论、形式论,以及对其整本著作或某一类文章,乃至单篇文章的研究等。很有意思的是,同为专题性质的研究文章,大陆学者偏于宏观的阐扬,思辨郁勃,气魄较大;中国台湾学者则偏于微观的剖析,灵动多姿,个性飞扬,形成了一种充满弹性的比照和互补关系。

研究夏丏尊语文教育思想的著作主要有:(1)程稀的《夏丏尊与现代语文教育》,内涉夏丏尊语文课程与教学论、国文教材理论与编制、阅读教学论、作文教学论、教师论、夏丏尊与《中学生》、夏丏尊与《爱的教育》,带有全息的特点,内容颇为翔实;(2)赖瑞云主编的《文本解读与语文教学新论》,在"构建立足揭秘的艺术形式知识体系"一章中,有专节论述夏丏尊与叶圣陶、朱自清的形式探索,有肯定,有批判,条分缕析,十分清爽;(3)倪文锦、欧阳汝颖主编的《语文教育展望》,在名为"关于'文选型'教材的选文类型

(上)"一节中,从"暗中摸索"与"明里探讨","篇与篇的联系"这两个角度,详尽阐述了夏丏尊关于"传统的语文教学(包括语文教材)与现代的语文教学(主要体现在语文教材)的大分别"①,并从中衍生了目前已广为人知的"定篇""例文""样本""用件"这一选文类型思想;(4)张心科的《清末民国儿童文学教育发展史论》,在余论"光荣的荆棘路——语文学科重建与儿童文学教育的走向"一章中,对民国时期的言语活动形式观进行了较为系统的梳理,并提供了不少鲜为人知的史料。

二 方法:"肉、骨、神"兼备

"肉""骨""神"属于中国美学的范畴,在古人的诗论、文论、画论中经常可以见到。比如,"神浑则气灏,神远则气逸,神伟则气高,神变则气奇,神深则气静,故神为气之主"(刘大櫆《论文偶记》)。"是以怡怅述情,必始乎风;沉吟铺辞,莫先于骨。故辞之待骨,如体之树骸;情之含风,犹形之包气。结言端直,则文骨成焉;意气骏爽,则文风清焉。"(刘勰《文心雕龙·风骨》)"书必有神、气、骨、肉、血,五者阙一,不为成书也。"(苏轼《论书》)如果说"神"是指艺术作品中蕴含的思想、精神之灵魂的话,那么,"骨"就是指清峻、刚健的精神质地和气概,而"肉"则是涵纳、孕育、生长思想、精神,并显示其质地和气概的质料。我们将之接引过来,主要是指夏丏尊语文教育思想的研究方法。

一是"肉"型。注重对夏丏尊教育行迹,特别是语文教育方面史

---

① 倪文锦、欧阳汝颖主编:《语文教育展望》,华东师范大学出版社2002年版,第211页。

料的萃聚、梳理。虽然也会有架构的重组，适当的评述，但史料的呈现始终是占据第一位的。傅红英的《夏丏尊评传》，王利民的《平屋主人——夏丏尊传》，陈星的《平凡·文心——夏丏尊》，夏弘宁的《夏丏尊传》，以时间为序，用真诚而素朴的文字，记述了夏丏尊的一生，史料充沛，评述精到，成为研究夏丏尊语文教育思想的重要参考文献，即为此型。"肉"型的写法，在论文中表现得更为普遍。商金林的《绚烂与平淡的统一——夏丏尊和他的散文》（《江苏行政学院学报》2009 年第 2 期）、魏杰《现代文章学的奠基人之一——夏丏尊》（《殷都学刊》1988 年第 4 期）、吕萍的《夏丏尊的语文教学观》[《绍兴师专学报》（社会科学版）1989 年第 3 期] 等，莫不如是。

这种写法看似简单、幼稚，但是如果缺少一定的学养支撑、史识引领、语文课程眼光的观照，以及自觉的批判意识的渗透，也会捉襟见肘，漏洞百出，留下不少的遗憾。比如，有论者从 5 个方面对夏丏尊的作文教学观进行概述：①作文教学应培养学生人格；②作文教学应培养学生的能力；③为文时应树立读者意识；④作文训练可从小品文入手；⑤写作的基本条件和态度。虽然作者就夏丏尊的"体验观"想到了当下学者论述："体验首先是一种生命历程、过程与动作，其次才是内心的形成物。体验者在其生命经历的过程中，所经历的生命留存下来的内容就会得到表明，这个内容如同一个收获或结果，它是从逝去的生命经历中获得延续、重视和意味的"①；就夏丏尊的"触发观"想到了伊瑟尔对读者作用的强调："文学文本与其说实际地形成了意义文本，不如说开始了意义的'实行'。它们的审美特征就在于这一'实行'结构……没有单个读者的参与，就不可能有实行。"②

---

① 曹明海、陈秀春主编：《语文教育文化学》，山东教育出版社 2005 年版，第 285 页。
② 李建盛：《理解事件与文本意义》，上海译文出版社 2002 年版，第 132 页。

但基本上是引了就跑，只顾点出夏丏尊与这些人的思想相通处，却忘了交代如何相通，更没有分析是否还有相异之处或夏丏尊的超越之处。这样一来，夏丏尊的"体验观""触发观"就无法在引证中借势厚起来、立起来、新起来。

另外，在处理"述"与"评"的关系时，还出现了"评"先"述"后，"评"详"述"略，甚至有"评"无"述"的现象——阐述夏丏尊体验观的时候就存在这种问题，说夏丏尊"认为教师要引导学生感受生活、体验生活，把生活体验作为一种人生追求"，此语出自何处？未作任何注解，能不令人有太过随意，甚至信手拈来的臆造之想吗？像这样的"述"，即使有，亦等于无。至于说概述"作文教学应培养学生人格"，唯一例证就是《教育的背景》一文中的论述，"我们所行的教育是人的教育，当然应当用人来做背景"，可这是针对整个教育来说的，并非针对作文教学。论者为了"拉郎配"，竟然生造了一句"所以教育上第一件事要以人为背景，写作教学也理应如此"[1]，假充夏氏语录，加以引述，如此轻率为文，其学术价值的可信度还会存在吗？史论结合，论从史出，这个基本的学术底线如果没把持住，那么，所提供的"肉"必定是变了味、变了质的，对人不但无益，反而有害。

二是"骨"型。即注重对夏丏尊语文教育思想中重要概念、范畴、命题的辨析、阐释与打通。虽然也会糅入大量的史料，但这些都是作为论述背景或概念、范畴、命题的血肉而存在的。有学者指出："建构一个从命题到范畴到体系的历史直线发展，这是一种从黑格尔开始，在列宁那里得到总结的用范畴把握世界的写作模式，近年来转

---

[1] 朱国、栗斌：《浅论夏丏尊写作教学观》，《沈阳工程学院学报》（社会科学版）2012年第4期。

绪论　何曾只道是寻常

型为一种关键词写作。"① 在夏丏尊语文教育思想研究中，对于这种范畴式把握的"关键词"或"关键句"类型的写作，在很多学者那里都有较为自觉的尝试。

比如，潘新和的《夏丏尊写作教学观初探》一文，就是围绕下述四个命题展开的：①写作法则没用而有用；②为文不要忘记有读者；③从试作小品文入手；④学"国文"应着眼文字形式。这是从夏丏尊的语文教育思想中直接引入。因为扎根史料，又注重范畴内部诸要素关系的分析并结合特定的历史语境，以及语文学规律且能由此衍生出新的范畴，因此理论创新的含金量和颜值都比较高。仅以第一个命题为例：法则没用是指什么，有用又是指什么？为什么说没用而有用？这种思想的提出有何价值？在教学实践中如何贯彻？有了这些层层紧逼的追问，还有切中肯綮的分析，"写作法则没用而有用"这个命题便一下子从平面走向了立体，从静态走向了动态，从孤立走向了共生，而论者的结论至此水到渠成且令人信服——夏丏尊对写作理论与实践的关系的分析，和对"作文法"的界定，目的在于建立起一个符合写作学习规律并与教学情境相适应的"知行合一"的作文法教学体系。其最显著的特点在"可教性"和"可操作性"，由教材的"知行合一"，求得教学的"教练一体"②。

程稀阐述夏丏尊的阅读教学观，是从"阅读能级"（①精读与鉴赏；②略读与理解）、"阅读方法"（①还我琅琅读书声；②旧书常诵出新意；③课本以外的参读；④读非文字写的书）、"阅读教式"（①面向全体，思维互动；②教读与自读相结合；③注重启悟，适当拓

---

① 张法：《中国美学史》，四川人民出版社2008年版，第3页。
② 潘新和：《夏丏尊写作教学观初探》，《福建师范大学学报》（哲学社会科学版）1994年第3期。

展；④问学结合，不拘一格）这三个范畴切入的①，在归纳与演绎的平衡处理上或许还不是很完美，但是以范畴梳理、激活夏丏尊语文教育思想的相关史料的研究意识，是非常鲜明的。这种追求在陈珑的硕士学位论文《论夏丏尊的语文课程思想》中也有体现：（1）语言标准——"人人能用国语自由发表思想"；（2）传统文化标准——"能使用古文书籍"；（3）文学标准——"能欣赏中国文学名著"。直接以夏丏尊的原话为命题，力求对其语文课程目标观给出个性化的梳理和阐析。但是，这三个标准/命题能否统括夏丏尊的语文课程目标，值得商榷——至少对古代诗词、小说、剧本的欣赏，还有"能知道全世界普通的古今事项"这些内容没有被收拢进来。不过，作者以范畴或命题来把握夏丏尊语文教育思想的意识的确有了。

三是"神"型。即关注夏丏尊语文教育思想与时代的互动，与历史的打通，与他人思想的比照，突出其思想的发生、发展、转折、演变、特色、贡献与不足等，史料引入、范畴分析，皆指向"神"，烘云托月的色彩特别显豁。从夏丏尊形式观的历史流变中，见出他的目标指向是"让语文学科走向科学"，他的探索动力是"救治、爱与体验分享"，他的研究语境是"同人探索和自我创生"，还能发现他广度、高度、深度上的"个性化的创生之处"②；或者将夏丏尊的"形式独立于内容说"，与同时代的"形式附着于内容说"进行对比，发现其三大不足：（1）把言语形式与内容当成可以割裂的，而非天然相连的；（2）把学习语言当成研究语言，而非运用语言；（3）把言语形式当成抽象的

---

① 关于阅读教式，程稀因没有夏丏尊的原生态教学实录，只能从其著述吉光片羽式的描述，还有从学生的回忆中进行述评。因为本节述多于评，颇为杂乱，亦无提炼，所以笔者根据其描述代为概括。

② 汲安庆：《夏丏尊语文教育形式观之辨正》，《青海师范大学学报》（哲学社会科学版）2015 年第 1 期。

数学公式，而非审美的形式①，都带有"神"型研究的特征。至于说得出的结论是否合理，演绎的前提是否成立，则另当别论。

值得一说的是，"神"型研究与"肉"型研究、"骨"型研究都是融为一体的，只是侧重点各有不同而已。"神"型研究因为立足史料，熟稔范畴，追求生命的融合、思想的贯通，并要得出个性化的判断和结论，所以当下感、对话意识和个性特征都较为鲜明，已经成了越来越多学者的自觉追求。

清人袁枚说："作史三长：才、学、识缺一不可，余谓诗亦如之，而识最为先。非识，则才与学俱误用矣。"（袁枚《随园诗话》卷三）章学诚也说："夫史有三长：才、学、识也……夫识生于心也，才出于气也。学也者，凝心以养气，炼识而成其才也。"（章学诚《文史通义·文德》）识需要才、学的滋养、孕育，又能推动并引领才、学的发展与提升，可以说是才、学的集中绽放、最高体现，因此深受重视。才、学从何而来，刘勰的看法是"征于圣""宗于经"（刘勰《文心雕龙·征圣》）且要注意"积学以储宝，酌理以富才，研阅以穷照，驯致以绎辞"（刘勰《文心雕龙·神思》）。"神"型研究因为自觉地使才、学、识相济、互补，让积学、酌理、研阅、驯致达致良性的互动，令个性化的识见像浴火的凤凰一样不断重生，堪称学术研究的化境。

三　追求：价值重构，多维阐扬

对夏丏尊语文教育思想价值的研究，人们多是从教育学、心理学、语文学的视角，偏于对其科学、实用价值的发掘、梳理和总结，

---

① 张新科：《清末民国儿童文学教育发展史论》，北京师范大学出版社2011年版，第351—353页。

应需的指向较为明显。这方面,王荣生的《夏丏尊文学鉴赏教学论辩证》(上),张心科的《夏丏尊、叶圣陶的语文教科书选文教学功能观评析——兼说"教教材"与"用教材"》,王倩的《体上求用,用中见体——〈国文百八课〉"文话"系统对作文教学的启示》等论文较有代表性。一些硕士、博士论文,如程稀的《夏丏尊与现代语文教育》(博士论文),黄贺的《夏丏尊语感论及其在当代的发展》(硕士论文),马妮娜的《夏丏尊语文教育思想述评》(硕士论文),更是如此。

比如,王倩从《国文百八课》的文话系统中,发现了其间蕴藏的对当下作文教学富有启示的四大价值:①建立了科学的文章观念——言为心声(不能脱离主体和具体语境,片面、孤立地讲写作方法);②正确处理形式与内容的关系——设计明确的教学目标;③模仿·借鉴·创造——传授具体的写作方法;④让学生在磨砺言语和思想的过程中体验进取的乐趣①。这些几乎都是着眼于"技""法""用"的,即使谈到文话的形式设计——一次讲一个小题目,前后既有联系,又不呆板;还有语言风格的平易,让学生得到意志品质的磨炼和修养的熏陶,都是围绕如何提高学生的写作能力来谈的。也就是说,文话系统中是否还有其他价值,诸如培养学生的言语人格,启悟学生的言语智慧,开发学生的言语想象等,都被不知不觉地过滤了。即使有,也只能处于从属的地位,服务于言语表现之技、之法、之用。

这种科学主义、实用主义的倾向,在研究夏丏尊本人最为倚重的基于形式审美的体性论时表现得尤为突出。兴许是受中国"得鱼忘筌""得意忘言"的批评传统影响,不少学者多是漠视,甚至无视夏

---

① 王倩:《体上求用,用中见体——〈国文百八课〉"文话"系统对作文教学的启示》,《首都师范大学学报》(社会科学版)2003年第3期。

丏尊一再强调的形式审美思想。实在无法回避了，才象征性地谈了形式的教育学或语文学价值且限于夏丏尊的文本形式，很少涉及教育思想的"内形式"①，如范畴、概念、命题、思维图谱等。即使用到"图式"理论，也多是注重了共性而忽略了个性，注重了现成而忽略了生成，注重了实用价值而忽略了美学价值。

随举一例。夏丏尊、叶圣陶语文教科书选文系统在文类上追求"各体匀称，不偏于某一种类，某一作家"；在内容上追求"旨趣纯正，有益于青年的身心健康"；在性质上追求"以文话为中心"，配合文话，同时又成为其后文法、修辞、习问部分的内容资源。针对这种思维的"内形式"，有学者从"全息"（如朱自清的《背影》可作随笔的例，可作抒情的例，可作第一人称的立脚点的例，等于是一个全息体）、"例子"（让选文成为某一课某一目标的例子）、"凭借"（将选文当作某一"工具""锁匙"，去开发无限的宝藏，实现举一反三的效应，使学生练就阅读和作文的熟练技能）、"引子"（将学生引向"历史文本和现实文本"，练就触发的功夫）这四个方面，对其进行了功能性的概括，同时指出无论选文突出上述的哪一种功能，"都是着眼于选文的形式"，而不是"从选文内容着眼，忽略选文在内容方面所具有的知识（自然、社会）积累功能、情感熏染功能和思想启发功能"②。

因为过于关注科学化、实用性，没有辩证地把握内容与形式的相

---

① 当下学界认为：作为表现一定内容的形式，可以分为两类：一类是"外形式"，另一类是"内形式"。"外形式"指事物的外在形式，即事物外部结构或内容的感性外观形式，它和事物的内容不直接相关，它的改变不直接涉及事物的内容和本质。"内形式"指事物的内在形式，它和事物的内容和本质直接相关，是内容诸要素的内部结构的排列方式，是事物主要的、本质的形式。

② 张心科：《夏丏尊、叶圣陶的语文教科书选文教学功能观评析——兼说"教教材"与"用教材"》，《中学语文教学》2008 年第 5 期。

互依存、相互转换关系，立论不免自相矛盾，而夏丏尊、叶圣陶选文系统所追求的体式上的匀称之美，情意上的纯正之美，还有文话、选文、修辞、习问的贯通之美，浸润其间的主体理性思考的创新之美，更是被屏蔽了。《国文百八课》选材标准里明确说到要有"新的意味"，即新的知识、新的情味、新的教训，"同是知识，方面有许多种，同是情味或教训，性质也并不单纯。要辨别得清清楚楚，然后从选好的一群材料里，精选出适切的材料来运用"①，这怎么能说忽略"情感熏染功能和思想启发功能"呢？

囿于科学的、实用的价值，所见必然有限，所识也难臻深刻。用夏丏尊自己的话来说就是"惟其以实用实利为标准，结果愈无利可得，无用可言"。②

不过，也有些学者自觉、不自觉地将目光由文本形式向课程形式、教材形式、教学形式、测评形式，甚至思维形式等方面迁移并隐隐感觉到了背后潜藏的美学价值，这从他们稍纵即逝的论述中，不难一窥消息。

吕叔湘在给《国文百八课》所写的序中，对这部书形式架构中的文话评价极高："《国文百八课》的最大特色是它的文话。现在也有以作文为中心按文体组成单元的实验课本，但往往是大开大合，作文讲解和选文各自成为段落，很少是分成小题目互相配合，能够做到丝丝入扣的。这就意味着，直到现在，《国文百八课》还能对编中学语文课本的人有所启发。"③ 文话与选文相互配合，丝丝入扣，有效克服其

---

① 夏丏尊、叶圣陶：《国文百八课》，生活·读书·新知三联书店2008年版，第118—119页。
② 夏丏尊：《夏丏尊教育名篇》，张圣华总主编，教育科学出版社2007年版，第6页。
③ 吕叔湘：《国文百八课》，见夏丏尊、叶圣陶《国文百八课》，生活·读书·新知三联书店2008年版，第5页。

他教材编写形式上的各自为政，形连意断之弊，这便是对教材形式中自洽之美、和谐之美的一种肯定。缺失了这种美，是根本无法发挥给人以恒久启发的效力的。

陈必祥主编的《中国现代语文教育发展史》在谈到夏丏尊提倡的"6W"写作运思形式［①为什么要做这文（Why）？②在这文中所要述的是什么（What）？③谁在做这文（Who）？④在什么地方做这文（Where）？⑤在什么时候做这文（When）？⑥怎样做这文（How）？］时，从三个方面评价了其特色：（1）论述详细而通俗，不在学术语上兜圈子；（2）大量引用《红楼梦》《水浒传》《儒林外史》《复活》等中外名著中的片段做例证，来说明文章的要义，读来饶有趣味；（3）在许多章节后面，还设计了各种练习，供学生习作时参考①。除第三条是实用性评价外，其余两条均涉及了审美。"通俗"指出了夏丏尊言语表现上的美学风格，他的文字可以化艰深为浅易，化抽象为形象，加上针对语文教育中的实实在在的问题，又能自然而然地灌注自我独特的生命体验，所以是贴近大地、贴近生命、贴近人心的。"饶有趣味"则不仅指语言运用上的醇永之美，而且还道出了内容上的新鲜之美，思想上的独创之美。

相对而言，刘正伟的《治教育则归于至情，研语文则时获创见——夏丏尊语文情感教育思想论》，潘新和的《夏丏尊写作教学观初探》等论文，则比较客观、辩证。他们的文章中不仅关注到了夏丏尊语文教育形式美学的实用价值、科学价值，也注意到了其间潜蕴的审美价值。

世人大多关注到夏丏尊、叶圣陶为语文科学化所进行的呼吁和努

---

① 陈必祥主编：《中国现代语文教育发展史》，云南教育出版社1987年版，第75页。

力,却遗落了他早在1913年便在《学斋随想录》中的真情告白:"斯世无限之烦恼,可借美以求暂时之解脱,见佳景美画,闻幽乐良曲,有遑忆名利恩怨者否?"事实上,感性和理性,科学与审美在夏丏尊身上是并行不悖的。不然,我们就无法解释:上完一天的课,在极度疲惫的情况下,他何以能"悠然地把身体交付了黄包车,在红也似的夕阳里看那沿途的风物,好比玩赏走卷"(夏丏尊《黄包车礼赞》)?"松涛如吼,霜月当窗,饥鼠吱吱地在承尘上奔窜",他何以能"深感到萧瑟的诗趣,常独自拨划着炉灰,不肯就睡"(夏丏尊《白马湖之冬》)?深陷日寇囹圄,在威胁利诱之下,依然能"正气凛然,屹然不动"(1946年重庆《新华日报》社论《悼丏尊先生》)?更无法理喻:对很多作品形式秘妙的揭示,他何以能那么精准独到,精彩连连?对随笔、论文的形式创新,他何以能那么不拘一格,却又似乎信手拈来?

关于夏丏尊语文教育思想的美学价值,刘正伟从情感教育视角切入的论述颇具启示:"如果说爱的教育是将'善的方面'情感尽量发挥,把恶的方面渐渐压伏,含有更多的道德教育因素,那么,夏丏尊关于'美的情感'的教育则是尽量发挥情感的美的方面,压伏淘汰丑的方面,具有美育特点。美育的实质是情感教育,语文作为一门人文学科有其丰富的情感内容。夏丏尊先生认为无论是语文教育中的阅读,还是写作,都应着眼于培养学生完美的情感,铸造独立的人格。"[1] 事实上,夏丏尊在语文教育中注重培养完美情感,塑造独立人格,与他的语文教育形式本体的建构是浑然一体的。比如,他提倡通过阅读训练语感,领略文气,追求在耽玩作品形式的过程中,注意把

---

[1] 刘正伟:《治教育则归于至情,研语文则时获创见——夏丏尊语文情感教育思想论》,《淮阴师专学报》1994年第4期。

握情味、诗趣，包括强调教育以人为背景，其间都有美的因子在策策而动。在他看来，语文教育中阅读教学无非是引领学生"应付生活，改进生活，丰富生活"，因而语文教学的内容要"依了生活来决定选择"，而选择的内容要能真正地"丰富生活，润泽自己"。丰富生活，润泽自己，哪一样能离开了美的引领和浸润呢？进入美的境界，形式是必由之径。正是在这一基点上，他的语文教育思想显得灼灼其华！

潘新和对夏丏尊语文教育思想的美学价值也多予以肯定：①无用与有用的谐和之美。夏丏尊关于作文法则"没用而有用"的阐述"一语中的"，"说它没用，是因为它不能代替写作实践训练；说它有用，是因为它能提高写作实践训练的效能。因此，法则加练习，是写作技能习得的最佳途径"。②斜中求正的动态平衡之美。夏丏尊着眼于形式的语文学习观并未"完全无视对文章内容的学习"，因为"文章的形式是内容的形式，要离开内容学习形式实际上是难以做到的"。同时指出："学习文章的内容，也不是不可以给我们从生活中获取写作材料以借鉴。但是，从'国文'科的性质特点上来把握学习的人物，对它的特殊性加以强调，也是有其合理性的。"③指向言语表现的创造之美。夏丏尊在文字形式的学习上，主张发挥个性和创造力，坚决反对模仿和抄袭。"对模仿的否定是相当彻底的。是鼓励创造还是提倡模仿，这是写作教学中的一个至关重要的问题，值得至今仍热衷于模仿式写作训练的老师们深思。"[1] 相较于传统的将夏丏尊语文教育思想视为"形式主义""科学主义""训练主义"的学说，这些见识无疑有拨乱反正，正本清源的力量，对深入领悟夏丏尊语文教育思想的价值有着重要的启示作用。

---

[1] 潘新和：《夏丏尊写作教学观初探》，《福建师范大学学报》（哲学社会科学版）1994年第11期。

非常可贵的是，有部分学者在研究中还无意间触及了夏丏尊语文教育思想中的"终极关怀价值"。

商金林在《绚烂与平淡的统一——夏丏尊和他的散文》一文中这样写道："作者憧憬'独立的学问'、'无功利的色彩'的宗教、'唯理哲学'、'纯粹的文学'以及'发达'的艺术，热诚地希望国民超脱'眼前的、现世的、个人的利'，孕育'创造冲动'，推进'文明进化'。"① 尽管只是浮光掠影般地"闪论"了一下，但一个"憧憬"足已道出夏丏尊对教育彼岸的守望和追求。其实，还在1946年的时候，朱自清就指出了夏丏尊的这一特点：是位"理想家"，"以宗教的精神来献身教育""将教育和宗教打成一片"。在春晖中学时，"他给学生一个有诗有画的学术环境，让他们按着个性自由发展"。② 这何尝不是在终极关怀情结支撑下，实现教育桃花源的一种努力？田瑞云说："在佛家眼里，夏丏尊是最有凡心的僧徒，而在世俗生活中，他则是最有禅心的凡人。坚信'事理不一'的夏丏尊一生都是以出世的精神，做着入世的事业——教育。"③

从信仰上说，夏丏尊的确把教育当作"英雄的事业"，认为"真挚就是英雄的特色"（夏丏尊《回顾与希望》），表面上说"并不是凡是教育者必须是贤人圣人。理想的人物本是不可多得的"（夏丏尊《教育的背景》），实际上却处处以理想的圣人、贤人标准来衡量自我。厌恶"假教化之名，行商业之实；借师道之尊，掩自身之短"的虎皮羊质现象（夏丏尊《彻底》）；面对写作中飞扬跋扈的虚伪之风，他

---

① 商金林：《绚烂与平淡的统一——夏丏尊和他的散文》，《江苏行政学院学报》2009年第2期。

② 朱自清：《教育家的夏丏尊先生》，见杜草甬、商金林编《夏丏尊论语文教育》，河南教育出版社1987年版，第295—296页。

③ 田瑞云：《夏丏尊教育思想中的宗教精神》，《泰安学院学报》2007年第4期。

大呼"矫此颓风,舍吾辈而谁"(夏丏尊《学斋随想录》);呕心沥血地探索语文的科学化之路,倡导以人为教育的背景,从形式入手捍卫语文的体性……凡此种种,可以说既有现实的担当,更有彼岸的守望。换言之,因为有了对教育的终极关怀,他的英雄情结、圣贤心胸、拯救者形象,才会像高山一样巍峨、笃定,像幽兰一样清芬、自然,像阳光一样明媚、久长!

从形式上看,夏丏尊的语文教育总体上是"妈妈式"的,苦口婆心,诲人不倦,与佛家的悲悯之心、虔敬之心完全契合。至于说自觉觉人的禅式教育,注重唤醒和启迪,帮助学生开启心智,最大限度地实现自我,更是因为有了彼岸情怀的引领。在《对了米莱的〈晚钟〉》一文中,他坦承酷爱米莱的这幅名画,就是因为画家将信仰、劳动、恋爱这"人间生活的三要素在作品中用了演剧的舞台面式展示着……这三要素的调和融合,是人生的理想"。这种艺术之境显然已经不是生活之境的忠实描摹,而是对理想境界、彼岸境界的一种表现。

克莱夫·贝尔在《艺术》一书中将艺术归结为"有意味的形式",认为这是可以"唤起我们审美感情",感动我们的"一切艺术品的共性"。他强调的"审美感情"并不是"生活感情",而是"对终极实在的感情";他强调的"意味"也不是寻常的意味,而是"哲学家以前称作'物自体',现在称为'终极现实'的东西"。"那凝视着艺术品的鉴赏家都正处身于艺术本身具有的强烈特殊意义的世界里。这个意义与生活毫不相干。这个世界里没有生活感情的位置。它是个充满它自身感情的世界。"虽然措辞极端,忽略了审美情感基于生活情感的事实,但是对审美情感、审美意味、审美境界,连同审美形式中存在的超越性、彼岸性的强调,却是道出了艺术的真谛,发人

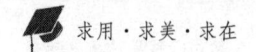

深省的。

龚鹏程说:"由于文学作品是这么努力地想彰显人存在的价值,所以它才能突破形式的平面世界,不断提升、抉择或信持其存在价值,建构一个立体的世界。它使人生有所企慕、有所仰望;通过文学,可以构成生命的自我追求与上扬。文学若有功能,功能殆即在此。通过美学的想象,人自然会有趋向真正终极理想的力量,超越现实,观看自我,并冲破人与人之间形躯时空等形式的限制,在人的存在处取得感通……文学作品,若要避免成为形式的知识,完成统摄而超越形式的意义,自不能不在这方面多予致力。"①

说文学作品具有"使人生有所企慕、有所仰望""构成生命的自我追求与上扬",还要使人突破形躯、时空的限制,产生"趋向真正终极理想的力量",这正是对终极关怀的一种理想描述。要求文学作品"避免成为形式的知识",这不是否定形式的终极关怀的价值,而是突出强调形式与终极关怀的紧密关联。唯有如此,二者才能虚实相生,相映生辉。

艺术形式如此,文本形式如此,语文教育形式亦如此。对于夏丏尊,其语文教育形式与终极关怀的联系则尤其紧密。

从态度上说,夏丏尊倡导的"把行动和看书都打成一片,把图书馆认为精神的粮食库",认为"艺术和宗教实有同一的归趋。凡为实利或成见所束缚,不能把日常生活咀嚼玩味的,都是与艺术无缘的人们……只要对日常生活有观照玩味的能力,无论如何,都能有权利去享受艺术之神的恩宠。否则虽自号为诗人画家,仍是俗物"②,这都是终极关怀的别样呈现,因为图书馆是精神的"粮食库",更是精神的

---

① 龚鹏程:《文学散步》,世界图书出版公司2006年版,第76—77页。
② 夏丏尊:《平屋杂文》,北京师范大学出版社2012年版,第84页。

后花园，是引领人更好地立足现实，又能超越现实的一个永恒的理想世界。用艺术的态度玩味生活，更是为了追求精神的飘逸、生活的精致、人性的完美，务虚、超越、憧憬的特征不言而喻。语文教育于他，既是活的，更是美的。正如蒙台梭利说得那样："教师必须为形成较好人类而献出一切。正像为献身女灶神的修女们，她们有责任使别人燃点的圣火保持纯洁，不沾染烟灰。同样，有责任使她们照管的内心生活的火焰保持纯洁。如果忽视这火焰，它将熄灭，而且没有一个人能再次把它燃烧。"① 如此圣洁的追求，夏丏尊也有。为了让学生成为"较好人类"，他一直关注着身心诸能力的养成，并为之付出了一生的努力，内心生活的纯洁火焰从未熄灭过。

当然，从整体上看，夏丏尊语文教育思想研究也存在着不少遗憾。比如，语文本体论研究的阙如——关注了夏丏尊语文教育思想中的教/学什么，怎么教/学，却遗忘了为什么教/学。形式美学研究的薄弱——学者们研究夏丏尊，着眼的多是"形式论"，而非"形式美学"；是"文本形式"，而非"语文教育形式"；是"语用学"研究，而非"语文教育美学"研究。还有夏丏尊语文教育思想中的矛盾处不知不觉忽略——如为什么在日记、书札的写作中，为了情趣，要提倡"兼述生活和心情"（夏丏尊《小品文练习的机会》），而在记叙文写作中又极其反感她露出面目来，妄加议论或抒情，"用了谆谆教诲的态度来强迫"读者（夏丏尊《论记叙文中作者的地位并评现今小说界的文字》）？对驳论、说理之术的运用堪称出神入化，为什么还经常下似乎偏激之论，诸如"能阅读，能写作，学习文字的目的就已算达到了"（夏丏尊《关于国文的学习》）；"学习国文，应该着眼在文字的

---

① 姚全兴：《审美教育的历程》，上海社会科学院出版社1992年版，第46页。

形式上，不应该着眼在内容上"（夏丏尊《学习国文的着眼点》），对此类问题，鲜有深入的探析。有的虽偶有触及，持论又失之武断。至于对夏丏尊与叶圣陶、朱自清等人语文教育思想上相异之处的研究，问津的也不是很多。

这些都是在后继的研究中需要进一步加强的。

第三节 选题的意义与价值

那么，夏丏尊语文教育思想研究到底有着怎样具体的意义和价值呢？

一 不断强化语文的言语性

在夏丏尊生活的时代，关于语文课程的性质，已经有了"工具"和"人文"之争。

叶圣陶说："语文是工具，自然科学方面的天文、地理、生物、数、理、化，社会科学方面的文、史、哲、经，学习、表达和交流都要使用这个工具。"[①] 朱光潜认为："大学国文不但是一种语文训练，而且是一种文化训练。"[②] "文化训练"就是"人文熏陶"之意。至于当下颇以为新的工具性、人文性统一说，20 世纪初在美国实用主义教

[①] 叶圣陶：《大力研究语文教学，尽快改进语文教学》，见中央教育科学研究所编《叶圣陶语文教育论集》，教育科学出版社 1980 年版，第 150 页。

[②] 朱自清：《论大学国文选目》，见中央教育科学研究所编《朱自清论语文教育》，河南教育出版社 1985 年版，第 11 页。

育家杜威那里就已滥觞了——他主张工具主义、科学主义的同时，也主张人本主义、人文主义教育，认为二者应该统一、互渗。

夏丏尊则在此基础上，又融入了"言语性"："国文科的学习工作，不在从内容去深究探讨，倒在从文字的形式上去获得理解和发表的能力。凡是文字，都是作者的表现。"① 可谓"三性"相融，各有所重。

强调工具性，主要是突出语文基础的、服务的功能，因为"国文科是语言文字的学科"，文字是"一切学问的工具"，且关乎"一国的文化"（夏丏尊《国文科的学力检验》）；强调人文性，主要是突出语文怡情的、养性的功能，因为"真正的教育需完成被教育者的人格，知识不过人格一部分，不是人格的全体"（夏丏尊《教育的背景》）。也许是已有所察：工具性、人文性实为各科所共有，并非国文科的特性、种差——思考国文科的独当之任便初露了这一思想的端倪，因而又开始强调言语性，意在突出语文表现的、存在的功能，因为"凡是文字，都是作者的表现。不管所表现的是一桩事情，一种道理，一件东西或一片情感，总之逃不了表现"（夏丏尊《学习国文的着眼点》）。语境不一，所指各异。不过，总体看来，在夏丏尊语文课程思想体系中，"三性"呈现了这样的一种混融自在的关系形式：工具性是基础，人文性是主导，而言语性则是"主体"，应该是可以肯定的。

看到工具性，却不深陷于此；看到人文性，却不认为这是语文的独当之任，而是独具慧眼地发现语文的言语性特质，这在泛政治化、科学主义、工具理性盛行的思想语境下是颇为不易的。潘新和教授视

---

① 夏丏尊：《夏丏尊教育名篇》，张圣华总主编，教育科学出版社2007年版，第149—151页。

夏丏尊为"主张言语性的先驱",认为夏丏尊的"重文字,轻内容的语文学习观,尽管与我们今天对言语性包含着人文性、存在性的理解还有较大距离,但是,他的认识也是从一个角度切入言语性认知,在当年语文教育界独树一帜"①。这正是看到了其对语文课程本体性定位的独特贡献。

当然,夏丏尊语文教育思想中对"存在性"的强调是不够到位的,也无"言语性"的命名,更无系统、深入的阐扬,在当时的情况下还更多地偏向了生存性的一面,但因为有了对写作技能为己服务,并且用创作的态度对待生活的强调:

> 无论是应用之作,或是兴到时所写的一篇东西、一首诗,总之用创作的态度去对付,要忠于自己,绝不肯有半点的随便和丝毫的不认真。文学者固不必人人去做,然而文学者创作的态度却是人人可以采取的。惟能如此,才能受用不尽呢!②

产生出将言语表现的意识融入生命,化入生活,更好地确证自我,能动而坚实地存在的思想萌芽,一下子使他的语文教育思想既有了高度,又有了温度和美度。

对于这一点,越来越多的学者已经开始认识到了语文教育是"唤醒人性(天性)——言语性、精神性、创造性的教育"③ "言语的生命状态就是人的直接现实与存在方式,一个语言形式就是一个生命形式,它表征着一个独特的生命个体精神的投射、心灵的律动、情感的

---

① 潘新和:《语文:表现与存在》,福建人民出版社2004年版,第139页。
② 夏丏尊、叶圣陶:《文心》,生活·读书·新知三联书店2008年版,第323页。
③ 潘新和:《不写作,枉为人——潘新和语文学术随笔》,福建教育出版社2014年版,第5页。

宣露，是一个生命本相的展现"① "如果缺乏自觉的语文意识，则人们对于文本的内容，即'它所写的思想或情感本身'，往往也难以准确、全面、深入地加以把握，因为言语内容生成于言语形式，言语形式实现言语内容"②。这些论述，算得上是对夏丏尊言语表现思想的隔代呼应吧！

二 忠实地捍卫语文的体性

在夏丏尊看来，论"秩序"和"系统"，国文科不及植物、历史、地理、算术、代数等学科；论内容的确定性，更是不及——国文科似乎什么内容都可以囊括，但又不能上成"修身科"或"公民科"。真正可以确定国文科身份的就是文法、修辞等形式的内容，因为这些内容相对不变，又可运用于阅读、写作之中，磨砺学生的语言文字运用能力。在语文教学中，他对文体界限、特征内涵的敏锐而准确的把握，关注句读的最佳使用，段落的巧妙安排，还有文气的顺畅、文章的省略，无不是忠实捍卫语文体性的表现。

这种对语文体性求索与捍卫的思想，在当时也得到了其他学者的响应。叶圣陶说："这两项的知识和习惯（阅读和写作——笔者注），他种学科是不负授予和训练的责任的，这是国文科的专责。每一个学习国文的人应该认清楚：得到阅读和写作的知识，从而养成阅读和写作的习惯，就是学习国文的目标。"③ 朱自清也很反感国文这一科负责全部教育的责任，认为中学国文教学的目的只需这样说明："①养成

---

① 曹明海主编：《语文教学本体论》，山东教育出版社2007年版，第4页。
② 王尚文：《人文·语感·对话》，上海教育出版社2010年版，第16页。
③ 叶圣陶：《略谈学习国文》，见刘国正主编《叶圣陶教育文集》第3卷，人民教育出版社1994年版，第89页。

读书思想和表现的习惯或能力；②发展思想，涵育情感。"两个目的中，"后者是与他科共有的，前者才是国文科所特有的；而在分科的原则上说，前者是主要的"①。

他们强调的阅读与写作知识，正是夏丏尊所倡导的形式知识！

这些知识的"得到""养成"和"表现"，既是语文教学的目标，也是语文教学的内容。既突出了语文之用，也突出了语文之美——夏丏尊着眼于形式秘妙揭示的文本解读充分证明了这一点。语文体性正是因为有了这样的体认和实践，才得以捍卫。这对语文教学中"种了别人的田，荒了自家的园"的现象，无疑是一种有力的警示。

当下不少学者也持这种观点，觉得其他学科是重在"说什么"，而语文学科则重在"怎么说"，"语文教材有的课文可以直接分别划入政治、历史或地理、生物、化学等学科；但语文学科的教学内容如果守住了言语形式这一门槛，教的即使是政治性论文，也不会上成政治课；跨越了这一门槛，即使教的是诗歌、小说、散文，也会上成政治课或别的什么课"②。"言语性"才是"语文学科的种差"③，应该"把语文作为主体生命的形式来把握，视一个语言形式为一个生命形式；把语言作为存在世界的现身情态来对待，视一个语言形式为一个存在世界"，并认为"这是一个全新的语文本体观的建构，也是一个从根本上颠覆和重建语文教学思维和秩序的重大变革"④。李泽厚认为，"形式感的建立"是美育实施的"重要"途径，形式感是指对形式的感觉，如均衡、对称等，人从这里面获得一种愉快的感觉，这就是美。具体到教学上，比如，教师上课怎么注意上课的节奏、韵律，

---

① 朱自清：《朱自清语文教学经验》，教育科学出版社2007年版，第5—6页。
② 王尚文：《人文·语感·对话》，上海教育出版社2010年版，第12页。
③ 潘新和：《语文：表现与存在》，福建人民出版社2004年版，第135页。
④ 曹明海主编：《语文教学本体论》，山东教育出版社2007年版，第4页。

包括声调的抑扬顿挫,就跟读文章似的。为什么中国的文章老是要朗读、要背诵?因为只有读出来才可体味到抑扬顿挫的形式美感①。

这些精华性的提炼、概括与拓展、延伸,同夏丏尊捍卫语文体性的教育思想均有着深刻的精神联系,对当下体性模糊的语文教学不无启示。

三 大力推动语文的科学化

但是,科学、理性的精神在夏丏尊语文教育思想中也是一以贯之的。

为了摆脱语文教学的盲目性,还语文学科以科学性,他在教材编排、文本解读、课堂教学、课外阅读等许多方面,都进行了深入细致、艰苦卓绝的探索。因为用心专、用情深、用力久,科学化的追求与他的思维方式、行动方式几乎融为一体,这从他的写作、讲座,乃至在翻译《爱的教育》时对名称的多方考辨上,都能一窥究竟。尽管有学者认为,夏丏尊等人"当年企盼建立的井然有序的严密科学之序并没有出现"②,并怀疑他们在苦心经营的《国文百八课》中"将文本解读及其揭秘实践排除在外",可能是出于"避难就易的选择"——旨在揭秘的形式体系,要与选文的解读构成对应关系,难度大多了③。但是,夏丏尊等人为此付出的科学化努力,毕竟功不可没。

刘真福指出:"夏、叶《国文百八课》致力于现代语文教材新体

---

① 朱永通:《做幸福的好教师——名家名师教育访谈》,华东师范大学出版社2015年版,第236—237页。
② 赖瑞云:《混沌阅读》,福建教育出版社2010年版,第17页。
③ 赖瑞云主编:《文本解读与语文教学新论》,北京师范大学出版社2013年版,第204页。

系的贡献之一便是'课'的建设,即教材内容的单元式呈现。"[1] 的确如此,此前的中小学语文教材基本上是文选的叠加,语文要素呈松散状联合,毫无"课"或单元的意识,如王伯祥的《开明国文读本》(开明书店 1932—1933 年出版,供初中生用),朱叔文的《初中国文读本》(中华书局 1934 年版),傅东华、陈望道的《基本教科书国文》(商务印书馆 1932—1933 年出版)等,均为文选型教材,选文多少、课文安排等存在着较大的随意性。有些教材仅是课文罗列,注释、导读、练习全无;有些教材虽有练习,但设题带有较大的随意性,明显没有宏观的理念指导。但是,《国文百八课》遵循文章学系统建构的"文话+文选+文法或修辞+习问"模式,体系自具且重点突出,阐释生动,充满了共识与独识交相辉映的思辨魅力,对后世的教材编排产生了深远的影响——后人没有学得像,或未能有所超越,那是另外一回事。他的立足形式知识的解读(教学)实践,精微与新颖齐飞,灵动与深刻一色,仰之弥高,钻之弥坚,为后世的语文教学树立了光辉的典范。难能可贵的是,他形式知识的教学并非静态的、悬空的语言学知识传授,而是动态的、切实的言语学知识生成。一如看似干枯的沙漠玫瑰,遇水后能迅速苏醒、返青,展现葳蕤、艳丽的容颜一般,夏丏尊的形式知识一旦遭遇具体的文本、问题,立刻变得生机勃勃、趣味盎然!这与那些不顾知识的特性,为了应试肢解知识、野蛮训练的人,判然有别。

不过,夏丏尊重形式知识,轻内容知识,为了理论的彻底和一贯,甚至连牺牲兴味也在所不惜的做法值得检讨。形式知识的积累与运用,的确可以形成一定的语用能力,但语用能力的高低,则是要受

---

[1] 刘真福:《为现代新语文教材奠基铺路——夏丏尊、叶圣陶〈国文百八课〉文章学体系建构》,《中华读书报》2015 年 5 月 20 日第 8 版。

制于内容知识的。心理学研究表明:"个体拥有广博的陈述性知识（主要指内容知识——笔者），能促进阅读过程中词的解码、词义的提取及语句的整合。"①"作者长时记忆中的陈述性知识对写作质量有重要影响。研究发现，具有同等写作技能水平的人，如果对文章主题所拥有的陈述性知识不同，写出的文章就会有较大的质量差异。"② 更何况，并非所有的形式知识（主要是程序性知识）都能转化为语用能力。构成人的语文学科基本学识素养、思想修养的恰恰是偏于内容的陈述性知识，如相关的本体论知识、原理性知识、学养性知识等，这些知识无法训练，只能内化、浸渍、涵养和积淀。

四 使语文生命化得到可能

夏丏尊语文教育思想也针对了当时语文教学的或神而明之，或泛而不切，或烦琐讲析，导致整体感缺失，生命感沦丧的现象，因此在促成语文教学的生命化方面，他用力甚勤。

生命化的促成主要表现在对阅读/教学中"整体感"的关注上。就其实施途径，大致可分三种，即"意统""形统"和"气统"。

"意统"强调的是以"意""神"或"原理""策略"去统摄全体，以虚总实，虚实相生。如阅读一篇文章应"捕捉大意""收得梗概"；阅读整本书，无论精读还是略读，都要注意"最好先读序，次看目录，了解该书的组织，知道有若干篇，若干卷，若干分目，然后再去翻阅全书，明白其大概的体式，择要读去。"（夏丏尊《关于国文的学习》）"意统"犹如学习之纲，纲举而目张，后面的一切学习行

---

① 吴庆麟等:《认知教学心理学》，上海科技出版社2000年版，第263—265页。
② 同上书，第277页。

为才不会限于杂乱和低效。

"形统"强调的是意脉、结构、体式、手法的统摄，这成了他解读/教学的背景，或内在的线索。"没有中心，文字就会散漫无统一，散漫无统一的文字断不能动人。但所谓中心不是一定限于事项的统一，事项虽不前后联络，只要情调心情上能统一时，仍不失为有中心的文字。"[①] 情调统一，文字才不会像肿瘤一样到处乱长，而思想则会因之得到更精粹、更有力的表现。

"气统"突出的是文气上的流贯、统一。夏丏尊为此所写的《所谓文气》，就是专门谈这个问题的。在他看来，文章若想具有"洋洋洒洒""一泻千里""波澜壮阔"的旺盛、流贯的气势，至少得从这三个方面着力：①以一词统率许多句；②在一串文句中叠用相同的调子；③多用接续词，把文句尽可能地上下关联[②]。引例丰富，正、反互见，说得丝丝入扣，令人不得不折服。

整体感有了，教学的生命化便不难达成。因为只有在有机统一的文本世界中，作者的言语生命才能得以充分地生长。思考的元神不散，情感的流脉不断，与不同接受者的精神对话才可能产生。夏丏尊的文本解读、作文批改、文学批评皆是基于形式的整体视角下与不同精神生命展开的对话，这使他的语文教育充满了生命感。联系当时的语文教学语境，教材选文的无序、随意，与课程标准的不配套；课堂教学的散乱无章，加上一些老师缺乏设计意识、经营意识、读者意识、对话意识，语文课寡味、低效，导致学生"生命之流虽不见得就此停止，至少也陷入半睡眠状态之中"[③] 的现象，他的语文教育中的

---

① 夏丏尊、刘薰宇：《文章作法》，中华书局2013年版，第104页。
② 夏丏尊、叶圣陶：《文章讲话》，中华书局2007年版，第75—78页。
③ 叶圣陶：《叶圣陶教育名篇》，张圣华总主编，教育科学出版社2007年版，第111页。

生命化气息格外清新。

　　表面看来，夏丏尊的语文教学似乎只限于"读什么/教什么""怎么读/怎么教"，但是因为他的语文教学中，还贯穿着不断的审美比较与追问，如为什么这样分段好，那样分段不好；为什么一定要这样措辞，而不那样措辞；为什么同调句式用得好好的，非要错综变化一下不可？"解读就是解写"的意识非常强烈。同时，他还不忘对人格、学修、情意、诗趣、态度的强调，所以这使他的语文教学实际上也指向了"为什么读/为什么教"，触及言语人格的培育，言语生命意识的激发等一类的问题了——对照当下热火朝天的"教什么"与"怎么教"之争，夏丏尊的"为什么教"的指向，显然更具本体的、超越的价值。因为"读的目的不同，'读什么''怎么读'也就不同。不搞清楚'为什么读'，'读什么''怎么读'必定是一笔糊涂账，势必是瞎读、瞎教"[①]。有这样的远见卓识，自然是更具生命感的体现了！

　　尤为可贵的是，他的教学不是照本宣科，更不是硬灌猛练，而是基于学生兴趣、困惑的一种巧妙启悟和剖析，连作文批改都是如此。学生高志林曾这样回忆道："丏师批改学生的作文，则是认真到了极点。每篇习作页顶，他都要写上一段评语，再加上眉批，说明这个地方为什么要这样改。"碰到很是出彩的句段，他还会"圈点之外加眉批，说明好在何处，妙在哪里"。倘若全篇皆好，他还会将作文"拿到课堂上去抑扬顿挫地朗读一番，并且随时夹入他的按语和评论"[②]。联系夏丏尊在《实际做例和添削》《小品文作法上的注意——机智》等文中所举的批改案例，此为确论。注重言语生命培养，悉心开启言语智慧，这与唤醒教育的本质不是异曲同工吗？"不仅能使学生得到

[①] 潘新和：《语文：我写故我在》，海峡文艺出版社2014年版，第119页。
[②] 夏弘宁主编：《夏丏尊纪念文集》，上虞市文学艺术界联合会2001年版，第426页。

语文训练，同时还能唤醒学生的情操与心灵、生命与人格，唤醒学生的主体性与创造力，唤醒学生生命成长的觉悟"①。而这些，夏丏尊一直在勉力探索。

五　有效实现语文教学审美

夏丏尊语文教育思想中的审美实现，是整体感、生命化教学追求的必然结果。

审美之于夏丏尊，犹如呼吸一样自然。无论是乘兴访友，还是在繁累的生活中享受美丽的自然风光；无论是品评书画，还是强调关注文本形式的同时，不忘体味其间的情味、诗趣，都能不时发现他的审美情趣。他坦言"文学是我家的财物，也是我生命的源流"②，落实到语文教学，追求审美实现便化作了自觉。在为浙江一师所写的校歌中，有这样的句子："叶蓁蓁，木欣欣，碧梧万枝新。之江西，西湖滨，桃李一堂春。"这应该代表了他教育中最高的审美境界了吧！

在语文教育中，夏丏尊的审美追求主要表现为对三个层面审美价值的实现：感知层面（浅层——审"乐"）、情感层面（中层——审"情"）和思想层面（深层——审"智"）③。对感知层面审美价值的满足不难理解，在文本解读中，一望而美，喜不自禁，却"欲辨已忘言"的现象屡见不鲜。只知道作品中诸如色彩、旋律、想象、情感、

---

① 钟启泉：《序言》，见曹明海主编《语文教学本体论》，山东教育出版社2007年版，第3页。
② 王利民：《平屋主人——夏丏尊传》，浙江人民出版社2005年版，第143页。
③ 关于审美价值的分类，传统上根据价值载体，以及审美主体对价值需求满足的不同特点，通常分为"美、悲、喜"三大类型。福建师范大学赖瑞云教授在给研究生上课时，根据康德、李泽厚的"智慧审美论"，将审美价值分为三个层面：感知层面、情感层面和思想层面。两相对照，后者的逻辑性更为严密，也更符合一般的认知规律。因为前者的分类有重复之嫌，三者之间相互渗透、包容，没有明显的边界，无法真正各个独立，但后者按表象、情感、思想的层级分类，符合由浅入深、由低到高、简单到复杂的认知规律。

个性等很美，但若进一步分析，却又无从前进，这便是典型的感官层面的审美。由于偏于生理上的快感，因而显得感性、肤浅、不够持久。但是如果对之进行审美价值之辨，则可以点石成金，提升感官审美的等级和品味，使这种直觉式的快感更具深度和水平。这方面，夏丏尊做得风生水起。比如，对李斯《谏逐客书》中一段的分析：

惠王用张仪之计，拔三川之地，西并巴、蜀，北收上郡，南取汉中，包九夷，制鄢、郢，东据成皋之险，割膏腴之壤，遂散六国之从，使之西面事秦，功施到今。

他不仅能"一听而美"，而且还知道"美在何处"——这些加点字，所寄托的意思只有一个，"彼此互易，也没有什么不可以。如果老是用其中的一个，毫无变化，就觉得窘态毕露，不好看了"。并且认为："符号是意念的服装，服装要收藏得多，才能供给需要，如只有一身，就枯窘可怜了。"[①] 在变化中求美、求新、求酣畅，思想极为深刻，可又是以非常通俗的语言轻松出之！

对情感层面审美价值的满足，在夏丏尊的语文教学/文本解读中更是不乏其例。

在方苞的《左忠毅公逸事》一文的结尾，有这样一句话："不速去，无俟奸人构陷，吾今即扑杀汝。"这是左公在狱中对史可法所说的几句话，似乎没有什么离奇之处，但夏丏尊见出了其中的秘妙："仔细玩味起来，就可觉得这三句话语气有不贯穿的地方，和普通的话结合情形不同。'不速去，吾今即扑杀汝'是顺口的，中间插入一句'无俟奸人构陷'很不顺口。作者在这上面似乎曾大费过苦心，故

---

① 夏丏尊、叶圣陶：《文章讲话》，中华书局2007年版，第86页。

意叫它不贯穿，借以表出当时愤怒急迫的神情。"不仅道出了左公的心情、性格，而且将作者写作的匠心也给点出来了。这一点染，人物的情感之美、个性之美，还有作者的言语表现之美，全部栩栩如生、跃然纸上了。倘若没有修辞论美学的底蕴，对文本形式精细探究的自觉，这种深度的精神对话及情感的高峰体验，很难达到。

对思想层面审美价值的满足，在夏丏尊语文教育思想中也有较多的体现。

例如，对论王尔德的这段话：

> 戏子们何等幸福啊！他们自己随意选择了扮作喜剧或扮作悲剧，要苦就苦，要乐就乐，要笑就笑，要哭就哭。在实生活上却不能这样。大抵的男女都被强迫了做着自己所不愿做的角色。这个世界是舞台，却没有好戏。

夏丏尊这样评价："寥寥数言中，实已喝破真理的一面。其末句都很有力，使人读了怒也不是，哭也不是，笑也不是，不知如何是好。"[①] 末句之所以有力，在夏丏尊看来，主要是"振起了全文"，类似于警句，起到了画龙点睛的作用，使文章一下子具有了哲理/真理品格。道出"真理的一面"，正说明夏丏尊是颇为看重思想层面审美价值的实现的。

因此，在语文教育中，像夏丏尊那样深识文本形式的秘妙，充分把握文本形式与思想层面审美价值的关联，使语文教育时时出高度、出厚度、出新度、出审美愉悦的深度，至为重要。

不过，这种偏于"审智"的追求，在夏丏尊语文教育形式美学

---

① 夏丏尊、刘薰宇：《文章作法》，中华书局2013年版，第109页。

中，更多地体现在他对教育理论的阐发上，或融入了自我的文学创作。在文本解读和语文教学中虽有，但并未得到淋漓尽致的展开，这的确是殊为遗憾的。

第四节　研究的方法

本文采取的研究方法主要有文献分析法、比较研究法、案例分析法等，力图做到以下几点。

一　论述与多重背景结合

在论述夏丏尊语文教育思想的过程中，努力注意多重背景的观照：①中西教育史、中西美学史、中西文学史和中国语文教育的发展史；②晚清、民国的社会思潮、文学思潮、教育思潮；③当时的语文教育现状、语文课程思想，及同人努力，力求做到点线结合、点面相融，使历时性的梳理、共时性的阐述和个性化的分析能浑然天成，力求充分地发掘出夏丏尊语文教育思想独特的科学价值、实践价值和美学价值，重估其在中国现代语文教育史上的地位。

优秀的教育家一定是善于吸纳先哲的思想能量、生命智慧，并在教育实践中自觉化用、灵活创生的人，夏丏尊也不例外。从其著作中涉及的中西先哲姓名，推荐学生阅读的书目名称，国文课程目标中对"知道全世界普通的古今事项"的定位，还有《文章作法》《文章讲话》等著作中所引的中西文学经典的名称来看，他的视野所及极其广袤，思想吐纳极其活跃，度己度人极其自觉。所以，在他的语文教育思想中,经常能感受到一种学贯中西、博通古今的灵动与自然。在研究中,必须努力结合这种特色,发掘这种特色。

不妨以他的"点线结合,立体阅读"思想为例。"一书到手,最好先读序,次看目录,知道有若干篇,若干卷,若干分目,然后再去翻阅全书,明白其大概的体式,择要去读。"基本的学修应该是"原书"与"史"的结合:先读原书,再读史;万不得已,也应一边读史,一边读原书,"以求知识的充实"。对于单篇文字的细读,则要做到"理解"与"鉴赏"的结合。"理解"涉及词句和全文,重在把握全文的"真意""旨趣";"鉴赏"则要注意"放入""冷静""借力"的智慧(《关于国文的学习》)。

这种先总后分、择要读去,优游涵泳、生命融合,立足体验、参考他见的读书思想,便积淀了很多古人的阅读智慧。早在先秦时期,孔子就认为"书教"是"疏通知远","易教"是"絜静精微"(《礼记·经解》),但为什么读《书》《易》,就可以"疏通知远""絜静精微",怎样达致这种境界,则语焉不详。读书要冷静、专心,荀子在《劝学》篇中提到了:"蚓无爪牙之利,筋骨之强,上食埃土,下饮黄泉,用心一也。蟹六跪而二螯,非蛇鳝之穴无可寄托者,用心躁也。"但是对如何"用心",未作发挥。关于阅读要得其"真意""旨趣",王粲的《英雄记钞》里说到了诸葛亮与徐庶、石广元、孟公威等人的不同之处,"三人务于精熟,而亮独观其大略"。颜之推也是反对烦琐考证,力主"明练经文,粗通注义",一时"言行有得,亦足为人"(《勉学》)的。到了南宋史学家、教育家吕祖谦那里,阅读形式开始走向了具体和精致——第一看大概主张;第二看文势规划;第三看纲目关键:如何是主意首尾相应,如何是一篇铺叙次第,如何是抑扬开合处;第四看警策句法:如何是一篇警策,如何是下句下字有力处，如何是起头换头佳处，如何是衔接有力处，如何是融化屈折、剪截有力处，如何是实体贴题目处（吕祖谦《古文关键》）。

但是，夏丏尊的阅读思想在积淀、吸收前人智慧的基础上，也有自己的独特体验和创造。他的"小钱"与"钱索子"之喻（读原书与读史书结合）已融入了打通历史与现实，贯通自我体验与他人体验的思想；"放入法"中已有了磨合"期待视野"的双角色意识，即有些学者所说的"写作的时候，要为读者着想；阅读的时候，要为作者着想"[1]，本土化、个性化的色彩特别夺目。

上述的论析便是结合了层累性的思想背景，力图融会贯通，从而在比较的视野中阐扬夏丏尊阅读教育思想的独特价值。倘若只就夏丏尊语文教育思想作封闭的、平面化的研究，只能走向狭隘、单薄和僵化。

夏丏尊的语文教育思想有不少是通过"他者"——当时的社会思潮、教育理念、同人探索，来确证"自我"的，因此研究他的思想，还必须时时紧扣"我"与"他"的关系，辨析锱铢，上下求索，这样才能切实而合理地寻绎出其独特的思想魅力。

比如，他的深受学生喜爱的"点染法"——无论语体文或文言文，从不多讲，一律让学生先看，先讲，自己只对学生讲错的加以纠正，对讲得不清楚的加以补充说明；"互动法"——他向学生发问，也要求学生向他提问；"拓展法"——总结课文时，把世界思想家的思想、学说，如达尔文的进化论、卢梭的复返自然说和《民约论》、莫尔的乌托邦思想、尼采的超人哲学、叔本华的悲观哲学及马克思的剩余价值说等，言简意赅地介绍给学生。文学方面常提及的是托尔斯

---

[1] 张世禄：《读书和作文》，见顾黄初、李杏保主编《二十世纪前期中国语文教育论集》，四川教育出版社1991年版，第703页。

泰的《安娜·卡列尼娜》、陀思妥耶夫斯基的《罪与罚》和易卜生的《娜拉》①。从中,你不难发现孔子的"不愤不启,不悱不发"(《论语·述而》)思想,还有20世纪20—30年代盛行的"综合教学法"的影响②。而当时的浙江一师,也的确在提倡这种教学法:"令学生自己研究,教员处于指导的地位。读看、讲话、作文,都用联络的方法。"③ 只不过,夏丏尊化用得更为自觉、更为执着,又自然无痕罢了。研究中,必须密切关注其思想与现实、历史的互动,进而判定其思考的意义和价值。

还有夏丏尊对"作法"的认知:"专一依赖法则固然是不中用,但法则究竟能指示人以必由的途径,使人得到正规。渔父的儿子虽然善于游泳,但比之于有正当知识,再经过练习的专门家,究竟相差很远。而跟着渔父的儿子去学游泳,比之于跟着专门家去练习也不同,后者总比前者来得正确、快速。法则对于技术是必要而不充足的条件,真正凭着练习成功的,必是暗合于法则而不自知的。法则没用而有用,就在这一点,作文法的真价值,也就在这一点。"④ 这与叶圣陶的认识明显不兼容。

叶圣陶认为"写作系技能,不宜视作知识,宜于实践中练习",甚至说"看看文章作法之类知识'知'的事情,虽然不一定有害处,但是无益于写作的'行'是显然的"。两相比照,夏丏尊的知行合一与叶圣陶的重行轻知,谁辩证,谁片面,一目了然。因为写作毕竟不是纯粹的刺激——反应式的肉体机械运动,而是融进了经历、体验、

---

① 夏弘宁主编:《夏丏尊纪念文集》,上虞市文学艺术界联合会2001年版,第261页。
② "综合教学法"是19世纪末至20世纪初欧美新教育运动的产物,强调按照学生的兴趣与碰到的问题,将各种有关的知识综合起来,组成统一的教学单元,按照一定的教学程序组织教学。在中国,这种综合常表现为相关知识的联络,所以亦称"联络教学法"。
③ 沈仲九:《对于中等学校国文教授的意见》,《教育潮》1919年第1卷5期。
④ 夏丏尊、刘薰宇:《文章作法》,中华书局2013年版,第2页。

情感、想象、思维等心理机能的复杂的心智创造活动。没有正确的"知"打底,"行"必然陷入盲目和低效。在写作实践中自求、自悟没错,但是并非每个人都可进入这种高超的悟性之境,所以醍醐灌顶式的开示、启悟便显得非常必要。自悟与他启,自求与他助,明里探讨与暗中摸索必须有机结合,才会相得益彰。片面地强调任何一方,无异于自断写作的命脉。

这样的研究,一反传统的研究中重视夏丏尊、叶圣陶之间的同而忽略异的做法,力图在同中求异,在异中求同,应该更能准确、灵活地把握夏丏尊语文教育思想的风神。

二 注意流脉的成因分析

立足史料,结合语境,既注意共时性的研究——与其他语文教育家思想的参照性研究,又注意历时性的研究——树立"史"的观念,对夏丏尊语文教育思想的各个层面,如语文课程思想、教材编制思想、语文教学思想、形式美学思想等,力求清理出其生成、发展、运用、转化的流脉,从而给出深入的成因分析和价值判断。

比如,关于国文科课外应读些什么,夏丏尊从关于文字理法的书籍,理解文字的工具书籍,文字值得阅读、内容有益于写作的书籍这三个方面提出了建议。前两类,他列出了具体的书目:

语法或文法:《助字辨略》(刘淇)、《经传释词》(王引之)、《古书疑义举例》(俞樾)、《词诠》(杨树达)、《马氏文通》(马建忠)、《初等国文典》(章士钊)、《国语语法》(黎锦熙);

修辞学:《修辞格》(唐钺)、《修辞学发凡》(陈望道);

作文法:《作文法讲义》(陈望道)、《作文论》(叶圣陶)、

《文章作法》（夏丏尊、刘薰宇）、《作文讲话》（章衣萍）；

字典、辞书：《康熙字典》《经籍籑诂》《佩文韵府》《辞源》《王云五辞典》。

但是，对第三类，他只提出了方法：

①因课堂所习的选文而旁及的。如因读《桃花源记》而去读《陶集》，读《无何有乡见闻记》（威廉·马列斯著），因读司马谈的《论六家要旨》而去读《论语》《老子》《韩非子》《墨子》等。

②中国普通人该知道的。如"四书""四史""五经"，周秦诸子，著名的唐人的诗，宋人的词，元人的曲，著名的旧小说，时下的名作。

③全世界所认为常识的。如基督教的《旧约》《新约》，希腊的神话，各国近代的代表文艺名作[①]。

这种建议固然出于"努力于基本的学修"，反对只做"空泛功夫"的现实考虑，还有对国文课程目标的整体思考——达本国文字阅读与写作的教养，但也出于对当时学者阅读观的扬弃，以及对自我阅读教学实践的不断调整。

在当时，胡适、梁启超等知名学者都为中学生开过阅读书名，但因为不适合中学生的阅读程度且有舍课本而就课外的越俎代庖之嫌，所以很难贯彻。梁启超针对胡适所开的《三侠五义》《九命奇冤》等小说，就表示过质疑："胡君如何能因为自己爱作文学史便强一般青

---

① 夏丏尊：《夏丏尊教育名篇》，张圣华总主编，教育科学出版社2007年版，第120—125页。

年跟着你走?"①

夏丏尊在春晖中学开始采取的是自由阅读,撰写笔记,每周一交,由教师批阅的方案。结果因学生缺乏辨别力,浅的如《小朋友》《小说世界》都当作书了;深的将高深的哲学、社会学书拿来读,搞得一头雾水。加之学生以前没有读整本书的经验,概括力薄弱,这种阅读计划只能归于失败。

再后来,他改变了方针——每组各有一教师为课外读书指导,学生所读的书,须与指导教师商酌,并订定阅读期限,至期由指导教师命题考验阅读成绩,通过后再换新书阅读,历次成绩并入正课成绩计算。"这方法,使学生得于在一学期中读毕若干部重要书籍,不至于不完卷就半途中止。"②

貌似统得太死,但是先扶后放,培养学生对书的独立选择、比较、判断能力的倾向,还是触之可及。事实上,他此刻提出的建议,已经是调动了十多年的课外阅读探索的体验和思考了,而且是针对了学生的现实问题:读书不自觉,缺乏辨别力。正像上海师大程稀老师所说的那样:"走到这一步,把痛苦的教训化为有益而丰富的经验,夏丏尊是一试再试后之觉悟,付出了多年的教学实践和理性思考的代价。"③

因此,"流脉"不仅指夏丏尊语文教育实践的轨迹,也指他语文教育思想、情感的生成、变化与发展。认真地梳理与透析,不仅可以还原他的语文教育现场,而且可以从更深层面洞悉他的语文信仰和思想魅力。贺麟在《五伦观念的新检讨》一文中这样说过:"我们要从

---

① 梁启超:《饮冰室合集·专集之七十一》,中华书局1936年版,第28页。
② 夏丏尊:《叫学生在课外读些什么书》,《春晖》半月刊1923年第17期。
③ 程稀:《夏丏尊与现代语文教育》,中国社会科学出版社2010年版,第184页。

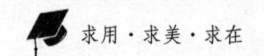

检讨这旧的传统观念里,去发现最新的近代精神,从旧的里面去发现新的,这就叫作'推陈出新'。那种表面上五花八门,欺世骇俗,竞奇斗艳的新,只是一时的时髦,并不是真正的新。"① 研究传统文化作如是观,研究夏丏尊的语文教育思想亦应如此。

三 把握隐秘的思想互文

一是注意把握夏丏尊语文教育思想内部各种理念的互文性表述,如情感教育、读者意识、编辑思想等。

很多领域,只要一上升到哲学、美学的层面,往往都是相通的。换言之,有价值的思想往往是可以一竿子插到底,贯通所有的。这种贯通,在互文性的表述中可以清晰地感受到。作为研究者,通过这种互文性的表述,往往可以顺利地探骊得珠,解析出潜藏的思想,乃至人格的密码。

如对夏丏尊的读者意识,我们就不能只盯着写作那一块,冥思苦想他为什么提倡为文要有读者意识,怎样才能树立读者意识,读者意识与言语表现存在怎样的关系,等等。这样做当然也不是不对,而是还不够全面,不够完美。

试想,读者意识在课程观、教材观、文体观、编辑观、出版观、测评观中,难道就没有存在吗?强调作文命题要"先揣度练习的人对于什么是有话说的、说得来的,才把什么作为题目给你作"(《文心·题目与内容》);在《中学生》杂志上开设"文章病院""创作小说""随笔"等栏目,注重学科知识的补充和学法的辅导;认为教材只是教师用来施行教育,学生用来发展身心能力的材料,不是都有读者意

---

① 贺麟:《文化与人生》,商务印书馆1988年版,第51页。

识的闪光吗？但这种理念又不纯粹是一种磨炼能力的大法，与以人为背景，追求灵肉一致，陶养成人的语文课程灵魂，还有他自身从事教育的英雄情结、圣贤胸襟、宗教般的大爱也是紧密相连的。夏丏尊曾打过一个非常有意思的比方：

> 用了部分去暗示全体，才会有余情。在这里，可以觉悟小品文并不是容易作的，所得部分，要有全体做背景才可以，并且，部分与背景的中间，最好要有有机的不可分的关系存在。例如水上浮着的菱，虽只现一小部分的花叶，但水中却有很繁复的部分潜藏着，而水中潜藏着的繁复的部分，和水上所现出的简单的部分还有着不可分的有机的关系①。

他讲的是暗示的艺术表现魅力，但一样适用于读者意识。如果说写作观中的读者意识是"水上浮着的菱"的话，那么，他课程观、教材观、文体观、编辑观、出版观、测评观中的读者意识就是"水中潜藏着的繁复的部分"了，不进行互文性地解读，这种发现恐怕很难获得。更为重要的是，透过这种互文性的研究，我们还可以更深切地体验到：读者意识并非他在指导写作时的心血来潮，靠拍脑袋得来的，而是因其有着深厚的人生体验，还有通盘考虑、自觉建构语文学理论的努力。

按照这种互文性的思路研究下去，我们还会发现：读者意识并非永远都是和风细雨的，有时也表现得剑拔弩张，生死存亡，对待驳论文写作中的敌论者即是如此。推演开去，读者意识还会化为作者意识，"一壁读，一壁自问，'如果叫我来说，将怎样？'对于全体的布

---

① 夏丏尊、刘薰宇：《文章作法》，中华书局2013年版，第103页。

局，这样问；对于各句或句与句的关系，这样问；对于每句的字，也这样问"（《关于国文的学习》）。这些思想看似有异，实质上却又是共通的，那就是服务于学生人格的锻造及学问的修炼。

因此，把握其思想的互文性表述，不仅可以考察其理论贯彻的力度，而且可以衡量其教育实践的信度和效度。

二是注意把握夏丏尊与其他教育家关于语文教育思想的互文性表述。

在存异求同中感受思想共同体的充实和力量，在存同求异中辨识各家思想的特性、价值，还有新的发展路向。这样做不仅可以一窥夏丏尊语文教育思想的精髓，而且利于辨析他与语文教育的道统、学统的关系，以及对彼时与当下语文教育超越性指导的意义和价值，进而作出参验性、发展性的能动而立体的阐扬，因为优秀的思想总是可以被不断地激活、刷新，从而赋予人崭新的启示和能量的。

例如，夏丏尊对语文学习目标的定位：能阅读、能写作，叶圣陶也是高度赞同的，"国文教学，选材能够不忽略教育意义，也就够了，把精神训练的一切责任都担在自己的肩膀上，实在是不必的。国文教学自有它独当其任的任，那就是阅读与写作的训练"[①]。这体现了当时学者对语文体性辨识的自觉努力，因为语文的内容包罗万象，什么都可以拿来，历史的、地理的、生物的无所不含，但什么才是语文学科的身份，这是一个问题。夏丏尊在文法、修辞等相对恒定的形式知识上找到了语文的体性，觉得这才是国文学习的着眼点，阅读和写作都应该聚焦这个关键点上，从而对当时神而明之的"暗胡同"教学，不分青红皂白、模糊学科体性的"一锅煮"教学，还有携带了私塾遗

[①] 叶圣陶：《叶圣陶教育名篇》，张圣华总主编，教育科学出版社2007年版，第136页。

传，只注重静态、烦琐的知识灌输的机械教学，都起到了一定的纠偏作用，而对语文形式本体的建构更是具有不可估量的推动作用。

但是，指向阅读、写作教养的成材目标是被更大的成人目标所统摄的。夏丏尊明确表示过："文章要动人，非有好人格，好学问做根据不可，仅从方法上着想总是末技。"[①] 在《关于国文的学习》一文中，他再次强调："真的文字学习，须从为人着手。'文如其人'，文字毕竟是一种人格的表现，冷刻的文字，不是浮热的性质的人所能摹效的，要作细密的文字，先须具备细密的性格。不去从培养本身的知识情感意志着想，一味想从文字上去学习文字，这是一般青年的误解。我愿诸君于学得了文字的法则以后，暂且抛了文字，多去读书，多去体验，努力于自己的修养，勿仅仅拘执了文字，在文字上用浅薄的功夫。"

不过，对照黎锦熙关于国文要旨的互文性阐述——形式方面：能读、能听、能说、能作、能写（主要指书法写作，与能作一样，属于"艺术上的建造"）；实质方面：扩充知识与经验、启发想象与思想、涵养感情与德性[②]，夏丏尊、叶圣陶的语文学习目标观，连同背后潜藏的复杂深意，如听是用耳朵在读，说是用嘴巴在写，皆统一于读写，立刻浮出水面，具体而明确了。而语文新课标中"三维目标"（知识与能力、过程与方法、情感态度与价值观）的确立，"写作是阅读能力的集中体现"这一理念的提出，更是能让人一窥后人从夏丏尊、叶圣陶、黎锦熙等人所建设的思想共同体中汲取思想能量的影子。

因此，注意把握这些隐秘的互文性阐述，对推动研究向纵深发展极为必要。

[①] 夏丏尊、刘薰宇：《文章作法》，中华书局2013年版，第80页。
[②] 黎锦熙：《新著国语教学法》，见黎泽渝、马啸风、李乐毅编《黎锦熙语文论著选》，人民教育出版社1996年版，第409页。

第一章

三位一体：求用、求美与求在*
——夏丏尊语文教育本体思考论

对语文教育本体的思考，历来不脱"求用"二字。"从为修己，到为事功（立言），到为功名，到为文章（实用），到为生活（工具——立诚），再到为人生（言语人生、诗意人生）"①，莫不如此。只不过有外用与内用、实用与虚用，或短用与长用、小用与大用之别罢了。

一味地追求外用、实用，如事功、功名、应世或应试，语文教育不堪实利之重，过度异化，所发挥之用必定是短用、小用，乃至无用、反用。语文教育一味地助人应付外在的生活，而遗忘对人内在生活的滋养、引领和提升，注定是要身败名裂的。科举时代的读经，不为悟道、明理、养性、修德，只为八股应试，博取功名，结果造成"百无一用是书生"的荒诞现象；当下的应试教育，直奔名校、热职，经典被肢解成考点，教学沦为答题苦役，致使高分低能，人文分离现象层出不穷，被斥为"误尽苍生"。

---

* 本章发表于西南大学《教师教育学报》2016 年第 2 期。
① 潘新和：《存在与变革——穿越时空的语文学》，山东教育出版社 2012 年版，第 7 页。

这种状况，明代学者顾炎武在《日知录》中就批判过："昔人所须十年而成者，以一年毕之。昔人所待一年而习者，以一月毕之。成于抄袭，得于假倩。卒而问其所未读之经，有茫然不知为何书者，故愚以为八股之害，等于焚书，而败坏人材，有甚于咸阳之郊所坑者但四百六十余人也。"如同高压锅般催熟，饲料添加剂般催长的速成性阅读、写作，尽管也会催生一些"两脚书橱""人形鹦鹉"——这还算好的，有的连这级别也够不上，但因重技不重道，重绩不重魂，重物不重人，于无声处扼杀言语主体求真、立诚的本然追求，导致梁启超所说的"虚伪""乖张"人格的肆意泛滥，说其有甚于"坑儒"，也不算冤枉。

夏丏尊生活的时代，实用主义较之科举时代尤甚。从政府到民间，从学者到学生，惊人的一致。关于语文教育的目的，清廷的教育法规明确规定是"供谋生应世之需要"（《奏定初等小学堂章程》）、"以备应试达意之用"（《奏定中学堂章程》）、"以资官私实用"（《奏定学务纲要》）。叶圣陶认为，旧教育"不以生活为本位，而以知识为本位是个大毛病。由于不以生活为本位，所以不讲当前受用"[①]，这样只能"养成或大或小的官吏以及靠教书为生的'儒学生员'"，却"不能养成善于运用国文这一种工具来应付生活的普通公民"[②]，并特地指出："国文，在学校里是基本科目中的一项，在生活中是必要工具中的一种。"[③] 连文人气息很浓郁的朱自清都很关注实用，在提倡用报纸上的文章作为中学生写作训练目标的好处中，他明确写道："第一，切用，而且有发展；第二，应用的文字差不多各体都有；第三，

[①] 董菊初：《叶圣陶语文教育思想概论》，开明出版社1998年版，第128页。
[②] 刘国正：《叶圣陶教育文集》第3卷，人民教育出版社1994年版，第92页。
[③] 同上书，第183页。

容易意识到各种文字的各种读者。"① 当时家长、学生的情形是，做父兄的不惜负了债、卖了产令子弟求学，做子弟的亦鄙薄工、农、商而不为，"鲫鱼也似地奔向中学或大学去"，皆是为了预收"一本万利之效"②；学生进入中学后，想报考邮局电报局的就专攻英语，想成为文学家的就一门心思读小说，致使偏科现象异常严重。加上杜威实用主义哲学的推波助澜——与刚从科举制中挣脱出来的中国平民化、实用化教育要求一拍即合，与"五四"之际的思想启蒙同声相应，以及众多巨擘级弟子，如胡适、陶行知等的大力阐扬，实用至上的观念更是深入人心。

在这样的历史语境中，夏丏尊的语文教育思想也很重视"求用"。不过，他的"求"很好地注意了"用"的内外兼顾，虚实相生。求用的同时，他也注意"求美"——灵魂之美、形式之美、修辞之美、意趣之美、贯通之美，等等。非常可贵的是，夏丏尊在对语文教育本体的思考中，还触及了"求在"的思想。综观其论述，其"在"的内涵涵容了下述三个层面：一是"存在"，即通过阅读、写作、人格修炼等方式，实现确证自我本质力量的坚韧而美好的存在。这主要是从语文学习求真的层面说的。二是"亲在"，即满怀热情、深情、诗情，与语文学习的内容乳入、融合，使对象与学习主体的距离消失，彼此之间成为排除了异己性、外在性的存在。一如马克思所说："一切对象对他说来也就成为他自身的对象化，成为确证和实现他的个性的对象，成为他的对象，而这就是，对象成了他自身。"③ 这主要是从

---

① 朱自清：《朱自清语文教学经验》，张圣华总主编，教育科学出版社 2007 年版，第 27 页。

② 夏丏尊：《夏丏尊教育名篇》，张圣华总主编，教育科学出版社 2007 年版，第 45—46 页。

③ [德] 马克思、恩格斯：《马克思、恩格斯全集》第 42 卷，人民出版社 1979 年版，第 125 页。

语文学习求美的层面上来说的。三是"同在",即把语文学习当作生活的方式,乃至生命的方式,通过语文学习不断地充实自我、净化自我、超越自我,使自我活得更多、活得更好、活得更美。这主要是从求善的层面来说的。一言以蔽之,通过语文学习,追求真、善、美,不断地与优秀的自我相遇。这使他的语文教育思想不仅在当时迥出同俦,即使在当下,也依然显得博大、深邃,富有人文的温情和不朽的价值。

第一节 求用:进窥学问,应付生活

与追求应付生活,立竿见影地化为实利的外用、实用、硬用比,夏丏尊语文教育中的"求用"更趋于内用、虚用和软用,并认为这可以催化出更大的外用、实用与硬用。比如,对当时投资式的求学,还有只顾受教材,罔顾受教育的现象,他虽然表示理解,觉得不足以嗤笑,但更欣赏专力于本业的同时,别作研修,多带些知识的趣味,多养成些别的能力。因为这样二者兼顾,才会"终身处在发展的程度之中"(夏丏尊《"自学"和"自己教育"》)。这使他的所求之用一下子带了"道"的色彩,具有了统摄万有,演变、化生的功效。

夏丏尊语文教育中的求用思想,集中体现在以下三个方面。

一 能力:价值总摄,多方养成

对中学生理想的国文能力,夏丏尊在《关于国文的学习》一文中作了这样的悬拟:"他能从文字上理解他人的思想感情,用文字发表自己的思想感情，而且能不至于十分理解错，发表错。"一为理解，另一为发表，前者主要指阅读能力，后者主要指写作能力，非常扼要。用叶圣陶的话说就是："国文学习自有它独当其任的任，那就是阅读和写作的训练。"① 不过，透过夏丏尊互文性的措辞，我们不难发现其间还掩藏了许多的"子能力"，如认知能力、判断能力、移情能力、表达能力、交际能力等。因此，看似单薄的理解与发表能力其实是一种立体、动态的复合能力，相当于总纲，内涵颇为深厚、丰富和广袤。

能力的复合性，也体现在对听、说、读、写关系的理解与运用上。夏丏尊在语文教学中，常常会让学生唱主角儿，自己只在学生愤悱处点拨，在学生薄弱处拓展；或者像苏格拉底所自比的马虻那样，盯准学生思维之马的臃肿处、溃烂处咬，促其踔厉风发；或者像《文心》中的王仰之先生一样与学生恳谈、鉴赏、研讨，组织学生演讲、朗诵、办报，以问题带动，以体验分享，以智慧启悟，将研究性学习的精髓化用得淋漓尽致……都堪称听、说、读、写教学联络、打通的生动样板。

叶圣陶对此曾作过不厌其详的解释："'听'和'读'是一路，都是为了了解别人的思想；'说'和'写'是一路，都是为了表达思想叫别人了解。了解和表达又是互相影响的：提高了解的能力，表达的本领就能增强；提高表达的能力，了解的本领就能加强。因此，只要认真学习，努力学习，这四项本领必然能齐头并进，项项学好。"②"我们一方面要让学生善于说，一方面要使他善于听。读和写呢？读

---
① 叶圣陶：《叶圣陶教育名篇》，张圣华总主编，教育科学出版社2007年版，第136页。
② 叶圣陶：《认真努力地把语文学好》，见刘国正主编《叶圣陶教育文集》第3卷，人民教育出版社1994年版，第160页。

就是用眼睛来听，写就是用笔来说；反过来，听就是读，用耳朵来读，说就是写，用嘴巴来写。所以现在的语文教学，要把听、说、读、写这四个字连起来。"①

一个"连"字，同样道尽了听、说、读、写等联络、打通的重要性；而"一路"的思想，则又暗含了读、写融汇听、说，高于听、说的思想。叶圣陶后来之所以旗帜鲜明地与夏丏尊站在一起，宣称学习国文的事项只有"阅读和写作"②，国文科的目的就是"整个的对于本国文字的阅读与写作的教养"，或者说是"养成阅读能力，养成写作能力两项"③，正是聚焦了听、说、读、写中的主要矛盾而言的，并非真的忽略听和说。

在语文教育中突出读写能力的培养，有一定的道理。如果将听、说视为口头语言，将读、写视为书面语言，那么，语文教育自当侧重后者。因为相对于口头语言，书面语言需要更为复杂、艰巨的心智投入和个性化创造——口头语言可借姿势、神情、语调、节奏加以表现，书面语言却只能依靠文字的腾挪与运行。其次，口头语言可以信马由缰，甚至颠来倒去，口头禅不断，但是书面语言必须遵循一定的程式，做到灵动而不失规范。再次，口头语言可以在生活的情境中自然习得，书面语言则必须经历一定的教育学得。从文化传承的角度讲，书面语言的作用也高于口头语言，因为人类文化的生态主要是通过书面语言呈示的，这注定了语文教育对读写能力的倾斜。

---

① 叶圣陶：《对于中学语文教学研究的意见——在中学语文教学研究会第三届年会开幕式上的讲话》，见刘国正主编《叶圣陶教育文集》第3卷，人民教育出版社1994年版，第225—226页。

② 叶圣陶：《国文随谈》，见刘国正主编《叶圣陶教育文集》第3卷，人民教育出版社1994年版，第71页。

③ 叶圣陶：《国文科之目的》，见刘国正主编《叶圣陶教育文集》第3卷，人民教育出版社1994年版，第33页。

无独有偶，在《受教育与受教材》一书中，夏丏尊提到的身心诸能力，也是一种复合能力——不是财力、权力、武力，也不是学士或博士的专门学力，而是普通一般的身心上的能力。例如健康力、想象力、判断力、记忆力、思考力、忍耐力、鉴赏力、道德力、读书力、发表力、社交力等就是。硬的、软的、实的、虚的、现实的、超现实的，一应俱全，德、智、体、美、劳，全域覆盖。在他看来，这种复合的能力，"虽是很空洞、很抽象，却是人生一切事业的基础"，犹如数学公式中的X，"X本身并无一定的价值，却是一切价值的总摄，只要公式是对的，无论用什么数目代入X中去都会对"。这样，能力便不仅仅是完成某种活动所需要的特定技能，而是直接化为实效的硬功夫，而且还是以一当十，终身受惠的素养、财富了。比之当下流行的在金钱、名声、权力上见分晓，还要短、平、快地见效益的被绑架、被扭曲的能力观，夏丏尊的注重摄取、历练，多方养成的能力观，显然更能顺"心"之天，以致其性。求用，先得练好求者的功夫，一如砍柴，先得磨好锋利的刀刃。

能力的复合性、总摄性、养成性，在夏丏尊对自学能力的阐述中也能看出："按照广义说起来，学和受教育是'终身以之'的事情，离开了学校还可以学，还可以受教育，而且必须再学，必须再受教育。"（夏丏尊《"自学"和"自己教育"》）——这主要是从历时的角度突出能力层累式的复合性、总摄性和养成性，体现了古人"积累岁月，见道弥深"的教育思想（王充《论衡·恢国篇》）。不懈学习，学养渐深，时间久了，对道理的理解自然会更加深透。"离开了学校，没有教师的指点，没有种种相当的设备，就方便上说自然差一点，然而有一个'自己'在这里，就是极大的凭借。自己来学！自己来教育自己！只要永久努力，绝不懈怠，一切应该学的东西还是可以学得好的。"① ——这是从共时的角度，突出了能力的复合性（一切该学的东西，森罗万象，无所不包），总摄性（利于实力养成的，统统努力学习），养成性（潜心内化，厚积薄发），的确带有学贵能用的色彩，但因为有"学好"的追求，对一个人学养、素养的积淀，自然会有不可忽视的促进作用。

因此，夏丏尊追求的语文能力是真正健康的能力、恒久的能力、更具魅力的能力！

二 学养：学贯中西，丰富知识

为了使悬拟的中学生国文能力更加具体，夏丏尊做了更为具体的描述：

> 他是一个中国人，能知道中国文化及思想的大概。知道中国的普通成语与辞类，遇不知道时，能利用工具书自己查检。他也许不能用古文来写作，却能看得懂普通的旧典籍；他不必一定会作诗、作赋、作词、作小说、作剧本，却能知道什么是诗、是赋、是词、是小说、是剧本，加以鉴赏。他虽不能博览古昔典籍，却能知道普通典籍的名称、构造、性质、作者及内容大略。
>
> 他又是一个世界上的人，一个二十世纪的人，他也许不能直读外国原书，博通他国情形，但因平日的留意，能知道全世界普通的古今事项，知道周比特（Jupiter）、阿普罗（Apollo），委纳斯（Venus）等类名词的出处，知道"三位一体"、"第三国际"

---

① 夏丏尊：《"自学"和"自己教育"》，见杜草甬、商金林主编《夏丏尊论语文教育》，河南教育出版社1987年版，第24—25页。

等类名词的意义，知道荷马（Homer），拜伦（Byron）是什么人，知道《神曲》（Devine Comedy）、《失乐园》（Paradise Lost）是谁的著作，不会把"梅德林克"误解作乐器中的曼陀铃，把"伯纳特·萧"误解作是一种可吹的箫①。

这可视作中学生读写学养的素描，是读写能力的内化、深化和具体化。不知是限于篇目，还是认为读可以促写、致写，一如根茂实遂，膏沃光烨，夏丏尊在这里主要谈的是读的素养，而最能体现语文本体，确证、自证自我存在的写的素养并未展开。

尽管如此，这仍不失为一种可贵的素描，大气的素描，高远的素描！

在中国的传统文化中，学富五车、才高八斗、满腹经纶、博物洽闻等一系列形容人学殖宏富的词语，多指的是人们在一个文化圈中的积淀。虽然也有"放眼天下"云云，但只不过是一厢情愿，故步自封的臆想罢了，根本未出中华文化的五指山。学贯中西是中国近代以来，随着国门洞开，"被交流"的日益加剧而生发出来的一种学术愿景。开始的时候，救亡图存、自立自强的色彩特别鲜明，后日益淡化，成了理想学养的一种标志。显然，这是针对优秀学者而言的，但因为着眼于未来发展——"进窥各项专门学问"（夏丏尊《关于国文的学习》），夏丏尊特地将这一目标下放到中学生层面，这在当时文盲充斥，全国绝大多数民众在为温饱拼命挣扎，学生连正规的语文课本都难具备的情况下，确实有点石破天惊。

可以说，这样的定位不仅仅是对古人箪食瓢饮，不改其乐的精神呼应，更是对坚韧生活、主动生活、幸福生活的积极追求。夏丏尊明

---

① 夏丏尊：《夏丏尊教育名篇》，张圣华总主编，教育科学出版社2007年版，第96页。

确说过:"西摩松线二项式和蒲公英鲸鱼的知识,虽不能卖钱,但因此而表现的推理力记忆力等等是终身有用的。又,幸而能升学进而求更高深的科学,这些知识当作基础也是有用的。'一二三四'操得好,虽不能变铜子,但由此锻就的好体格,和敏捷、忍耐、有规则等的品性,是将来干任何职业都必要的。'功德不虚',诸君用几分功,究竟有几分益处在,断不至于落空。"① 不求将知识直接转化为金钱,但求有益于身心,服务于未来,这样的知识学习观是极富远见的。知识如果不能和人的发展联系起来,反而去助长人成为物欲、实利的奴隶,就会蜕变为一种异化性的存在。爱因斯坦便说过:"用专业知识教育人是不够的。通过专业知识,他可以成为一种有用的机器,但不能成为一个和谐发展的人。要使学生对价值有所理解并且产生热烈的情感那是最基本的。他必须获得对美和道德上的善的鲜明的辨别力。否则,他——连同他的专业知识——就更像一只受过很好训练的狗,而不像一个和谐发展的人。"② 这个道理,夏丏尊显然意识到了,因为学贯中西,先向中西先哲借光,再发自家之光,对美、善洞幽烛微,对价值有所理解并产生热烈的情感,体面而诗意地栖居完全是题中应有之义。这断然不是异化性的学习,而是升华性的学习。因此,作为语文教育设计师的他,眼光不仅投向了远方,也关注了脚下。关注的能力似乎无用,实际上却有大用。

从教育学的角度讲,博通古今,学贯中西,实际上也是在经历缤纷的生活,丰厚自我的生命体验,这对进一步提升理解力和表现力,无疑也是大有裨益的。美国学者埃德加·戴尔(Edgar Dale)的"经

---

① 夏丏尊:《受教育与受教材》,见杜草甬、商金林主编《夏丏尊论语文教育》,河南教育出版社1987年版,第19—20页。
② [美]爱因斯坦:《培养独立思考的教育》,见许良英等编译《爱因斯坦文集》第3卷,商务印书馆1979年版,第310页。

验之锥"（Cone of experience）理论便说明了这一点：人的经验呈锥形，锥底的经验多而具体，锥顶的经验则少而抽象。具体的经验越多，对学习各种抽象经验会大有裨益[①]。让西方经典阅读的经历化为锥底经验，对突破昔日语文教育"和实生物，同则不继"（《国语·郑语》）的同质化阅读窘境，让学生生发新的视角、体验、认识，无疑具有划时代的意义。而西方经典中擅长逻辑思辨的理性思维，对东方作品中重直觉、想象、顿悟的悟性思维也是一种调剂、补充和刷新，对学生的抽象、概括能力的提升，更是具有不可低估的推动作用。

尤为可贵的是，这种学贯中西的读写学养并非仅限于文学的层面。从夏丏尊信手所拈的文章体式，人名、书名来看，中国的诗、词、曲、赋、小说、各类文化典籍，西方的神话、政治、宗教、文学、音乐，包罗极广，是一种真正立体的语文学养。这是深得语文教育的精髓的。中国自古就有文、史、哲不分家的优秀传统，连学科开设也都不知不觉贯彻了培育立体学养的思想，如"诗书礼乐以造士"（《礼记》），"以乡三物教万民"（《周礼·地官》）。"万民"指各阶层所有的人。"乡三物"指六德、六行、六艺。"六艺"就是礼、乐、射、御、书、数，即当时的学科门类，与古希腊罗马的"七艺"（文法、修辞、逻辑学、算术、几何、天文、音乐）一样，尽管科学教育、职业教育的价值没有得到充分的重视，但培养和谐人、整体人的思想根芽已然蕴含其中了。不过，就夏丏尊对所读范围的枚举来看，似乎稍有忽视经史子集阅读的现象，这对中学生知识结构的完美建构不免有所疏漏。

但是对语文学养，夏丏尊有着很清晰的认知。"国文科的性质太

[①] 霍炳坤主编：《教学方法与设计》（修订版），商务印书馆中国香港有限公司2004年版，第79页。

复杂太笼统了，差不多凡是中国文字写成的东西都可以叫作国文"，所以，"中学校的国文科的内容不是什么《古文观止》，什么《中国国文教本》，也不是教师所发的油印文选讲义，所命的课题，所批改的文卷；乃是整个的对于本国文字的阅读与写作的教养。课本和讲义等等只是达教养目的的材料，并非就是国文科的正体"（夏丏尊《国文科课外应读些什么》）。也就是说，语文的学养必须立体化，仅靠课本、讲义的一点资源，是无法支撑的。不过，就夏丏尊对中学生国文能力的悬拟来看，在驳杂之中他还是无意识地流露出了对文学、艺术学养，也就是与语文相关度较高的核心学养的重视，其他的学养或许被他视作"诗外功夫"，以求内外兼修吧！在夏丏尊的悬拟中，思维逻辑非常明晰：中学生只有具备了雄厚的基础学养，升入高一级学校，修炼更高深的专业素养，才有可能。

夏丏尊涵育立体学养的思想与当时世界上先进的教育思想也是一致的，20世纪初，"德国的合科教学引起了世界的关注，随后美国也出现了打破传统学科的框架，试图采取大单元的方式将课程统整起来的动向"[1]，都是关注学科疆域的打破、融合与整体推进。这对当时因追求实用而导致的疯狂偏科现象是一种当头棒喝，对当下教育的高度分化，也不无警示意义。与夏丏尊撰文时隔80年，深圳一位名叫谢然的女孩作出了精神呼应："术业有专攻，但谁又能告诉我孔子专攻哪一门？时至今日，若孔子像我一样亦是一个高二学生，你猜他是一个文科生还是理科生？高中教育的教育制度是什么时候开始分了文理？又是什么时候再也没有第二个杨振宁，第二个钱学森？有些东西也许是分不得的，就像混沌不可开窍。"[2] 与夏丏尊提倡的"自觉地

---

[1] 钟启泉编著：《现代课程论》，上海教育出版社2006年版，第21页。
[2] 谢然：《不读论语枉少年》，海天出版社2011年版，第46页。

从各科目摄取身心上的诸能力""对各科目要普遍地学习",追求学养的中西贯通、兼收并蓄思想,高度契合!一位语文教育家,在近百年前就能替教育立心,替学生立心,不是高瞻远瞩、求真务实,又是什么?

　　让谢然惶惑的高中文、理分科,在夏丏尊撰写《受教育与受教材》的时候(1930)便开始了。谢然很决绝地反对高中文理分科,认为这与儒家的一分为八,再到后来的儒术、理学、心学,《笑傲江湖》中的华山派分为剑宗与气宗,同出一辙,都是急功近利的表现。混沌大神分后,死了;烤得火候正好,色香味俱全的酥饼分后,碎了。这称得上是对夏丏尊教育思想的形象演绎。夏丏尊在《受教育与受教材》一文中提到分科制实行后,学生"为了将来所认定的方向,学习要偏重某方面,也是对的",但坚决反对"只是普通一般的中学生对于学科的偏向,尤其是对于初中部的学生"。当时的社会,享受高中教育的人完全称得上"知识分子""中产阶级",相当于现在的大学生或研究生,毕业后是可以优势择业的。所以,当时的初中生基本上可以对应现在的高中生。这个时候,注意通识教育,打下进窥各门学问,或应付将来生活的底子,极为必要。提早分化,一如根基未牢就建房,婴孩未发育好就临盆,是十分不科学,也是十分危险的。

　　从这个角度说,夏丏尊对中学生国文能力/学养的拟定并非闭门造车,或是故纸堆中的搜索与提炼,而是出于对语文教育乱象积极疗救,对学生生命深切关怀的目的。当时的教师和学生,常常"硬把印成的文选或'国文课本'当作'国文',把其余的一切摈斥于'国文'之外"[1],更有甚者,直接弃语文于不顾,一门心思学所谓的有用的学科——位列前三的科目分别是:(1)英文;(2)算学;(3)

---

[1] 夏丏尊:《夏丏尊教育名篇》,张圣华总主编,教育科学出版社2007年版,第119页。

格致（理化博物之总名）。这怎么能"综合地养成身心上的能力"，去应付复杂万端，瞬息万变的社会呢？

这样看来，夏丏尊倡导的学养便有了灵动应世的现实指向。不过，夏丏尊的应世指向与中国式实用主义不同——一味地追求眼前的、现世的、个人的利益，"凡事要用利来引诱才得发生兴趣"（夏丏尊《中国的实用主义》），他的应世指向是受灵肉一致、陶养成人的思想统摄的，更看重自我完善、不断精进的力量，"不管学生将来入何等职业，先使他成功一个人"（夏丏尊《教育的背景》），成"人"之用完成了，应世之用则可水到渠成。对照西方的实用主义，在下述方面，夏丏尊的求用思想与之相侔：①把知识看作现实及其不断变化的过程。学习发生在解决问题的过程中，而且解决问题是可以迁移到一个广泛多样的学科和情境中的；②学科内容是跨学科的，不是单一的学科或是单纯的学科组合；③理想的课程是以孩子的经验和兴趣为基础，并为未来生活做准备的。但是，在"拒绝先验的真理和永恒的意义"[1] 这一点上，夏丏尊与之发生了分歧。可以拒绝先验的真理，但永恒的意义必须追求，如教育应"以人为背景"，以"情、爱"为内容。无此，"教育就成了无水的池，任你四方形也罢，圆形也罢，总逃不了一个虚空"[2]。

三 习惯：多方打通，化为食粮

从夏丏尊对中学生理想国文能力的设想中，还可看出他对语文学习习惯的重视：遇到疑难词语，主动查检工具书；平日留意全世界普

---

[1] ［美］艾伦·C.奥恩斯坦、弗朗西斯·P.汉金斯：《课程：基础、原理和问题》，柯森主译，钟启泉审校，江苏教育出版社 2002 年版，第 41 页。

[2] 夏丏尊：《〈爱的教育〉译者序言》，见商金林编注《夏丏尊集》，花城出版社 2012 年版，第 200 页。

通的古今事项；从文字上正确理解他人的思想感情；用文字正确表达自己的思想感情……

这些习惯看似烦琐，实际上可以归结为一个：打通。夏丏尊在强调这些习惯的养成时，固然也暗含了聚沙成塔，集腋成裘之意，但更强调融会贯通，学以致用的重要。因为没有融会贯通，没有学以致用，一切知识都无法化为自我的精神血肉，学习只是停留在占有式学习的层面，而未能实现向存在式学习的飞跃。他特别看重鉴赏时用自己的眼识，不要被别人的意见所拘执；指责不读原典，抄近路读哲学史、文学史的现象是不努力于基本学修的"坏风气""空泛功夫"；提倡小说创作中要将与人生有重大关系的意义像盐溶解在汤里一样融化在叙事中，无不是在突出打通的重要性。

这一点，陈望道、朱自清在为《文心》写序的时候就注意到了。"把国文的抽象的知识和青年日常可以遇到的具体的事情融成了一片。写得又生动，又周到，又都深入浅出。"[①]"书中将读法与作法打成一片，而又能近取譬，切实易行。不但指点方法，并且着重训练，徒法不能自行，没有训练，怎么好的方法也是白说。书中将教学也打成一片，师生亲切的合作才达到教学的目的。"[②]融成一片，打成一片，均是"打通"的意思。

其实，除了将书本与生活、读法与作法、教与学打通之外，其他很多方面的打通，夏丏尊都是积极追求的。比如，①篇与篇的打通——对单篇选文的教学，不能各自为政，而要多方打通，如在司马迁《报任少卿书》和贾谊《过秦论》中发现一词统帅多句，以加强

[①] 陈望道：《序一》，夏丏尊、叶圣陶《文心》，生活·读书·新知三联书店2008年版，第1页。
[②] 朱自清：《序二》，夏丏尊、叶圣陶《文心》，生活·读书·新知三联书店，2008年版，第5页。

文气的形式秘妙（前者以"仆之先"统帅，后者以"秦孝公"统帅），这与当下课程理念中强调的不要就教材教教材，而要有贯通观、整体观、系统观的思想是一致的；②篇与书的打通——如以学《论六家要旨》为引线，趁机涉猎《论语》《老子》《韩非子》《墨子》等；③书与书的打通——如以"四书""五经"，《红楼梦》《水浒传》等为例，按相同的形式提炼句式，如将"子曰""孟子曰""贾宝玉道"归成一类，"不亦乐乎""不亦快哉"归成一类，"穆穆文王""赫赫泰山""区区这些礼物"归成一类，据他估计，至多不会超过一百种的样式……

形形色色的打通背后，最为根本的还是自我与他人、自我与生活、自我与历史、自我与自然，乃至自我与自我的打通。打通了，便可以"万象入我摩尼珠"（苏轼《次韵吴传正枯木歌》。摩尼珠，即如意宝珠，指人心）；打不通，则永远是外在于心的冷漠存在。清代学者袁枚说："读书如吃饭，善吃饭者长精神，不善吃者生痰瘤。"（袁枚《随园诗话》卷十三之七十二）强调的也是打通的重要性。善吃的人，一定是谙熟贯通之道的人。有学者发现，处于信息社会的语文教育有一个非常显著的特征，即注意知识的"整合"。整合到哪里呢？"整合到语文课程标准所提出的语文素养中"！并认为这和以前人们理解的"孤立地以技艺性手段来掌握的、离开人的心智情感发展的、逻辑化线性化的、抽象概括的、以知识点方式呈现的知识，不完全是一回事"[①]。整合更需要打通，思想的烛照、情感的润泽、想象的穿越，一个都不能少。否则，只能食而不化，整而不合。其实，整合还不是学习知识的最高境界，最高的境界应该是融合、生长，使知识

---

① 方智范：《理解与创新：人本中心的透视和解读》，山东教育出版社2012年版，第16页。

与个体的精神生命融为一体。夏丏尊注重对外来思潮的本土化、个性化吸纳；讲究在有字书之外，也要留心去读无字之书，"在森罗万象的事物上获得新的触发"①；指点学生在大人、古人的文章中"收得经验，学到大人或古人的经验程度"②，正着眼于此。

在夏丏尊倡导的"打通"中，对自我与古代经典的打通，尤为看重，也更显珍贵。钟子岩的《回忆夏师执教在春晖》这样写道：

> 先生以渊博的学识和丰富的经验，把国文课上得生动活泼，非常成功。当时的教材，是孙俍工和沈仲九两先生合编的初中国文课本，但先生也讲授语法和文章作法方面的知识。课本所选入的全部是语体文，而先生认为中学生也应养成阅读古书的能力，所以也选印了一些文言教材，如庄子的《逍遥游》、墨子的《兼爱》，司马迁的《项羽本纪》、陶渊明的田园诗，还有《木兰诗》、《孔雀东南飞》以及杜甫的《石壕吏》、白居易的《卖炭翁》等等。无论语体文或文言文，先生是不多讲的，他要学生先看，先讲解，然后由他对讲错的加以纠正，对讲得不清楚或不全面的加以补充说明。有时他向学生提问，有时则要求学生向他提问。他在课堂教学的任务，就是要培养学生独立阅读的能力。③

抗住主流教育思潮的压力，将古代经典选入自编教材，在《关于国文的学习》一文中还明确说"四书""五经""是中国人应该知道的"，中学生的读书范围必须涉及，这是怎样的信仰和毅力！将文言文上得"生动活泼"，不是"收得古人经验"，又是什么？特别是让

---

① 夏丏尊、叶圣陶：《文心》，生活·读书·新知三联书店2008年版，第113页。
② 同上书，第6—7页。
③ 夏弘宁主编：《夏丏尊纪念文集》，上虞市文学艺术节界联合会2001年版，第261页。

学生先讲、多讲，自己只是在关键处精讲、妙讲，这需要怎样的贯通功力！联系20世纪初的情势，"废科举，兴新学""打倒孔家店"，西学滔滔，连教育部都下令废止"读经"①，夏丏尊的坚守需要怎样的胆识和魄力！

刘勰的《文心雕龙·宗经》称"经"为"群言之祖""恒久之至道，不刊之鸿教"，又说"若秉经以制式，酌雅以富言，是仰山而铸铜，煮海而为盐也"，放弃读经无疑是数典忘祖，自残自毁的行径。有学者甚至指出，废止读经，等于是语文科"被抽调了脊梁骨，趴下了伟岸的身躯，终身卧床不起"②。因此，夏丏尊力倡对古代经典的打通，就不纯粹是磨砺良好的语文习惯，还涉及了承继民族精神，捍卫语文品质的大义。这怎么能不是内用、长用和大用呢？

第二节 求美：诗意浸润，守住本心

夏丏尊在关注语文求用的同时，也很关注语文的求美。如果说求用更多地是为了满足应世之需的话，那么，求美则明显地基于应性之需。可以说，因为求用，他的语文教育思想深深地扎根在现实的土壤；因为求美，他的语文教育思想又具有了飞向理想天宇的力量。

---

① 1912年1月19日，教育部颁发《普通教育暂行办法》规定："小学读经科一律废止。"同时颁发的《普通教育暂行课程标准》也规定："初等小学校、高等小学校、中学校一概废止读经。"

② 潘新和：《不写作，枉为人——潘新和语文学术随笔》，福建教育出版社2014年版，第15页。

求用・求美・求在

一 阅读：玩绎美点，润泽心身

谈及阅读方法时，夏丏尊这样说道：

> 理解以外，还有所谓鉴赏的一种重要功夫须做，对于某篇文字要了解其中的各句各段及其全文旨趣所在，这是属于理解的事。想知道其每句每段或全文的好处所在，这是属于鉴赏的事。阅读了好文字，如果只能理解其意义，而不能知道其好处，犹如对了一幅名画，只辨识了些其中画着的人物或椅子、树木等等，而不去领略那全幅画的美点一样。何等可惜！①

将求用与求美分得清清楚楚。理解属于求用的范畴，着眼于跟别人的沟通、交流，是阅读的初级阶段，属于浅层阅读；鉴赏属于求美的范畴，着眼于自我心灵的润泽与提升，已上升到阅读的高级阶段，是真正的深层阅读。将只知理解意义，不知鉴赏好处的阅读，与只知道人、物几何，不知道美点所在的名画欣赏等同，体现了夏丏尊对高级阅读、深层阅读的倚重与迷恋，视之为真正的享受型阅读，高质量阅读。黑格尔曾经表达过这样的意思：一个面对自然美只知道喊美呀美的人，还是一个野蛮人②。夏丏尊注重阅读中美点的领略，其实正是为了将美的感受丰富化、精致化，让心灵由浅层的狂欢，走向深度的愉悦，与古人所说的"书亦国华，玩绎方美"（刘勰《文心雕龙·知音》），异曲同工。

如何玩绎，夏丏尊谈了三点："放入""冷静""参考"。"放入"

---

① 夏丏尊：《关于国文的学习》，见杜草甬、商金林主编《夏丏尊论语文教育》，河南教育出版社1987年版，第38页。
② 王建疆：《修养·境界·审美》，中国社会科学出版社2003年版，第24页。

说的是将自我"放入所鉴赏的对象中去",从修辞、运思等方面进行比较,强调的是"生命融合",择善而从。"冷静"说的是采取游戏的态度,"清玩""雅鉴"美点,而不是急于知道全体的梗概——与赫尔巴特所说的通过专心和致思,将学习过程系统化有所不同。赫尔巴特认为,借助对个别对象的静止的专心,对象可以"明了"地加以掌握;而专心从一个对象移至另一个对象时,是动态的专心。据此,产生表象与表象的"联合"。致思,当静止地思考前阶段想起的许多事物的关系并赋予一定的作用时,是静止的致思。其结果,产生"系统"。将这样获得的知识纳入已有的知识系统的作用,是动态的致思。其结果,便成为运用系统的"方法"①。夏丏尊的冷静、清玩固然也可能更好地"掌握"对象,产生表象间的"联合",对"事物间性"有"系统"的认知,但纯属无心插柳。他的冷静、专心、致思,纯粹是为了更好地沉醉于审美境界,延宕审美体验,是一种典型的超功利阅读,与应试体制下所谓的"有效阅读"相比,这种反熵性的雅鉴恰恰体现了存在性学习的本质,与占有式的学习判然有别。夏丏尊所说的"参考"指的是借鉴别人的鉴赏成果,发展自家的鉴赏力,这是借助巨人的肩膀,开拓自我的视界,但前提是在生成了自家的体验、思想之后,且要有所鉴别和批判。这使他的鉴赏观有了感性与理性相谐之美。

美点有哪些,或者什么样的美点值得鉴赏,夏丏尊没有明确阐述。但结合他文本解读/教学的案例,以及相关论述,其美点大致可分为三类:(1)形式美点;(2)意蕴美点;(3)气质美点。

形式美点占了夏丏尊文本鉴赏的大半壁江山。这样的例子,不胜

---

① 钟启泉编著:《现代课程论》,上海教育出版社2006年版,第86页。

枚举。比如，对韩愈《画记》一文中的"牛大小十一头，橐驼三头，驴如橐驼之数而加其一焉"一句，他这样评点："'橐驼三头'，'如橐驼之数而加其一'等于说'四头'，可是作者不直说'四头'，却应用了算术上 3+1=4 的计算方式，故意做着弯曲的说法。这明明是为了求变化的缘故。"① 从句式的视角，发现了作者遣词的变化之美，流动之美，看似简易，实际上道出了不常为人所知的形式秘妙。这种句式上的变化之美，用俄国形式主义的理论来讲是"陌生化"，用康德的话说是"真正的美"的"流动线条的美"。李泽厚指出，外在的色彩美是较为低级的，而"流动线条的美"是内在韵律、内在节奏之美，它与自然、宇宙的生命韵律、变化节奏相通，也是人的精神、情感丰富的表现规律的反映，所以这是更为高级、更为深刻的美感②。夏丏尊举重若轻地揭示了这一美感，"使悟其然与悟其所以然达到了完美的统一"③，不仅是渊深的美学素养刹那间的绽放，更是点石成金的教学智慧在淙淙地流淌，比之"一任你自己去摸索，走得通与否，大家听天由命"的"暗胡同"教学④，不知要高明多少倍！

　　玩绎形式美点是夏丏尊语文教育思想的重中之重，也是他顽强捍卫语文体性的不二法门。在他看来，一般科学的教科书，只需懂得它的内容，不必从文字上去瞎费力，只要好好地"阅"就行。至于国文，因为是语言文字的功课，"应在形式上多用力，只阅不够，该好

---

① 夏丏尊、叶圣陶：《文章讲话》，中华书局 2007 年版，第 86 页。
② 李泽厚：《关于中国美学史的几个问题》，见上海市美学研究会编《美学与艺术讲演录》，上海人民出版社 1982 年版，第 203—205 页。
③ 汲安庆：《一个被尘封的美学存在》，《山东师范大学学报》（人文社会科学版）2015 年，第 2 期。
④ 鲁迅.：《鲁迅全集》第 4 卷，人民文学出版社 2005 年版，第 276 页。

好地读"①。用力形式，正是指在形式美点上下功夫，多玩绎。只有如此，才能深得语文学习的真味，不至于学了多年的国文后，还写不通文章，读不懂课文。

对意蕴美点，夏丏尊也很珍视。世人多以为他是唯形式论者，实在是冤枉了他。夏丏尊反感的是陈腐、落后的内容，对新鲜、健康的内容，他不仅不反对，而且还有意追求。这从他文本鉴赏/教学中，对情意、诗意，亦即意蕴美点的留心与玩绎，不难见出。比如，他非常赞成将归有光《项脊轩志》的最后一句"庭有枇杷树，吾妻死之年所手植也，今已亭亭如盖矣"独立成段，因为这样"情味较强"②，更能突出"物在人亡的感慨"，有"余味"，欣赏句读之美和情韵之美是二合一的。方智范指出："离开了情感熏陶、形象感染、审美活动，语文的工具性和思想性就成了无源之水、无本之木，就成了单纯的技术操作和思想灌输，语文也就不成其为语文了。"③ 夏丏尊立足形式美点，巧妙地引导学生玩绎意蕴美点，便很好地注意了工具性和人文性、思想性和审美性的有机统一，尽管那时这种理念尚未问世。

事实上，意蕴与形式血肉相连，想割断根本不可能，就像汪曾祺所说的那样："语言不是外部的东西。它是和内容（思想）同时存在，不可剥离的。语言不能像橘子皮一样，可以剥下来，扔掉……语言的粗糙就是内容的粗糙。"④ 意蕴美点与形式美点"荣辱与共"，一方出了问题，彼此的质量与存在都会受到影响。所以，关注精致的形式，常常不可避免地会牵涉意蕴之美。夏丏尊本人明确说过："读到一部

---

① 夏丏尊：《怎样阅读》，见杜草甬、商金林编《夏丏尊论语文教育》，河南教育出版社1987年版，第76页。
② 夏丏尊、叶圣陶：《文章讲话》，中华书局2007年版，第9页。
③ 方智范：《理解与创新：人本中心的透视与解读》，山东教育出版社2012年版，第30页。
④ 汪曾祺：《汪曾祺文集·理论卷》，江苏文艺出版社1993年版，第1—2页。

书，收得其内容，同时欣赏玩味其文字……仅仅留心内容，或只注意于文字的摹效，都不是最好的方法。"① 的确如此，没有很好地收得内容，想玩味文字是玩不起来的；但是不经历玩味文字的过程，想深入把握文本的内容、意蕴，乃至获得言语表现的智慧，实现读写的触类旁通也是不可能的。因此，无论是讲形式美点的玩绎，还是意蕴美点的品味，夏丏尊都注意了二者的紧密联系。

气质美点是文本形式与内容和谐统一的过程中散逸出来的艺术神采和个性气度。看不见，摸不着，似乎玄之又玄，可是一旦捕获，又可以尺幅千里，触类旁通，在直觉中见本质，在刹那间见永恒。在《读书与冥想》一文中，夏丏尊这样写道："如果说山是宗教的，那么湖可以说是艺术的、神秘的，海可以说是革命的了。梅戴林克的作品近乎湖，易卜生的作品近于海。"没有对作家作品的大量阅读，以及在阅读过程中深度的灵魂遇合，综合学养的协调运作，就是把脑壳敲破，也无法达成他这样对作家作品整体气质的把握。

如何把握？夏丏尊采用的方法多是培养语感，仔细吟味，当然也会紧密结合形式细节的"肉身"，沿波讨源，由表及里。比如，对一向玄妙、神秘的文气，他提倡走"念诵"的路子，但同时也会在形式构造上打开气质美点的门户。例如，对文气旺盛的文章，他发现形式上一定或多或少地有下述特点：（1）以一词统帅许多词句，因为许多词句为一词句所统帅，读时就不能中断，必须一口气读到段落才可停止；（2）在一串文句中叠用调子相同的词句，必要时善为变化，如"故在天为星辰，在地为河岳，幽则为鬼神而明则复为人"（苏轼《潮州韩文公庙碑》）；（3）多用接续词，把原本分开的两词或两句连

---

① 夏丏尊：《夏丏尊教育名篇》，张圣华总主编，教育科学出版社 2007 年版，第 123—124 页。

在一起，如"逝者如斯而未尝往也"（苏轼《前赤壁赋》），非做一口气说完不可，文气自然加强①。将田野调查色彩的探究与文气的感悟结合得天衣无缝。

有学者称："那个用头脑思考的人是智者，那个用心灵思考的人是诗人，那个用行动思考的人是圣徒。倘若一个人同时用头脑、心灵、行动思考，他很可能是一位先知。"（周国平《走进一座圣殿》）夏丏尊当然不是先知，但是在对文本气质美点赏析的过程中，他的确头脑、心灵、行动一起思考了，所以常有超凡的审美感悟与发现。更为可贵的是，对气质美点的鉴赏，根本不是出于应试或应世的利益诱惑，依然能情有独钟，乐此不疲，这并非精神贵族的卖弄清高，更非有闲阶级的附庸风雅，而是对审美天性的坚守，对言语表现魅力的不懈探求。

二 写作：既要求"通"，更要求"好"

对写作，夏丏尊一直追求"通""好"兼备。"通"主要指文句形式和内容意义上的明了，如句的构造合法，句与句间结合呼应的完密，用词能准确达意等；"好"是指态度上的适当，最好心存读者，因为"所谓好的文字就是使读者容易领略，感动，乐于阅读的文字"（夏丏尊《关于国文的学习》）。饶有趣味的是，在修辞上，他也谈到了两个层次："一是怎样使文章不坏，二是怎样使文章更好。前者叫作消极的修辞，后者叫作积极的修辞。"② 两相比照，"通"是基础，"好"是提高；"通"讲究文从字顺，"通"讲究情辞并茂；"通"偏

---

① 夏丏尊、叶圣陶：《文章讲话》，中华书局2007年版，第75—79页。
② 夏丏尊、叶绍钧：《国文百八课》，生活·读书·新知三联书店2008年版，第35页。

向于"共能"（指所有学生都要具备的写作能力），"好"偏向于"异能"（指学生个人特殊的写作才能，不是人人都要具备的①），一目了然。

对这种写作思想，叶圣陶在《"好"与"不好"》一文中有过较为充分的阐发，可视为夏丏尊写作既要求"通"，更要求"好"这一思想的互文性阐释："前此所说的'通'，只是作文最低度的条件。文而'不通'，犹如一件没制造完成的东西，拿不出去的。'通'了，其间又可以分作两路：一是仅仅'通'而已，这像一件平常的东西，虽没毛病，却不出色；一是'通'而且'好'，这才像一件精美的物品，能引起观赏者的感兴，并给制作者以创造的喜悦。"将"好"提到了"创造"的高度，足见二人对"好"的要求的偏重。

如何求"好"？除了上述的"读者意识"，夏丏尊还提到了很多言语表现的智慧，如"系统写出"——文章的内容是若干思想感情的复合体，只是表出还不行，得系统地写出，如"今天真快活"不是文章，把"所由快活的事由""那件事情的状况"等记出，写成一封给朋友看的书信或一则自己看的日记，才是文章（夏丏尊《关于国文的学习》）；"寡兵御敌"——从许多断片的部分的材料中，选出最可寄托情感的一点拿来描写，好像打仗，要用少数的兵去抵御大敌的时候，应该集中兵力，直冲要害，若用包围式的攻战法，就要失败的②；"培育情意"——文字毕竟是一种人格的表现，冷刻的文字，不是浮热的性质的人所能摹效的，要作细密的文字，先须具备细密的性格。不去从培养本身的知识情感意志着想，一味想从文字上去学习文字，这是一般青年的误解……林林总总，不厌其详。这种思想，朱自清是

---

① 潘新和：《语文：我写故我在》，海峡文艺出版社2014年版，第10页。
② 夏丏尊、刘薰宇：《文章作法》，中华书局2013年版，第98页。

深为赞同的,他说:"从教育的立场说,国文科若只知养成学生写作的技能,不注重他们了解和欣赏的力量,那就太偏枯了。"①欣赏的过程,正是培养情意的审美过程。夏丏尊注重写作中情意的培育,并时时刻刻注意美的浸润与提升,正是为了避免写作和语文教育的偏枯。

应该说,基于求"通"基础上的求"好",并非只是写作的乌托邦,而是"低垂的苹果",只要愿意努力,是可以获致的。但也只是相对的达致,因为"好"的程度、境界千差万别,千变万化,于是构成了写作主体不断求索的内驱力。言语表现的智慧、活力、个性等,由此得以绵绵不断地绽放。

遗憾的是,这种金子般的思想一直没有得到应有的重视。时至今日,依然有很多语文老师将写作水平的考查重点放在语句通顺上,以为这就是语言的最高标准,以致作文训练、作文命题均以此展开。于是,本是思想、情感艺术化、个性化的创造过程,被不知不觉地降格为简单、机械的码字技能,充满情趣、想象、思想博弈的写作训练彻底沦为平板、共性、冰冷的文字训练,这怎么不是写作教学科学化进程中的一大迷失呢?至于说,只知仿作、套作,以不变应万变,或拿死记硬背的名人名言、写作素材,进行自炫性的搭建、填充,任由别人的思想在自己的头脑里"跑马"的侏儒式写作,更是只顾求"通",不顾求"好"的铁证,值得高度警惕。

三 生活:趣味点染,诗意栖居

求美意识在夏丏尊的生活中也有充分的体现。

移居上海后的一天下午,他突发兴致,邀徐调孚一起去苏州的叶

---

① 朱自清:《朱自清语文教学经验》,教育科学出版社2007年版,第67页。

圣陶家做客，畅聊了一个晚上，兴尽而返，大有雪夜访戴的味道。后来，夏丏尊与叶至善谈起叶家在青石弄的房子："你们老人家的房子造得太笨，并排四间，直拨直的，既不好看，住着也不方便。"① 这种无意识的审美流露，恰好印证了他早在1913年就已开始的追求："吾人于专门职业以外，当有多方之趣味……酱之只有酱气者，必非善酱；肉之只有肉气者，必非善肉；教师之只有教师气者，必非善教师也。"②（夏丏尊《学斋随想录》）培养多方趣味的人，趣味必然会像阳光、空气一样，照耀着他的生活，养护着他的心灵，并会从生活的各个细节，或他本人的言谈举止中流溢出来。有这样的趣味之心，语文教育岂能不带有美的气质？

别以为求美只是一种有余裕的产物，是权势阶层享受精致化生活的专利，事实上，只要有一颗爱美的心，即使生活再贫寒，再疲惫，一样可以享受美，就像亨利·大卫·梭罗所说的那样："一个从容的人，在哪里都像在皇宫中一样，生活得心满意足而富有愉快的思想。"（梭罗 *Love Your Life*）

在这方面，夏丏尊不折不扣地做到了。屋外松涛如吼，窗前霜月如剑，房梁饥鼠乱窜的寒夜，他竟然能"深感到萧瑟的诗趣""把自己拟诸山水画中的人物，作种种幽邈的遐想"③；为了改善生活，他在上海暨南大学和立达学园代课时，一天下来，已经精疲力竭，但他依然不忘"悠然地把身体交付给黄包车夫，在夕阳里看那沿途的风物，好比玩赏长卷"④。可以说，求美的意识已经完全化入他的骨髓了。

---

[1] 王利民：《平屋主人——夏丏尊传》，浙江人民出版社2005年版，第210页。
[2] 夏丏尊：《夏丏尊教育名篇》，张圣华总主编，教育科学出版社2007年版，第70页。
[3] 夏丏尊：《白马湖之冬》，商金林编注《夏丏尊集》，花城出版社2012年版，第70—71页。
[4] 王利民：《平屋主人——夏丏尊传》，浙江人民出版社2005年版，第162页。

"斯世无限之烦恼,可借美以求暂时之解脱。见佳景美画,闻幽乐良曲,有遑忆名利恩怨者否?"(夏丏尊《学斋随想录》)这庶几可以看作他的一种生活信仰吧,趣味点染,诗意栖居,一切都显得那么自然而又卓尔不群。

说信仰,是指"求美"并非夏丏尊的偶然为之,而是他一以贯之的坚守与践行,还有在阅读、写作、教学中的浑然贯通。

在湖南一师工作的日子里,夏丏尊写了不少旧体诗词。在《长沙小诗之一》中,他这样写道:"中年陶写无丝竹,泽畔行吟有美人。搜得漫天风絮去,贮将心里作秋春。"以身心憔悴的屈原自比,将纷纷扰扰的艰难、不幸、苦痛,悉数纳入心中,酿造出一个花木葱茏的春天,这是何等坚韧而富有诗意的襟怀!联系他一生的教育行旅,这显然成了他最生动的精神写照。

在为浙江一师所创作的校歌中,"叶蓁蓁,木欣欣,碧梧万枝新。之江西,西湖滨,桃李一堂春",这欣欣向荣,师生同乐的景象,何尝不是一个教育的桃花源,吸引着无数教育人为之憧憬,为之奋斗!有如许的美好追求,对夏丏尊文本解读/教学中,注重诗趣、情味的把握,就一点也不感到奇怪了。因为在美学的层面,阅读、写作、教学、生活、人生都是相通的。艰难困苦,玉汝于成,只因对未来有美好的守望。从这个角度说,对语文教育的孜孜研究,成了夏丏尊一生甘之如饴的修行。遗憾的是,很多实利主义者认识不到这一点,还以为对美的憧憬与追求,都是幼稚、无聊、华而不实之举,至今仍在冷嘲热讽。

在文学批评史上,有"知人论世,以意逆志"之说,研究夏丏尊的语文教育思想亦应作如是观。不了解他生活中、人生中的求美思想,就无法透彻地把握他语文教育中的诗心、诗情和诗趣,进而就无法领略他高远、大气的语文教育思想。朱自清指出：教师平日怎样实施自己的教育宗旨，怎样实施训育，上课时便是怎样的气象。平日不去指导学生的言行，要在区区的上课的几小时内，使他们顿然改过迁善，这除非是奇迹！现在我们都怪学生不用功……但我们也何尝能为他们造出一个好的国文研究环境？何尝能为他们造成一种国文研究的空气？① 夏丏尊语文教育中深入骨髓的求美思想其实就是最有力的训育，是最理想的国文研究的空气，对学生沐浴、熏陶之功，怎么评价都不为过。

第三节 求在：言语表现，确证自我

如果说求美强调的是语文学习过程中感性的沉迷、物我相融、宠辱偕忘的话，那么，求在强调的则是自我理性的复归、凸显及自我本质力量对象化的能动表现、执着超越。

求在的思想主要表现在下述三个方面。

一 守望：与书相伴，与写共生

在《文心·最后一课》中，夏丏尊、叶圣陶借助主人公王仰之表达了这样的思想：阅读不能只限于国文课内指定的几种书，也不能只限于各科的参考书，必须树立无论从商或做工都要把行动和读书打成一片的思想，"把图书馆认为精神的粮食库，这才能收到莫大的实

---

① 朱自清：《朱自清语文教学经验》，教育科学出版社2007年版，第7—8页。

益"。这样的延伸阅读，终身阅读，不是为读而读，食而不化，或穿肠而过，也不是为了装点门面，不断囤积，四处炫耀，而是为了"把它容纳下去，完全消化了，作为我们的荣养料，以产生我们的新血肉"，这便有了阅读以求在的思想——学以致用，学以自长，学以自强，不断地彰显自我的精神生命。

夏丏尊在其他文章中多次表达过此类思想，"重视书册，求教师多发讲义，囫囵吞枣似地但知受教材，不知受教育，究是'买椟还珠'的愚笨办法""在记忆力忍耐力等以外，多养成些别的能力去，不更好吗？"（夏丏尊《受教育与受教材》）"学和受教育是'终身以之'的事情，离开了学校还可以学，还可以受教育，而且必须再学，必须再受教育"（夏丏尊《"自学"和"自己教育"》）。也就是说，学习不只是为了接受。接受只是一种手段，一种基础，最终还是为了运用、为了表现，充实自我、提升自我，让自我存在和出场。多养成一些能力，正是为了更好见证自我的本质力量。而且，这种追求是终身以之、与生命同在的。

这与叶圣陶的阅读观相比，还是有所区别的。叶圣陶的阅读观经历了从"根论"（阅读是吸收，写作是倾吐，倾吐能否合于法度，显然与吸收有密切的关系。单说写作程度如何如何是没有根的，要有根，就得追问那比较难捉摸的阅读程度[①]）到"基础论"（写作基于阅读。老师教得好，学生读得好，才写得好[②]），再到"独立目的论"（培养学生写的能力固然是语文教学的一个目的；培养读的能力，也是一个目的，不能认为读书就是为了做文章。读书，有的时候是为了提高自

[①] 叶圣陶：《阅读教学的两个基本观念》，刘国正主编《叶圣陶教育文集》第3卷，人民教育出版社1994年版，第53页。

[②] 叶圣陶：《阅读是写作的基础》，刘国正主编《叶圣陶教育文集》第3卷，人民教育出版社1994年版，第279页。

己某一方面的思想认识，有的时候是为了获得某一方面的知识，有的时候是为欣赏，有的时候甚至是为了消遣①）的认识变化。但不管如何变化，基本上是单向度的认识，谈阅读对写作的决定或促进作用，而忽略了写作对阅读的引领与提升之用。再一个，叶圣陶的阅读观更多地偏向于积淀、占有，自得其乐，而夏丏尊的阅读观还指向了应用、表现与存在。

至于说"终身以之"的学习思想，更是与当下功利、鄙俗的语文观彻底划清了界限：语文学习与生活分离，在校与工作分离，还有开课就学，不开课就不学的断裂（很多大学已经取消了"大学语文"这门课程，觉得这纯粹是一个摆设，学与不学都一样），又怎么能使学生在语文学习中确证自我，实现自我呢？

"新血肉"一词道尽了语文学习的重大秘密。这"血肉"是自我的血肉，精神的血肉，思想的血肉，而且还是"新"的。"新"在何处？不仅与别人的思想比，有新奇之处，而且与自我的认识比，也有新鲜之处。换言之，通过阅读，不仅要消化别人的思想，更要生长自家的思想，实现自我精神生命的拔节。有了这样的定位，阅读便一下子从匍匐走向了站立，从占有走向了存在。费尔巴哈在谈音乐欣赏时说："当音调抓住了你的时候，是什么东西抓住了你呢？你在音调里听到了什么呢？难道听到的不是你自己心的声音吗？"② 在创造性的阅读过程中，这种听到自我心音、找回自我、发现自我、建构自我，使自我本质力量得以充分体现与确证的现象，正是夏丏尊特别看重的。存在主义教育家布贝尔认为："教育的目的不是告知后人存在什么或

---

① 张志公：《张志公自选集》上册，北京大学出版社1998年版，第236页。
② 北京大学哲学系美学教研室编：《西方美学家论美和美感》，商务印书馆1980年版，第211页。

必会存在什么，而是晓谕他们如何让精神充盈人生，如何与'你'相遇。"①高质量、个性化的阅读正是不断与优秀的自我相遇，使自我生命得以不断刷新的过程。从这个角度说，夏丏尊的通过阅读产生自我"新血肉"的思想，具有极高的美学和教育的价值。他本人对西方各种思潮的审慎吸纳，对鲁迅、郁达夫等人小说的创造性批评，以及从古代经典中提炼写作的种种智慧，无不是确证自我精神本质的表现与存在性阅读。蔡元培提倡的通过美育，"由现象世界而引以到达实体世界"的思想②，夏丏尊其实一直在践行。

为了让这表现与存在的阅读深深地扎根于生活和人生，夏丏尊还提出了以创作态度对付生活的思想："要忠于自己，绝不肯有半点的随便和丝毫的不认真。文学者固不必人人去做，然而文学创作的态度却是人人可取的。惟能如此，才真受用不尽呢！"③在《关于国文的学习》一书中，他这样说道："原来人有爱美心和发表欲，迫于实用的时候，固然不得已地要利用文字来写出表意，即明知其对于实用无关，也想把五官所接触的，心所感触的写出来示人，不能自已。这种欲望是一切艺术的根源，应该加以重视。学校中的作文课，就是为使青年满足这欲望，发表这欲望而设的。"无论是强调外用，还是内用，都突出了言语表现的动力学价值，这必然超越以纯粹的应试、应世为动力的实用主义语文学习观，也迥异于追求语文学习的兴趣、爱好、消遣、娱乐等肤浅的认知，因为"这些表层的情绪，其产生的动力是较为微弱的，难以持久的，不足以提供持续性、恒定性的言语学习动力"④。但是，将创作的精神引入生活，在应付实用之外，还密切关注

---

① 布贝尔：《我与你》，陈维纲译，上海三联书店1986年版，第60页。
② 蔡元培：《对于教育方针之意见》，《东方杂志》1912年第8卷第10期。
③ 夏丏尊、叶圣陶：《文心》，生活·读书·新知三联书店2008年版，第323页。
④ 潘新和：《语文：人的确证》，上海三联书店2014年版，第8页。

自我的爱美心和发表欲就截然不同了,那是一种开发自我、幸福自我、确证自我的动力,无疑是强劲的、持续的,因而更能激发言语学习和表现的欲望。

二 积累:广事吸收,蓄势待发

如何与写共生、确证自我,夏丏尊提出了广事吸收、蓄势待发的思想。在这方面,他以两个非常形象的比喻作出了说明。

一是"培育"说——文章的题目不论由于教师命题,或由于自己的感触,要之只不过是基本的胚种,我们要把这胚种多方培育,使之发达,或从经验中收得肥料,或从书册上吸取阳光,或从朋友谈话中供给水分,行住坐卧都关心胚种的完成。

二是"储备"说——写作是一种郁积的发泄,犹之爆竹的遇火爆发。教师所命的题目,只是一条药线,如果诸君是平日储备着火药的,遇到火就会爆发起来,感到一种郁积发泄的愉快,若自己平日不随处留意,临时又懒去搜集,火药一无所有,那么,遇到题目,只能就题目随便勉强敷衍几句,犹之不会爆发的空爆竹,虽用火点着了药线,只是"刺"一声,把药线烧毕就完了[①]。

相较于一般意义上的被动积累、机械积累、占有式积累——为应试、为炫耀、为猎奇等,夏丏尊的积累观显然是一种能动的积累、灵动的积累、存在式的积累。"培育""收得""吸取""爆发"等词无不在突出积累过程中主体的积极与灵动——不是疲于应付,亦非临时突击,更非纳而不化,而是悉数内化,生成别样的精神势能,为随时

---

① 夏丏尊:《夏丏尊教育名篇》,张圣华总主编,教育科学出版社 2007 年版,第 111—112 页。

在写作中转化为才、胆、识、力、学而准备，用夏丏尊自己的话来说就是"广事吸收""以便触类记及"（夏丏尊《关于国文的学习》）。一如蝉，地下十七年的积攒、等待，只为一个夏季的生命歌唱。夏丏尊倡导的"培育""储备"，正是为了指向言语生命的欢唱。这与叶圣陶后来偏于认识、获知、欣赏、消遣的阅读目的独立论，也是有所区别的。

如果说这样的积累偏于写作心智素养中的文字表现能力（含语言、采集、感知、思维和想象）的磨砺的话，那么，强调人格的历练与锻造，则偏于写作主体的人格品质的修养了。夏丏尊不止一次地强调，"文章真要动人，非有好人格、好学问做根据不可，仅从方法上着想总是末技。因为所可讲得出的不过是文章的规矩，而不是文章的技巧"[①]。注重道从文出，人格与文格的统一，这对言语表现存在感的强化，无疑具有奠基性的作用，也是夏丏尊将"以人为背景"提升到教育成败高度的根本原因。

当时的很多教育家也很关注"人"的教育，如陈鹤琴的"活教育"，目的就是"做人、做中国人、做世界人"[②]，晏阳初指出："中国能通中西古今有学问的人也不少。可是他们的学问尽管好，若是没有人格，恐怕他们的学问越好，他越能够卖国。"[③] 都是从大处着眼的，能将人格修炼与言语表现紧密结合起来，且很较真、很执着地贯彻始终的，夏丏尊算是非常突出的一位——呼吁教师"进取修养"，以够得上"师"的称呼（夏丏尊《近事杂感》）；对学生无病呻吟，

[①] 夏丏尊、刘薰宇：《文章作法》，中华书局2013年版，第84页。
[②] 陈鹤琴：《活教育的目的论》，杨彬编《教育照亮未来——民国八大教育家经典文选》2013年版，第193页。
[③] 晏阳初：《"误教"与"无教"》，杨彬编《教育照亮未来——民国八大教育家经典文选》2013年版，第129页。

失去信用的写作现象拍案而起，发出"矫此颓风者，舍吾辈而谁"的呐喊（夏丏尊《学斋随想录》）；在写作教育中，孜孜不倦地大谈品性与文章境界、感染力的关系，无不见出他对言语人格的重视，以及为此付出的种种努力。

与此同时，夏丏尊也关注体式素养的积淀。一本《文章作法》可以说就是体式素养积淀、启蒙的教材。按内容性质，他将文章分成了记事文、叙事文、说明文和议论文——在《国文百八课》中，记事文和叙事文合称为"记叙文"；按外形容量，他将文章分成长文和小品文。对四类文体的界定，以及如何记事、叙事、说明、议论，或结合经典，或结合时文，或参以榜样，或树立靶子，深入分析，新见迭出，不仅易于理解，而且便于举一反三，对小说、散文、传记、解说词、说明书、调查报告、新闻评论、文学评论、学术论文等文体的写作，一样具有触发、指导的意义。

除此以外，夏丏尊还关注文言体和语体的差别与联系，文章体类与风格的联系——由内容和形式的比例，分为简约、繁丰；由气象的刚强与柔和，分为刚健、柔婉；由话里辞藻的多少，分为平淡、绚烂；由检点工夫的多少，分为谨严、疏放[1]，无论是对阅读素养的积累，还是言语表现的启悟，都是有所助益的。

不过，因为应试之风的愈演愈烈，还有后世执行者的畸形运用，导致夏丏尊等人提出的文体仅限于国文学习中的练习与考核，成了与日常实际运用文体无关，似乎专为教学而设的特殊文体[2]，与古代的"对策""八股文""试帖诗"颇为相类，这的确是殊为遗憾的。

---

[1] 夏丏尊、叶圣陶：《文心》，生活·读书·新知三联书店2008年版，第312页。
[2] 潘新和：《语文：人的确证》，上海三联书店2014年版，第181页。

三　表现：忠于情思，自己造词

以创作的态度对待生活，如何实现？夏丏尊的看法是：忠于自我的情思，能自己造词。

他说："文章是发表自己的意思和情感，所以不能将别人的文章借来冒充；抄袭的不好是大家都承认的，古来早已有人说过，不必再讲。至于模仿，古来却有不以为非的。什么桐城派啊，阳湖派的古文啊，汉魏的骈文呀，西昆体的诗呀……越学得像越好。其实文章原无所谓派别，随着时代而变迁，也无所谓一定的格式。仅仅像得哪一家，哪一篇，绝不能当作好的标准。从另一方面说，文章是表现自己的，各人有各人的天分，有各人的创造力；随人脚跟，结果必定抑灭了自己的个性；所作的文章就不能完全自由表示自己的意思和情感，也就不真实，不明确了。"又说："须自己造辞，勿漫用成语和典故。所作的文章要读的人读了能够得着和作者作时相同的印象，才算是好的，所以对于自己所要发表的意思和情感必须十分忠实。"[1] 与托尔斯泰的"传染说"堪称异喉同曲——艺术是一种"人性活动"，它的要义只是一个人有意地用具体的符号，把自己所曾经历的情感传给旁人，旁人受这些情感的传染，也起同感[2]。传递情感，感染他人，前提是忠实于自我的情感，先感动自我，充分保住自己的个性。

夏丏尊之所以如此决绝地反对抄袭和模仿，正是因为看到了这两种态度会产生"抑灭"自我天分、个性和创造力的可怕后果。创作本质上是传递"独感"的过程，将自我新鲜、独特的体验、印象、情思

---

[1]　夏丏尊、刘薰宇：《文章作法》，中华书局2013年版，第2—3页。
[2]　朱光潜：《谈文学》，漓江出版社2011年版，第106页。

与理想的读者分享。"共感"也需要传递,没有共感,也无法共鸣。但是,共感只是作为滋生独感的土壤或背景而存在的,不能喧宾夺主。一旦喧夺,传递便沦为学舌、叨扰,甚至语言施暴的过程。事实上,优质的独感是融合着共感的,是二者的和谐统一。别林斯基就说过:"伟大的诗人谈着他自己,谈着我的时候,也就是谈着大家,谈着全人类……人们在他的悲哀里看到了自己的悲哀,在他的心灵里认识到自己的心灵。"① 苏珊·朗格尽管强调"艺术家表现的绝不是他自己的真实情感,而是他认识到的人类情感"②,但这"认识到的人类情感"显然是被"我化"了,是被"我"情感汁水浸透了的"复合情感",仍然是独感更为强势。

夏丏尊在阅读中注意甄别"哪些是作者的报告,哪些是作者的意见,以及作者在文章里究竟有他自己的意见没有"③;在创作中很注意"外面的经验"与"内部的经验"的统一④,并指出"我国从来的文章都只记事,不记情感,实是很大的缺点"⑤,正是参悟到了独感艺术价值的经验之谈。遗憾的是,这一独具匠心的发现,目前仍未引起很多语文老师的重视。热衷于让学生积累"好词好句",套用名家的结构模式,将富有个性的独立写作演变为批量生产的填充与组装,还美其名曰"借智者之嘴,发自我之声",表面上才情四溢,创作裕如,实际上早已沦为思想的侏儒,被操控的木偶,精神的自我日渐萎缩,

---

① [苏]别列金娜选辑:《别林斯基论文学》,梁真译,新文艺出版社1958年版,第41页。
② [美]苏珊·朗格:《艺术问题》,滕守尧译,中国社会科学出版社1983年版,第25页。
③ 夏丏尊、叶绍钧:《国文百八课》,生活·读书·新知三联书店2008年版,第30页。
④ 《文心·忽然做了大人与古人了》通过枚叔的口指出:外面的经验是景物的状况,内部的经验是作文说话的人对于景物的感想。
⑤ 夏丏尊、刘薰宇:《文章作法》,中华书局2013年版,第21页。

甚至死亡，还发什么声呢？

忠于自我的情思，自我便会存在并出场；自我存在了，出场了，创造便会随之诞生。这一清晰的认知逻辑表明：在夏丏尊的心中，忠实、创造与自我是浑然一体的。创造很艰难，抗拒时俗，荡涤惰性，铲除奴性，独立思索，自己造辞……一个都不能少。但是，创造又很容易，唯求"忠实"而已。越是贴紧自我的情感和意思，创造的色彩就越浓郁。缘于此，夏丏尊对学生言语表现中的虚伪、做作，极为敏感。一位师范生写父亲客死异乡，他"星夜匍匐奔丧"，夏丏尊苦笑着问他："你那天晚上真个是在地上爬去的？"① 某小学生写《西湖游记》，大用携酒赋诗等套语，夏丏尊忧心忡忡："循此以往，文字将失信用，在现世将彼此误解，于后世将不足征信。"② 至此，我们不难发现：忠实于自己的情思，不仅关乎言语创造的有无、优劣，而且还关乎人格的质量。在这一点上，夏丏尊与古人追求的"修辞立其诚"（《周易·乾·文言》），一下子血脉贯通了。

影响所致，夏丏尊也很关注教学中对自我体验、印象、情思的忠实。他喜欢提问学生，也乐于被学生提问，认为"求学，就是要学要问。我讲你们听是学，你们提问就是问。若是学而不问，只得个一知半解，浅薄无聊……"③ 教学的过程正是不同主体间的对话过程，因为对话，情感的交流、想象的拓展、思想的增殖、知识的建构等一系列复杂的心智活动，才得以不断推进。问与被问，可以促使对话主体卸下重重的心灵盔甲，赤诚相见，因而更能实现生命的融合、思想的启迪，一如 20 世纪英国伟大的物理学家和思想家戴维·伯姆在其著

---

① 王利民：《平屋主人——夏丏尊传》，浙江人民出版社 2005 年版，第 44 页。
② 夏丏尊：《夏丏尊文集·平屋之辑》，浙江人民出版社 1983 年版，第 319 页。
③ 王利民：《平屋主人——夏丏尊传》，浙江人民出版社 2005 年版，第 96 页。

作《论对话》中所说的那样:"集体心理和个体心理同时存在于共享的过程里,二者之间流淌着意义之溪。此时,观念本身已无关紧要。最终,我们将落脚于所有这些观念之间的某个位置上,同时开始超越所有的这些观念,朝另外一个新的方向发展,这个方向如同圆弧上发出的一条切线,引领我们进行新的发现和创造。"① 由于对话可以不断激活主体昔日的积累,重塑自我的崭新形象,反过来又会形成强大的驱动力,策励自我更加忘情地积累、探索、思考、表达和沟通,于是,精神的更新、生命的拔节便如春华秋实一样自然。

潘新和指出:"语文是人的确证、自证,语文教育是使人之为人、使人更像人的事业,语文课程目的是为成就'立言者'奠基,言语动机是第一生产力,培育言语生命意识是教学的主线,语文教学以唤醒、激发学生的言说欲、表现欲、言语上的自我实现欲为首务。"② 这种深刻的体认和崇高追求,在夏丏尊那里其实已有滥觞——提倡通过写作,实现学生的爱美欲和发表欲,不正是引导学生对自我精神生命的确证、自证吗?从这个角度说,夏丏尊对语文教育求在本质的思考,何其超前,何其珍贵!

黑格尔认为,主体的自我认识有两种方式:认识和实践的方式。除了在思维中认识内在的自我,"人还通过实践的活动来达到为自己(认识自己。笔者注),因为人有一种冲动,要在直接呈现于他面前的外在事物中实现他自己,而且就在这实践过程中认识他自己"③。如果说夏丏尊对言语表现的守望,有了通过思维认识自我、确证自我的萌

---

① [英]戴维·伯姆:《论对话》,李·尼科编,王松涛译,教育科学出版社2004年版,第33页。
② 潘新和、张心科:《颠覆·超越·互通——潘新和教授访谈录》,《语文教学通讯》高中刊2016年第2期。
③ [德]黑格尔:《美学》第1卷,商务印书馆1979年版,第39页。

芽，那么，为此而展开的积累与表现，则化成他认识自我、实现自我的自觉实践了。

  总之，在对语文教育本体的思考中，求用、求美、求在的浑然相融，并非表明夏丏尊茫然无绪的思想杂烩，而是寄寓了极为理性、真诚、严肃的个性化思考。求用其表，求美其里，求在其魂，各有侧重且主次分明。对求美、求在的思考尽管尚无明确的思想体系，随着夏丏尊的离世，也未得到进一步的展开，但纵观其语文教育思想，由实向虚、由外向内、由物向人的发展轨迹，依然清晰可辨。谋求语文的应用性，却极度反感唯实唯利；建构语文的科学性，却不忘美的浸润与提升；关注语文的现代化发展，却更紧扣人的坚韧而美好的存在。既关注语文体性的建构与维护，又不忘生命质量，尤其是灵魂质量的建设，这在那个被鲁迅称为"灵明日以亏蚀，旨趣流于平庸，人惟客观世界是趋，而主观之内面精神，乃舍置不之一省"（鲁迅《文化偏至论》）的时代，斯宾格勒称之为"器世界"与"情世界"冲突，人只有"宽度和长度"（世俗平面维度），却严重缺乏"深度"（人文维度）的时代[1]，简直是空谷足音。没有洞观肆应的冷静与灵动，没有抗拒流俗的胆气与毅力，没有对语文教育深入探索的责任与深情，根本发不出这样的金石之声。

---

[1] 刘再复、刘剑梅：《教育论语》，福建教育出版社2012年版，第112页。

第二章

灵肉一致，陶养成人[*]
——夏丏尊语文课程思想论

课程该以怎样的形式完美呈现？不同的理解与实践，便会出现不同的样态。反之，无论何种样态，其背后一定凝聚了对课程内涵、地位、价值、作用的不同体认与诠释。正如美国一些学者所指出的那样："课程处理方法反映一种'整体的'看法或'总的取向'，涉及课程的基础（个人的哲学观、历史观、心理学和学习理论方面的观点、对社会问题的看法）、课程的知识领域（该领域中具有普遍意义的重要知识），以及课程的理论原则和实践原则。课程处理方式表达一种观点，涉及对课程编制和设计，对学习者、教师和课程专家在课程规划中的作用，对课程的一般目标与具体目标，以及对需要研究的重要议题的看法。"[①]

语文课程亦然。从标准的不断修订与更替，教材的不断变迁和日趋多元，还有类型划分的日益精细[②]，以及新理念的敲定（如"全面

---

[*] 本章发表于西南大学《教师教育学报》2015 年第 3 期。

① ［美］艾伦·C. 奥恩斯坦、弗朗西斯·P. 汉金斯：《课程：基础、原理和问题》，柯森主译，钟启泉审校，江苏教育出版社 2002 年版，第 2 页。

② 根据课程的组织形式可分为"语文学科课程"和"语文活动课程"；根据课程的地位和作用可分为"语文必修课程"与"语文选修课程"；根据课程的呈现方式可分为"语文显性课程"和"语文隐性课程"。

提高学生的语文素养""正确把握语文教育的特点""积极倡导自主合作、探究的学习方式""努力建设开放而有活力的语文课程")①,新思维的出炉（如"课程即课程资源开发""多样化课程资源共生""动态生成"）②,每一次"形式"刷新的背后,都不难看到其间多重思想的碰撞、对抗、否定、超越与统一。何谓课程? 什么样的课程才是最科学、最人性、最接地气、最富魅力的? 历代的课程学者们从未中断过思考。

  夏丏尊也参与了对语文课程的思考与建构,他对语文课程内涵灵动而辩证的把握,以及指向灵肉一致,陶养成人的语文课程灵魂观;工具性、人文性、言语性混融自在的语文性质观;注重精深理解与自由表达相谐的语文课程目标观;以及追求课程与人相融,"滚雪球"式学养积淀,历史与现实打通,学习与生活打通,学科与学科打通,问学与自学结合等极具现代感的语文课程美学观,集西方"儿童中心""社会中心""学问中心"课程论之所长,而又有濡染个性思想的本土化建构,对当下如何更好地建设、发展语文课程,一直有着丰富的启示意义。

第一节　课程：一种动态的教育存在

  作为一个概念,"课程"与"美"一样具有离散、含糊、难以把握的特点,一直言说不尽,美国教育学者斯考特（Scotter D. V.）甚

---

① 中华人民共和国教育部：《义务教育语文课程标准》（2011年版）,北京师范大学出版社2012年版,第2—4页。

② 王蕙主编：《现代教育学》,北京师范大学出版社2012年版,第129页。

至慨叹:"课程是一个用得最为普遍,但却是定义最不规范的教育术语。"但是,对课程内涵永无止境的深入探究和阐扬又是至关重要的,因为这直接影响到教育实践中课程类型和课程结构的设计,还有教师课程智慧的生成,以及学生主动健康的发展。

一 学科形态与教育蓝图

在夏丏尊那里,课程主要是作为"学科"的形式存在的。

针对当时家长、学生只重视国文、算学等学科,而弃体操、手工、劳动等学科于不顾的现状,还有教师只将学科知识当作商品一样售卖,不顾对学生品性进行陶冶的现象,他非常愤激地指出:"课程自课程,人自人,这种无背景的教育,就是再办几十年也没有什么效果。"[1] 在《受教育与受教材》一文中,他进一步指出:"专门以上的学校为欲使学生直接应世,倾向常偏重于专门的知识技术的传授。专门以下的学校所传授的,不是可以直接应世的知识技术,其任务宁偏重于身心诸能力的养成,愈是低级的学校愈如此。所谓课程者,无非施行教育作用的一种材料而已。"[2] 这里,课程就是指学生所需学习的知识体系,其具体的表现形式或载体就是学科或教材。与当下各类教育学著作,或教育辞书强调的课程即一门学科、一类学科或学科总和的思想,不谋而合。

但这并非夏丏尊理解的唯一课程内涵。

在他的观念中,课程也包含了"教育蓝图"之意。尽管没有明确表述出来,可是课程应联系人、指向人、与人相融,这种"现实的

---

[1] 夏丏尊:《教育的背景》,商金林编《夏丏尊集》,花城出版社2012年版,第183页。
[2] 夏丏尊:《夏丏尊教育名篇》,张圣华总主编,教育科学出版社2007年版,第25页。

人"肯定是有一个"理想的人"在前方作为参照的。理想的人是什么样呢？在《教育的背景》一文中，他作出了如下说明："这个人字的解释将来不知还要如何变迁，现在的理想大概是灵肉一致了……人原本是两面兼有的：一面有肉欲的本能，一面还有理性的本能；一面有利己的倾向，一面还有利他的倾向；一面有服从的运命，一面还有自由的要求。这两方面使他调和一致，不生冲突。这就是近代人的理想。近代伦理学上主张自我实现，教育上主张调和发达，也无非想满足这个要求。"在教育的场域中，从感性与理性、利己与利他、服从与自由等多种对立因素统一的角度来看待理想的人，显得大气、高远，十分珍罕。对理想的人的形象，不盲目贬低，也不随意地拔高，深得儒家中道智慧的精髓。

单就语文学科来说，夏丏尊也有一定的"蓝图"。在他看来，一个理想的中学生，其国文科的学力至少应该具备下述条件：

他能从文字上理解他人的思想感情，用文字发表自己的思想感情，而且能不至于十分理解错，发表错。

他是一个中国人，能知道中国文化及思想的大概。知道中国的普通成语与辞类，遇不知道时，能利用工具书自己查检。他也许不能用古文来写作，却能看得懂普通的旧典籍，他不必一定会作诗，作赋，作词，作小说，作剧本，却能知道什么是诗，是赋，是词，是小说，是剧本，加以鉴赏。他虽不能博览古昔典籍，却能知道普通典籍的名称，构造，性质，作者及内容大略。

他又是一个世界上的人，一个二十世纪的人，他也许不能直读外国原书，博通他国情形，但因平日的留意，能知道全世界普通的古今事项，知道周比特（Jupiter）、阿普罗（Apollo）、维纳斯（Venus）等类名词的出处，知道"三位一体"、"第三国际"

等类名词的意义,知道荷马(Homer)、拜伦(Byron)是什么人,知道《神曲》(《Devine Comedy》)、《失乐园》(《Paradise Lost》)是谁的著作,不会把"梅德林克"误解作乐器中的曼陀铃,把"伯纳特·萧"误解作是一种可吹的箫!(这是我新近在某中学校中听到的笑话,这笑话曾发生于某国文教员)![1]

读写能力、国学素养、世界眼光,全部具备!这在那个文盲充斥、生存需要常受威胁、一切"用"字当头的年代,对一个中学生理想的语文课程学力作如此超越性的勾勒和描摹,简直是空谷足音。

二 经验、活动及其他

除此,夏丏尊所理解的"课程"也暗含了经验、活动、计划、方案、策略等意。

针对当时唯教材是举的现象,他明确表示:"中学校的国文科的内容不是什么《古文观止》,什么《中国国文教本》,也不是教师所发的油印文选讲义,所命的课题,所批改的文卷;乃是整个的对于本国文字的阅读与写作的教养。"[2] 这与当下对"只知教教材,不知用教材"流弊的批判,何其一致!原来,我们自以为全新的语文课程理念,夏丏尊早在70多年前就提过了!

那么,怎样"达目的教养"呢?夏丏尊强调的是"玩味""体察""练习",用了"玩"的心情,"冷静地去对付作品,不可再囫囵吞咽,要仔细咀嚼"(夏丏尊《关于国文的学习》)。在生活中也是如

---

[1] 夏丏尊:《夏丏尊教育名篇》,张圣华总主编,教育科学出版社2007年版,第96—97页。

[2] 同上书,第119页。

此，想要变成一个"善良的变通自在的艺人"，必须"终其生都要有能受教育的适应性"，必须"应用自己的智慧和能力，思索这一样，练习那一样"（夏丏尊《"自学"和"自己教育"》）。

这些话无不是在突出"经验""活动"的重要性。"冷静""咀嚼""思考""练习"，不过是丰富、深化体验的手段罢了。文艺复兴时期的作家拉伯雷说："未经理解过的学问等于灵魂的废物。"[1] 夏丏尊的教育思想与之隔代相应。相对于20世纪30年代美国学者卡斯威尔（Caswell）、坎贝尔（Campbell）的"课程即儿童在教师指导下所获取的所有经验"说[2]，还有后世再斯（R. S. Zais）等学者定义的"课程已从学程的内容、科目及学程表，变为在学校领导或指导下给学习者提供的一切经验"，或"学校课程应该是指学生在学校领导下已经获得的学习经验"[3]，夏丏尊对课程的理解超越了课堂，超越了教师，超越了教材，更强调学生自我的活动力、体验力和摄取力，显然更深刻、更辩证、更灵活。但是这种弥足珍贵的思想，一直没有引起课程研究者的注意，不啻是一个苍凉的误会。

将课程定义为"计划、方案或策略"，主要基于这样的事实：课程计划的步骤都是预先安排好的，有起点，有终点，有过程（或手段），以便能由起点推进到终点。持行为性、管理性或系统性方法的人，多持这种观点。例如，盖伦·塞勒（J. Galen Saylor）认为课程是一种"为受教育者提供一系列学习机会的计划"[4]，戴维·普拉特

---

[1] 钟启泉编著：《现代课程论》，上海教育出版社2006年版，第60页。

[2] Caswell and Campbell, *Curriculum Development*, New York: American Book Company, 1935, p. 66.

[3] R. S. Zais. Curriculum: *Principles and Foundations*, New York: Thomas Y. Crowell Company, 1976, p. 8.

[4] Saylor Alexanderand Lewis, *Curriculum Planning for Better Teaching and Learning*, New York: Holt, Rinehart and Winston Company, 1981, p. 10.

（David Pratt）说："课程是正规教育或培训的一套有组织的打算。"①

夏丏尊也很看重计划、方案或策略，但比美国的学者们显然要更全面、更长远、更实惠，因为他还注意到了学生这一头。特别是鼓励离开学校的学生也能有计划地自学，因此显得更富人文关怀。他和叶圣陶合著的《文章讲话》中有这样一段话："如果是不能预先统筹全局的人，开头的确是一件难事。而且，岂止开头而已，他一句句、一段段写下去将无处不难。他简直是盲人骑瞎马，哪里会知道一路前去撞着些什么？"这是就写作来讲的，但在教育、生活的各个领域，统筹全局的思想都是非常必要的。要统筹全局，必然会涉及计划、方案、策略等的酝酿、制定与执行。针对当时缺少成型的国文教材，教师选文上课极度随意的现象，夏丏尊力倡"由学生预先请求教师定就一学年或半学年的选文系统，决定这学年共约选若干篇文字；内容方面，属于思想的若干篇，属于文艺的若干篇，属于常识或偶发事项的若干篇，属于实用的若干篇；形式方面，属于记叙体的若干篇，属于议论体的若干篇，属于传记或小说的若干篇，属于戏剧或诗歌的若干篇，属于书简或小品的若干篇。"（夏丏尊《关于国文的学习》）其间，统筹全局的思想触之可及。

由此看来，夏丏尊心中的"课程"呈现了一个多元、立体的系统。其中，灵魂是指向灵肉一致，陶养成人，"主位"是以学科或教材为载体的特定的知识体系，"旁位"则涉及受教或自教的各类教育计划、方案、策略与活动等②。又因为他关注教授主体和学习主体的独特体验和思考——尤其突出学习主体，以及学养的积淀、能力的养

---

① Pratt Curriculum: *Design and Development*, California: Harcourt Brace Jovanovich Inc, 1980, p. 4.

② 夏丏尊、叶圣陶：《文章讲话》，中华书局2007年版，第13页。

成，情意、诗趣的濡染，所以他心中的课程又体现了开放、灵动的特色。

因此，夏丏尊眼中的课程其实成了一种多元、开放、动态的教育存在。又因为，他是以国文老师的身份参与了对课程的思考，所以他的课程观在很大程度上也代表了其语文课程观。

第二节 语文课程思想中的诸范畴

当下学界认为：作为表现一定内容的形式，可以分为两类：一类是"外形式"，另一类是"内形式"。"外形式"指事物的外在形式，即事物外部结构，或内容的感性外观形式，它和事物的内容不直接相关，它的改变不直接涉及事物的内容和本质。"内形式"指事物的内在形式，它和事物的内容和本质直接相关，是内容诸要素的内部结构的排列方式，是事物主要的、本质的形式。[①]

依据这种理论，夏丏尊语文课程思想的"内形式"似乎呈现了一种由语文课程灵魂——语文课程性质——语文课程标准/目标——语文课程内容——语文课程实施所组成的同心圆结构，但这种多层面的结构只是一种静态审视的结果。事实上，这种内形式的结构要素之间、各自的要素内部之间，随着语境、问题、主体认识的变化，一直都是处于相互作用、相互渗透、相互促进的发展过程之中的。还有，这种同心圆式结构，无论在当时，还是在当下，教育精英们基本上都

[①] 张利群：《论文学语言形式及其形式美生成与建构》，赵宪章、南帆、方克强、汪正龙编《文学与形式》，南京大学出版社 2011 年版，第 345 页。

能把握和建构，带有很大程度的共性，个性因之更多地聚焦在对形式要素的体认和表述上——当下的课程研究，"基本概念""关键概念"和学问的研究方法也被视为形式的范畴，是值得教学的"科学结构"。因为范畴（scope）与序列（sequence）分别表示课程编制中的横轴（空间契机）与纵轴（发展契机），是决定应当学习的内容的范畴与编排时使用的术语①。这使内容与形式一直处于相互转化之中，就像黑格尔指出的那样："内容非他，即形式之转化为内容；形式非他，即内容转化为形式。"②如何区分二者，得结合一定的语境，看在什么层面上使用它们。谈夏丏尊的语文课程形式或体系，主要指内形式，侧重于对范畴或相关概念的阐述，而非通常意义上的词法、句法、章法等形式知识。

一 灵魂：灵肉一致，陶养成人

夏丏尊的语文课程观紧扣"灵肉一致，陶养成人"；突出语文"工具性、人文性、言语性的混融自在"；注重"滚雪球"式的学养积淀（层累式）；强调语文与生活的打通，教授与学习的打通（贯通式）；追求学以致用、学以致美、学以致"在"的和谐统一（存在式）；提倡旧文重读，获取新的体验与认知（螺旋式）……这些思想，犹如诚实、勇敢、刚毅、善良等人格质素，经过岁月的淘洗，凝结为"道德形式"一样③，早已积淀为语文课程的一种有意味的形式，具

---

① 钟启泉编著：《现代课程论》，上海教育出版社2006年版，第252页。
② 黑格尔：《小逻辑》，贺麟译，商务印书馆1980年版，第278页。
③ 刘再复先生在《教育论语》中提出了"道德形式"的概念。在他看来，诚实、勇敢、刚毅、善良、尊重老人、扶助弱者幼者等品格，是超越历史的道德形式，而古代的仁义礼智、"五四"时期的自由、平等、博爱、遵守社会契约等，则属于道德内容的范畴，是传统道德和现代道德的区别。

有了永恒的教育价值。即使放到当今世界课程改革的视野下考察,它与课程的综合化、信息化、国际化,还有"统整与开放"的改革与发展方向,都是有较高契合度的。

在夏丏尊心中,语文课程灵魂与其他课程相类,都是指向灵肉一致,陶养成人。连带有职业色彩的手工农业课程都需要注重"陶冶品性的一面"(夏丏尊《教育的背景》),更何况注重了解人与人思想的语文课程呢?他强调语文教学注重形式不假,但这是以学生和教师的人格,还有境遇时代作为背景的。在他看来,没有背景的艺术不能叫作艺术,没有背景的教育也不能叫作教育。名为背景,实际上已然成了灵魂。这只要联系他的相关论述,如对文品与人品的关注,对作文态度的强调;对"知行矛盾、反背时势的人"的反感[①];明知口舌教育作用的有限,依然发出"把真心装到口舌中去"的呼吁[②],便可一窥端倪。他从当时学生心悦诚服、精进向上的从师精神的缺失,还有学校"外形的制度上方法上,走马灯似地更变迎合",独独缺少了情和爱等诸多现象中,痛感学校教育的空虚,也正是敏锐觉察到灵肉一致,陶养成人的课程灵魂丢失所作出的正确判断。

夏丏尊的这种课程灵魂观是基于当时的教育现实,但也受到了西方人本主义教育家思想的影响。

在《教育的背景》一文中,他便提到了赫尔巴特的"教育应当以人做背景"的思想,还有卢梭"不管学生将来入何等职业,先使他成功一个人"的理念。在《"自学"和"自己教育"》一文中,他又提到了威尔斯等人的思想:"教育的目标是要使各个人成为善良的变通

---

① 夏丏尊:《家族制度与都会》,商金林编《夏丏尊集》,花城出版社2012年版,第303页。

② 夏丏尊:《读书与冥想》,商金林编《夏丏尊集》,花城出版社2012年版,第330页。

自在的艺人（因为环境在变迁，所以要变通自在），成为在那一般的规划中自觉能演一角的善良的公民，成为能发挥其全力的气象峥嵘、思虑周到、和蔼可亲的人格者。终其生都要有能受教育的适应性。旧式的那种阴晦的观念，以为人当在青年期之前把一切应该学的东西都学好，而以后只是用其所学，和多数的动物一样，那种观念是在从人的思想中消逝了。"放眼世界的课程发展史，他的指向灵肉一致，陶养成人的课程思想，与古希腊、古罗马、文艺复兴时代所追求的"完人的教养"——以智育、美育、德育、体育的和谐统一为旨归，启蒙时期洛克的主张，"健全的精神寓于健全的身体，这是对于幸福人生的一个简短而充分的描绘"（洛克《教育漫话》），还有裴斯泰洛齐的思想"人格的统一的形成是以头、心、手的和谐发展为基础的"①，也就是注重智力、情操、技术的全面发展，以培养和谐的人性的思想，都是声气相通的。

　　因为始终以人为本，所以对语文课程与人的关系的把握一直敏锐而深刻。在他看来，一切课程，无非就是"施行教育作用的一种材料而已"（夏丏尊《受教育与受教材》）。只知授受知识，没有人格接触的"学店教育"，或者"先生拿了书上堂下堂，学生拿了书上班退班"，内容虽由"之乎者也"改为"的了吗呢"，却仍是"科举式的老斯文"，只能是彻头彻尾的"书本教育"，而非"人的教育"（夏丏尊《悼一个自杀的中学生》）。将材料当目的，将人当工具，完全是本末倒置，混淆了教育的真义。

　　基于此，他坚定地认为，作为国文科，其内容不是《古文观止》《中国国文教本》，或者教师所发的油印文选讲义、所命的课题、所批

---

① 钟启泉编著：《现代课程论》，上海教育出版社2006年版，第73页。

改的文卷，而是"整个的对于本国文字的阅读与写作的教养"（夏丏尊《国文科课外应读些什么》）。追求语文课程内容的健康、纯净、与时俱进；注意教材选文的"旨趣纯正""有益身心"；反对尊古卑今，率先与同事自编教材，进行白话文教学，无不是着眼于人格的陶养及现代品格的锻造。立文，先需立心；立身，先需立格；立知，先需立人，这种思想可以说贯穿了他语文教育的一生。

这种清醒而温热的人文关怀，对当下只知考点、分数、训练，无所不用其极，却完全漠视学生的心理需求、情感润泽、人格培养而日趋异化的语文教育，何尝不是一种可贵的警策呢？

二 性质：工具、人文、言语相融

关于语文课程性质，夏丏尊的认识偏于工具性、人文性、言语性的一体化。他强调工具性，主要是为了突出语文基础的、服务的功能，因为"国文科是语言文字的学科"，文字是"一切学问的工具"，且关乎"一国的文化"（夏丏尊《国文科的学力检验》）；他强调人文性，主要是为了突出语文怡情的、养性的功能，因为"真正的教育需完成被教育者的人格，知识不过人格一部分，不是人格的全体"（夏丏尊《教育的背景》）；他强调言语性，主要是为了突出语文表现的、存在的功能，因为"凡是文字，都是作者的表现。不管所表现的是一桩事情，一种道理，一件东西或一片情感，总之逃不了表现"（夏丏尊《学习国文的着眼点》）。因为所指不一样，所以突出的重点也有所差别。但是，从总体上来看，在夏丏尊的语文课程思想体系中，"三性"应该是呈现这样的关系形式：工具性是基础，人文性是主导，而言语性则是主位。

必须承认，所有的学科都含有工具性，但语文学科更像工具中的工具，夏丏尊的立论正是着眼于此。与他同时期的教育家也都认识到了这一点。比如，叶圣陶就说过，"国文，在学校里是最基本科目中的一项，在生活上是必要工具中的一种"（叶圣陶《认识国文教学》《略谈学习国文》等文），"语文是工具，自然科学方面的天文、地理、生物、数、理、化，社会科学方面的文、史、哲、经，学习、表达和交流都要使用这个工具"①。穆济波站得更高，看得更开阔，在《中学校国文教学问题》一文中，他这样写道："语文是个人生命存在的工具；是人类情感流通的工具；是民族文化革新的工具；是国家生命寄托的工具。""一言以蔽之，'语文的本身绝不是教育的目的所在'，语文只是人类生存必有之一种工具。"②

但工具只是手段，而非目的。夏丏尊明确说道："现在普通教育中所列的各种科目，都是养成人的材料，不是教育的目的，也不是学问。"（夏丏尊《教育的背景》）缘于此，无论是阅读、写作，还是课堂教学，夏丏尊都很关注情感的润泽、意味的生成、人格的培养。也就是说，必须对自我发生"交涉"（影响）才行。但这种指向"立人"的人文性导向，语文科只是含有，而非独有。在这一点上，夏丏尊与当时的"人文派"是有所区别的。关于这一点，从他的同道者朱自清的论述中可以一窥消息。朱自清对朱光潜的"大学国文不但是一种语文训练，而且是一种文化训练"说，就亮出了自己的不同看法："朱先生（朱光潜）希望大学生的写作能够'辞明理达，文从字顺'；'文从字顺'是语文训练的事，'辞明理达'是文化训练的事。这似乎只将朱先生所谓语文训练分成两方面看，并无大不同之处。但从此

---

① 叶圣陶：《大力研究语文教学，尽快改进语文教学》，中央教育科学研究所编《叶圣陶语文教育论集》，教育科学出版社1980年版，第150页。
② 李杏保、顾黄初：《二十世纪前期中国语文教育论集》，四川教育出版社1990年版，第262页。

引申，我们的见解就颇为差异。所谓文化训练就是使学生对于物，对于我，对于今，对于古，更能明达，也就是朱先生所谓的'深一层'的'立本'。这自然不是国文一科的责任，但国文也该分担起这个责任。"① 这里的"文化训练"就是指"人文熏陶"。朱自清认同"文化训练"，而不承认它是"国文一科的责任"，意在表明：人文性并非语文科的特性。

虽然就日常生活中一般人阅读时间多于写作时间的现象，夏丏尊也说过"理解可以说比写作更重要"的话，但更多的时候，他突出的是写作的重要。"学习国文应着眼在文字的形式方面"，而不是内容方面。"只要是白纸上写有黑字的东西，当作文字来阅读来玩味的时候，什么都是国文科的材料。国文科的学习工作，不在从内容去深究探讨，倒在从文字的形式上去获得理解和发表的能力。凡是文字，都是作者的表现。"② 夏丏尊说的着眼形式，就是为理解和表达服务的。理解并不是止于内容的理解，而是为了熟悉形式法则，更好地表达。这个意思在《文心》的第32篇《最后一课》中，表现得更形突出：

> 我也不是要人人做文学者，大家都从事于创作；文学者不是人人能够做的。须视各人的生活、修养以及才性而定，并且，事实上也没有人人做文学者的道理的。我只是说对于写作既已学习到了相当的地步，就该让这写作的技能永远给你们服务；无论是应用之作，或是兴到时所写的一篇东西、一首诗，总之用创作的

---

① 朱自清：《论大学国文选目》，中央教育科学研究所编《朱自清论语文教育》，河南教育出版社1985年版，第11页。
② 夏丏尊：《夏丏尊教育名篇》，张圣华总主编，教育科学出版社2007年版，第149—151页。

态度去对付，要忠于自己，绝不肯有半点的随便和丝毫的不认真。文学者固不必人人去做，然而文学者创作的态度却是人人可以采取的。惟能如此，才能受用不尽呢！①

让写作的技能为己服务，并且用创作的态度对待生活，这其实已经有了将言语表现的意识融入生命，化入生活，更好地确证自我，能动而坚实地存在的追求了。对语文科言语性的确认，的确是把握了语文的真正体性。朱自清就说过，"养成读书思想和表现的习惯或能力，才是国文科所特有的""发表思想，涵育情感是与他科相共的""而在分科的原则上说，前者是主要的；换句话说，我们在实施时，这两个目的是不应分离的，且不应分轻重的，但在论理上，我们须认前者为主要的"②。宋文瀚说得更为明了："别的学科重在知识的传授；国文科重在传授知识的文字的运用的训练。别的学科重在内容实质的深究，国文科重在形式表现方法的探讨。别的学科在使学者明了；国文科则于明了处，尚须使学者能运用。"③正是在这个意义上，潘新和教授称夏丏尊是"主张言语性的先驱"，因为以言语性定位，意味着"在语文教学中要以言语表现为本位，一切语文训练都要围绕着言语表现这个主轴"④。对于这方面，夏丏尊未作明确的命名，也无体系性的建构，但是他明里暗里的探讨和实践，在语文工具性和人文性相统一的基础上，指向言语表现，并使语文的言语性占据了主位，则是毋庸置疑的。

---

① 夏丏尊、叶圣陶：《文心》，生活·读书·新知三联书店2008年版，第323页。
② 朱自清：《中等学校国文教学的几个问题》，《教育杂志》1925年第17卷第7期。
③ 宋文瀚：《一个改良中学国文科教科书的意见》，《中华教育界》1931年第19卷第4期。
④ 潘新和：《语文：表现与存在》，福建人民出版社2004年，第138页。

三　目标：基于形式的阅读与写作

关于语文课程标准或者目标，夏丏尊的设计堪称"简约个性"①。"中学里国文科的目的，说起来很多，可是最重要的目的只有两个，就是阅读的学习和写作的学习。这两种学习，彼此的关系很密切，都非从形式的探究着手不可。"（夏丏尊、叶绍钧《国文百八课·文章面面观》）这种思想在其他场合也一直被强调。"能阅读，能写作，学习文字的目的就已算达到了。"（夏丏尊《关于国文的学习》）何谓国文科？他的解释是"整个的对于本国文字的阅读与写作能力的教养"（夏丏尊《国文科课外应该读些什么》）。至于说正确理解他人的思想感情，用文字发表自己的思想感情，知道中国文化大概，懂得利用工具书读懂普通的旧典籍，对诗、赋、词、小说、戏剧等作品加以鉴赏，了解全世界普通的古今事项等，则是在阅读、写作能力目标下的具体展开。为什么要设定这个标准，夏丏尊也作了说明："要谈中学生的国文学习法，先须预定中学生应具的国文程度。有了一定的程度，然后学习才有目标，也才有学习法可言。"②

这种简约、个性的特点，与当时教育部出台的中学国文课程标准一比照，就更加突出了。"深切了解固有的文化，负起振兴民族的担子""要能做语体文，又要有用文言文的技能""有创造新语新文学的能力，又要有解读古书，欣赏中国文学名著的能力"……这些要求在当时就遭到了一些老师的"吐槽"。一位署名马仲殊的老师撰文写道："当我读这标准时，我以为这目标是对我讲的，教部希望中学教

---

① 程稀：《夏丏尊与现代语文教育》，中国社会科学出版社2010年版，第17页。
② 夏丏尊：《夏丏尊教育名篇》，张圣华总主编，教育科学出版社2007年版，第95页。

师能够得上这目标，谁知竟是为中学生而定的。我想，我应赶快辞职，那目标所说，不但中学生不能，即我中学生教师也不能。"在马仲殊看来，"要他们解读古书，又何必培养什么创造新语新文学之能力""目标不能不要，至多，我说一个也就够了"①。

对课标中的"深切了解固有的文化"一则，争议更大。王季思认为这一条完全可以取消，因为了解固有文化"当着眼于整个国家的政治设施与社会风气，绝非学校教育所能独负其责。而即就学校教育而论，也当由公民、史、地等科负责。在国文这一科，是只能叫学生在选文里完成其部分的责任的"②。后来，余冠英、叶圣陶等学者都有撰文，声援、强化过此类观点。夏丏尊的语文课程目标因为立足学生的实际，又有一定程度的超越，如文言文的"兼教不作"，诗、赋、词、小说、戏剧等"不一定会作"，但应会识别、会鉴赏，从而成为"低垂的苹果"，学生跳一跳能够摘取到，因而更易操作，也更易被人所接受。

谈到易操作，夏丏尊十分看重。针对1929年民国政府教育部颁布的《中学课程暂行标准》中，就初、高中语文科分别列出的6条毕业最低限度的笼统规定，他毫不客气地提出了批评："什么'名著六种'咧，'名著十二种'咧，什么'略能'咧，'大致'咧，什么'浅近的'咧，'平易的'咧，都是些不着边际的话。究竟所谓六种或十二种名著是些什么书，哪一种文字叫作'平易的'、'浅近的'，也不曾下着定义。到底怎样程度才是'略能'，才是'大致'，都无法说明其所以然。"③ 这种严谨、科学的追求，既有中学一线语文教师

---

① 马仲殊：《读部颁国文课程标准》，《集美周刊》1933年第9、10期。
② 李杏保、顾黄初：《二十世纪前期中国语文教育论集》，四川教育出版社1990年版，第936页。
③ 夏丏尊：《夏丏尊教育名篇》，教育科学出版社2007年版，第129页。

的立场，又有理论家的超越眼光，所以很能切中问题的要害，一旦自己设定课程标准时，上述的笼统、含糊、好高骛远、不易操作等弊病，便会在很大程度上得以避免。

四 内容：有字之书与无字之书

语文课程内容包罗万象。不过，在夏丏尊那里，总体上可分为两类：一类是有字之书，另一类是无字之书。有字之书，主要指形式知识，亦含内容知识，以及听、说、读、写的训练——以读、写为重。从空间的角度讲，可分为课内书与课外书；从时间的角度讲，可分为现代书和古代书。无字之书，则是指离开学校的各种社会活动、生产实践，是在社会"图书馆"里的求知、练能、修养身心。这本是对因乱世、家贫，在学校无法卒业的人生困境的一种主动突围，但是因贯穿了终身学习的理念，反而具有了超越性的意义和价值。

民国时期，因为语文课程标准的不规范、不稳定、不切实，导致教材的不固定、不统一、不完善，致使杂凑成册的内容不仅杂乱，而且陈腐，远离现实生活需要，明明"已是二十世纪的共和国公民了，从前封建时代的片面的道德观念已不适用，可是我们所读的文字，还有不少以宗祧、贞烈等为内容的。我们是青年人，青年人所需要的是活泼、勇猛的精神，可是国文教科书里尽有不少中年人或老年人所写的颓唐、感伤的作品，甚至于还有在思想上、态度上已经明白落伍了的东西"。缘于此，对学生灵魂质量的培育非常敏感的夏丏尊力主学习形式知识，因为这些知识比较固定、相通，更能启迪学生的言语生命智慧，用今天的话来说，就是具有普世价值。在他看来，形式知识，"就整篇的文字说，有所谓章法、段落、结构等等的法则，就每一句说，有所谓句子的构成及彼此结合的方式，就每句中所用的词儿说,也有各种的方法和习惯。此外因了文字的体裁,各有一定共通的样式,例如,书信有书信的样式,章程有章程的样式,记事文有记事文的样式,论说文有论说文的样式"(夏丏尊《学习国文的着眼点》),国文科的学习就应该将力量用在这个刀刃上面。唯有如此,语文科才不会被上成修身科或公民科;唯有如此,语文学习才可以执一御万,触类旁通。

但夏丏尊并非不要内容知识。他排斥的是杂乱、陈腐、不切需要的内容,对健康、新鲜、有益于人格陶冶、态度锻造、情意濡染的内容,他还是十分欢迎的。这种思想,即使在偏于技法的《文章讲话》《文章作法》等书中,也能时时遇到。在《国文科课外应读些什么》一文中,他明确表示国文科的内容就是"对于本国文字的阅读与写作的教养,课本和讲义只是达教养目的的材料,并非就是国文科的正体"。也就是说,只要对提升阅读和写作教养有利的,一切皆可"拿来",这是十分灵动、辩证的思想。如此一来,夏丏尊所欣赏的内容知识与形式知识,实际上一种水乳交融,相伴相生的关系。表面上看,形式知识是"主",内容知识是"辅";形式知识是"实",内容知识是"虚",可落实到教学中,这种所谓的主辅、虚实关系,其实是不断变化,你中有我,我中有你,有时候甚至是以虚统实,虚从实出,虚实相生的。

无论是读课内书,还是课外书,也无论是读现代的书,还是古代的书,夏丏尊都要求学生抛弃以读书为荣的"士"的封建观念,养成真正的实力。如何养成?他关注的是学养的积淀与打通。比如,"滚雪球"式阅读,由一篇文章而读一本书,乃至多本书,这种由薄到厚的阅读过程就是积淀,而不能以为"读《景阳冈打虎》,读《圆圆传》,自以为是在用功'国文',而读《虞初新志》读《水浒传》却自以为在看闲书,看小说。更推而广之,看报、看章程、看契约,与

'国文'无关，就教本复习历史与地理，与'国文'也无关，国文自国文，其余自其余，于是'国文'科就成了一种奇妙神秘的科目了"①。

夏丏尊这样说的时候，其实也道出了"打通式"积淀的智慧，即将单篇的文章与整本书、多本书打通，将国文科与其他科打通，将课堂学习与社会生活打通。这是极富智慧的发现，在无意中揭秘了"大语文"思想的精髓，与当下语文新课标强调的"教学内容的整合"，还有"善于通过专题学习等方式，沟通课堂内外，沟通听说读写，增强学生语文实践的机会"等理念②，也不谋而合。更为可贵的是，在夏丏尊那里，积淀和打通只是手段，是用来服务于学生能力的养成、人格的浸润、学养的修炼的。倘若没有这种深层的指向，"仅仅留心内容，或只注意文字的摹效都不是最好的方法"。③ 这种认识，比"不管猪肉、羊肉，一定要吃到自己的肚里，变成自己的肉"的实用主义思想，境界显然要高。比只顾抽取知识点，将学生当动物训练，致使学生只懂条件反射、机械作答，不懂灵活思考、主动创造的变态行径，更富人性的温情。

在语文课程内容中，夏丏尊还突出了对"无字之书"的学习。即使离开了学校，一样可以继续学习，而且必须再学。所谓的"失学"纯属无稽之谈，因为只要有一个"自己"在，"就是极大的凭借"，完全可以"自己来学！自己来教育自己！只要永久努力，绝不懈怠，一切应该学的东西还是可以学得好的""专力本业是当前献身的正轨，而别作研修是自己长育的良法，二者兼顾，一个人才会终身处在发展

---

① 夏丏尊：《夏丏尊教育名篇》，教育科学出版社 2007 年版，第 119 页。
② 中华人民共和国教育部：《义务教育语文课程标准》2011 年版，北京师范大学出版社 2012 年版，第 20 页。
③ 夏丏尊：《夏丏尊文集·文心之辑》，浙江文艺出版社 1983 年版，第 549 页。

的程度之中"①。在《文心》中,他借王仰之先生的口再次强调了这个意思:要学习,无论在什么场所都行。假如自己不要学习,即便是在最适宜的场所,也只能得到七折八折的效果。所以,退学不就是"失学",唯有自己不要学习才是真正的"失学"!②

这种满蕴了正能量的真情告白,不仅对当时的失学青年是一种莫大的安慰和鼓舞,对当下不懂惜福、不知奋进的学生,乃至老师,何尝不是一种及时、有效的当头棒喝呢?对照儒家的学习型文化,禅宗的处处可以悟道的思想精髓,夏丏尊问学与自学结合的思想,何尝不是一种灼灼其华的教育智慧呢?相较于只知道考什么教什么,追求所谓的教育科学、高效课堂,将语文课程内容缩减为知识树、知识点,完全忽略工夫在诗外的功利主义课程观,夏丏尊的这一思想真是不知要博大、深邃多少倍!

第三节　指向灵肉一致的成人之美

夏丏尊的语文课程观不仅走向了简约、素朴、实用和科学,也走向了美——灵肉一致的成人之美。

一　历史与现实的双重考察

这种思想强调的是心灵与身体的共同发展、和谐发展,它是被放置在人的发展历史中加以考察的。

---

① 夏丏尊:《夏丏尊教育名篇》,教育科学出版社2007年版,第66—69页。
② 夏丏尊、叶圣陶:《文心》,生活·读书·新知三联书店2008年版,第181页。

第二章 灵肉一致，陶养成人

在《教育的背景》一文中，夏丏尊简要回顾了西方历史上人的灵肉发展概况：古希腊及古罗马初期注重肉的一面，基督教徒注重灵的一面——后者是对前一潮流的反动。两种主张彼此冲突，结果就变成了宗教战争。文艺复兴至19世纪又开始注重肉的一面，是主肉主义的全盛时代。至夏丏尊生活时代的西方，有学者开始提倡灵肉一致。夏丏尊特别欣赏这种思想，觉得这与孔子倡导的"从心所欲不逾矩"是同声相应的。既没有像进化论者那样只将人看作生物，又没有像主灵主义者那样将人视为万物之灵，可以支配一切，因为这都违背了人的真相。作为教育者，应该调和人的两方面的需要，使之不生冲突。

但指向灵肉一致的成人之美思想主要是立足在当时中国教育的现实——家长、学生一律以能否"派上用场"来衡量学科的价值，偏科现象极为严重；教师也不争气，就教材教教材，根本不注意人格品性的陶冶。这种情况，在夏丏尊的眼中，都是重肉不重灵的表现，必将导致人的片面发展——夏丏尊所说的肉的发展，并非单指人的身体欲望，而是有着一个更大的指涉——物质欲望、生存欲望的满足。夏丏尊承认人这种欲望的合理性，但是坚决反对人仅停留在物质的、动物性的层面。事实上，秉持了唯实唯利的人生哲学，看似经济、实用、高效，与人的完满、和谐的发展却是背道而驰的。夏丏尊坦言自己就是受害者之一：中学时代因为忽略了体操科，三十五六岁以后，就感到"身体一年不如一年，工作起来不得劲，只是怏怏地勉强挨，几乎无时不觉到疲倦"，以致40岁时，被人说成是"五十岁光景的人"，50岁时，又被人称为"老先生"，是一个典型的"早老者"[1]。

就教育的效果而言，教师若忽略了自身人格的修炼，很难使学生

---

[1] 夏丏尊：《平屋杂文》，北京师范大学出版社2012年版，第118页。

"心悦诚服",教育的质量也是要大打折扣的。反之,则会别有洞天。比如,李叔同教的是图画音乐,是名副其实的小科、副科,但是学生学得却比任何主科都投入,这在夏丏尊看来就是"人格作背景的缘故","他的诗文比国文先生的更好,他的书法比习字先生的更好,他的英文比英文先生的更好……这好比一尊佛像,有后光,故能令人敬仰"①。

不过,针对语文教学中的下列现象:不辨思想内容的良莠,"眉毛胡子"一把抓;远离形式秘妙的揭示,架空进行思想教育,或根据自己的喜好任性教学;割裂内容与形式的联系,一味机械地大讲形式知识,夏丏尊也是极力反对的,因为这些做法均偏离了灵肉一致,陶养成人的语文课程灵魂。

二 兼收并蓄,根在立人

指向灵肉一致的成人之美思想,与心理学、生命科学对人的认知规律也是吻合的。

在西方,表现论美学、实用主义美学、现象学美学都涉及了审美过程中的心理学问题,如审美态度——将普通对象变成审美对象的一种主观能力,审美经验——审美主体在审美活动中感受、知觉审美对象时所产生的愉快的心理体验等,把美视为一种心理研究对象,甚至直接当作一种心理现象,成了一种强有力的思潮。影响所致,一些教育家们也很关注教育活动中的审美态度与审美经验,努力使认知活动与审美活动有机地结合起来。马斯洛就倡导过:"最好的教导方法,

---

① 丰子恺:《悼丏师》,杜草甬、商金林编《夏丏尊论语文教育》,河南教育出版社1987年版,第305页。

不论是历史，还是数学或哲学课，都在于让学生意识到其中的美。"①夏丏尊在浙江第一师范《校友会志》第一号上主张"吾人于专门职业外，当有多方之趣味"；在《文心·最后一课》中提出"用创作的态度去对付应用写作和生活的一切事情""绝不肯有半点的随便和丝毫的不认真"，其实都有让语文教育走向美的企图，有趣即美、认真即美、创造即美。

在《国文百八课》文话之十二《意的文》中，夏丏尊和叶圣陶又提道："把心的作用分成知、情、意三个方面，原是为说明上的便利，实际这知、情、意三者都互相关联，并无一定的界限可分。我们对于事物要主张某种判断，是意。但主张不该盲目武断，必得从道理上立脚，有正确的理由，这是知。还有，要主张一件事情，必先有主张的兴趣和动机，或是为了爱护真理，或是为了对于世间的某种现状有所不满，这是情。"他们是就写作来谈的，知的文、情的文、意的文，并非只片面地发展某一个方面，而是三者混溶，以其中一种，或知识，或情感，或意欲为主罢了。其实，人格的修炼也一样，应该注重知、情、意的全面、和谐的发展，在自我独立的基础之上，做一个整体的人、和谐的人、高尚的人。

指向灵肉一致的成人之美思想，更是融进了夏丏尊关于立人思想的思考。如果说鲁迅的立人思想，是针对了晚清知识分子器物救国、制度救国、革命救国等思想陆续归于失败的现实，而发出的力图改造国民性以振兴民族的设想——刚健不挠，抱诚守真；不取媚于群，以随顺旧俗；发为雄声，以起其国人之新生，而大其国于天下（鲁迅《摩罗诗力说》），那么，夏丏尊的立人思想更多的是对传统和现实教

---

① ［美］马斯洛：《人性能达的境界》，方林译，云南人民出版社 1987 年版，第 192 页。

育中功利主义思潮（如为功名、为仕进、为应世）的一种反拨，这在其语文课程观、阅读教学观、写作观、测评观等方面都有鲜明的体现，如为浙江第一师范学校所撰写的校歌中提到的"道德润心身"，在《近事杂感》中憧憬教师应该具有的英雄气魄，圣贤胸襟……成人之美的思想，与成己之美，成教之美的追求是融为一体的。

放眼中西教育史，夏丏尊语文课程中指向灵肉一致的成人之美思想，与很多教育先哲的思想也是精神相通的。比如，《礼记·大学》中提到的"大学之道，在明明德，在亲（新）民，在止于至善"。王充《论衡》中强调的"德弥盛者文弥缛，德弥彰者人弥明。大人德扩，其文炳；小人德炽，其文斑"。亚里士多德所说的"那些专心致志于自己的儿童的身体锻炼而忽视他们的必要教育的家长，实际上是使他们的儿童流于粗俗"[①]，还有塞茨的"教学转轨论"[②]，即教学不能仅以传授知识为目的，还必须追求心灵的世界，规避人性被腐蚀的危险，确保人的完整。这种关注生命质量，尤其是灵魂质量的教育思想，无论在彼时，还是在当下，都散发着金子般的光泽。

三 成人之美，美在何处

因为有了指向灵肉一致的成人之美思想的自觉追求，夏丏尊语文教育的视界特别辽阔，语文教育的思考特别灵通，因而对教育内、外部诸多关系的把握，显得特别的精准、深刻和超前。

注重教育与时代的和谐。这是由当时的语文教育乱象所生发的思考，属于夏丏尊成人之美思想的自然延伸。民主与科学的思潮开始劲

[①] 吴式颖主编，李明德、单中惠副主编：《外国教育史教程》，人民教育出版社1999年版，第75页。

[②] 钟启泉编著：《现代课程论》，上海教育出版社2006年版，第73页。

吹，语文课程里却充斥着春秋大义，冕旒制度，"李斯论""封建论"；已经步入工商业社会，却出"岳飞论""始皇论"的题目，学少林、天台派的拳棒。结果学生对现代制度、生活常识一无所知。这在他看来都是与时代不和谐的表征。但夏丏尊也不是盲目趋时的人，对斯巴达奖励敏捷，提倡偷盗的教育思想，他就觉得是与时代失衡"已甚"的例子。他也并非一味地反对"旧材料"，而是看重用材料的态度。"若用了这些材料来说明现在的文化的来历，使人了解所以有新文化的道理和新文化的价值，自然是应该的事。若食古不化，拘泥了这个过程，这就是于现在生活无关系的用法，这种教育就是无背景的教育了。"[①]

这说明，夏丏尊语文课程观中的"形式感"是很强的。课程可以采用清一色新内容的形式——但要注意课程内容的质地，是否有利于人的健康与社会的和谐发展？也可以沿用旧内容打天下的过渡形式，但这种静态的课程形式，一定要被动态的教学形式所改造——使之与现在的生活发生关系。质言之，就是要实现旧感与新感的打通，历史感与现实感的打通。而在这方面，夏丏尊可谓不遗余力。通过他的文章，我们不难发现他至少在下列五个方面实现了"打通"：

（1）课文与课文的打通（如分析胡适《差不多先生传》和贾谊《过秦论》中叠用相同的调子，以及重复之中又注意错综变化的积极修辞手法）；

（2）读法与作法的打通（"将读法与作法打成一片，而又能近取譬，切实易行"[②]）；

[①] 张圣华总主编《夏丏尊教育名篇》，教育科学出版社2007年版，第75—76页。
[②] 朱自清：《序二》，夏丏尊、叶圣陶《文心》，生活·读书·新知三联书店2008年版，第5页。

(3) 教授与学习的打通（"将教学也打成一片，师生亲切的合作才可达到教学的目的"①）；

(4) 学科与学科的打通（如写作与绘画上的"背景法""远近法"②）；

(5) 语文与生活的打通（"把国文的抽象的知识和青年日常可以遇到的具体的事情融成了一片"③）。

这使他的语文课程思想显得特别丰富、灵动和个性。即使对照21世纪世界范围内教育追求的学力目标定位：注重方法论知识、价值性知识的把握和创造思维能力、语言表达能力、实践能力的形成，他的语文课程思想依然毫不逊色。这便使他的语文课程思想显得很"潮"、很大气。由于他"异感"纤敏，"深感"自具，加上文笔素朴，娓娓道来，因此漫步其间，常给人以处处风景，美不胜收的美感。

另外是实用与无用的和谐。自"癸卯学制"出台，具有语文学科特点的"中国文学"一科诞生以来，现代语文伴随着白话文运动，一起萌芽、生长起来。但这种生长因为伴随了泛政治化、科学主义、功利至上的思想语境，如救亡、启蒙、抗战、反右、经济建设等，还有杜威实用主义思想的推波助澜，加之教育体制在清末民初远采德国、近学日本，至1922年新学制实行后主要仿美，注重实科教育；新中国成立后照搬苏联的教育模式，强化一统教材，一统思想，因此百余年的现代语文教育基本上是在以应付生活为目的，以阅读为本位的"实用吸收型"主流范式进行的④。夏丏尊生活的年代，经济凋敝，

---

① 朱自清：《序二》，夏丏尊、叶圣陶《文心》，生活·读书·新知三联书店2008年版，第5页。

② 同上书，第168—169页。

③ 陈望道：《序一》，夏丏尊、叶圣陶《文心》，生活·读书·新知三联书店2008年版，第1页。

④ 潘新和：《语文：表现与存在》，福建人民出版社2004年版，第13页。

战乱频仍，文盲充斥，所以课程的应世指向更为显豁，夏丏尊与叶圣陶共同编著的《国文百八课》，在选文比例上，语体文比文言文多，应用文比说明文多；在结构设计上，注重"文话、文选、文法或修辞，习问四项，各项打成一片"①，都有应生活之需的考虑。毕竟，培养学生与培养和尚、教徒不同，不能只有心灵的修养，而没有社会生活能力的训练。

但夏丏尊对庸俗的实用主义始终持了鄙夷的态度。在《中国的实用主义》一文中，他明确指出："传统的实利实用思想，如果不除去若干，中国是没有什么进步可说的！我们生活在地球上，要绝对地不管实用原是不可能的事，但不应只作实用实利的奴隶。""中国人的实用实利主义，实足扑杀一切文明的进化。""中国人的创造冲动都被浅薄的实利实用主义压灭了！"落实到课程设计，他提出了分而设之的思想，即专门以上的学校偏重专门知识技术的传授，专门以下的学校务宁偏重身心诸能力的养成，愈是低级的学校愈如此。他说的身心诸能力，包括"健康力、想象力、判断力、记忆力、思考力、忍耐力、鉴赏力、道德力、读书力、发表力、社交力"等，"虽是很空洞，很抽象，却是人生一切事业的基础"，犹如数学公式中的 X，"本身并无一定的价值，却是一切价值的总摄"（夏丏尊《受教育与受教材》）。根据夏丏尊列举的能力种类，我们不难发现其德、智、体和谐发展的思想面影，还有以虚统实，虚实相生的生命智慧。看似务虚，却又是在务实；看似无用，却又有着终生享之不尽的大用。也就是说，在他的课程观中，应付外在的生存之需仅是其表，应付内在的存在之需才是其里，实用与无用构成了一种动态的和谐。西方存在主义教育强

---

① 夏丏尊、叶圣陶：《国文百八课》，生活·读书·新知三联书店2008年版，第1页。

调:"课程的全部重点必须从事物世界转移到人格世界。"① 夏丏尊以其特有的教育敏感和良知,不仅感觉到了,而且念兹在兹,积极倡导并付诸实践了。

再次是恒定与变动的和谐。在夏丏尊语文课程观中,诸如结构层次、主要元素、形式知识及对相关概念、理念的阐释,大体都是恒定的。尤其是指向灵肉一致的成人之美思想,这个灵魂一以贯之。但这种恒定是相对的,灵魂、方向未变,内部要素的形态、质地其实一直处于激荡、变化之中。比如,对语文性质的认识,工具性、人文性、言语性在混溶中,其实一直处于相互复合而又紧密联系的状态。何者为重,夏丏尊并未作出学理性的界定或阐释,这使他对语文课程性质的认识带有汤姆森在《全球化与文化》中提到的"复联性"的特点。

再如,文话+文选+文法或修辞+习问这种体现文章学、写作学知识积淀与运用的形式架构,在教材编写中基本未变,但是每一篇文话、每一篇文法、每一篇习问却是变动不居的。讲共识性的写作学知识是恒定的,但是结合怎样的语境,运用怎样的方式去讲,如何灌注自我的生命体验,却又是变化万千的。例如,很多人都知道利用短促的句读,提示短迫的时间,可以表现动作的连贯、情势的急迫,但是有多少人能知晓"三"字句读、"一"字句读、"而"字句读、"了"字句读同样可以起到这种表达效果?有多少人明白除了"忽""即""未几""顷之""正……时""说时迟,那时快"等提示时间短促的词语,还有"一"字也是可以表明动作经过的快速?如"那大虫又饥又渴,把两只爪在地上略按一按,和身往上一扑,从半空里揎将下

---

① 华东师范大学教育系、杭州大学教育系编:《现代西方资产阶级教育思想流派论著选》,人民教育出版社1980年版,第298页。

来。武松被那一惊,酒都变作冷汗出来。说时迟,那时快,武松见大虫扑来,只一闪,闪在大虫背后。"(施耐庵《水浒传》第二十三回)这些具体而微的发现和提炼,夏丏尊全部注意到了。

　　总之,在夏丏尊眼中,语文课程不是静态不变的知识系统,而是融汇了主体生命体验的重组、改造、生成与发展。在他的语文课程观中,恒定与变动已达到了十分自然的个性化和谐。虽然,这与杜威强调的"有用知识"颇有几分神似——不是机械、硬性地向学生灌输的现成知识,而是利用具体问题,视其条件,建立一定的假设,通过一连串的实践获得的必要的知识和技能,但夏丏尊不仅注重学生知识、能力的"获得",还注重"养成",更注重人格的锻造、情意的濡染、诗趣的培养,时刻警惕在教育过程中学生整体的人的内部分裂。不仅强调如何养成实力,与外在的世界打交道,而且还关注如何让自我精神充盈,与优秀的自我相遇,因而语文课程中的"当下感""存在感"更强,显得特别的全面、温暖而富有诗意。

第三章

科学活用，文质彬彬
——夏丏尊语文教材编制思想论

如果说中国现代小说是在鲁迅手里开创，又是在他手里成熟的话，那么，中国现代语文教材则是在夏丏尊那里奠基、开拓，也是在他那里走向成熟与辉煌的。

作为开明派的精神领袖，夏丏尊和叶圣陶编著的准理论型教材《国文百八课》被称为"开明书店出版的一部颇有特色的初中语文课本"①"体例较为完备的新型教科书""在语文教材史上具有划时代的意义"②，是"知识系统的体系性、先导性达到高峰的文选型教材"③。

与叶圣陶合著的理论型教材《文章讲话》（叶圣陶只写了其中一章，名为《开头和结尾》，笔者注），"不但处处说得具体，而且还能在几个问题上披露出自己的独特的见解来"④。其"少而精"的观点自成体系，"各篇中的观点集中鲜明，举证自如舒展，阐述精到充分

---

① 吕叔湘：《国文百八课》，夏丏尊、叶绍钧《国文百八课》，生活·读书·新知三联书店 2008 年版，第 1 页。
② 顾黄初：《现代语文教育史札记》，南京出版社 1991 年版，第 129、137 页。
③ 赖瑞云：《混沌阅读》，福建教育出版社 2010 年版，第 105 页。
④ 陈望道：《序》，夏丏尊、叶圣陶《文章讲话》，生活·读书·新知三联书店 2007 年版，第 3 页。

的做法，对后人处理阅读教材中的知识短文或建构另一种语文教材很有借鉴、启迪意义"。① 同类型教材《文章作法》（夏丏尊撰写，刘薰宇改定，笔者注）被潘新和教授视为"现代写作教学训练教材的奠基之作"②，对经典选段入木三分的点评，对学生写作困惑或疑难的精准把脉，对相关文章学、写作学理论的相机渗透，均达到了春风化雨之境。

与叶圣陶合著的理论型非文选教材《文心》，被陈望道誉为"极新鲜的极卫生的吃食"③，日本的《新中国事典》盛赞其"在国语教育史上划了一个时代"。

还有其本人并未将之当作教材，译出后却风行天下，成为支撑开明书店经济的台柱子，不久又成为很多高小或初中教材，被时人称为"影响比卢梭的《爱弥儿》、杜威的《民本主义与教育》还要大"的意大利作家亚米契斯的小说《爱的教育》④。至于说倾力编制的其他国文教材，如《国语教材》（与陈望道、刘大白、李次九等合编，1919年）、《开明国文讲义》（与叶绍钧、宋云彬、陈望道合编，1934年开明书店版）、《初中国文教本》（与叶圣陶合编，1937年开明版），也都各具特色，成一时之选。

总体看来，这些教材既关注语文知识系统性的建构，亦不忘学生的认知结构、心理需求；既聚焦陈述性知识精致、恰当地呈示，亦不忘程序性知识如何巧妙地贯穿与渗透；既致力于教者思想、体验的优化和传授，亦不忘学生的思想呼应和言语实践，这使他领衔编制的语

---

① 赖瑞云：《混沌阅读》，福建教育出版社2010年版，第123页。
② 潘新和：《夏丏尊写作教学观初探》，《福建师范大学学报》（哲学社会科学版）1994年第3期。
③ 陈望道：《序一》，夏丏尊、叶圣陶《文心》，生活·读书·新知三联书店2008年版，第2页。
④ 王利民：《平屋主人——夏丏尊传》，浙江人民出版社2010年版，第134页。

文教材不仅有理性思考的深度，而且有人文关怀的温度，主体创造的高度；不仅具有古代文选本的审美内质，更具有现代教材的理性品格。

近百年来，中国语文教材的开发和研制一直受到其思想的泽被与启迪，绝非偶然。

第一节　体大思精，追求科学的尊严

夏丏尊语文教材编制最显著的特色就是追求知识的系统化，力求重塑语文学科的尊严。因此，教材形态上呈现了体大思精、丝丝入扣的特色。

一　循序渐进，建构体系

在《国文百八课》"编辑大意"中，夏丏尊和叶圣陶宣称："在学校教育上，国文科向和其他科学对列，不被认为一种科学，因此国文科至今还缺乏客观具体的科学性。本书编辑旨趣最重要的一点就是想给予国文科以科学性，一扫从来玄妙笼统的观念。"

这主要是基于现实的迫切性——没有标准的语文教材，今天来篇冰心的小说，明天来篇柳宗元的游记，后天又是《史记》列传，教师走马灯似的讲授，学生打着哈欠应付，甚至私带别书观览，导致教得无序，学得随意，效率极其低下。因此，早在1931年，夏丏尊便建议学生，同国文老师商定一个选文系统，决定一学年该学多少篇文章。在内容方面，属于思想的若干篇，属于文艺的若干篇，属于常识或偶发事项的若干篇,属于实用的若干篇;在形式方面,属于记叙体的若干篇,属于议论体的若干篇,属于传记或小说的若干篇,属于戏剧或诗歌的若干篇,属于书简或小品的若干篇。因为这种由内容或形式暗中统摄的"序"仅是一个"粗序""略序",并不能保证语文学习的扎实、有效,所以他又提出"着力形式,言意兼得",以选文为中心,"作种种有关系的探究,以扩张其知识"的思想①。这种形式知识,于4年后(1935)着手编著的《国文百八课》中,在文章学系统的基础上终于建构了语文教材的体系。

当然也有一定的历史针对性。在夏丏尊看来,古代的文选型教材大多是暗中摸索,甚至是神而明之的,没有算学、理化、地理、历史、植物、动物等科那般"有一定的章节,一定的前后次序",定不出"一个严密的系统"②,因而不免玄妙笼统。尽管这种认知有些绝对化——当时就有人认为:任读何书,均有章节,即无章节,亦有段落,故均系由短至长。读一篇篇的文,正是从近处、低处下手,并无不合理处③。更何况,古代文选型教材也会注意"体系",如按年代、作者、主题、风格或师承来选编,《古文笔法百篇》还是按"作法"纲目来编的;另,文选评点中蕴含的五彩纷呈的理论、知识,大体上也会有个序列,只不过没有被进一步细化,因而不明显、不严密罢了。但是在与其他学科,特别是数理学科的比照中,看出语文教材的玄妙笼统,力图匡正,这种努力方向自有其可贵之处。

事实上,此类追求并非个例。从20世纪初的《马氏文通》(马建

---

① 夏丏尊:《夏丏尊教育名篇》,张圣华总主编,教育科学出版社2007年版,第98—99页。
② 夏丏尊:《怎样阅读》,杜草甬、商金林编《夏丏尊论语文教育》,河南教育出版社1987年版,第74页。
③ 朱自清:《朱自清语文教学经验》,张圣华总主编,教育科学出版社2007年版,第12页。

忠)、《中国文学教科书》（刘师培），再到20世纪30年代的《国文教科书》（孙俍工）、《混合国文教科书》（赵景深）、《国文》（傅东华、陈望道）、《复兴初、高中国文》（傅东华），语文知识系统化的追求从来就没有中断过，而且呈现越来越执着、越炽热的倾向。

在这股科学化的浪潮中，无论是思想建树，还是教材编制，夏丏尊都显示出了其领袖群伦的卓然之风。

首先，"文话＋文选＋文法或修辞＋习问"的结构设计，一改传统文选型或"文选＋注疏、评点"型教材的混沌、含蓄做法，代之以打上其智慧烙印的现代语文学问，一举奠定了后世教材编制的四大主要系统：（1）选文系统；（2）知识系统；（3）作业系统（有的著作称"实践系统"）；（4）助读系统。文法或修辞中的例证，习问中扼要点睛和发问促思，已经蕴含了当下助读系统的萌芽。如"试从读过的文章里找出若干用反复的例子来，一一说明其反复的效果"，实际上就是帮助学生深化对所学文章中反复这一修辞手法充分表情达意，增强美感等价值的认识。一个"试"字，不是居高临下的命令，而是亲切的建议，读来备感温馨。

其次，知识点和技能点按学科内涵有机地联系起来，形成适合学生学习，而又能自洽的知识体系。比如，《国文百八课》的文话系统，108个理论点大体都是"顾及各方，分布均衡，由浅入深，有重复者也是有意识安排的适度螺旋反复"[1]，用夏丏尊、叶圣陶的话来说就是"按程配置"。文法和修辞，也是108个点，"保持其固有的系统"，汇入了当下称之为"现代汉语语法知识"的体系。习问则"根据着文选，对于本课的文话、文法或修辞提举复习考验的事项"[2]，等于是对

---

[1] 赖瑞云：《混沌阅读》，福建教育出版社2010年版，第60—61页。
[2] 夏丏尊、叶绍钧：《国文百八课》，生活·读书·新知三联书店2013年版，第1页。

本单元理论知识的精要复习，形成一个自足的知识复习体系及技能训练体系。

即使是《文心》那样故事色彩很浓郁的书，看似恒钉琐屑，实际上都是基于学生的读写之困、之难、之误，却又有深埋着的读写知识加以统摄的。换言之，在看似散漫的故事中，其实都蕴藏了具有一定体系的读写知识。甚至连每一章节中，都闪烁着"序"或"系统"的影子。比如，"小小的书柜"一章，就既谈了读书之序，也兼及了所读之书的系统；"鉴赏座谈会"一章，则涉及了鉴赏之序——见、视、观，层层深入，彼此联系，立论、阐述、分析，都能浑然一体；还有"知与情与意"一章，既谈到了文章的分类：知的文，情的文，意的文，又讲了知、情、意的彼此联系与影响——情、意如不经知识的驾驭，就成了盲目的东西；知识匮乏，但如果情、意真诚、丰盈，一样可以感染他人。缘于此，陈望道称《文心》既"平易近人"，又"极有系统"（《文心·序一》）。赖瑞云教授指出，《文心》全书的结构立足于"国文的全体知识"，"明显有一条读、写知识理论的体系贯穿其32个章节"[①]。

另外，还有一个被很多人忽略的更大的"序"，即不同类型的教材所构成的一个范围更为开阔的教材体系。夏丏尊主编的教材基本上可分为"理论型"（《文章作法》类），"准理论型"（《国文百八课》类），"理论性非文选型"（《文心》类），既非理论，又非文选的"纯读本型"（译作《爱的教育》类）这四种，加上他过世后开明派开发出来的"评点式文选型"教材（如叶圣陶、周予同、郭绍虞、覃必陶合编的《开明新编国文读本》甲种本，叶圣陶、徐调孚、郭绍虞、覃

[①] 赖瑞云：《混沌阅读》，福建教育出版社2010年版，第117页。

必陶合编的《开明新编国文读本》乙种本），可谓众型毕备，体大思精，科学与审美兼容，理解与探究相谐，课内与课外相长的现代语文教材系统。

遗憾的是，后人似乎只盯上了《国文百八课》这种准理论教材类型，深陷以知识点组织课文的学科中心主义而不能自拔，反将"序"中很多更为深刻、更富价值的思想，还有大序中其他类型教材的思想资源全部给抛弃了。用所谓的《中高考作文宝典》《清华学子写作高分秘籍》等应试书籍，代替对写作理论的潜心内化、探索创生；用七拼八凑甚至"缺胳膊少腿"的素材汇编，代替内蕴丰富、文质兼美的古今中外经典；至于说"评点式文选型"教材，更是被当作低效书，乃至闲书而加以"恪尽职责"地限制、禁止。如此反语文、反素养、反生命，怎能不让语文教材的体系走向异化和萎缩？

二　互相配合，丝丝入扣

语文教材体系的自洽浑成，得力于以夏丏尊为首的开明派同人殚精竭虑的建构。

吕叔湘评《国文百八课》最大的特色就是文话——不像有些教材，虽然也"以作文为中心按文体组成单元"，但"往往是大开大合，作文讲解和选文各自成为段落，很少是分成小标题互相配合，能够做到丝丝入扣的"[①]。

王荣生在当下的语文教材中也发现了这一弊病："到了现代，语言学、文章学、文艺学的成立，将本来依存、黏附于选文中的事实、

[①] 吕叔湘:《国文百八课》，夏丏尊、叶圣陶《国文百八课》，生活·读书·新知三联书店2013年版，第5页。

概念等抽象、归纳了出来，这样，那些从无数诗篇中抽象出来的'知识'，便成为独立的存在。而分门别类又各成系统的'语文知识'，此时便可能与教材中的某篇选文产生隔膜甚至冲突。我国现代以来的语文教育，基本上偏向于第二种情况。"①

两位学者所说的理论与选文割裂，甚至冲突的情况，在夏丏尊主编的教材中得到了较好规避。因为选文与文话、文法或修辞，还有习问，虽各自独立，却是彼此呼应、相互渗透的。尽管选文多以佐证理论知识的面目出现，有遗落更多形式秘妙的可能，也给懒于思索的教师带来将情韵丰富的文本只抽取一两个知识点或考点进行机械教学的可能；习问围绕选文而设，对生活面的拓展也不够开阔，甚至连编者自己都声称，为了目标间的系统完整，"有时把变化兴味牺牲亦所不惜"，但是毕竟"头绪简明，眉清目秀，重点突出，阐释充分，充满了理论观点贯彻到底的动人魅力"②。更何况，如果将之放置在一个更大的教材系统里看，审美秘妙、鉴赏兴味在理论型教材，还有"评点式文选型"教材中，均有着互文式的充分阐析。对着力形式、形意兼得的强调，在理论型教材中更是比比皆是。如果仅在夏丏尊某一类教材中打转儿，但见树木，不见森林，只能歪曲其教材编制的思想，而无法得其神髓。

事实上，夏丏尊编著的教材还存在着比吕叔湘所说的更高层次、更高境界的相互配合，那就是"打成一片"——配合带有被动、无奈，甚至有点强制的意味，但打成一片则是主动、积极、快乐地相融。除文话、文选、文法或修辞、习问的彼此配合，除打成一片外，

---

① 倪文锦、欧阳汝颖主编：《语文教育展望》，华东师范大学出版社2002年版，第204页。
② 赖瑞云：《混沌阅读》，福建教育出版社2010年版，第16页。

至少还有抽象知识与具体生活、读法与作法、讲授与学习及中外古今、各学科领域的打成一片，这使他编制的语文教材处处洋溢着一种贯通之美。

抽象知识与具体生活的打成一片，在《文心》中有最为鲜明的体现。很抽象、冷硬的读写理论，被放置在特定的故事情境、生活场景中，立刻变得柔软、生动起来。比如，看似高深莫测、羚羊挂角的风格，著者通过周大文这个人物形象的回忆、冥想、阅读、质疑、探究，很轻松、自然地得出了从取材范围、作者品性、语言习惯、写作习惯等方面加以把握的结论。虽然故事结构与寓言"黄粱一梦"颇为类似，但内质却换上了读写理论，所以读来深感亲切，还能在不知不觉中将风格鉴赏的智慧化为己有。《文心》的这类做法，令人情不自禁地会想到《红楼梦》中的香菱学诗，《镜花缘》里的唐敖、多九公论诗，还有古代书院中的一些教学逸事，寓教于乐，学习与生活自然地融为了一体。

读法与作法的打成一片，在《文章讲话》《文章作法》中更为突出。比如，对《红楼梦》描写贾宝玉外貌的那段文字，夏丏尊提出了与众不同的见解："用着许多的'如'、'若'等比拟的麻烦手法，而且又假想到他在'怒'、'嗔'的时候的神情，这种写法对于读者总算是极忠实的了。为了使读者明白宝玉的面貌怎样，作者费了这么多的气力，其实是吃力不讨好的事情。读者读了这一串的文章，如果不自己加以补足想象，还是不明了的。"但是对《史记》中写项羽、刘邦外貌的文字却评价较高，认为有所省略，"反觉得比那《红楼梦》的一段来得不琐碎杂乱"[1]。此类文字，我们说它是鉴赏的文字，可

---

[1] 夏丏尊、叶圣陶：《文章讲话》，中华书局2007年版，第34页。

以；说它是写作的文字，也可以，读写知识完全化为一体了，与当下学者推崇的"解读就是解写"的思想不谋而合。

还有就是讲授与学习的打成一片。夏丏尊编制的书，既是教材，也是学材——《开明国文讲义》就是典型的学材，满足抗战时失学青年学习之需的，教师可以借此将自我的思考、体验轻松地注入、发展，学生可以借此顺利地找到学习的门径，不断渊深自我的学养，磨砺自我的能力。在《国文百八课》"编辑大意"中，他和叶圣陶也指出了这一点："关于教材和教法虽已大体拟定，实际教学时尚有待于教师的补充、阐发。如各项例证的扩充，章句的实际吟味，临时材料的提出，参考文篇的指示，练习的多方运用，都希望教师善为处理。"在为教师提供指引和帮助的同时，也为他们留下了比较广袤的创造空间。这一篇写智慧，被后世的教材很好地继承并发扬光大了。比如苏教版的教材，有意在教材的某些单元中空出一篇，让教师、学生从课外读物中选补，并写几句推荐语（理），"集体设计几道探究·练习题"，便是留下"补充""阐发"空间的极好尝试。钟启泉强调，学生不可能以原封不动的形式学习课程内容，否则就是一种注入式教学，是单纯的观念的灌输；科学的概念和法则唯有通过具体的事实与现象才能掌握[1]。夏丏尊主编的教材就很好地将语文课程内容转化为教材内容，也为教师将之成功转化为教学内容提供了极大的方便。后世学者们憧憬的理想的教材编制之境——谁都能在教学中使用该教材，夏丏尊和他的同道们经过不懈的努力，在那样一个资讯极不发达的情境下竟然做到了，这不能不说是语文教育史上的一大奇迹。

至于所编教材注意中外古今、各学科领域的打成一片，夏丏尊

---

[1] 钟启泉编译：《现代学科教育学论析》，陕西人民教育出版社1993年版，第201页。

做得更是驾轻就熟。在《国文百八课》《开明国文讲义》等读本中，《论语》《史记》《资治通鉴》《红楼梦》《西游记》等古代经典，莫泊桑的《项链》、国木田独步的《疲劳》、易卜生的《娜拉临走的一幕》等外国名家的作品，同时代著名作家如鲁迅、朱自清、胡适、茅盾的作品，还有反映自然、科技、生物、绘画等领域的作品，如李良骐的《霜之成因》、黄幼雄的《机械人》、贾祖璋的《梅》、蔡元培的《图画》，有很鲜明的时代感，真是应有尽有，美不胜收，将他信奉的理想的中学生应该广涉中西、学贯古今的信念，在教材中不折不扣地贯彻下来。令人称道的是，所选篇目中有不少成了后世教材中的定篇，如归有光的《项脊轩志》、鲁迅的《风筝》、朱自清的《背影》等。没有高超的审美眼光和鉴别力，很难做到。尤其是对当时作家作品的择定，更需忠于自我体验，不为世俗左右的审美判断力。后世学者盛赞人教版，苏教版、语文版实验教材"力图构建新的语文能力实践系统，致力于学生语文综合素养的提高，促进语文课程呈现方式和学习方式的转变，确定学生在学习中的主体地位，力求改变传统教材繁、难、多、旧的面貌"[1]，这些追求其实在夏丏尊那里早就滥觞了。

夏丏尊曾说："只从国文去学国文，只将国文当国文学，一切改良计划都收不到什么效果，弄得不好，还是有害的……我们不要对于消化不良的学生奖励多食了！作文底材料到处皆是，所苦者只是学生没有消化的能力。"[2] 注重消化、跨学科学习，强调的正是语文学习各方面因素的配合、呼应与打通，这是一种真正的能力学习、素养学

---

[1] 潘新和主编：《新课程语文教学论》，人民教育出版社2005年版，第120页。
[2] 夏丏尊：《作文教授上的一个尝试——教学小品文》，《春晖》半月刊1923年第14期。

习、灵动学习、存在式学习，而非只顾机械识记、疯狂练习的死学习、傻学习，或像动物或守财奴般的占有式学习。

三 生活中心，养成能力

夏丏尊力图通过语文教材编制，建构语文知识的体系，重塑语文学科的尊严，主要是相较于数理学科而言的，当然也受到了西方科学主义思潮的影响，但这种科学化追求最直接的动力还是指向人的身心诸能力的养成，以利更好地生活。

在《阅读什么》一文中，他这样写道："书只是求知的工具之一，我们为了要生活，要使生活的技能充实，就得求知识。所谓知识，绝不是什么装饰品，只是用来应付生活，改进生活的技能……一个人该读些什么书，看些什么书，要依了他自己的生活来决定、来选择。"从读书到求知、从练能到生活……生活中心的思想非常明晰，读书、求知、练能只不过是应付生活，改进生活的手段罢了。读书如此，读语文课本亦然。在此前三年发表的《国文科课外应读些什么》一文中，他也明确说道："课本和讲义等等只是达教养的目的，并非就是国文科的正体。"国文科的正体是什么呢？就是对于本国文字的阅读与写作的教养。

可见，以生活为中心来养成能力的教育思想始终未变。落实到各类语文教材，上述思想就成了编制的灵魂。《文心》，养成读写教养的思想是如盐入水般化在故事里的；《国文百八课》，读写教养的养成，从体例安排上即可一见分晓；《文章讲话》与《文章作法》，更是读写教养养成的"现身说法"。尤其是《国文百八课》，以生活为中心的思想更是强烈。让文言文进入教材，很大程度上是因为当时社会上各种公文都是用文言写就的，不熟悉文言文，就无法看懂；应用文有十多篇，含书信、调查报告、宣言、仪式上的演说词，以及出版物前面的凡例；说明文有二十来篇，如《蟑螂》《动物之运动》《菌苗与血清》《农民的衣食住》，篇数之多，范围之广，迥出于当时的教材之上，无一不是面向生活的。其鲜明的针对性、体系性，无孔不入的贯彻力、执行力，使语文教材真正成了以生活为中心思想的实体。

杜威说："最好的一种教学，牢牢记住学校教材和现实生活二者相互联系的必要性，使学生养成一种态度，习惯于寻找这两方面的接触点和相互的关系。"① 赫尔巴特也说："如果把周围世界与书本结合起来的话，就可以在它们的结合中找到它。"② 两位教育家是在理论中憧憬，而对夏丏尊来说，则是忠实地践行了。但是，与杜威、赫尔巴特不同的是，夏丏尊所说的生活并非仅限于一般意义上的物质生活，还指向了人们的精神生活。在读写理论中，他不时地强调情意、诗趣，体现的正是他对精神生活的重视。"知、情、意"素养理论中的情、意维度，都是指向内在心性的。在《受教育与受教材》一文中，他还特地区分了两类教材的不同：一是专门以上学校的教材应该偏重专门知识技术的传授，为的是让学生好直接应世；二是专门以下学校的教材，宁可偏重身心诸能力的养成，愈是低级的学校愈如此。在他说的身心诸能力中，健康力、想象力、判断力、记忆力、思考力、忍耐力、鉴赏力、道德力其实都是偏向精神生活领域的。这种定位和追求，在《国文百八课》的编辑大意中有明确的说明——本书力求各体匀称，不偏于某一种类、某一作家。内容方面亦务取旨趣纯正有益青年的身心修养的。因为有了对精神生活的关注，教材中"注重人的整体发展"便不再是一个空洞的口号。

---

① 杜威：《民主主义与教育》，王承绪译，人民教育出版社1990年版，第173页。
② 赫尔巴特：《普通教育学》，李其龙译，浙江教育出版社2002年版，第9页。

在夏丏尊看来，这种偏向于精神领域的能力、教养固然不能换饭吃、成学者，或有功于革命，但缺失了，便会一事无成。因为这种能力虽然很空洞、抽象，却是人生一切事业的基础，犹如数学中的 X，本身并无一定的价值，却是一切价值的总摄①。这确是一种高远而博大的认识，不是让学生的语文学习一味地匍匐在物质利益、生存重压之下，而是讲究心性能力的综合养成。这样，学习的乐趣才会真正产生，主体的生命活力才会得以真正地轻舞飞扬。

因此，夏丏尊所主张并落实在语文教材编制中的读写教养、身心能力，绝非是就学科而言的纯粹的知识、技能素养，还内在地包含了道德、情意的素养。也就是说，语文学习不仅仅是应外在的物质生活之需，还应内在的精神生活之需。应世的生存技能，我所欲也；应性的心灵质量，亦我所欲，二者必须得兼。将这种思想放置在 20 世纪以降，整个世界重"物"不重"人"，重"外"不重"内"（心灵），重物质不重精神，特别是当下"物质主义席卷全球，'旨趣流于平庸'的现象覆盖一切"的大趋势之下来观照②，更是具有发人深省的力量。

第二节　突出形式，捍卫语文的体性

在追求语文知识系统化的过程中，夏丏尊时刻不忘对语文学科体性的确证与捍卫。

---

① 夏丏尊：《受教育与受教材》，杜草甬、商金林编《夏丏尊论语文教育》，河南教育出版社 1987 年版，第 18—19 页。

② 刘再复、刘剑梅：《教育论语》，福建教育出版社 2012 年版，第 162—163 页。

他敏锐地发现，语文学科几乎无所不包，但其间也不乏陈腐、落后的内容，故彰显语文的体性唯有形式。语文教育注重形式，即使是数理学科的文字，如章程、契约、报刊文章，也能濡染上语文之性。否则，语文科就可能丧失自我的体性，消失在其他学科之中。这对当时将语文教材按主题编排，如几篇孝子的传记排在一组，几篇忠臣、烈士的故事排在一组的混乱思想，无疑是一种当头棒喝。对将《圆圆传》《景阳冈打虎》抄印成"国文"，却将全部的《虞初新志》《水浒传》视为闲书；将教师布置的作文视为写作，日常自发的写作笔记、日记、通告、书信之类，全部算在"国文"的账上的偏激、错误的思想，无疑是一种及时的救赎。

突出形式，捍卫语文体性的思想，在语文教材的编制中是一以贯之的。

一　形式知识的多维渗透

在编制思想上，夏丏尊忠实地贯彻着形式本体的思想。"学习国文，应该着眼在文字形式上，不应该着眼在内容上。"（夏丏尊《学习国文的着眼点》）"应在形式上多用力，只阅不够，该好好地读。"（夏丏尊《怎样阅读》）"假定一册国文读本共有三十篇文章，你光是把这三十篇文章读过几遍，还是不够，你应该依据了这些文章作种种进一步的学习，如文法上的习惯咧、修辞上的方式咧、断句和分段的式样咧，诸如此类的事项，你都依据了这些文章来学习，收得扼要的知识才行。"（夏丏尊《阅读什么》）尽管也会强调内容的旨趣纯正、有益身心，可一旦涉及形式，如对于文章体制、文句格式、写作技术、鉴赏方法等，他的讨究则会"不厌详细"（夏丏尊、叶圣陶《国文百八课·编辑大意》）。他这样做固然有着现实问题的考虑——很多中学生毕业后仍文字不通，并不是缺乏内容，十有八九的毛病出在文字的形式上，因为形式知识一旦缺乏，语文学习就无法以少总多，触类旁通，但更为侧重的还是立足于学科的坐标体系，去思考语文区别于其他学科的独特体性——种差。这一贡献是开创性的，一扫昔日的笼而统之，神而明之，开启了语文学科科学化的思考路径。

因为有了对编制之"道"持久、深入、透彻的体悟，所以编排体例总能时时跟进，与编制思想相辅相成。《国文百八课》的编排体例，就是在文话系统的统摄下展开的，而文话系统又基本上是在文体框架下展开，然后再衍生出叙事、说明、议论等文章学、写作学知识。至于文法与修辞部分，或《文章讲话》《文章作法》，更是形式知识具体而系统的展开。不管是《文心》中的读写故事，还是后继的《开明新编国文读本》（甲种本）中的评点或发问部分，也多是奔了形式秘妙去的。

可惜的是，这一做法并未被后世学者自觉承继。虽然各种系统，如导学系统、助学系统、练习系统、写作系统、口语交际系统、综合练习系统、课外学习系统、图像系统……变得日趋复杂、高端，但是对学科体性的捍卫、形式秘妙的揭示等方面，一直没有被真正地重视起来。语文看似包容更广，也更现代了，但是自我的面目依然模糊。这种状况，仅从"习问"这个视角便可一窥端倪。比如，《开明新编国文读本》（甲种本）中《野店》一文的评问是：（1）本篇依据旅行的经验，写关于野店的各方面的情形。（2）为什么篇中多用"也许"字样？赖瑞云教授认为第一项点评颇为一般。可是，第二项的发问很精彩[1]。何以故？扣住草蛇灰线般的"也许"追问，与历史上对《醉翁亭记》中的21个"也"字，《马说》中的11个"不"字精彩玩绎

---

[1] 赖瑞云：《混沌阅读》，福建教育出版社2010年版，第127页。

的佳话，极有神合之处。设而不答，引而不发，不仅激发了学生对形式秘妙探究的兴趣，而且也给他们留下了较为开阔的审美空间。可是对照2008年版的人教版语文教材，《醉翁亭记》仅是在第一题"朗读并背诵全文"的提示中补了一句"注意文中连用的21个'也'字，它具有表示判断和舒缓语气的作用，要读出它的味道"，并未涉及作者潇洒淡逸的个性，以及丰满多姿的生命情趣，而《马说》课后的3道问题，更无一句涉及形式的秘妙[①]。

有学者指出，夏丏尊对语文教材建设的这种理性而系统的思考并非突如其来。最初，他企图和传统的教材合二为一，将内容与形式、综合与分解、感性与理性兼容并蓄。随后，更多地注意到传统语文教材（主要是古代带来的，尤其在阅读方面）的严重弊端，即单篇文选的综合感受伴随的随意、无序、笼统、玄虚的弊端，于是坚决一边倒，坚决选择了知识为体系、形式为主体、表现为本位，文选为例子的建设教材的新路子[②]。这说明，夏丏尊在形式本体的思考中，不仅有对低效，甚至无效、反效的语文教育现实的深度、周密的思考，而且还有基于对传统语文教育内容杂乱、体性淡薄的批判性、建设性思考，语文教材编排体例中呈现的形式体系，正是他不懈思考的智慧结晶。

语文形式知识的渗透不仅表现在编制思想、编排体例上，还表现在编制内容上。

文话、文法、修辞，以及专题性的系统而深入的读写理论文章，

[①] 三道题目分别是：①背诵课文，说说作者借"千里马"不遇"伯乐"的遭遇，寄托了怎样的思想感情？②翻译下面一段文字，注意加点的词的意义和用法（指"策之不以其道……其真不知马也"这段，加点词为"策之""其""之""策"）。③当今社会需要什么样的人才？怎样才能做到多出人才、人尽其才？这些话题是常谈常新的，请你联系现实谈谈自己的看法。

[②] 赖瑞云：《混沌阅读》，福建教育出版社2010年版，第79页。

这类显性的内容就不说了；将读写理论形象出之的故事，这类半隐半显的内容也不说了；单就选文、习问这一类隐形的内容，无不处处散逸着形式知识的气息。人们不无抱怨的"例证知识"的选文，似乎只是作为"用件"而存在的，有忽略"意思好处"的倾向，如面对沈尹默的《三弦》，刘半农的《一个小农家的暮》，编者竟然问"哪一篇像普通照片，哪一篇像电影"，以促使学生深化对"记述和叙述"理论的认知，但恰恰是这一点，让人看到了夏丏尊建构形式知识体系，捍卫语文学科体性的决绝与执着。更何况，他并非只为例证知识，完全忽略"意思好处"，只不过有所选择和侧重罢了。其实，就在同单元，他和叶圣陶还设置了这样一道问题："文选十九（指刘半农的《一个小农家的暮》，笔者注）第四段末句'五，八，六，两'，作者故意把数目的次序颠倒着，这手法在这首诗里有什么效果？"这便触及了文本的形式秘妙，问得非常艺术。

濡染作者生命智慧的形式知识内容化，五彩斑斓的选文、富含情趣的故事，还有亲切平易而又匠心独具的设问形式化，无论显、隐，雅、俗，一样做到水乳交融，充分彰显形式的魅力、语文的体性，如此呕心沥血的高质量创制，无论在当时，还是当下或未来，都将是一道亮丽的风景。

二 引进语文学的新成果

在建构语文形式知识体系的过程中，夏丏尊也很注意语文学新成果的引进，借此推动形式知识的丰富与发展。

引进的新成果，大致可分为两种：一是"他创"的，二是"自创"的。

他创的新成果琳琅满目。如关于写作的"六W"说（①Why，为什么要作这文？②What，在这文中所要述的是什么？③Who，谁在作这文？④Where，在什么地方作这文？⑤Wen，在什么时候作这文？⑥How，怎样作这文？），就是从日本学者五十岚力那里引用过来的；关于标点与分段的理论，显然吸纳了唐钺《修辞格》、陈望道《修辞学发凡》中的研究成果。博采精掇、自然化用，不仅对症了现实的写作问题，而且为学生的思维打开了多扇窗户。尤其是对师生"形式意识"（从思维的"内形式"到文本的"外形式"）的强化与推进，起着不可估量的作用。

这种做法在近百年后的我们看来，似乎颇为寻常，但在当时却弥足珍贵。朱自清在20世纪40年代初发表的《写作杂谈》中曾谈及："教育部二十年前就颁行过标点符号施行条例，起草的是胡适之先生。但是青年们和一般人注意这个条例的似乎不多。原因大约有好几种。一是推行的不尽力……中学教科书里虽然偶有论到标点符号，也不多，教师们又不认真去教，成效自然不见。二是例句不合式。条例中所举的例句都是古书和文言，加上一些旧小说的白话，现代白话文记得似乎没有。"① 别人不注意，少谈及，夏丏尊却密切关注，专文谈论；别人没引白话文作例，夏丏尊却直接拿朱自清的《背影》例谈标点的妙用；别人课上不认真教，夏丏尊却能倾情传授，并将之特地写入作文教材，惠及更多的师生。这就是献身教育的至情与责任，与时俱进的睿智和时尚，无论对学科建设，还是学生的精神成长，都是大有助益的。如果联系曾经被人诟病的祖孙三代共用同一种教材——钱理群便说过，"语文教材的选编与我们的学术研究脱节很大，基本上停留在20世纪60年代的水平"②，夏丏尊主编的语文教材对经典性与

---

① 朱自清：《朱自清全集》第2卷，江苏教育出版社1988年版，第77页。
② 钱理群：《语文教育门外谈》，广西师范大学出版社1988年版，第77页。

时代感关系的敏锐把握，对学科知识与现实生活、社会文化联系的灵活处理，都是令人叹为观止的。

自创性新成果大致有三类：一是"深悟出新"型，如旧书重读的过程中悟出语文教育中国语感培养和传染的重要性，这对学生"基础语感""体式语感""语境语感"的培养①，无疑具有潜滋暗长的促进作用；二是"批判出新"型，如"先使白话文成话"一说，就是针对放弃现成的大众话语不用，故意用近似的语言翻译一次，造成情味流失的写作现象而生发的。比如，"揩油"在上海一带已成为大众使用的话语，自有它的特别的情味，如果嫌它土俗，用"作弊""舞弊"等话来张冠李戴，就隔膜了②。语言的精确使用简直到了洁癖的程度。如果在形式视野下来看，语言的精确化、个性化运用，也是会影响文本的结构形式、表现风格的。三是"阐释出新"型，如怎样加强文气，夏丏尊发现了三种智慧：（1）以一词句统率许多词句；（2）在一串文句中叠用相同的词句；（3）多用接续词，把文句尽可能地上下关联③。从而使看似玄妙、复杂，能感不能言的文气问题，三下五除二就被解决了，且都是发前人所未发，令人耳目一新。有了这种自我言语生命智慧的注入，他编创的教材怎能不给人如沐春风的感受呢？

一般情况下，教材呈现的多是旧有的、静态的知识，"滞后性""僵化性"几乎是所有教材的宿命。就像西方学者所说的那样——在典型的基于教材的课程观中呈现的知识通常是被作为事实储存而未被情景化。缺少为什么、什么时候和如何应用知识（关于知识应用的条

---

① 潘新和：《语文：表现与存在》，福建人民出版社2004年版，第1431—1432页。
② 夏丏尊、叶圣陶：《文章讲话》，中华书局2007年版，第166页。
③ 同上书，第75—78页。

件）的信息，这些知识对我们几乎毫无作用……在学校获得的许多知识都是惰性的①。夏丏尊也批评过这种现象——现在已是飞机炸弹的时代了，我们所需要的是最新的战争知识，而在国文教科书里所选到的还是单枪匹马式的《三国演义》或《资治通鉴》里的一节。我们已是20世纪的共和国国民了，从前封建时代的片面的道德观念已不适用，可是我们所读的文字，还有不少是以宗桃贞烈等为内容的。②在《关于国文的学习》一文中，他还特地指出八股评文眼光的陈旧、鄙陋，什么"起承转合"，什么"来龙去脉"，诸如此类，从今日看去实属可惜，用不着再蹈袭了③。因为深知其弊，所以在自己编制教材的时候，他能有效地加以规避。在保持经典篇目，固有知识的前提下，新选文、新理论，他也都能巧妙拿来，为我所用。加上有意识地注意提供特定的思考语境，不断激发学生的学习自主性，甚至还鼓励学生合作探究某些问题，所以在很大程度上克服了教材知识僵化、滞后的问题。

这种"六经注我"，且能融会贯通的纳新之举，体现了夏丏尊一贯的探索激情与勇气，还有直面问题、服务学生的自觉担当。因为新成果的引进，既着眼于语文教育中的现实问题，又充盈着读者意识、探究意识、创新意识，所以他的形式本休思想不仅深具科学的魅力，而且富含人文的温情。清华大学徐葆耕教授称传统在钱锺书编辑的过程中"发现了自己的新生命"，或者说"这种生命是固有的，潜在的，当其他语句的光线投射在它身上的时候，这种生命苏醒了"④。夏丏尊在引入语文学新成果的过程中，何尝不是唤醒并强旺了语文形式知识的生命呢？

---

① ［美］温特贝尔特大学认知与技术小组：《美国课程与教学案例透视》，王文静、乔连全等译，华东师范大学出版社2002年版，第40—41页。
② 夏丏尊：《夏丏尊教育名篇》，张圣华总主编，教育科学出版社2007年版，第151页。
③ 同上书，第108页。
④ 徐葆耕：《清华学术精神》，清华大学出版社2004年版，第21页。

三 注重知识，不忘趣味

但是，夏丏尊的形式理论在追求理性、严谨、系统的同时，也不忘感性、灵动、趣味的一面。

趣味性集中表现在他的谈话风格中。同样一件事情、同样一种理论，一旦经过他的文字点染，立刻会变得清爽、醇永、耐人寻味。这当然得益于他的读者意识："所谓要有秩序，要明畅，要有力等等，无非都是想适应读者的心情。因为离了读者，就可不必有文章的。"（夏丏尊《作文的基本态度》）为文如此，教材编写亦如此。无论是文话，还是文法、修辞知识的介绍，你都能感觉到他仿佛是在与知心朋友分享一起体验与思考的成果，毫无盛气凌人、板起面孔说教的架势，就连习问部分，你也能从"试""请"等字眼中，感受到他蔼然、耐心、循循善诱的慈祥、儒雅之风。《开明国文讲义》"编辑例言"中明确道出了个中缘由："用谈话式的体裁，述说关于文章的写作、欣赏种种方面的项目，比较起寻常的'读书法''作文法'来，又活泼，又精密，读了自然会发生兴味，得到实益。"这样做无疑会融化知识的冷硬，更能拉近和读者的心理距离，使他们轻松、愉快地入你的思维之势，伴你一起思考。

因为有了读者意识，考虑措辞、行文的清晰、流畅、新颖、生动，便会化为自觉，进而提升言语表现的效果，使读者即使阅读理论文章，也能乐在其中。夏丏尊所编的教材，既有显性的语文学知识，又有隐性的趣味性内容；既注意陈述性知识的清晰传递，又注意程序性知识的温馨提示，所以一样可以精读、揣摩，就像他说的那样，如同临帖，目的在笔意相连，得字的"神气"。比如读徐志摩的诗集，"如果当语言文字学习的话，不但应该注意诗里的大意，还该留心它的造句、用韵、音节以及表现、着想、对仗、风格等等的方面"①。虽然举的是文学作品阅读的例子，但对教材中文字的阅读一样适用。收得内容是略读的要求，是阅读的初阶，仅能得其意，而无法得其神、得其美，更别说得其趣了。

趣味的形成，与他对积极修辞的强化不无关联。对夏丏尊来说，作为消极修辞的求"通"仅属于言语表现的基本功，要想登堂入室，必须注意积极修辞求"好"——更合情境，更对于读者有效。在《学习国文的着眼点》一文中，他说："意思只有一个，表现的方法却不止一个，在许多方法之中究竟哪一种好，这是要看情形怎样，无法预定的。读文字的时候最好能随时顾到，看作者用的是哪一种表现法，用得有没有效果？自己写作文字，对于自己所想表现的意思，也须尽量考虑，选择最适当的表现法。"在《意念的表出》一文中，他对积极修辞的重要性强调得更为形象："符号好比俳优的服装，要表出一个意念到语言或文章上，好比送一个俳优出舞台去给观众看，这俳优该怎样装束，怎样打扮，是戏剧家所苦心考虑的。文章家也该用和这同样的苦心去驱遣符号。"

正因为有了这种苦心孤诣的追求，他的形式理论总能在细节的土壤中葳蕤地生长起来，具有无法阻挡的亲和力和说服力。魏学洢《核舟记》中有这样一段话——：

  通计一舟，为人五，为窗八，为箬篷，为楫，为炉，为壶，为手卷，为念珠各一；
  对联，题名并篆文，为字共三十有四。

----

① 夏丏尊、叶圣陶：《文章讲话》，中华书局2007年版，第152页。

句子安排为何要变式？他这样解释道："不能全用一种样式的排句来写，有时须转换成单句或别种样式的排句。换句话说，排句也得有完结改变的时候。冗长的呆板的排列，如果不在相当的地方加以变化，读起来也很不方便，有碍于和谐。"① 说得非常辩证，却又通俗易懂。"'庭有枇杷树，吾妻死之年所手植也，今已亭亭如盖矣'在论理上原不必独立成一段，但是独立成一段，情味较强，因为把这寥寥几句占了一单位了。"② 哪里有半点机械、生硬的影子？完全是有感而发，一片生机。在娓娓道来的比较、阐释中，恰当分段的魅力呼之欲出，如此的形式理论，怎能不趣味盎然？

当然，这种趣味的生成是离不开丰厚学养的润泽的。概念的界定、成因的分析、历史的梳理、性质的分类、表达效果的品鉴，无一不需要渊深的学养。比如，对感慨生成的总结缘于今昔对比，或人与自然的对比，产生了一种"退婴的、消极的"情绪——怀有积极的意志，感慨就不会发生；感慨的抒发只有一个法则就是"把时间郑重点出"，点出有"明点"和"暗点"之分。空间对比也可发生感慨，但仍可以说是"今不如昔"，而有些感慨是不能用空间对比来说明的，如"桓温对柳树流涕的情怀"③。层层深入，思维的景观不断涌现，令人目不暇接。看似信手拈来，实际上底蕴很深，就像古代文选本中那些凝练而形象的点评，莫不是深厚理论学养的绚丽绽放。

这便形成了一种在混沌学中被称为"奇异吸引子"的双重吸引力。一方面，是文选自身形式秘妙的吸引；另一方面，是编者所创制的文话、习问、评点所形成的磁力。前者需要敏锐的审美眼光，后者

---

① 夏丏尊、叶圣陶：《文章讲话》，中华书局2007年版，第28页。
② 同上书，第9页。
③ 同上书，第100页。

则需要高超的言语表现智慧与能力。感性与理性的相融，审美与审智的互补，使教材充满了阅读的张力。从选文来看，当时入选的《项脊轩志》《杨修之死》《念奴娇·赤壁怀古》《孔乙己》《背影》《最后一课》《项链》等至少28篇名文均成了后世教材中的保留篇目，这自然是难以抗拒的吸引力。从文话来看，语言的朴实、新颖，思想的灵动、深刻，堪称雅俗共赏型微型论文的榜样，广为后世学者所称颂。比如，"记述文所写的是事物的光景、状态，叙述文所写的是事物的变迁、经过。如果用水来比喻，记述文是止水，叙述文是流水。"[①]"传记犹之写生法，务求妙肖，小说犹之写意法，意在笔外。"（《开明国文讲义》第一册"文话一四·小说"）"对别人致劝诱犹如医生诊病。一要剖析对方所持见解的不合，并探求所以致此的根源，这好比医生的诊断；二要发表自己的主张，这好比医生的药方。"（《开明国文讲义》第一册"文话一七·劝诱和讽刺"）谈笑间，化艰深为浅易，化抽象为形象，不仅实现了语文与他科的打通，而且完成了语文与生活的打通，这怎么能不深受读者的喜爱呢？

第三节　注重化用，追求自我的确证

　　好的语文教材不仅能忠实贯彻国家的语文课程理念，有效采撷到最精华的语文知识、民族文化和世界文化，而且能灵动地表达编者的教育理想，并传递他们的人文关怀，释放他们的精神创造能量。

[①] 夏丏尊、叶圣陶：《国文百八课》，生活·读书·新知三联书店2013年版，第102页。

从这个角度说，语文教材都是有自我在场的，也是有品位、境界的高下之别的。夏丏尊所编制的教材，也不例外。

一 抽绎通则，用到别处

无论是被学者称道的"文话"部分，还是受师生热捧的《文心》形式，其实都是夏丏尊"抽绎通则（'共同的法则'和'共通的样式'），用到别处"思想的形象演绎。在夏丏尊看来，语文的通则就是形式知识，这些是相对恒定的，一旦掌握，便可以灵活地用到别处，发挥举一反三，触类旁通的妙用。他之所以不遗余力、始终不渝地强调"学习国文所当注重的，并不是事情、道理、东西或感情的本身，应该是各种表现方式和法则"（夏丏尊《学习国文的着眼点》），还打算从"四书五经"、《红楼梦》《水浒传》等经典中整理出代表性的句式，提升语文学习的效率，并在教材中或显或隐地建构语文形式知识的体系，莫不是出于这种考虑。

这样一来，他所说的通则就不仅是"法"，而且是"道"；不仅是"知识"，而且是"智慧"了。他所说的"抽绎""化用"，也不仅仅是技能，还含有创新的因子了。例如，讲"寡兵克敌"的智慧——从许多断片的部分的材料中，选出最可寄托情感的一点拿来写，犹如用少数的兵去抵御大敌，应该集中兵力，直冲要害，就不仅适用于某篇小品文，而是适用于所有的小品文，乃至其他文类，如诗歌、小说、戏剧，等等。讲说明文最简单的形式是"类+种差"，议论文写作中应注意因果论、例证论、譬喻论和符号论的彼此联络，也不是只适用于某一篇说明文或议论文，而是所有。这样的"通则"多起来、系统起来，学生的语文学习自然会富有成效，而达致这一境界的最佳途径就是建构以形式知识体系为支撑的教材。

持这样的追求，当然不是出于个人的偏好，更非一时的冲动，而是有着对传统，以及现实语文教材弊病的批判性审视，还有对语文学科科学化、如何捍卫语文体性等诸多问题的理性而深入的思考。

当时的语文教材编制，主要有四种类型：（1）按文体来分类；（2）以问题为主纲；（3）用程度作标准；（4）依时代而逆溯①。但是，不管采取何种排法，都有一种过分重内容而轻形式的倾向。这引起了很多有识之士的忧虑。何仲英说："拘拘以问题为单位，似乎'喧宾夺主'。况且问题别有专科；国文一科，何能'包罗万象'？长此以往，大家皆喜欢讨论问题，发扬虚气；恐怕和国文教授宗旨，越走越远。"②沈仲九也说："国文科的训练，本注意思想的形式上，至于思想的内容，是要和各科联络，而受各科供给的。现在专重社会问题的讨论，是否不致反忽了形式上的训练，喧宾夺主，而失却国文科主要目的，很是一个问题。"③当时浙江一师的《国语教材》更是受到了蔡元培的质疑："是伦理教材？是国文教材？"而老师们也的确认识到了这一点："我们这国语教材，竟一点没有毛病吗？仔细研究起来，这种方法和教材，却实在很有缺陷！因为太偏重内容的思想方面，于形式的法则方面太不顾及到了，所以决不能算是完美的法子。"④加上对古代语文教材"玄妙笼统"之弊，还有语文同数理学科比缺乏序列的深切体认，所以抽绎通则，构建语文教材的形式知识体系，成了夏丏尊的必然追求。

与夏丏尊持相同或相近思想的，不乏其人。早在1920年，蔡元

---

① 周予同：《对于普通中学国文课程与教材的建议》，《教育杂志》1922年第14卷第1期。
② 何仲英：《白话文教授问题》，《教育杂志》1920年第12卷第2期。
③ 周谷平、赵卫平编：《孟宪承教育论著选》，人民教育出版社1997年版，第40页。
④ 浙江省委党史征集研委会编：《浙江一师风潮》，浙江大学出版社1990年版，第45页。

培便撰文谈道:"做学生的,也不是天天到校把教科书读熟了,就算完事。要知道书本只不过给我一个例子,我要从具体的东西内抽出功利来,好应用到别处去……若果能像这样的应用,就是不能熟读书本,也可说书上的东西学到了。"① 沈仲九认为:"为促进学生的国文进步起见,国文教授有大大的注重法则的必要;妄用点时髦话来说,就是国文教授的科学化。就是不要像以前的只是讲点文章、改点文章就是了,要求出国文的法则来使学生了解,使学生应用。而这种教授的试行,应先编纂适于这种教授的教科书。"② 这便在不知不觉中形成了一个思想共同体,对夏丏尊开发体现形式知识体系的语文教材,无疑起到了一定的智力支持或思想声援作用。因为在此后的 13 年中,夏丏尊与叶圣陶苦心孤诣,终于开发出了沈仲九憧憬的"求出国文的法则"的《国文百八课》。

在夏丏尊心中,语文形式知识的确是具有尺幅千里,执一御万的魔力的,所以文话、文法和修辞系统成了他语文教材建设的核心,而选文、习问或故事、评点等部分,则不知不觉地退居为辅助性成分。如对选文的认知,在他和叶圣陶那里多是作为阐释或例证通则的"例子"(例文)而存在的③,而教材也只是"凭借"——语文教本不是终点;从语文教本入手,目的却在阅读种种的书④或"样品"——教材的性质同于样品,熟悉了样品,也就可以理解同类的货色⑤。质言之,教材就是形式知识的载体,借此可以让学生学更多的文,读更多的书,由学写一篇文,可以写一类文,甚至多类文。吾道一以贯之,

---

① 高平叔编:《蔡元培教育论集》,湖南教育出版社 1987 年版,第 304 页。
② 沈仲九:《初中国文教科书问题》,《教育杂志》1925 年第 17 卷第 10 期。
③ 夏丏尊、叶圣陶:《阅读与写作》,开明书店 1948 年版,第 46 页。
④ 叶至善等编:《叶圣陶集》第 16 卷,江苏教育出版社 1992 年版,第 64 页。
⑤ 同上书,第 68 页。

学习融会贯通。

应该说，这是语文教育的一种理想胜境，与当年赫尔巴特的"联络比较"思想，还有当下语文课程标准强调的"打通"理念（文与文，单元与单元，册与册，语文与他科，语文与生活之间的打通），均有异曲同工之处。更何况，从某种意义上来说，课程改革的目的之一就是"要让我国的受教育者具备一个构造得宜的头脑"，避免"支离破碎知识的无效堆积，不能满足于类同'箱格化''冷藏库式'的静止封闭的知识储存，而应追求知识的相互连接、优化和整合，构筑学习者运用知识的真实情境，适度打破学科界限，努力沟通学校知识与生活知识的联系，去追求知行合一的境界"[①]。夏丏尊主编的语文教材，正是为此而努力。至于说后世的语文教师割裂文本与形式知识的有机联系，或孤立地将语文学知识、情韵丰富的文本肢解成所谓的重难点或知识点，概念化地硬灌、死练，则是完全曲解了夏丏尊、叶圣陶的"例子""凭借"或"样品"思想。与夏丏尊基于整体、有机原则，以及特定语境下独具匠心的抽绎，还有极富自我色彩的创造性使用，完全不可同日而语。

二　辩证扬弃，自铸新论

说到创造性地抽绎、使用，夏丏尊至少做到了下述三点——

一是归纳与演绎的平衡。夏丏尊编制的教材多被视为"演绎型"。庞翔勋就说过："我竭力赞成国文选材数学化，或用演绎法，如夏丏尊、叶圣陶合编的《国文百八课》；或用归纳法，如孙起孟、顾诗灵、

[①] 方智范：《理解与创新：人本中心的透视和解读》，山东教育出版社2012年版，第195页。

蒋仲仁合编的《写作进修读本》，采取单元制，将每学期的材料分成若干单元，每一单元包括文选、文章作法、文法、修辞及作业等。文选的选取，应完全根据文体、根据文章作法，竭力系统化，成为文章作法及文法修辞等的例证，而文章作法及文法修辞等，应成为文选的说明，以上数项与作业，尤应取得密切的联系，有机地配合，读什么样的文选，便练习什么样的作业，如数学之教何种例题作何种练习一样。"①

这当然是一种极大的误解。无视夏丏尊互文式的教材系统，单就《国文百八课》一种类型来定性，已经有失偏颇。即使仅就该书来谈，也不是纯粹的演绎。没错，纲目性的文话、文法或修辞部分，看似是既定知识的移植，属于演绎的范畴，但其间蕴含了太多的个性化创造，"演绎"一词根本无以蔽之。比如，语感的培养就不是从既定命题演绎的结果，纯是从作者的阅读体验中归纳、提炼而出的。在夏丏尊编制的教材中，即使是引入相关的概念、命题，其间依然有归纳的成分。例如"文章的省略"，我们可以视之为被演绎的知识对象，但是为何要省略，省略什么，怎样省略才能更显艺术，则无法离开归纳。否则，很难立论且自圆其说。光看到演绎，却看不到归纳，这是对夏丏尊创造性奉献的一种漠视。明为褒奖，实际上于无形中贬低了他编创的境界。

更何况，用"数学化"置换"科学化"，提倡文话、文法或修辞"说明"选文，选文"例证"文话、文法或修辞，像螺丝和螺丝帽一样联系、配合，是有违语文规律的。因为文话、文法、修辞只能阐释文本某一点或数点特色，根本无法穷尽文本的所有秘妙，想严丝合

---

① 庞翔勋：《我的中学读文教学经验》，《国文月刊》1944年第25期。

缝，难以遂愿。强力为之，只能窄化语文学习的视野，降低语文学习的品质。而一味陷于编者设定的四大系统，学生的个性创造空间必然会走向逼仄，这是有违认知规律的，也根本不是夏丏尊、叶圣陶等人的本意。

　　二是熟悉与陌生的相乘。读夏丏尊编制的教材，总能产生这样一种感觉：很枯燥、乏味的知识，到了他这里一下子就变得亲切、有味起来。对于苏轼的词句"乱石穿空，惊涛拍岸，卷起千堆雪"，很多人沉醉在对偶的严整，气势的宏大之中，他却指出，"乱石穿空"与"卷起千堆雪"没大关系，有关系的只是"惊涛拍岸"，故正确的句读应该是——

　　　　乱石穿空；惊涛拍岸，卷起千堆雪。

有了这样的新鲜体认，对他"句读法尽可以变化活用，不死守文法、论理上的规矩，但是变化活用要有目的，要合乎情境"的理论①，便会觉着亲切、可人，而对批评杜甫的名句"香稻啄残鹦鹉粒，碧梧栖老凤凰枝"，是为了谐和而牺牲文法的"矫揉造作"，按现代人的观点来看"究竟是魔道"的惊人之语②，更不觉得是唐突、逆袭了。

　　有学者曾提出过一个美感公式：美感＝陌生感×熟悉感（戎小捷《陌生×熟悉＝美——一个美学和艺术哲学的新思路》），赖瑞云教授觉得这个公式道出了优秀读物"人人心中有，个个笔下无"的秘籍。"人人心中有"是熟悉的，"个个笔下无"是陌生的。既熟悉，又陌生，美感产生，越熟悉越陌生，美感越强烈。如果熟悉感为零，接通

---

① 夏丏尊、叶圣陶：《文章讲话》，中华书局2007年版，第4—5页。
② 同上书，第32页。

不了读者的经验，美感就为零；如果陌生感为零，即笔下有，非常熟悉，美感亦为零①。这是就文学创作来说的，对夏丏尊的理论文章一样适用。有"共识"的陈述，更有"独识"的浸润。"共识"令人熟悉，"独识"让人陌生，于是文字的美感、吸附力一下子诞生了，这正是他创新的鲜活体现。

三是学养与命名的互动。不过，这种创新是离不开他渊深学养的支撑的。渊深的学养之于夏丏尊，真的成了"一切价值的总摄"，渗透在他所编教材的每一个细胞。文话是"自具系统"的，选文是"旨趣纯正"的，习问是有的放矢的，故事是精心结构的……可以说，教材中的每一个字，无一不经过他情感的润泽与思想的观照。以如此精益求精的态度对待语文教材的编写，并且投入如此巨大的创造能量，这在中西语文教材编写史上，恐怕都罕见其匹。

夏丏尊在春晖中学工作的时候便信奉："只从国文去学国文，只将国文当国文学，一切改良计划都收不到什么效果，弄得不好，还是有害的！"② 所以，他特别强调语文学习的博、深、新、活，坚决要求能自我消化。"钻探式"阅读，"小钱"与"钱索子"结合的阅读，都是指向学养积淀的。没有丰厚的学养积淀，创新之花开不出来。

夏丏尊语文教材编制的创新还表现在很多新颖的命名上。"外面的经验"与"内部的经验"，"地图式文字"与"绘画式文字"，"叙事文的流动""叙事文流动的中止""叙事文流动的顺逆""语感"……这些个性化的命名携带着新鲜的思想气息扑面而来，加上具有坚韧而强大的统摄力和阐释力，所以使教材中的理论知识熠熠

---

① 赖瑞云主编：《文本解读与语文教学论》，北京师范大学出版社2013年版，第41页。
② 夏丏尊：《作文教授上的一个尝试——教学小品文》，《春晖》半月刊1923年第14期。

生辉，可读性非常强。尤其是"小品文"一章，对小品文从意义、价值、练习方法、作法上的注意（着眼细处、印象的、暗示的、中心、机智），到实际做例和添削，分段与选题，作出了层层深入而又独具体系的阐释，被学者们视为"开创了小品文的最初格局，有首创之功"。刘薰宇、冯三昧、李素伯、石苇等学者的科学小品文创作或小品文创作的理论研究，更是从中受益匪浅。

这些素朴而独特的命名与其博大、渊深的学养相映成趣，成了他语文教材编制中永恒的魅力，正如海德格尔所说的那样，诗人为"存在"命名，使"存在"出场，使世界以新的面貌出现，是"照亮世界的第一次命名"的要义。[1]

三 基于学生本位的多元追求

但是，夏丏尊的所有努力都是为了帮助学生开辟创造的空间。

一是注意启悟与自悟的结合。如果说教材中的文话、文法、修辞、评点是偏于启悟的话，那么，习问，还有《文心》故事中学生主人公对问题的探究和精彩的阐释则是对自悟的强调。夏丏尊有过一个非常精彩的比喻，将作家的原书视为"小钱"，将涉及作品阐释的哲学史、文学史视为"钱索子"，认为没有钱索子，不能把一个个零乱的小钱加以贯穿，整理固然不愉快，但是只有一根钱索子，而没有许多可贯穿的小钱，究竟也是无谓（夏丏尊《关于国文的学习》），突出的正是自悟的重要性。没有自悟，一任他人思想在自我的头脑里"跑马"，是典型的"空泛工夫"，不是学习的正路。落实到教材编制中，这种思想烙印更是清晰。比如，《文章讲话》和《文章作法》既

---

[1] 赖瑞云主编：《文本解读与语文教学论》，北京师范大学出版社 2013 年版，第 67 页。

有写作理论的个性化讲解，又有精彩迭现的作品解读。所运用的理论，既有写作学的，又糅合了阅读理论，如《文章的静境》《意念的表出》等，堪称启悟与自悟结合的经典，特别适合自学。

这一编制智慧常为其他语文教材所不及。比如，同时代的《初级国语读本》第一册（沈星一编，黎锦熙、沈颐校），里面便没有编者精心撰写的文话、语法、修辞等知识短文，光注意了自悟，而没有启悟；后世学者龚玉蓉等人翻译的一套加拿大初中教材《文学选读》也是如此——纯粹的文选。一味地注意语文课程内容的开放，讲究原汁原味的阅读，却少了启悟性的助读系统，倘若教师学养缺乏，指导无法跟进，是很容易流入"暗胡同"教学的尴尬处境的。著名特级教师钱梦龙说："我在备课的时候，首先考虑的不是自己怎样'讲'文章……每教一篇文章之前，我总要反反复复地读……有时候自己在阅读中遇到难点，估计学生也会在这些地方发生困难，就设计几个问题，让学生多想想……"① 这种基于学生本位的考虑，在夏丏尊编制的语文教材中无处不在，如拿学生熟悉的事物比喻、说理，注意理解、记忆、体验、联络、讨论、运用的一体化、立体化学习等，而启悟与自悟结合的追求一直贯穿其间。

二是体验与化用的互补。知识如果不经体验，则无法内化；内化如果不运用，则无法真正地释放其力量，更无法确证自我的存在。王国维便说过："书籍之不能代经验，犹博学之不能代天才，其根本存在于抽象的知识不能取具体的知识而代之也。书籍上之知识，抽象的知识也，死也；经验的知识，具体的知识也，则常有生气。"② 他说的经验其实就是指体验。这一点，夏丏尊也看到了。《文心·最后一课》

---

① 钱梦龙：《导读的艺术》，人民教育出版社1995年版，第311页。
② 干春松选编：《王国维学术经典集》，江西人民出版社1997年版，第45—46页。

中便这样写道："先民的博大高超的精神，我们要从文学里去领会；历代精美的表现方法，我们要从文学里去学习；换一句话，文学是我国文化的一部分，我们要把它容纳下去，完全消化了，作为我们的荣养料，以产生我们的新血肉！"1936年第68号的《中学生》杂志卷头言还说："教科书好比一张旅行的路程单，你要熟悉那些地方必须亲自到那些地方去旅行，不能够单单记住一张路程单。"

这种体验与化用互补的思想，在《文心》中有着淋漓尽致的呈现。比如，锦华、慧修、振宇在图画教师李先生的启悟下，通过对温飞卿和辛弃疾《菩萨蛮》的比较，发现温笔下的鹧鸪暗示着男女之间的情事，辛笔下的鹧鸪则是在感叹恢复之事的行不得；温的《菩萨蛮》以境为内容，辛的《菩萨蛮》以情为内容；从风格上说，前者细致，后者豪爽①，完全是体验与化用结合的一种生动演示，也把语文教育的审美至境给生动地展示出来了。美国学者艾伦·C.奥恩斯坦说："人们在建构一个课程时，总会在课程目标、内容、学习经验和方法、材料以及课程评价等方面注入自己的思想。"同时呼吁："要使个体更多地参与课程的创建。"② 夏丏尊让体验与化用的思想渗透教材的每一个细胞，正是为了让学生更多、更好地参与课程的建设。

毋庸讳言，相对于《文心》，《国文百八课》中的习问因偏重于对相关读写知识的回忆、梳理，对拓展体验、创造性化用方面的重视很是不够，但因有了《文心》《文章讲话》等教材的补充，有了司马迁《史记》中"互见法"的色彩，还是颇具思维的张力，能给人以深刻启示的。用问题或其他活动深化学生体验，促进他们化用，后世

---

① 夏丏尊、叶圣陶：《文心》，生活·读书·新知三联书店2008年版，第212—214页。
② [美]艾伦·C.奥恩斯坦、费朗西斯·P.汉金斯：《课程：基础、原理和问题》，柯森主译，钟启泉审校，江苏教育出版社2002年版，第210页。

的教材日益探索出一条明晰的路子来。比如，英国《牛津英语教程》的 A 部中《我是歌》一文设计的讨论题：

> 虽然这首诗很短，却包含众多的内容。初看起来字里行间似无多大意思：它们好似可以首尾倒置，而有不同的译意，用此方法讨论一下，看看能译出多少不同的意思。

这种活动的设计显然不是着眼于得出标准答案，而是为了深化学生的体验，诱发更为丰富的精神创造。北京师范大学的李晓琦博士也认为，建构大课程观，就是要把零散的、小的教育活动整合起来，使每一个教育活动的价值最大化，为个体的学习提供个性化的支持[1]，这些都算得上是对夏丏尊体验与化用思想的别样呼应吧！

三是分享与成长的共生。夏丏尊的这一编制思想，也是在《文心》中表现得最为突出。比如，慧修与父亲对新体诗优劣的辩论，通过辩论，对新体诗意境、音律、语言的认知就更加深刻，而原先对新体诗的种种误解也随之慢慢消除（《文心·新体诗》）。在"鉴赏座谈会"一章中，志青、大文、慧修等人新见纷呈，如鉴赏"三阶段"论：见——满足于了解写着什么而已，视——开始辨别结构、主旨等，观——深入其境，用整个的心去和它相对；鉴赏"距离"论——怀着超功利的态度赏玩，不要急于囫囵吞枣，因为美的一种条件是余裕；鉴赏"预备"论——有鉴赏的基本学养，如知道诗词的本事与历史事实，令人目不暇接，体验和思考不断被刷新。

这种形式表面上看似乎只是在传递类似"费曼技巧"的东西——把相关概念、体验、思考表述出来，就好像在交给别人这个想法[2]，

---

[1] 李晓琦：《学校是一间学习的大教室》，《教师月刊》2015 年第 7 期。
[2] 张小羁、周峰：《成为学霸的正确姿势》，《青年文摘》2015 年第 7 期。

实际上传递的却是非常可贵的分享与成长的思想。通过分享、交流，不仅自我的体验、思考会得以清晰化、深刻化、生动化，而且还会催生他人灵感、想象和思想，进而更好地反哺自我，获得收益的更优化，产生"一加一大于二"的思维奇观。20世纪英国伟大的物理学家戴维·伯姆的"共享思维"说进一步指出：共享含有"参与、分享"（to partake of）和"参加、分担"（to partake in）之意。把共享的这两层意义结合在一起，可以发现共享思维在考虑问题时，把主体和客体结合在一起了，不会造成二者的分裂。作为一种处于内隐状态的思维，它可以使人产生共同感和一体感。到了这个时候，事物之间已经不分边界了；即使有的话，也只是为了描述的方便，并不真正代表事物间的分界线[①]。也就是说，在分享的过程中，不存在你说服我，我说服你；你倾情奉献，我坐享其成；你说你的，我说我的；各筑壁垒，相持不下等诸种人我敌视、物我分离的状况，而是完全自然、轻松地尽情融入、生长，尽享精神生命不断拔节的幸福。

这无疑是一种非常深刻、超越的教材编制思想。被学者们广为称道的苏教版初中语文教材中的"横看成岭侧成峰"单元——围绕鲁迅名作《雪》，组织了王蒙、黄蓓佳、斯妤、李允经"《雪》四人谈"一组文章[②]，恰恰是在不知不觉中暗合了分享与成长共生的思想。这是苏教版的成功，也可视为夏丏尊语文教材编制思想中的后续传奇。

[①] ［英］戴维·伯姆：《论对话》（On Dialogue），李·尼科编，王松涛译，教育科学出版社2004年版，第102页。

[②] 方智范：《理解与创新：人本中心的透视和解读》，山东教育出版社2012年版，第194页。

第四章

博观约取，丰富生活*
——夏丏尊语文阅读教育思想论

阅读对一个人的知识结构、心灵成长、精神气象起着重要的决定作用，因为"人是他吃进去的东西"，一个人的阅读史，在某种意义上就是一个人的精神成长史，所以古今中外阅读教育一直都深受重视。

民国时期，因为处于白话与文言、传统教育与现代教育转型的接口，语文阅读教育方面的争鸣尤为炽烈。以语体文为主，还是以文言文为主？侧重应用文，还是文学文？强化默读，还是诵读？读书是装饰，致用，还是其他？阅读教学注意得意忘言，还是得言忘意……对这些问题，夏丏尊均作出了细致深入而又高屋建瓴的思考，并形成了多元共生、意在读外；广涉中西、博通古今；生命融合、养成能力的语文阅读教育思想，为现代语文教育留下了弥足珍贵的精神财富。

---

* 本章发表于《大理大学学报》2016 年第 5 期。

第一节　为何读：多元共生，意在读外

夏丏尊语文阅读教育思想主要针对中学生的阅读教育，可集中概括为三个层面：为何读、读什么与怎么读。

"为何读"带有本体性的意义，决定着"读什么"和"怎么读"。或许是考虑到学生的接受心理和认知结构，对"为何读"的思考，夏丏尊并未以专章的形式，具体、系统地展开论述，而是像菱角叶稍露于水面般散见于各篇之中，但这并不影响他此类思考的系统性和连贯性。

一　应付生活，改进生活

在当时的实用主义语境中，夏丏尊的语文阅读教育思想也考虑到应世的一面。

针对当时的反文言思潮，如经亨颐就将文言文比作鼎彝瓶镜之类的摆设，而白话文则是杯盘碗盏等日用品，"入人家室，堂上无鼎彝瓶镜犹可，厨下无杯盘碗盏可乎？不可。今日学校是欲以鼎彝瓶镜而代杯盘碗盏之用"（《校友会十日刊》）。夏丏尊力主给文言文阅读教学一席之地。理由之一就是：如果不授予学生以理解文言文的能力，学生将不能看懂日报、官厅公告以及现代社会上种种文件。[①] 这便是基于实用的认知。在《关于国文的学习》一文中，他更是强调阅读

[①] 夏丏尊：《初中国语兼教文言文的商榷》，《春晖》半月刊 1923 年第 19 期。

"以求知识的充实";在《阅读什么》一文中再进一步说明,求得充实的知识,可以"使生活的技能充实",从而可以"应付生活,改进生活"。至于说读书以内化写作技巧,促进沟通交流的思想,更是时有表露。总之,读书致用的倾向一以贯之,十分显豁。

但是,对一味将阅读与实用直接挂钩式的思想,他又是十分警惕,甚至是很反感的。在《受教育与受教材》一文中,他明确写道:"专门以上的学校为欲使学生直接应世,倾向常偏于专门的知识技术的传授。专门以下的学校所传授,不是可以直接应世的知识技术,其任务宁偏重于身心诸能力的养成,愈是低级的学校愈如此。"所以,更多的时候,他读书以应世的思想是以修养积淀、能力养成等理念的提倡而变相出现的:

> 中学校的国文科的内容不是什么《古文观止》,什么《中国国文教本》,也不是教师所发的油印文选讲义,所命的课题,所批的文卷,乃是整个的对于本国文字的阅读与写作的教养。课本讲义等等只是达教养目的的材料,并非就是国文科的正体①。

这种读写教养继而发展成知、情、意三位一体的人格素养:

> 自己努力修养,对于文字,在知的方面,情的方面,各具有强烈敏锐的语感,使学生传染了,也感得相当的印象②。
>
> 不去从培养本身的知识情感意志着想,一味想从文字上去学习文字,这是一般青年的误解。我愿诸君于学得了文字的法则以后,暂且抛了文字,多去读书,多去体验,努力于自己的修养,

---

① 夏丏尊:《国文科课外应读些什么》,杜草甬、商金林编《夏丏尊论语文教育》,河南教育出版社1987年版,第52页。
② 夏丏尊、刘薰宇:《文章作法》,中华书局2013年版,第143页。

勿仅仅拘执了文字，在文字上用浅薄的功夫①。

而他本人，更是身体力行：

> 我在那时，颇努力于自己的修养，读教育的论著，翻宋元明的性理书类，又搜集了许多关于青年的研究的东西来读。非星期日不出校门，除在教室授课的时间外，全部埋身于自己读书与对付学生之中②。

何以如此？只因在他的心目中，这种修养、能力一旦养成，便可以形成"一切价值的总摄"③，使自我成为"变通自在"的人④。如果走向社会，便可以应付裕如。

将读书与探求真知、审美润泽、向善修炼结合起来，这种和谐身心、全面发展的"全人教育"理念迥异于为了分数或就业指标，单有知识的授受，毫无人格接触的异化教育。鼓励学生自求、自悟，终生与书为伴，更好地融入生活的读书观，则不仅是对"强牛饮水"的专制教育的当头棒喝，而且还开启了学生积淀学问、养成能力、诗意栖居、实现自我的人生追求。换言之，读书应世的价值取向并非要排挤、消弭自我的发展，而是要更好地助力自我的丰富、强大与自由。在《闻歌有感》一文中，他明确指出："要在'忙'里发挥自己，实现自己，显出自己的优越。"在《一个夏天的故事》里，他再次强调："读书应该怎样，救国工作干些什么，修养该注意些什么，各人都定

---

① 夏丏尊：《关于国文的学习》，杜草甬、商金林编《夏丏尊论语文教育》，河南教育出版社 1987 年版，第 50 页。
② 夏丏尊.：《平屋杂文》，北京师范大学出版社 2012 年版，第 102 页。
③ 夏丏尊：《受教育与受教材》，见商金林编《夏丏尊集》，花城出版社 2012 年，第 216 页。
④ 夏丏尊：《"自学"和"自己教育"》，见商金林编《夏丏尊集》，花城出版社 2012 年版，第 253 页。

得井井有条。在我看来,这些大部分都不免是抽象的空言。最要紧的是'在事上磨炼'。"杂而不乱,忙而不盲,将任何事情(含读书)都当成磨砺自我、实现自我的契机。这样的认知,非常深刻。

即使将之与当下欧美发达国家的阅读教学观比,如英国提出让学生认识到阅读是个人生活的需要,学生应当努力成为一个自觉的读者;美国提出应当使学生认识到阅读既是获取知识的手段,又是生活中的一种娱乐活动[1],夏丏尊的思想依然显出无与伦比的光辉。因为他的阅读教育思想不仅有应对生活、快乐自我的维度,还有磨砺自我、丰富自我、实现自我的维度。将阅读与身心能力、生命质量联系起来,永远都不会过时。

当代哲学家周国平将阅读的目的分为三种:实用、消遣和过精神生活。实用属于最低层次,过精神生活才是最高的层次,是"真正意义上的阅读"。但是,他同时指出:在幸运的情况下,作为实用的读书、作为消遣的读书和作为过精神生活的读书是可以统一的[2]。他是在谈个人的阅读体验或理想,夏丏尊则是从自我出发,走向了更为开阔的阅读教育,且有系统的思考、建构、呼吁和践行,因此对福泽一代又一代莘莘学子的生命质量,功不可没。

叶圣陶称夏丏尊"把精读文章作为出发点,向四面八方展开来"的读书法是"学问家广博与精深"的途径,"中学生虽不一定要成为学问家,但是这个有利的途径是应该让他们走走"[3];杨贤江认为夏丏尊"不要只从国文学国文,不要只将国文当国文学"的大语文理念,

---

[1] 倪文锦、欧阳汝颖主编:《语文教育展望》,华东师范大学出版社2002年版,第285页。
[2] 周国平:《周国平论教育》,华东师范大学出版社2009年版,第222页。
[3] 叶圣陶:《精读指导举隅·前言》,中央教育科学研究所编《叶圣陶语文教育论集》,教育科学出版社1980年版,第16页。

"实可作为学习国文的格言"①。这些事实足以证明,夏丏尊读书以应付生活、丰富生活、改进生活的思想,是多么的深入人心而又卓尔不群。

为什么这么说?因为阅读教育目标着眼长远,"取法乎上",可以帮学生确立一个"高大上"的自我心像(Selfimge),更能激发他们求学的动力,养成严谨、务实的学风。目标就是用来引领、激励、攀登的,如果定位太低,不但起不到引领作用,甚至可能助长学生自傲情绪和惰性思维。当下语文课程标准取法乎中——如义务教育阶段的目标就是"背诵优秀时文240篇(段)""九年课外阅读总量应在400万字以上"②,结果如何呢?除了背诵被纳入考试范围,学生还能勉强应付,对于阅读量的要求,认真点的,读点心灵鸡汤类文字充数,或者将指定的名著缩成概要,还有的是以考题形式让学生了解里面的人物、情节;不认真的,直接放弃,觉得于自己的升学大计也无伤,追求"学问家广博与精深"的理想与激情早被抛到九霄云外了。取法乎中,必得其下;取法乎下,必得下下。这种教训,真的应该好好记取了。

二 文化认同,自我确证

夏丏尊的语文阅读教育本体性思考,并非止于应付生活、改进生活的层面。他的思维触角还触及了文化认同与自我确证的层面:

> 自小学以至大学的学生,文言文尽可不写,而对于中等以上

---

① 杨贤江:《初中学生学习国文的旨趣》,《学生杂志》1923年第10卷第11期。
② 中华人民共和国教育部:《义务教育语文课程标准》(2011年版),北京师范大学出版社2012年版,第7页。

的学生,却希望其能解读普通的文言文,如果中学毕业生没有阅读中国普通书的能力,那就不能享受先人精神的遗产,不特是本人的不幸,恐也不是国家社会之幸,不特在中国文化上可悲观,在世界文化上看来也是可悲观的[1]。

从客观上说,每个人都生活在历史中。人从诞生的那一刻起,便有一种早就成型的文化在等着他,以后的岁月便是漫长的浸淫、乳入,人逐渐从自然人成长为社会人、精神人,乃至符号人、创造人。但是,同样生活在历史中,人的历史化、社会化、文明化和创造化的程度、水平、质量是不一样的。快慢、高下、精粗、强弱……不一而足。一个善于读书、汲取古人精神能量的人,其历史化、精神化、文明化、创造化的程度、水平、质量肯定是很高的,自我意识和精神创造力也一定是更为自觉、更为强大的。人的本质在于创新,不断地超越自我,但是创新、超越的前提必须是老老实实地继承和吸纳。能继往,才能开来。人只有学习了、认识了自己的传统,知道自己从何而来,才能更好地定位、发展、确证自我。狂妄地拒绝历史文化,以为可以一空依傍地生活,就像拔着头发要离开地球一样无知和可笑。而要让历史文化流过自己的身心,阅读则是极为重要的手段之一。

朱自清也表达过类似的意思,即我们阅读、研究过去的典籍,可以得到古代的学术思想,了解古代的生活状况,这便是中国人对于中国历史认识的任务[2]。因此,"中学生诵读相当分量的文言文,特别是所谓古文,乃至古书。这是古典的训练,文化的教育。一个受教育的

---

[1] 夏丏尊:《初中国语兼教文言文的商榷》,《春晖》半月刊1923年第19期。
[2] 朱自清:《怎样学习国文》,中央教育科学研究所编《朱自清论语文教育》,河南教育出版社1985年版,第42页。

中国人，至少必得经过这种古典的训练，才成其为一个受教育的中国人"①。将阅读中国古代典籍上升到成为中国人的高度，无疑十分睿智。循此，我们也可以说，不吸纳世界文化，就无法成为一个世界人；不吸纳宇宙文化，就无法成为一个宇宙人。人之所以为人，只因其是高贵的精神性存在。要想获得强旺而个性化的精神生命，则必须经历阅读。

另外，认识和学习自己的传统，也更容易产生文化的认同，对自己的民族、社会产生归属感、向心力，从而更好地维持本民族文化的精神血脉。如果不能在精神上认祖归宗，等于是自我放逐，将自己主动变成了本民族文化的弃儿。夏丏尊说的"不能享受先人的遗产，不特是本人的不幸，恐也不是国家社会之幸，不特在中国文化上可悲观，在世界文化上看来也是可悲观的"，其原因正在于此。

如此立论，当然基于下述前提——"先人精神的遗产"，既包含本民族的先人，也包含了外民族的先人。这从夏丏尊强调理想的中学生读书应广涉中西，有世界的胸襟与眼光，还有他本人渊深的中西文化素养中不难见出。但是，夏丏尊并不是骸骨的迷恋者，他更注重古代文化的现代化及异族文化的本土化："一国有一国的历史，自然不能这样模仿他人，但是一般的趋势，也应该张开眼来看看。"对"一味的保守因袭""食古不化"，他是忧心如焚的，认为"拘泥了这个过程，这就是于现今生活无关系的用法，这种教育就是无背景的教育了"②。对当时杜威来就流行"教育即生活"，孟禄来就流行"学制改革"的跟风跑现象，他更是不以为然："日本式的教育固然不好，但

---

① 朱自清：《再论中学生的国文程度》，张圣华总主编《朱自清语文教学经验》，教育科学出版社2007年版，第71页。
② 夏丏尊：《教育的背景》，张圣华总主编《夏丏尊教育名篇》，教育科学出版社2007年版，第75—76页。

须知美国式的教育也未必尽合于中国。参考或者可以，依样葫芦似地盲从却可不必。赶快考案出合于中国的方案和制度来才是！"①

夏丏尊追求的是内化、打通，为我所用。不能古为今用，洋为中用，精神遗产就只能成为遥远而虚幻的存在。在《文章讲话》《文章作法》等著作中，他引用中外文学经典，摇笔即来，来即生辉，仿佛他和那些古人都是相交已久的朋友似的，这正是他潜心内化，将之纳入自己生命组成部分的结果。而对学生作文中出现的滥用套语、成语、典故或外国语现象，毫不留情地加以挞伐，更是突出了阅读贵在内化、重在贯通的思想。

在《〈鸟与文学〉序》一文中，他这样写道："民族各以其常见的事物为对象，发为歌咏或编成传说，经过多人的歌咏及普遍的传说以后，那事物就在民族的血脉中，遗下某种情调，呈现出一种特有的观感。这些情调与观感，足以长久地作为酵素，来温暖润泽民族的心情。"一语道破了古代文化对民族灵魂、情感滋养的重要性，也体现了他对民族优秀文化的自觉认同与归趋。所以，夏丏尊鼓励学生多读经典，确是有文化认同、自我认同的考虑的。这与西方人文主义教育将引导学生阅读优秀文学作品，视作让人类积淀的知识世代相传，让学生想象力、语言表达力得以充分发展，让民族的凝聚力得以不断提升的手段和途径，在本质上也是相通的。当下炒得火热的语文核心素养中有"文化理解与传承"一项，这种津津乐道的所谓新发现，夏丏尊其实早就意识到并已经在积极提倡了。

令人称道的是，在认同与归趋的过程中，夏丏尊并没有丢掉批判性。抨击中国传统中的实利主义，"足以扑杀一切文明的进化"，若

---

① 夏丏尊：《回顾和希望》，张圣华总主编《夏丏尊教育名篇》，教育科学出版社2007年版，第88页。

"不除去若干,中国是没有什么进步可说的"(夏丏尊《中国的实用主义》);对中国人"两脚的爷娘不吃,四脚的眠床不吃",别的无所不吃的贪婪而疯狂的吃风,他不无嘲讽地质疑"是否都从饿鬼投胎而来"(夏丏尊《谈吃》)?认为黄山谷的《戏赠米元章》二首诗不及李白的《静夜思》"有意味",是因为只顾发挥着对友人的情感,却与千年后的我们并无什么交涉(夏丏尊《读诗偶感》)。可以说,没有批判性,这样的真知灼见是出不来的。也因为有了批判性,他的阅读能轻松地入乎其中,也能自由地出乎其外。

中国台湾学者傅佩荣说:"人除了横向的社会责任之外,还有纵向的历史使命。这种使命让人往上可以通至超越世界,往下亦可安顿身心,自得其乐。"① 夏丏尊阅读教育观中的读书以应付生活、改进生活的思想,可谓是对横向的社会责任的担承;读书以认同文化、确证自我,则可视为历史使命的自觉践履,这使他的读书观显得实用而灵活、厚重而大气、朴素而温暖。

三 沉浸醲郁,无为而读

但是,夏丏尊的读书观有时又呈现出沉浸醲郁,无为而读的色彩。

在《给青年的十二封信》序文中,他明确指出:"在真正的教育面前,总之都免不掉浅薄粗疏。效率原是要顾的,但只顾效率究竟是蠢事。"落实到阅读教育中,他不仅关注理解,而且更关注鉴赏,就是要求师生以游戏的"无所为而为"的心态,一门心思沉浸到文章的境界中,清玩、雅鉴、仔细咀嚼——诗要反复地吟,词要低回地诵,

---

① 傅佩荣:《〈四书〉心得》,北京理工大学出版社2011年版,第2页。

文要周回地默读,小说要耐心地细看①。

就其赏鉴的文字来看,有涉及理的,如王尔德的"这个世界是舞台,却没有好戏"这句话,有使全文振起的力,"寥寥数言中,实已喝破真理的一面"②;有涉及情的,如赏析方苞《左忠毅公逸事》中的一句"不速去,无俟奸人构陷,吾今即扑杀汝!"虽然中间插入一句"无俟奸人构陷"很不顺口,却是作者故意叫它不贯穿,借以表出左公当时愤怒急迫的神情③(夏丏尊《文章中的会话》);有涉及"文气"的,如"平沙日未没,黯黯见临洮"比"国破山河在,城春草木深"的文气强,要一口气去念诵,中间不能停顿过多,因为前者要两句合起来,才完成一个意义,而后者一句就有两个意义④。还有很多,如关于句读与分段,句子安排,意念表出……最终无一不是归向了文章自身的形式秘妙,真正做到了"深接触",在不知不觉中完成"美的积累""美的发现"⑤,却又根本没有任何外在的功利性指向。也正因为如此,他做到了韩愈所说的那样,可以充分地"沉浸醲郁,含英咀华"(韩愈《进学解》),也尝到了朱熹所说的幸福:"须反复读,使书与人相乳入,自有感发处。"(宋代朱鉴编《诗传遗说》)有学者指出:"晚清中小学堂教学虽然仍沿用传统的讲授方法,但重视文章的品读,文法的斟酌,学生的中文程度却都不差,一般都能写出通畅的文言。"⑥ 重视文章的品读、文法的斟酌,夏丏尊堪称表率。

---

① 夏丏尊:《关于国文的学习》,张圣华总主编《夏丏尊教育名篇》,教育科学出版社2007年版,第106—107页。
② 夏丏尊、刘薰宇:《文章作法》,中华书局2013年版,第109页。
③ 夏丏尊、叶圣陶:《文章讲话》,中华书局2007年版,第53页。
④ 同上书,第74—75页。
⑤ 赖瑞云主编:《文本解读与语文教学新论》,北京师范大学出版社2013年版,第104—107页。
⑥ 姜荣刚:《晚清中小学堂国文教学改革及其当代启示》,《大理大学学报》2016年第5期。

然而，这种没有功利高压的阅读，反而可以收获大用、多用。

在这种全心、全情，主客相融的阅读中，"无客体也无所谓主体，主客体的这种活生生的关系成为体验的关键，对象对主体的意义不在于它（或他）是可认识的物，而在于在对象上面凝聚了主体的客观化了生命和精神。对象的重要正在于它（他）对主体有意义，这就使主客体关系化成了'每个个体自己的世界'"①。特别是在审美顿悟的瞬间，接受者不仅体味、捕捉到了作品微妙至深的情趣和韵味，而且也实现了对作品"最高灵境"，即艺术所表现的那个通达万物、含囊阴阳的"道"的把握②。也就是说，在这种"审美自失"般的阅读中，人的本质力量对象化了，整个生命的质量、生命的境界都提升了！还有什么样的功利性阅读，能抵得上这样自我确证、自我实现的幸福阅读呢？

心理学研究表明：人对事物的感觉并不是随着刺激物作用的终止而同时消失的，而是以"后象"的形式保存下来③。在审美阅读的过程中，其实也保持着这种"后象"。当鉴赏主体忘我地沉醉其间，一遍又一遍地吟诵、默念的时候，实际上正是对先前生成的阅读后象不断地反观、品味，使目、口、耳、心等多种感官一起参与了审美的享受。因为有了这种审美享受的放大和延长，后象更会坚韧地扎根心灵的深处，因此对主体美的熏陶的确可以说是"余音绕梁，三日不绝"。这不就是诗意栖居的状态吗？要说用，在这样的原汁原味的审美阅读中，人的想象舒展了，情感润泽了，思想飞升了，活得更多、活得更新、活得更美，这种阅读岂不是无为而大为，无用而大用？

---

① 胡经之主编：《西方文艺理论名著教程》下卷，北京大学出版社2003年版，第50—51页。
② 宗白华：《美学散步》，上海人民出版社1981年版，第63页。
③ ［苏］彼得罗夫斯基：《普通心理学》，人民教育出版社1981年版，第259页。

第四章　博观约取，丰富生活

在《文艺论 ABC》第 10 节中，夏丏尊写下了这样的一段话：

> 高级文艺不是一读即厌的，但同时也不是一读就会感到兴味的……对于一部名著，初读不感兴味，再读如果觉得感到有些兴味了，就是自己更成长了的证据。如果三读四读益感到兴味了，就是自己更成长了的证据。自己愈成长，就在程度上愈和作家接近起来。

这说明，在无功利的阅读中，人更容易沉潜自我、磨砺自我，开掘出自我的最大潜能，实现自我与他人的生命融合，让自己在跟光明峻洁的智者精神同行的过程中，不断缩短原先的落差，从而使自我的精神生命得以不断拔节。钱理群说："真正的文学大师的语言，是具有生命的灵性的，它有声，有色，有味，有情感，有厚度、力度和质感，是应该细心地去体味、沉吟、把玩，并从中感受到一种语言的趣味。"[①] 也是强调在体验、融合的审美过程中，充实自我、幸福自我和提升自我的重要价值。

亚里士多德将哲学的沉思称为人生最高的幸福、完美的幸福，因为在这个时候，人不是作为人，而是作为神（灵魂中的另一个优秀自我）过这种生活的。无功利的阅读就是走向神性，发展人身上最高贵的神性元素。当然，亚里士多德所说的幸福更倾向于智力生活的阅读，享受智力活动的曼妙。其实，作为情感的阅读——使感受能力得到生长和发展，还有作为道德和信仰的阅读——使道德更崇高、使信仰更坚定、使灵魂更高贵，都是在过神性的生活。唯其如此，人的精神属性或精神能力才会更加完整、健康和蓬勃。从教学的角度讲，沉

---

① 钱理群：《语文教育门外谈》，广西师范大学出版社 2003 年版，第 12 页。

浸醲郁，无为而读，更容易使学生顺利地经历感受——感染——感悟的审美过程，从而获得灵魂的深度滋养，以及审美能力的大幅度提升，因为"感受是伴和着情绪的感知，感染是感动性、移情性体验，感悟是在情感和理性的共同作用下所获得的价值性的启迪与领悟"①。这方面，夏丏尊注意到了。他鼓励教师努力修养，"对于文字，在知的方面，情的方面，各具有强烈敏锐的语感，使学生传染了，也感得相当的印象"，因为这是"理解一切文字的基础"②；他跟学生谈"文字是心的表现，也可有三种分别，就是知的文，情的文与意的文"③，都是指向灵魂的颐养与内涵的充盈的。

如此一来，夏丏尊倡导的无为而读，就不是某些人所攻击的"矫情""玩虚""瞎折腾"，而是超越自我，使自我生命得以不断焕发光彩的一种大能力、大智慧、大快乐、大境界了。

这怎么能不值得每一位语文教师为之终生坚守、不倦地践行呢？

第二节　读什么：广涉中西，博通古今

关于读什么，夏丏尊在《阅读什么》《关于国文的学习》《国文科课外应读些什么》等文章，还有《文心》中"小小的书柜""读古书的小风波"等章节中有过颇为具体的阐述。

---

① 方智范：《理解与创新：人本中心的透视和解读》，山东教育出版社2012年版，第34页。
② 夏丏尊、刘薰宇：《文章作法》，中华书局2013年版，第143页。
③ 夏丏尊、叶圣陶：《文心》，生活·读书·新知三联书店2008年版，第46页。

一 中国文化，世界事项

在《关于国文的学习》一文中，他这样写道：

> 他是一个中国人，能知道中国文化及思想的大概。知道中国的普通成语与辞类，遇不知道时，能利用工具书自己查检。他也许不能用古文来写作，却能看得懂普通的旧典籍，他不必一定会作诗、作赋、作词、作小说、作剧本，却能知道什么是诗、是赋、是词、是小说、是剧本，加以鉴赏。他虽不能博览古昔典籍，却能知道普通典籍的名称、构造、性质、作者及内容大略。
>
> 他又是一个世界上的人，一个二十世纪的人，他也许不能直读外国原书，博通他国情形，但因平日的留意，能知道全世界普通的古今事项，知道周比特（Jupiter）、阿普罗（Apollo）、委娜斯（Venus）等类名词的出处，知道"三位一体"，"第三国际"等类名词的意义，知道荷马（Homer）、拜伦（Byron）是什么人，知道《神曲》（*Devine Comedy*）、《失乐园》（*Paradise Lost*）是谁的著作，不会把"梅德林克"误解作乐器中的曼陀铃，把"伯纳特·萧"误解作是一种可吹的箫！

阅读范围：中国文化及思想的大概，全世界普通的古今事项。能力要求：高的，能"博览""博通""鉴赏"，外文书籍能"直读"；低的，能知道相关的大概的情形，不误解、不误用。他曾经为中学生开列的书单（85部），也的确贯彻了这一思想。古今中外、天文地理，文学、学术，甚至连工具书、《新约》《旧约》，还有陈望道于

1920年翻译的《共产党宣言》,都位列其间①,体现了与时俱进的风尚,还有放眼世界的气魄。

从夏丏尊的措辞中,我们不难发现,他对阅读内容的设置是有一定梯度的。读中国的典籍,侧重文化;读外国的典籍,侧重事项。侧重文化,自然需要较高的思辨力、批判力;侧重事项,则更多地停留在了解、识记的层面,无须多少意志努力,以及其他复杂的心智活动。

相对于胡适、梁启超、汪辟疆等人所开的书目,夏丏尊对中学生"读什么"的思考,无疑更切合实际,也更便于落实。

一是范围适合。侧重国文,而非国学。侧重国文,故关注文学类经典的阅读;侧重国学,则更偏向哲学、史学类经典的阅读。这一点,夏丏尊看得非常清楚:"因为'国文'与'国学'不同,而那些书目也不是为现在肄业中学校的诸君开列的。"② 这当然有一定的道理,中学生的阅读确实应该以情感生活的阅读带动智力生活的阅读,以及道德信仰生活的阅读,偏向后两种生活的阅读应该放到大学生,乃至研究生的层次,这与人的理性思维能力随着年龄增长、阅历增加而日趋发达的精神生长规律也是吻合的。但胡适、梁启超开列书目时显然没有考虑得这么细,恐怕也高估了青年学生的接受水平和学习实际。

二是数量适中。胡适的《一个最低限度的国学书目》,190余种;梁启超的《国学入门书要目》,160余种,这对没有国学根底、学制当时仅为四年的中学生来说,的确有不能承受之重。即使勉强撑下

---

① 夏丏尊:《叫学生在课外读些什么书》,《春晖》半月刊1923年第17期。
② 夏丏尊:《关于国文的学习》,张圣华总主编《夏丏尊教育名篇》,教育科学出版社2007年版,第98页。

来，也是浮皮潦草，有数量而少质量——当下的人教版中学语文教材对课外阅读书目的推荐是：初中生为10本，高中生为20本，合起来也不过30本。就这样，因为应试训练的干扰，尚且不能读全，最后只能以摘要、习题、看电影等形式，浮光掠影地收场，更何况100余种！朱自清明确指出过："胡适之先生在他的《中学的国文教授》里所希望中等学生读的书，那实在超乎现在一般的中等学生的时间与精力以上了！"① 夏丏尊固然也希望学生博览，但是更深知学生的时间、精力、能力等实际状况，所以他只列了85部，且多为通识书，消化起来相对比较容易，不至于成为好看的空头支票。更何况，那时候开列的课程较少，应试之风也未成气候，学生的阅读时间还是相对充裕的。

三是难度适当。夏丏尊着眼的是常识书、通识书，要求只是知道大概，难度相对浅易；胡适、梁启超、汪辟疆着眼谙熟、专精，要求"得着系统的国学知识"（胡适《一个最低限度的国学书目》），无形中抬高了阅读难度，如《大方广圆觉了义经》《元曲选一百种》，连记者都感觉有"非难"之嫌（附录一：《清华周刊》记者来书），胡适自己也坦承"不知不觉的放高了，放宽了"（附录二：答书）。

对中学生读什么的思考，夏丏尊是以"水平线"为基准的。但是，也很难得地出现了为"上等人"说法的思想面影——博通中国文化、思想大概，以及他国情形。这一打通中外古今的理想中学生形象的预设，令人情不自禁想到我国古代学术思想中的"会通"智慧。《周易·系辞上》有言："圣人有以见天下之动，而观其会通，以其行典礼，系辞焉以断其凶吉，是故谓之爻。"韩康伯的注疏说"会通"

---

① 朱自清：《中等学校国文教学的几个问题》，张圣华总主编《朱自清语文教学经验》，教育科学出版社2007年版，第4页。

即为"会合变通"。朱熹认为:"会而不通则窒碍而不可行,通而不会亦不知许多曲直错杂处。"(元代董真卿《周易会通》)古人对琴棋书画、天文地理皆通晓的追求,都属于会通思想的形象演绎。

夏丏尊关于阅读教育中的博通思想与当时融汇中西的思潮也是相呼应的。何兆武指出:"近代中国的学术思想欲求超胜,就必先会通古今、中西、文理;否则就只能自甘于抱残守缺、故步自封而为时代所淘汰。"[1] 而当时的很多知识分子的确都是学贯中西、博古通今的。比如,教授西洋文学的吴宓,教授西方经济学的陈岱孙,教授西方哲学的金岳霖、贺麟,莫不是中学素养极为深厚的时俊。夏丏尊本身也是博通很多领域的高手,诗文、绘画、金石、书法、理学、国文、科学、出版、办刊、日文翻译,无所不能,所以不管是做舍监,还是教国文;不管是做中学老师,还是做大学老师,都能驾轻就熟。从这个角度说,他对中学生读什么的建议中,其实也不知不觉暗含了自我阅读成功经验的分享。

当然,作为国文教师的夏丏尊,提出读贯中西、博通古今的设想,也基于对学生未来的考虑——具备了这水平线的程度,升学的可以进窥各项专门学问,不至于到大学里还要听动名词的文法,读一篇一篇的选文;不升学的可以应付实际生活,自己修补起来也才有门径(夏丏尊《关于国文的学习》)。归根结底,这种设计还是出于对学生现代完美人格的建构,知中而不知西,知古而不知今,知技而不知道,这样的人显然不能算是"身心诸能力"和谐发展的现代人。夏丏尊抨击当时的教育家"只求博古,不屑通今",导致"教育界完全是尊古卑今的状态。十几岁的学生一动笔便是古者如何,今则如何,居

---

[1] 何兆武:《也谈清华学派》,徐葆耕《清华学术精神》,清华大学出版社2004年版,第4页。

然有'江河日下，世风不古'的一种遗老的口吻"①，也是着眼于此。这既体现了他超越的眼光，也体现了他最深切的人文关怀。

不过，这种大气、前瞻的读书建议，并非好高骛远。因为夏丏尊并未提出"专精"的要求，只是讲求"知道大概"。这便立足了学生的知识实际，给了他们无比巨大的超越空间，同时使自己的建议成为"低垂的苹果"，更易于激发学生的读书热望，坚定不断与优秀自我相遇的追求。

二　理法书·工具书·作法书

如果说夏丏尊在1931年1月出版的《中学生》杂志上提出的"广涉中西，博通古今"思想是对读书内容高度概括的话，那么，1932年11月，他在该刊提出的从"关于文字理法的书籍、理解文字的工具书籍和文字值得阅读、内容有益于写作的书籍"这三个方面来读，则是对读书的内容作具体展开了。

关于文字理法书籍的阅读，他从语法或文法、修辞学、作文法这三个方面推介了若干代表书目。在扼要介绍各书特点的同时，也注意比较各书的优劣，并直接告知学生该按怎样的次第读书，如黎锦熙的《国文语法》，初中一年级、二年级学生可读；章士钊的《初等国文典》，初中二年级、三年级学生可读。《词诠》搜罗字的用例颇富，可补文法书的不足。《古书疑义举例》罗列古代文句变式更多，读古书时可随时参考。密切关注学生认知规律，并给予真诚而睿智的引领，学生的确可以少走很多弯路，省去选择和判断的不少麻烦。

----

① 夏丏尊:《教育的背景》，张圣华总主编《夏丏尊教育名篇》，教育科学出版社2007年版，第76页。

对工具书的介绍，他也贯彻了这一原则。让人感动的是，夏丏尊在介绍这些书籍时，还渗透了一种严谨的治学之道："《康熙字典》为字典之最古者，性质普通，解释精当，价值不因其旧而减损，宜购备一册。《经籍籑诂》则多搜古义，为读古书的锁钥，高中生可购备。《佩文韵府》卷帙较巨，可让图书室购置，个人只须知其用法，于必要时去翻检就够了。"至于部首位次的记忆，四声的辨别，他也像邻家大叔一样谆谆提醒，令人如沐春风。鼓励学生勤查工具书，与他看重的"识词要多，积理要丰"有紧密的关联。但是，夏丏尊绝不鼓励教师自扮活字典，免去学生查检之劳。"学问要学生自求，人要学生自做"的思想①，他一直深信不疑。

理法书籍、工具书籍在当下可谓深受冷落。哪怕以识字为主的小学低段，也仅以会查检疑难字词为目的，阅读是根本不可能的——连文字学的研究生也无法做到。阅读或作业，即使出现语法理解或表达的障碍，也常常是换词使用，或者根据残存的感觉糊弄着使用，难有查对、辨析，精确使用的自觉。教学中，很多语文老师更是因新课标中有"不追求语法知识的系统传授"的建议，并坚信学生读了、写了，自然会文从字顺、个性自来，所以对文法越发理直气壮地忽略不计了。如果有，纯属仰仗英语课的语法救济。于是，语汇贫乏、文法舛误、修辞平庸始终是中小学生写作中挥之不去的魔咒。夏丏尊其时将文字理法视为阅读与写作的"规矩准绳"，这固然承继了清代朴学大师们"每个字里的意义要追问透彻，不许存入丝毫疑惑"的求实态度和求甚解的精神，也与他不懈进取、修养，以够得上"师"字称呼的崇高追求息息相关。

---

① 夏丏尊：《近事杂感》，商金林编《夏丏尊集》，花城出版社2012年版，第198页。

事实上，从世界范围来看，重视文法的教学几乎就是一条铁律，曾得到无数著名学者的认同。文艺复兴时期，意大利的弗格留斯说："文法是其他一切学科的基础。"格立诺也认为："如果不透彻地学习文法，知识的大厦就会建筑在沙滩上。"① 19世纪，美国的教育家哈里斯依然坚持："文法向儿童揭示了人类心智的内部奥秘，并有助于儿童理解自己的精神自我。"② 当下社会，一味地求快、求乐，讲究"在语言的海洋里游泳"，完全忽略了对语言规矩、规律冷静而耐心的探究与总结，还有对语词意味的深度玩绎和求索，这种现象值得深思。

关于文字值得阅读，内容有益于写作的书籍，夏丏尊没有推出具体的书目。他只是引用了当时教育部重订课程标准中的概括指示：（1）中外名人传记及有系统之历史记载；（2）有注释之名著节本；（3）古代语录及近人演讲集；（4）古今人书牍；（5）古今名人游记、日记及笔记；（6）有注释之诗歌选本；（7）古今小品文及短篇小说集；（8）歌剧话剧之脚本及民众文艺之有价值者；（9）适合学生程度之定期刊物。并在自己以前强调的"中国普通人应该知道的书""全世界所认为常识的书"之外，又补充了一条——因课堂所习的选文而旁及的书，如因读《桃花源记》而扩展阅读《陶集》《无何有乡见闻记》等。

对这类书的介绍，夏丏尊很看重在收得内容的同时，能欣赏玩味其文字，力争使之化为自己的"实际体验"，既可作日后的"写作材料"，又可为以后读他书的"补助知识"。这与他一贯信守的着眼于形式，将读写打成一片，将读书与生活打成一片的思想，完全契合。也与古人"虚心涵泳，切己体察"（朱熹《朱子语类》），"含其英，茹

---

① 倪文锦、欧阳汝颖主编：《语文教育展望》，华东师范大学出版社2002年版，第274页。
② 瞿葆奎主编：《教育学文集·课程与教材》，人民教育出版社1988年版，第57页。

其实；精于思，贯于一"（程颐、程颢《二程集》）的细读、精读、活读思想同声相应，同气相求。尤其是对所读的内容，如何将之当作"写作的范例"来赏玩，他的论述更是不厌其详。

虽然从逻辑上讲，夏丏尊在论述中不知不觉越出了"读什么"的范畴而滑向了"怎么读"，但这不由自主的越界，反而使我们对他阅读教育中的侧重点有了更为清晰的把握。也不无惊异地发现，这一无心之过，反而更有力地说明了一个道理：如果对"怎么读"有着正确而智慧的理解与把握，反过来则会强化对"读什么"的贯彻与坚守。更何况，夏丏尊此刻的读书体验分享——将别人的文字化为自我的生命体验，不仅对传统私塾教育中记而不化现象是一种自觉的反拨，也与当时"不重分解，乃在综合；不重学理，乃在赏鉴；不重理解，而重练习"的片面教学有所不同①。夏丏尊注重以"内化"为核心，以"运用"为旨归，很好地实现了分解与综合、学理与鉴赏、理解与练习的和谐统一，这庶几是对"值得阅读的书"一种别样的强调吧！

三　职务书·参考书·趣味书

1936年1月，夏丏尊为全国中学生所作的题为"阅读什么"的广播讲话稿发表在《中学生》杂志上。这次讲话主要是针对课内阅读，但也涉及了课外阅读。尽管是面向各科阅读的，但语文阅读是他讲话的中心。

在夏丏尊看来，一个人该读些什么书，看些什么书，要依他自己的生活来决定、来选择。为此，他将阅读范围一分为三：①关于自己

---

① 张文昌：《中学国文教学底几个根本问题和实际问题》，《新教育评论》1927年第3卷第8期。

职务的书；②参考用的书；③关于趣味或修养的书。

职务书，实际上就是专业书、基础书、立身书，如内科方面的书籍杂志是内科医生的职务书。对中学生来说，职务书便是学校规定的教科书。关于此类书籍的阅读，夏丏尊强调两点：①全读。不能偏科，爱读英文或国文，见到理化算学就头痛；更不能弃科，将教科书丢在一边，上课看杂志。②厚读。以教科书为基础，从各方面加以扩充，加以比较、观察、实验、证明等种种切实的工夫，不能胡乱读几遍了事。以国文科为例，里面的选文就不能只读上几遍，还应作进一步的学习，如文法上的惯例，修辞上的方式，断句和分段的式样，都得依据文章来学，收得扼要的知识才行。这均是针对中学生的阅读症结所开的良方，着眼于学生综合素养的积淀及活学能力的磨炼。如何读好、用好教科书，充分发挥教科书的奠基作用、引领作用，夏丏尊的这一思想至今仍有巨大的开示作用。

参考书，实际上是拓展书、研究书，用来深化所学、帮助解决所欲探究的问题。对于这类书，夏丏尊也没有开列各科的具体书目，只是道出选择的原则：因"特种的题目"而发生。例如，读陶潜的《桃花源记》，遇到不明白的词去查词典，假定是《辞源》，该书就成了参考书；如果觉得这篇文章与别的时代的作者所写的情味有些两样，去翻中国文学史，假定是谢无量的《中国文学史》，该书就成了参考书；此篇涉及了乌托邦思想，得悉英国的马列斯曾写过《理想乡消息》，很想拿来比较，此时，《理想乡消息》就成了参考书。

可见，将参考书纳入学生的阅读视野，体现了夏丏尊深读、实读、活读的思想，是名副其实的研究型阅读、学者型阅读。推动研究的动力不是颜如玉、黄金屋、千钟粟，而是困惑和好奇，提升自己、丰富自己的美好愿望。一如美国作家哈吉斯所说的，阅读给予你力量，让你最大限度地变得富有——不但在金钱上富有，同时拥有爱的富有、成就的富有、家庭的富有、健康的富有、快乐的富有、心灵世界的富有①。换言之，让你人生的每个方面都变得富有。叶圣陶也认为，看参考书是一种"积蓄"，积蓄越多，阅读能力越强。多接触一种参考书就如多结识一个朋友，以后需要的时候，还可以向其讨教。因此，即使不全读，也要弄清它的体例、目录、序文，以及别人批评这书的文章②，算得上是对夏丏尊参考书阅读思想的呼应与补充。

对趣味修养书的推介，夏丏尊只强调了一点：全然照自己的嗜好和需要来选择。但是，他同时提醒：最好在某一时期，勿把目标更动。就像赵普读《论语》，读了一辈子；日本的文学家坪内逍遥，活了近80岁，却读了50多年的莎士比亚剧本。唯有如此，才能真正地"涵养"趣味。与朝三暮四且蜻蜓点水般的乱读、浅读相比，这种基于兴趣的钻探式的集中、深入的阅读，无疑更能将书中的能量纳为己有，从而渊深自我的学养。德国哲学家奥伊肯说过这样意思的话：人类的精神财富是以书籍的形式存在的，但这并不意味着属于每一个人。只有阅读它们、占有它们，才可以真正拥有。如何占有？夏丏尊钻探式的兴趣阅读作出了很好的回答。

在"文心·小小的书柜"一节中，夏丏尊与叶圣陶还通过枚叔之口，侧面表达了这种思想："乱读是不但无益而且有害的。你们在学校里有许多功课，每日自修又需要好几点钟的时间，课外的余暇很是有限，故读书非力求经济不可。"

如何经济？除了宁精勿滥的钻探式阅读之外，还应注意阅读的次

---

① ［美］哈吉斯：《阅读与致富》，赖伟雄译，当代中国出版社2008年版，第2页。
② 叶圣陶：《中学国文学习法》，张圣华总主编《叶圣陶教育名篇》，教育科学出版社2007年版，第186—187页。

第。同是读小说，可以先读《老残游记》或《镜花缘》，后读《水浒传》《儒林外史》《红楼梦》等；同是读诗，可以先读绝句，再读古风、律诗；先读《唐诗三百首》，再读诗人的诗歌专集。但是，也不能过于狭隘，而应适当注意拓展、生发。小说中，翻译的外国小说，如《鲁宾逊漂流记》《希腊神话》，都是可以读的。为了防止古旧的成分太多，他又提醒学生，新出的少年读物，如《中学生》杂志，也可一读。这便将趣味阅读、智慧阅读、生长阅读有效地统一起来了。相较于神而明之的"放羊式"阅读，或以己所好，定出具体篇目，然后继续不闻不问的"半吊子"阅读，夏丏尊提倡的集中、深入、持久而又富有层次的钻探式阅读，显然更能达到他所说的"改进生活，丰富生活"的目的。

相对于理法书、工具书、作法书阅读偏于学养的积淀，学问的磨砺，职务书、参考书、趣味书阅读则实用、养心，充实自我、实现自我的色彩更为明显，这其实也是他调和发达，成人之美思想的一种体现吧！

第三节 怎么读：生命融合，养成能力

如何阅读，夏丏尊有过或专章，或专节的具体论述，大致分为下述三种。

一 依类定法，力求经济

在《怎样阅读》一文中，夏丏尊从职务书、参考书和趣味修养书的阅读这三个方面，细致地阐述了他的阅读方法观。

在他看来，一般科学的教科书应该偏重于"阅"，语言文字的教科书应该偏重在"读"。前者只需懂得它的内容，不必从文字上去瞎费力；后者则应在形式上多用力，只阅不够，该好好读。比如，读韩愈的《画记》，我们不但该知道韩愈这个人，理解《画记》的内容，还应该对这篇文章的结构、词句的样式、描写表现的方法等加以研究。只知道当时曾有过这样的画，韩愈曾写过这样一篇文章，那就等于不曾把这篇文章当作国文功课学习过。

在《关于国文的学习》一文中，他也指出："所谓'用功国文'者，只是把普通一般的书籍，当作文字来用功，把它作为阅读的练习与写作的范例而已。"比如，将《水经注》中描写风景的部分当美文读，将《周礼》的《考工记》当作状物的范例，将《左氏传》当作叙事的法式，等等。

两文发表时隔五年，思想却无丝毫的走形，可见其对形式的重视之坚。

这种着力形式、言意兼得的阅读教育观，从阅读的角度说，可以实现举一反三、触类旁通的目的。即使精读的选文不多，一样能把握语文学习之法，为今后更深、更远的阅读探究鸣锣开道。夏丏尊有此感悟，也是对语文阅读教育贫瘠之病准确号脉的结果——学生读了十几年的书，对选文一片空白，对写作一片茫然，很大程度上就是得意忘言，而意又芜杂，良莠不齐，时过境迁，即随风而逝，结果导致言意偕忘，也就毫不奇怪了。从教育的角度说，着力形式，既可以把握作者言语表现的秘妙，又可以很好地捍卫语文的体性，使语文课永远不会混同于历史课、政治课或生物课、文化课。叶圣陶说："国文教学自有它独当其任的任，那就是阅读与写作的训练……多读多作固属重要，但是尤其重要的是怎样读、怎样写。对于这个'怎样'，如果不能切实解答，就算不得注重了方法。"① 他担心的"怎样"，夏丏尊的"着力形式"说作出了很完美的解答。

王尚文指出："在读写听说活动中，语文聚焦于'怎么说'，而其他课程则是'说什么'。因此语文课即使学的是哲学论文，也不会上成哲学课，《看云识天气》不会上成气象课，《田忌赛马》不会上成数学课。仅仅关注课文'说什么'，不是语文课；即使着眼于'怎么说'，却旨在把握'说什么'，也是不及格的语文课。只有以语言形式为纲，自觉而明确指向提高学生正确理解和运用语言文字的能力，才是真正的语文课。"② 这可以说是对夏丏尊着力形式，言意兼得阅读观的忠实继承与发挥。的确，着力于形式，无论是语文阅读，还是教学，都可以提领而顿，百毛皆顺。当下很多语文老师的课，缺乏整体感、生命感、美感，本是情韵丰富的文本，却被以科学的名义、知识点的训练，切割得支离破碎、惨不忍睹，个中原因，正是由于形式美学意识的缺席。

关于参考书的阅读，夏丏尊的总原则是：问题追讨，兼顾大略。参考书的阅读是由课本中的选文引起的，所以，应带了相关的问题或项目去进行追讨性的阅读，而不能目迷五色、不知归路，将原先的问题"抛荒"。比如，读《桃花源记》，带了"乌托邦思想"这个项目去读马列斯的《理想乡消息》，但是却不能因读了该书，把心分到很远的地方去，在马列斯的社会思想、美术观念上一个劲地打圈子。这种猎豹追捕猎物式的阅读法，是很容易将研究性阅读引向深入，进而提升阅读效率的。忘记核心任务而随性浏览，必然导致问题丛生，无

---

① 叶圣陶：《国文教学的两个基本观念》，张圣华总主编《叶圣陶教育名篇》，教育科学出版社 2007 年版，第 136—137 页。
② 王尚文：《人文·语感·对话》，上海教育出版社 2010 年版，第 20 页。

力应对，客观上会影响"元问题"的解决进度，加剧问题解决的难度。长此以往，这种枝蔓的阅读还会影响表达的清晰、凝练与果断。

但是，夏丏尊也不是一个绝对的"目不斜视者"。对于趁参考之便，适当留意一下书籍的性质和内容大略等，他也是积极主张的。比如，对"汉武帝扩展疆土"的内容想知道得更详细一些，去翻《史记》或《汉书》，完全可以趁机看看它们的目录，以及本纪、列传、表、志、书等名目。这里至少渗透了两点阅读智慧：①宏观驾驭，纲举目张；②微观辨析，尺幅千里。只停留于枝节性的内容上，就无法得到整体的、体系性的认识；只关注纲目性的把握，细部的体验、思考就无法矗立。唯有粗细结合，形神兼顾，真正地读懂一本书才会有可能。

关于趣味修养书的阅读，夏丏尊主张"种数不必多，选择要精"。一种书可以只管读，读到厌倦为止——当下的语文教师，对多读、快读情有独钟，何曾倾心过精读、深读？同时，尽可能地利用参考书。因为把自己正在读着的书作为中心，再用别的书来做帮助，这样才能"使你读着的书更明白，更切实有味，不至于犯浅陋的毛病"——老师们厌恶只读教参不杂读、不厚读，何曾静心思忖过杂读、厚读其实可以在读透教参的基础上更加集约地展开？所以，夏丏尊的这种量不在多，精读则灵的思想，无疑具有更为自觉的理性，以及更为温情的学生立场，因为相较于从前的书塾，当时学生所学的课程明显增多，"学习国文的时间约占从前的十分之二三"（叶圣陶《国文教学的两个基本观念》），所以精选、精读就成了必然，倘若还固守着古代的"贪多务得，细大不捐"，显然不合时宜，也不人道。鼓励学生怀着趣味，带着问题阅读，浸淫日久，形成自觉，"婴儿眼光""黎明感觉"便不会钝化，思维的弹性和灵敏度，亦会日趋理想。专一的兴趣阅读与延伸的拓展阅读相辅相成,则会打破因优势兴奋中心减弱所形成的阅读倦怠,使阅读的给养得以补充,因而阅读的兴趣则可以更加持久。如果不是深谙教育心理学的规律,着实很难道出这样朴素而智慧的见解。

无独有偶,对于兴趣阅读,朱光潜也表达过类似的意思:"书必须有一个中心去维持兴趣,或是科目,或是问题,以科目为中心时,就要精选那一科的要籍,一步一步地从头到尾读,以求对于该科得到一个概括的了解,作进一步高深研究的准备,读文学作品以作家为中心,读史学作品以时代为中心,也属于这一类。"① 这对凭着感兴、短暂而浮泛的阅读,真的是一针很好的清醒剂。

二、循序渐进,营养自我

如果说依类定法,力求经济的阅读教育观是侧重于读书的话,那么,循序渐进,营养自我的阅读教育观则更倾向于读文。对于这方面,夏丏尊也谈了三点。

一是理解。理解涉及词句和全文。词句的理解不外乎是正确把握辞义,懂得运用文法知识。不理解、运用错,就会闹笑话。全文的理解重在捕捉大意或要旨。要懂得用一句话或几个字,将潜藏在每节、每段的真意"抽出",逐步读去,必能求得全文的真意所在。夏丏尊对此打了个比方:长长的文字,好比一大碗有颜色的水,我们想收得其中的颜色,最好能使之凝积成一小小的颜色块,弃去清水,把小小的颜色块带在身边走②。

---

① 朱光潜:《文艺杂谈》,安徽人民出版社1981年版,第47页。
② 夏丏尊:《关于国文的学习》,张圣华总主编《夏丏尊教育名篇》,教育科学出版社2007年版,第104页。

这种步步为营，务求正解的阅读观，与朱熹的细读思想极为吻合："为学大概且以收拾身心为本，更将圣贤之言语从头熟读，逐字训释，逐句消评，逐段反复，虚心量力，且要晓得句下文意，未可便肆己见，妄起浮论也。"（朱熹《答王晋辅》）夏丏尊因为特别关注语境和形式，所以对文字背后意蕴的捕获更为得心应手。《红楼梦》第五回写秦可卿卧房的文字，尽管富丽、缭乱，但他能一眼识破，该段文字其实就是写秦氏的轻艳而已。借助辞义理解、文法分析，进入文本的意蕴层面，实现和作者的深度对话，这体现了他阅读理解中非常强烈的对话意识。"语言必然是对话的语言，即使是单方面陈述，它也总是对话之链条中的一个环节。"① 这一点，一直倡导读者意识的夏丏尊显然心知肚明。因此，他的"必求甚解"与陶渊明的"不求甚解"（陶渊明《五柳先生传》），在阅读方法上也是应该有所区别的。略读、速读、寻读，或者针对以宣示信息为主的应用文，不求甚解法有其可取之处。但是，如果针对课文，或者文学、哲学、历史的经典，需要精读、慢读、深读，夏丏尊的必求甚解法就应该成为首选。

二是鉴赏。在夏丏尊看来，了解文章的旨趣所在，属于理解的事；知道每句、每段或全文的好处所在，属于鉴赏的事。阅读了好文字，如果只能理解其意义，而不能知道其好处，那就犹如对着一幅名画，只辨识了些其中画着的人物或椅子、树木等，而不能领略那全幅画的美点一样。也就是说，理解属于求解，鉴赏属于求美。前者是阅读的基础阶段，后者才是阅读的提高阶段。

如何鉴赏？夏丏尊谈了三种方法。

（1）放入。将自我放入所鉴赏的对象，从布局、文法、修辞等方

---

① 王尚文：《人文·语感·对话》，上海教育出版社2007年版，第305页。

面进行比较,"如果叫我来说,该怎样"。颇有朱熹"将此身葬在此书中,行住坐卧,念念在此"的意味,目的是照出彼此的优劣,更好地长善救失。况周颐说:"善读者,约略身入境中,便知其妙。"(况周颐《蕙风词话》)刘开说:"(读诗)不惟得之于心,而必验之于身。"(刘开《清诗说中》)夏丏尊的"放入法"强调的其实就是要身入境中,以心换心,且能验之于身。入深、得多、验切,文章的秘妙不难领略到。很多人对经典美文读而不知其味,恰恰是缺少了自觉放入、比照、体验的意识。

(2)冷静。不要热心地"未知后事如何,且看下回分解"地急忙读去,而是要抱着游戏的"无所为而为"的态度,静静地玩味,仔细地咀嚼。怎么玩味、咀嚼呢?夏丏尊突出了诵读的作用,"诗要反复地吟,词要低徊地诵,文要周回地默读,小说要耐心地细看"(夏丏尊《关于国文的学习》),狠刹了当时甚嚣尘上的反诵读之风——据姚铭恩说,当时的国文教学"往往注重讲解,而不注重诵读,以熟诵为私塾之陋习而排斥之"[①]。周铭三、冯顺伯甚至认为,"按生活需要是默读不是朗读";"按阅读心理学上原则",朗读"不如默读,思想既容易集中,时间也可经济"[②]。沈百英虽不反对,但主张"朗读适用于低年级,高年级以少用为妙"[③]。但夏丏尊根本没有理睬这些看似头头是道的理论,在《所谓文气》《我在国文科教授上最近的一信念——传染语感于学生》等文中,他明确讲到了念诵对领略文气、磨砺语感的重要作用,力倡诵读之风。

看似迂阔,实际上道出了鉴赏最本真的秘密:只有抱了超功利的

[①] 姚铭恩:《小学作文教学法》,《教育杂志》1915年第7卷第6、7期。
[②] 周铭三、冯顺伯:《中学国语教学法》,商务印书馆1926年版,第144页。
[③] 程稀:《夏丏尊与现代语文教育》,中国社会科学出版社2010年版,第167页。

态度，沉下心来，才会像狄尔泰所说的那样，"真切而内在地置身于自身生命之流中，并与他人的生命融合在一起"，进而"通过体验生活而获得生命价值的超越"①。即使从心理学的角度来看，诵读对理解的促进作用也是显而易见的，阅读的高效很大程度上取决于眼、脑、口、耳的协调活动。这一点，我国的古人早就参透了。沈德潜说："读前人诗而但求训诂，猎得词章记问之富而已，虽多奚为？诗以声为用者也，其微妙在抑扬抗坠之间。读者静气按节，密咏恬吟，觉前人声中难写、声外别传之妙，一齐俱出。"（沈德潜《说诗晬语》）曾国藩也说："李杜韩苏之诗，韩欧曾王之文，非高声朗诵不能得其雄伟之概，非密咏恬吟则不能探其深远之韵。"（曾国藩《谕纪泽》）一个"密咏恬吟"，道尽了诵读之美，玩绎之乐。可惜这一美好的传统，在当下的快时代，依然被视为花架子，甚至是教师的显摆或偷懒，仍然没有得到足够的重视。

（3）借鉴。将别人鉴赏的结果拿来作参考，发达自己的鉴赏力。而且，对读词、读诗、读小说不感兴趣的，选择一部词话、诗话或别人批过的小说本子来读读，还能获悉诗词文或小说的好处所在，激发自己的兴趣。这其实道出向智者借力的阅读智慧。"和实生物，同则不继"，与不同的思想碰撞、交流、融汇，是很容易激发创造的活力的，特别是与思想能量强大的人对话。

但是，夏丏尊坚决地反对盲从。他郑重地提醒师生，"更要用了自己的眼识去鉴赏"，切不可为别人的鉴赏结果所拘执。因为前人的鉴赏法也有坏的，如"起承转合""来龙去脉"的文评，都是八股的眼光，实属可笑。

---

① H. P. Rickman, *Selected Works of Welhelm Dilthey*, London: Cambridge University Press, 1976, p. 114.

这其实道出了另一阅读智慧：批判。

可见，在夏丏尊的语文阅读教育观中，理解、鉴赏、借鉴、批判既循序渐进，又浑然相融，都共同地服务于营养自我、丰富自我、提升自我的目的。

三 点线结合，立体阅读

这一读书智慧是综合来谈的，既含读文，也含读书。

（1）"滚雪球"式。这在夏丏尊介绍参考书阅读的时候，其实已经点出——就某一点分头扩张追讨，如因读陶渊明的《桃花源记》而去读《陶集》《无何有乡见闻记》；因读司马谈的《论六家要旨》而去读《论语》《老子》《韩非子》《墨子》。好比雪球，愈滚愈会加大起来。这种由薄到厚的读书法，看起来功利，实际上却是真正的兴趣阅读，有效阅读，深度阅读。只要长期坚持，养成自觉，一样可以达到博览群书的目的。将这种读书法视为夏丏尊治学经验的结晶，可以；视为针对学生课程增多，时间有限，必须把精力用在刀刃上的一种智慧择定，也可以。

从写作的角度讲，如此阅读，体验更易深切，学养更易积淀，而作品中体现的胸襟、眼界、智慧含量，更是随性而读、读过即忘的人所望尘莫及的。从研究的角度讲，阅读由薄到厚，再由厚到薄，是很能"观其会通，窥其奥窔"[①]，并不断催生自我的学术见地的，一如顾炎武所说："读书不通五经，必不能通一经。"（顾炎武《日知录》卷十六）文章读了，如果不能扩张追讨，多方打通，那么，这种阅读注定是一种食而不化的占有式阅读，而非化为自我生命能量的存在性

[①] 王国维：《王国维戏曲论文集》，中国戏剧出版社1957年版，第3页。

阅读。学生读了十几年的书，毕业后却"如烟往事俱忘却"；教师教了一辈子的书，知识、见识不但没有上升，反而日渐萎缩，跟没有参悟"滚雪球"式的读书智慧，不能说没有一点关系。

（2）注重原典。这种思想是针对当时空泛的读书现象提出来的。学生对哲学、历史、文学、佛学等领域的原典（夏丏尊喻之为"小钱"）弃之不顾，却对这类原典的研究著作，如《中国哲学史大纲》《古史辨》《白话文学史》《欧洲文学史》《印度哲学概论》等（夏丏尊喻之为"钱索子"）趋之若鹜。客观地说，中学生能读这类艰深的学术著作——且多为当时一流的大学者所著，是非常不易的。即使当下的大学生、研究生，又有几人能作如是阅读？更何况，典籍被大学者通俗化、浅易化，更易于把握，还能激发学生阅读元典的欲望——凤凰卫视的"李敖有话说"栏目不就打出了"在工作很忙，时间很少的今天，让李敖去读书，我们读李敖、听李敖"的口号吗？但是，夏丏尊对这种本末倒置的读书法是零容忍的。在他看来，先得了孔子、庄子思想的基本概念，再去讨求关于孔子、庄子思想的评释，才是顺路。没有"钱索子"，不能把一个个的零乱"小钱"加以贯穿整理，固然不愉快，但只有一根"钱索子"，而没有许多可贯穿的"小钱"，究竟也觉无谓。万一不得已，也应一边读哲学文学史，一边翻原书，以求知识的充实。

这其实是强调了阅读的原初体验的重要性，因为这是独立思考，独立发声的前提。自我的体验一旦被侵占，头脑成了别人思想的"跑马场"，即使读了很多书，也很可能只是一个思想的侏儒。叶圣陶嘲笑的"记诵很广博的活书橱""学舌很巧妙的人形鹦鹉"即是[①]。古

[①] 叶圣陶：《认识国文教学》，刘国正主编《叶圣陶教育文集》第3卷，人民教育出版社1994年版，第92页。

希腊哲学家亚里斯提卜也打过一个形象的比方，讽刺了不读元典，只读二手书的现象：有些人好像很喜欢哲学，可是他们不去读哲学家的原著，却去读介绍性的东西，这些人就好像是爱上了一个女主人，可是为了图省事却向女仆求爱，这是多么的可笑。叔本华严肃地指出：谁向往哲学，就必须到原著那肃穆的圣地去找不朽的大师。要说捷径，这才是捷径，严格地说，是唯一的路。周国平说："教科书、解读、心得，这些都是转述，转述的转述，有的不知是转述的多少方，结果必然是原创性递减，平庸性递增。"① 可惜在这个娱乐至死的年代，这种弥足珍贵的思想已被不少人视为迂腐，甚至呆傻的标志，东鳞西爪地阅读一点材料，就迫不及待地炫耀的现象比比皆是。如此，又怎能准确谛听到先哲的心音，充分地汲取文化的精髓，真正地充实自我、发展自我呢？

另外，只读"钱索子"一类书的抄近路做法，也很容易养成急功近利的浮躁心理，或不愿探究，只愿坐享其成的懒汉心理，不利于基本的学修。这样做起学问来，很容易得出浮游的无根之论，自然难以打下扎实的学问功底。奥苏贝尔的认知同化学习理论，在涉及发现学习的基本特征时指出：学习的主要内容不是现成地给予学生的，而是在学生内化之前，必须由他们自己去发现这些内容②。夏丏尊坚决地主张读原典，正是为了让学生自己获得感受、认识，使自我矗立起来，而不是经由别人的贩卖，被感受、被认识，导致自我的沦丧。

（3）多方获取。不要只通过读"书"获取知识，因为书有可能在某一天被广播、电影、电话所取代，所以听广播、看电影、听电话其实也是接受知识的方式。这种看法貌似荒诞不经，其实非常超前。

---

① 周国平：《周国平论教育》，华东师范大学出版社2009年版，第235页。
② 施良方：《学习论》，人民教育出版社2001年版，第220页。

尽管当时还没有网络教育、远程教育之类的说法，但是夏丏尊凭着对科技的敏感，敏锐地觉察到这些先进的媒体对知识吸纳，乃至人类发展的助力，天才地作出设想与提倡，是极为难得的。有学者发现：当下欧美各国的阅读教学都比较注意读物类型和品种的广泛性；相比之下，在我国的课程中，对于电影、电视、音像视听、多媒体等大众传播媒介的作用还注意不够①。约八十年前，曾考上前清秀才，似乎理应是"老古董"的夏丏尊都有如此洞见，并积极倡导；生活在信息时代，以文明、先进自诩的当下教师却一直无动于衷，启而不发，令人不胜唏嘘。

至于当下很多学者厌恶的"读图"（含看电视、电影，网上浏览，听广播），以为这是瞬时和图像的二重奏，有排挤阅读、弱化思考、取代文化的危险，固然也有一定的道理。但是，即使读图如何盛行，会思考的人依然会思考，不会因为你传递信息快就不去思考；就算读书的方式雄霸天下，如没有电视、广播、网络的古代，不会思考的照样不会思考。质言之，无论读书，还是读图，都不能成为唯一的精神生活方式，而应兼顾、协调，这才是阅读中的"中道智慧"。真正博学的人，学习的通道绝不会仅限于一条。从这个角度说，夏丏尊主张的通过听广播、看电影、听电话接受知识，未尝不是阅读的延伸，或者说是一种更为宽容的大阅读观。

（4）分层阅读。夏丏尊不止一次地强调：读一篇文章或一部书，在收得内容后，一定要注意玩味其文字，玩味一定要用力在形式上。而在鉴赏过程中，放入、冷静、借鉴、批判在策策而动，共同发挥作用的时候，有时也是循着一定的次第的。至于鉴赏中"见""视"

---

① 倪文锦、欧阳汝颖主编：《语文教育展望》，华东师范大学出版社2002年版，第285页。

"观"三个阶段的划分,更是揭示了阅读的层次感[1]。这种由浅入深、由薄到厚、由粗转精的读书法,是真正的精读和深读,也是一个人阅读以成长的最重要的方式。关于分层阅读,古人亦多有论述。刘勰说:"一观位体,二观置辞,三观通变,四观奇正,五观事义,六观宫商。斯术既行,则优劣见矣。"(刘勰《文心雕龙·知音》)朱熹提倡:"大抵观书先须熟读,使其言皆若出于吾之口。继以精思,使其意皆若出于吾之心,然后可以有得尔。"(朱熹《训学斋规》)夏丏尊在继承他们思想精髓的同时,更在阅读实践的层面上,有了个性化的发展,这或许是他语文阅读教育思想至今仍给人以无限启示的重要原因吧!

---

[1] 在《文心·鉴赏座谈会》中,夏丏尊与叶圣陶借志清这一人物形象,道出了鉴赏中"见""视""观"三个阶段的区别。"见"只是看到,知道某人曾作过这么一篇文章,或一幅画,其中曾写着什么而已;"视"不但看到,还含有观察的分子,如对一篇文章或一幅画去辨别它的结构、主旨等;"观"更进一步,得身入其境,用整个的心去和它相对。无论看文章或看绘画,要到了"观"的境界,才够得上称"鉴赏"。

第五章

诚意正心，阳明兼得*
——夏丏尊写作教育思想论

民国时期，"国文退化""中学生国文程度低落了""抢救国文"之类的呼声一直不绝于耳。王森然毫不讳言："现在的中学国文教育，糟，是糟透了。"（王森然《中学国文教学概要·自序》）叶圣陶起先不以为然，最终却不得不承认："他科教学的成绩虽然不见得优良，总还有些平常的成绩；国文教学的问题却不在成绩优良还是平常，而在成绩到底有没有。"[①]胡适、朱自清、罗根泽、朱经农、王平陵、陈卓如等一大批学者纷纷撰文回应，积极谋求写作水平提升之道。

夏丏尊写作教育思想正是在这样的历史语境中产生并日益滋长起来的。

与其他学者相较，夏丏尊写作教育思想除了有融于生活、服务自我的应世取向，也有营构美境、诗意栖居；思若泉新、为我而存的应性取向。不仅密切关注"多读，多作，多商量"的切实功夫，而且还会自觉探讨何以如此的缘由，以及怎样如此的智慧。不仅倾情摸索写

---

* 本章发表于西南大学《教师教育学报》2017年第3期。
① 叶圣陶：《认识国文教学》，刘国正主编《叶圣陶教育文集》第3卷，人民教育出版社1994年版，第91页。

作的规矩、技法，而且还不倦地呼吁关注写作主体的态度、真情与人格的陶冶，谋求知、情、意素养的浑然统一，力图使言由心生、文从道出成为言语表现的健康生态。

因此，"诚意正心，阳明兼得"成了他写作教育思想最为精粹的写照①。

这对当时一味盯住实用，纯在技法中陷溺，"但有知识的授受，毫无人格上的接触"②，或完全大撒手，听任学生神而明之的"暗胡同"教学（鲁迅《二心集·做古人和做好人的秘诀》），无疑是一种及时的反拨与矫正。对工具本体高扬，情感本体受抑；技法主义至上，灵魂质量罔顾；套作、取媚、学舌成风，真诚、独创、审美阙如的当代异化写作教育，也具有强力的扼制作用和永恒的拯救意义。

第一节　为何写：与写共生，为我而存

夏丏尊的写作教育思想，集中体现在三个层面的思考与探究上，即为何写、写什么、怎么写。

对于写作教育，人们多聚焦于"写什么""怎么写"而遗忘了"为何写"这一本体性思考。即使涉及，也多停留于应试、谋利或扬名等实利性层面，鲜有更为神圣、高远、博大的写作追求，如史铁生的"发现生命根本的处境，发现生命的种种状态，发现历史所不曾显

---

① "阳"指外显的言语表现实践；"明"指内隐的言语表现智慧、见解、立场等。
② 夏丏尊：《教育的背景》，张圣华总主编《夏丏尊教育名篇》，教育科学出版社2007年版，第76页。

现的奇异或者神秘的关联"①，或张载的"为天地立心，为生民立命，为往圣继绝学，为万世开太平"（朱熹、吕祖谦合编《近思录》）。

殊不知，对"为何写"思考的有无，以及思考境界的高低，对写作的动力、品质、格局等，均起着终极性的决定作用，因为这是真正的写作之本。作为语文教师，必须对之有高度的重视。

在这方面，民国时代的语文教育家夏丏尊进行了可贵的探索。从他散见于各篇的论述中，不难一窥其思想的精髓。

一 融于生活，服务自我

夏丏尊生活的年代，写作教育受当时流行的实用主义思潮影响，特别讲究实用以应世。1912年12月教育部公布的《中学校令施行细则》第三条明确规定："使作实用简易之文。"连笔锋常带情感的梁启超都强调："情感之文，美术性含的格外多，算是专门文学家所当有事，中学生以会作应用之文为最要，这一种不必人人皆学。"② 身为文学研究会成员的叶圣陶也说："旧式教育可以养成记诵很广博的'活书橱'，可以养成学舌很巧妙的'人形鹦鹉'，可以养成或大或小的官吏以及靠教读为生的'儒学生员'，可是不能养成善于运用国文这一种工具来应付生活的普通公民。"③

在这种历史语境中，夏丏尊不可避免地要关注作文的应世价值，如提倡"用实生活来做作文的材料"；注意应用文的写作体式；写作时注意对象、时间、场合，以求沟通的顺畅；编辑《国文百八课》，

---

① 史铁生：《史铁生作品集》第三卷，中国社会科学出版社1995年版，第328页。
② 梁启超：《饮冰室合集·专集之七十》，中华书局1936年版，第2页。
③ 叶圣陶：《认识国文教学》，刘国正主编《叶圣陶教育文集》第3卷，人民教育出版社1994年版，第92页。

使作为写作范例的应用文和说明文比例偏高等①，都是这种实利取向的表现。但是，夏丏尊在关注写作以应对外在生活的同时，也不忘写作与生活的乳入："作文是生活，而不是生活的点缀。写作是生活中的一个项目，并不是随便玩玩的游戏。"② 也就说，写作不是外在于生活的，而是与生活同在的，是生活的必不可少的组成部分。在《文心·题目与内容》中，他与叶圣陶借王仰之等人物形象作了进一步的补充："作文同吃饭、说话、做工一样，是生活中间缺少不来的事情。""作文是应付实际需要的一件事，犹如读书、学算一样。"这便与传统的"代圣贤立言"传统彻底隔离，易于激发学生化负担为动力，很能培养对作文的亲切感，激发写作的内驱力。

在《文心·最后一课》中，可以看出夏丏尊的思想认识有了更深一步的发展，即写作不仅与外在的生活紧密相连，而且可以不断建构主体的人格素养，更好地融于生活。文中的王仰之先生表达了这样一种思想：文学者固不必人人去做，然而文学者创作中表现出来的严谨、认真的态度却是可取的。唯其如此，写作的技能才会永远地为自己服务，受用不尽。这样一来，写作就不纯粹是被动应对的技能，而且还是主动滋养自我、提升自我的一种方式了。这与当下世界范围内兴起的"为自己写作"的倾向何其神似，如美国的语文课程标准便建议教师"鼓励学生对各种目的的写作充满信心，建立自己鲜明的且具有独创性的写作风格，意识到对所写内容认真投入的重要性"③。

让写作与生活相融，并用写作中严谨、认真的态度砥砺自我、升华自我，夏丏尊是当之无愧的典范。楼适夷回忆说："他（指夏丏尊。

---

① 《国文百八课》中应用文有十多篇，含书信、调查报告、宣言、演说词、出版物前的凡例、公文标点与款式等；说明文有二十来篇，如《梅》《蟑螂》《何谓自由》等。
② 夏丏尊：《夏丏尊文集·文心之辑》，浙江人民出版社1983年版，第369页。
③ 柳士镇、洪宗礼：《中外母语课程标准译编》，江苏教育出版社2000年版，第452页。

笔者注）给学生改卷子，一篇短短的作文，常常会整几天地研究，直到自己认为改得完全满意为止。"① 这种绝不应付，身教与言教并茂的人格风范必然会深深地影响学生。陈仁慧在一篇文章也谈道："他要我们作文时认真构思，字体要端正，卷面要整洁，他为我们批改作文，在这方面都是表率。我们的每篇习作后面，都有夏先生的一段评语，写得端端正正、整整齐齐、一笔不苟，字斟句酌地给这篇习作恰如其分的评价。"② 他真正彻底地将创作的态度融入生活中。这种反熵的行为，与当下隔靴搔痒的应付式评点，甚至评点也省却，只看在钞票的面子上，去补习班或在家里唾沫横飞地大谈写作秘籍的辅导比，境界何啻霄壤。

伽达默尔说："知识能独立于活动处境进行传播，从而同实践活动的环境分开，同时知识需要不时地在人类活动的新的环境中加以应用。现在人类的总的经验知识对他们的实际抉择起着决定性的影响。这同知识是分不开的，而这种知识是由专业知识所传递的。更重要的是，追求最大可能的知识是一种绝对的道德责任，这意味着今天一个人仍须通过'科学'被告知。"③ 这道出了知识的应世功能——不断地应用于新的环境，才会被主体真正地掌握和发展。将追求"最大可能的知识"视为知识分子的"绝对的道德责任"，则强调了开发潜能、加速人的素质发展的重要性。可是，一味地追求"知"，却忽略了"情""意"的发展，潜能的开发、素质的发展是要打个问号的。缘于此，夏丏尊融于生活，与写共生的思想更是显示了其独有的深刻和超前，因为他所说的严谨、认真的创作态度还涉及了情和意这两种维度。

---

① 楼适夷：《我和夏先生》，《中学生》1946年第176期。
② 陈仁慧：《夏先生在南屏女中》，夏弘宁主编《夏丏尊纪念文集》，浙江上虞市文学艺术联合会2001年版，第158页。
③ ［美］约翰逊：《伽达默尔》，何卫平译，中华书局2003年版，第93页。

如此，写作不仅关乎主体的生存，更关乎主体的存在与发展。写作不仅可以使主体更安全、更有力，而且可以使主体更充实、更超拔。在这方面，夏丏尊本身就是一位忠实的践履者。讲解知识，深入浅出；抨击时弊，慷慨激昂；剖析自我，不留情面；讴歌友谊，情深意长。一切的一切，无不能感受到他与写共生的思想。徐蔚南说："夏丏尊先生是理想主义者，性格最为淡泊的。他不写诗（其实也写，如《感赋四绝》等，只是数量不多罢了。笔者注），但极富于诗趣……十多年前，他在复旦教书，到学校里来时，总是到刘大白先生的寝室或者我的寝室来闲谈，他的闲谈里当然对于现实也有很多的牢骚，但他的牢骚却能以幽默的语句叙述，便不觉得十分严重了。"[1] 不仅可以自由地抒情写意，还能给他人带来美的享受，这正是与写共生，服务自我的美好境界。

中国台湾学者傅佩荣说："我们今天从学开车到打字，从学电脑到园艺，往往是为了生活上的需要，但是技术纯熟以后，也可以入于化境，进而获得自由的快慰与审美的感受。真正成功的，常是可以享受工作的人。因为工作对他而言并非负担，而是实现自我的机会。"[2] 用这段话来为夏丏尊融于生活，服务自我的写作教育思想作注脚，非常贴切。

二 营构美境，诗意栖居

玩味生活、自由写作、实现自我，这些都是夏丏尊写作教育思想中的关键词。

---

[1] 徐蔚南：《悼叶赵陈夏四先生》，《民国日报》1946 年 4 月 29 日。
[2] 傅佩荣：《〈四书〉心得》，北京理工大学出版社 2011 年版，第 6 页。

他说:"真的艺术,不限在诗里,也不限在画里,到处都有,随时可得。能把它捕捉了用文字表现的是诗人,用形及五彩表现的是画家。不会作诗,不会作画,也不要紧,只要对于日常生活有观照玩味的能力,无论如何都能有权去享受艺术之神的恩宠。否则虽自号为诗人画家,仍是俗物。"① 观照是审美的观照,玩味是全情的玩味,所以迁移到创作中,他的作品便会感官开放、情感弥漫、联想翩跹、体验独到,那自由的笔触自然而轻松地将人带入一个别样的艺术世界。哪怕是寻常事物,甚至令人畏惧的景象,经他轻轻地一点染,你都会忍不住惊叹:"原来这也是美的啊!"

从猫的叫声中,他能感受到家中的"新气氛",并且以"猫声"为媒介,想到儿时的趣味,家况未中落时的光景(夏丏尊《猫》);冬夜写作,松涛如吼,霜月当窗,饥鼠吱吱在承尘上奔窜,他能把自己拟诸山水画中的人物,作种种幽邈的遐想,体味萧瑟的诗趣(夏丏尊《白马湖之冬》);上完一天的课,身体本已疲惫不堪,可是一旦把身体交付了黄包车,他就能痴迷地在红也似的夕阳里看沿途的景物,好比玩赏花卷,感到享乐(夏丏尊《黄包车礼赞》)。即使是在炮火纷飞,贫病交加,连孙子学费都没着落的情况下,他昔日铸就的信念"搜得漫天风絮去,贮将心里作秋春"(夏丏尊《长沙小诗之一》)也从来没有动摇过。而在更早的 1913 年,他在《学斋随想录》一文中便表达过对美的依恋:"斯世无限之烦恼,可借美以求暂时之解脱。见佳景美画,闻幽乐良曲,有遑忆名利恩怨者否?"无论穷达、贫富,观照、玩味生活中的美,追求诗意栖居,对他来说是一以贯之的。这种积淀与体验丰厚了,便自然化作了他丰富的写作资源,可以信手拈

---

① 夏丏尊:《〈子恺漫画〉序》,李友谊选编《夏丏尊散文》,上海科学技术文献出版社 2013 年版,第 190—191 页。

来，左右逢源。

　　落实到写作指导或理论探究上，夏丏尊也会紧扣审美。他最为关注的着眼于形式的教学，其实是更倾向于形式美的欣赏与建构。注意句式的错综与协调，追求文气的充沛与流畅，甚至能发现标点的生命（"我与父亲不相见已二年余了，我最不能忘记的是他的背影"一句，他将之分为四式，句读的位置不一，情味的强弱也会随之不同），所有关于作文法的文字，无不可以见出形式美的影子。当然，在他的写作教育思想中，美的内涵是十分丰富的，并非只有形式美一端。比如，探讨方苞《左忠毅公逸事》中对话的选择与表现艺术，便涉及了情意美；提倡小品文中最好能有一句话喝破真理，振起全文，便涉及了哲思美；谈文字、意义、事件的省略艺术，意欲为读者留下更多的思考和想象空间，便涉及了蕴藉美。这使他的写作教育思想既有科学的严谨、深刻，也有审美的丰润与形象；既有实用的清晰和高效，更有审美的和谐与醇永。"文心·鉴赏座谈会"一章中说得好："艺术与实用之间须保有着相当的距离；一把好的茶壶，可以盛茶，但目的不止于盛茶；一封写得很好的书信，可以传情达意，但目的绝不止于传情达意；美是一种条件的余裕。"一语道破了审美对实用的超越。

　　与实用保持距离，是为了更好地反观生活、玩味生活、超越生活，这必然导致对美更加积极的憧憬、寻觅与建构。事实上，在夏丏尊的写作教育思想中，始终有一个不露脸，却又无处不在的"角色"活跃着，那就是散逸着美的气息的理想之境。这颇类似朱熹《观书有感》的创作之妙——"半亩方塘一鉴开，天光云影共徘徊，问渠那得清如许，为有源头活水来。"不着一"书"字，而读书所产生的惬意、充盈、灵动、清新等审美体验，却又浸润了字里行间。夏丏尊不着一"美"字，而美却渗透了写作教育思想的每一个细胞。

· 219 ·

翻译意大利作家亚米契斯的《爱的教育》时，已经成了二子、二女的父亲且已执教鞭十余年的夏丏尊，依然忍不住流下了惭愧和感激的泪水。他坦承："书中叙述亲子之爱，师生之情，朋友之谊，乡国之感，社会之同情，都已近于理想的世界，虽是幻影，使人读了觉到理想世界的情味，以为世间要如此才好。"① 这里说的是理想的社会。为浙江一师所写的歌词，"可能可能，陶冶精神，道德润心身。吾侪同学，负斯重任，相勉又相亲。五载光阴，学与俱进，磐固吾根本……"这其实描述的是一个理想的学校成了师生情之所聚、力之所向的教育乐土。至于真实、明确、奇警、朦胧等写作标准或原则的提出，研讨记事、叙事、说明、议论的学问，启悟安排句子、加强文气、发抒感慨的智慧，既可以视作对自我写作体验，以及名家创作经验的总结，更可以看作对理想的言语表现之境的建构与描摹。因为有理想之境的引领、参照，所以他对写作教育的探索一直生生不息，满蕴了创造的能量。

夏丏尊认为："轮廓的文字好像地图，是不能作为艺术品的。我们要作绘画样的文字，不需要地图的文字。因为从绘画上才有情趣可得，从地图上得不到的。"② 这其实谈到了言语表现中写实与写意，准确与精致的问题。虽然有忽略虚从实出，虚实相生，准确表达与精致表达的统一的嫌疑，但恰恰是这种特别的喜好，将他营构言语表现的理想之境，达到诗意栖居，实现自我的追求和盘托出了。这对一味追求立意高、文辞华、导致说教空洞、抒情泛滥、美感尽失，连作者自己都不知所云的中学生写作来说，永远都是有启示意义的。

---

① 夏丏尊：《〈爱的教育〉译者序言》，商金林编注《夏丏尊集》，花城出版社2012年版，第199页。
② 夏丏尊、刘薰宇：《文章作法》，中华书局2013年版，第98—99页。

三　思若泉新，为我而存

"五四运动"时期，受西方民主、科学思潮的影响，"个性解放"成为中国社会的一个热词。"娜拉""狂人""子君""天狗"……这些艺术形象之所以风靡大江南北，正是因为传递了个性解放的心声。在创作中，突破文以载道传统的影响，彰显自我生命价值的倾向开始确立。郁达夫对此有极好的总结："'五四运动'的最大成功，第一要算'个人'的发现。从前的人，是为君而存在，为道而存在，为父母而存在的，现在的人，晓得为自我而存在了。"①

这种"为我而存"的思想在夏丏尊写作教育思想中表现得十分显豁。

积累、运思、写作、指导、评改、评论、翻译，无不要打上自我的烙印，甚至连句读、分段、用字，为文章起题目这些细微之处，也要能见出自我个性的乾坤。为什么要将归有光《项脊轩志》的最后一句单独成段，只因如此分割可以"意味增强"（夏丏尊《句读和段落》）；一篇抓住青草、蝴蝶、老鹰等景物写春日风景的文字，《春野》《春景》《游春》等题目为什么都不如《藉草》好，只因后者来得"切实而不落陈套"（夏丏尊《分段与选题》）。倘若没有自我的在场与观照，还有拒绝重复、拒绝盲从的自觉，根本无法参透这样的写作秘妙。强调文章的组织结构，反对"文字的百衲衣"（夏丏尊、叶圣陶《文心·文章的组织》），也是为了让学生在结构布局中，学会磨砺出自我的创意。这便有了变告知为探寻，化传授为建构的味道。傅

---

① 郁达夫：《导言》，鲁迅、茅盾等编选《中国新文学大系·散文二集》，上海文艺出版社2003年版，第5页。

红英发现：自 1980 年以来，《爱的教育》在上海虽出现过另外几种翻译版本，但质量均无法与夏丏尊的译笔相提并论。究其原因，最根本的是读者从译文中不但可以读到原作者的心，也可以读到译者夏丏尊的一颗充满情爱教育思想的心。① 这可谓对夏丏尊"为我而存"写作思想的一个很好的注脚。对博学于文、富有思想的他来说，无论翻译、创作、教学，还是写作理论研究，都能在意义之网中走出自己的轨迹，描绘出自我的个性图案，别人可以领悟其精髓，却很难复制。

夏丏尊非常崇尚自我表现的自由、充分和真实："文章是表现自己的，各人有各人的天分，各人有各人的创造力；随人脚跟，结果必定抑灭了自己的个性；所作的文章就不能完全自由表示自己的意思和情感，也就不真实，不明确了。"② 这既是他的创作之道、写作教育之道，又是他的自我存在之道。他告诫学生勿模仿、勿抄袭、勿漫用成语或典故，也是因为洞察了这样做会侵蚀自我思想、流失自我体验、湮没自我个性的危害。教学中尽量让学生多说，自己侧重解答学生的疑惑处、错舛处；批改作文，秉持多就少改、多启少灌的原则，也是为了让学生更好地抒发己意。当然，夏丏尊的这种思想也是值得商榷的。绝对的自由，毫不依傍的言语表现事实上是不存在的，对学养尚浅的中学生来说，更是如此。所以，必要的模仿、化用有时也是发自我之声的必由之径。只要忠于自我的追求不抛弃，随着模仿、化用的成熟，对话、批判、超越的主动性自然会增加。火候一到，何愁学生没有自由、独到的表现？

在写作理论的探究上，夏丏尊作出了很多独具匠心、富有开创意义的命名，并使各范畴之间相互支撑、补充、生长，逐步建构起自

---

① 傅红英：《夏丏尊评传》，中国社会科学出版社 2012 年版，第 144 页。
② 夏丏尊、刘薰宇：《文章作法》，中华书局 2013 年版，第 3 页。

足、自洽的理论体系，如"传染强烈敏锐的语感"；"地图文字与绘画文字"；"寡兵御敌"式写法；叙事文的主想、观察点，以及叙述的流动、中止与顺逆；说明文的条件是"类+种差"，作法上必须加上的条件是：（1）所属的种类；（2）所具的特色；（3）所含的种类；（4）鲜明的实例；（5）对称和疑似；（6）语义的限定……真的像海德格尔所说的那样，是"照亮世界的第一次命名"[①]！很多艰深的道理，经他一命名，再结合具体的实例，以及熔铸他独特体验的阐释，立刻显得形象、通俗，十分好懂。如今，叙事学已成显学，却无说明学、议论学之说。倘有，夏丏尊的写作思想应该有比较丰富的资源可供开掘吧！

夏丏尊在写作教育中突出"为我而存"的思想，这使他对"我"的有无、强弱、大小、新旧，格外敏感。抨击八股文写作，是因为代圣贤立言，"我"缺席了；提倡写自我复合、发达的思想情感，意在强化"我"的存在；提醒师生努力修养，勿止于文章法则的学习，意在彰显"大我"的矗立；反对模仿、抄袭、漫用成语或典故，正是为了催化"新我"的诞生。甚至认为写作就是为了激活自我的"爱美心与发表欲"，并说这是"一切艺术的根源"。

早在《春晖的使命》一文中，他就发出确证自我的心声："以精神的能力，打破物质上的困难，并非一定是不可能的事，而在你更是非做到这地步不可的。你该怎样地用了坚诚的信念，设法培养这精神，使你自己在这精神之下，发荣滋长？"这种发荣自我精神生命的思想一旦落到写作中，便是强调与生活的相融，对美境的建构，以及文字世界里"我"的在场，"我"的强、大、新。当然，这种强、大、新，并非要

[①] 赖瑞云主编：《文本解读与语文教学论》，北京师范大学出版社2013年版，第67页。

求学生如何去从事轰轰烈烈的伟业，而是追求实实在在的自我，不断成长的自我，使身心诸能力得以健康养成的自信、坚强、充实、灵动的自我。夏丏尊明确说过："高山不如平地大。平的东西都有大的含义。或者可以竟说平的就是伟大的。人生不单因了少数的英雄圣贤而表现，实因了蚩蚩平凡的民众而表现的。"① 这种在平凡中成就自我的渴望，比之以写作泄愤、消遣、心理治疗，或以之博取功名、实利的言语动机，是否来得更亲切、平易，也更容易化为每一个人的精神追求呢？

当下，很多国家的语文学者都意识到，学生在写作活动中，既是一种按照教师教学目标的学习行动，同时，也是学生运用自己的思想进行独立创造的行为。正是在这个意义上，许多国家都非常看重写作中"鲜明的思想""活生生的语言"和"创造精神"②。这种引为新潮的价值取向，夏丏尊在七八十年前便已认识到，并进行了一系列卓有成效的研究。因为有了关注自我在场、充盈与发展的自觉，并身体力行，他的写作教育思想一直生机郁勃，给人以不尽的启迪。

第二节　写什么：抒写自我的发达情思

对于写什么，他在《关于国文的学习》一文中作了颇为详尽的阐述。

---

① 夏丏尊：《读书与冥想》，张圣华总主编《夏丏尊教育名篇》，教育科学出版社2007年版，第10页。
② 朱绍禹：《美日苏语文教学》，吉林文史出版社1991年版，第311页。

一 忠于内心，自由发挥

夏丏尊说："文章原是发表自己的思想感情的东西，要有思想感情，才能写得出来。"（着重号为笔者所注）一是突出"有"；二是突出"自己的"。有，可以兼容百家，但不能成为杂货铺，必须经过自我心灵的浸润、消化、吸收，使之成为自我精神生命的一部分才行，一如蜜蜂遍采百花酿成蜜，这体现了夏丏尊终生恪守的写作要忠于自我的信条。

这种思想是相对于古代"代圣贤立言"的传统来谈的。在夏丏尊看来，从《论语》中出题，你得用孔子的口气写作；从《孟子》中出题，你又得摇身变作孟子说话。如此琢磨如何替古人立心、立言、立态度、立口气……所表现的只能是古人的思想感情。尽管作者肚子里可能装着"想中举人""点翰林""要给妻买香粉"，以及关于柴米油盐诸种琐碎的思想，但因为不是孔子、孟子所说，一律不算数，所以思想感情即使有亦等于无。

当然，从理论上讲，在代为立言的过程中，将自我悄悄放进去，来个"六经注我"，也是可以的——何晏不就曾宣称"言知者，言未必尽也，今我诚尽也"吗？（何晏《论语集解》）即"名言"并不能反映事物的本真，得依靠超乎名言诠释的"诚"才能尽意。也就是说，必须注入阐释主体的智慧、人格等力量才行。王弼指责汉代经学拘泥于文字，"存象忘意"，力主"得意在忘象，得象在忘言"①，也是如此。阐释者必须以自身强悍的精神能量，突破语言的障碍，捕获神髓，方能实现文本与自我互为本源、自我与作者互相寻找，阐释即

---

① 王弼：《周易略例》，楼宇烈《王弼集校释》，中华书局1999年版，第609页。

真意探究、阐释即生命融合、阐释即自我确证的言语表现佳境。可是学生因为"对于孔子、孟子的化装,未曾熟悉",无法放、无力放,一样是有等于无。

乍看起来,夏丏尊的这种忠于内心,抒写自我的思想极为寻常,似乎也不难,但真正化为写作实践,则需要终身以之的修炼,甚至搏斗。且不说喊了两千多年的"修辞立其诚",至今无法兑现,也不说学生写作中的"伪圣化""假大空"四处弥漫——无视生活真实,回避灵魂拷问,甘愿让自我心灵被重重包裹,单就学界长期盛行的"贴近生活论",就已同忠于自我的思想南辕北辙,相去甚远了。每个人无时无处不在生活,却抱怨着"没有生活",嚷嚷着"寻找生活",不是骑驴找驴,又是什么?已经融入生活了,却匪夷所思地扯着嗓子喊"贴近生活",不是睁眼说瞎话,又是什么?

对此,孙绍振教授毫不客气地指出:"目有所见,耳有所闻,未经情思的同化,不在想象中按照文体的规范排异、重构,形成贯穿首尾的主旨,只能是产生杂乱无章的罗列现象的流水账。""生活现象对于一切作者而言是共同的,而作文却以独特的感受、感悟为生命。没有体悟,哪怕自以为'贴近'了生活,充其量也只是感觉到了人所共知的现象。"[①] 他说的"同化""排异""重构""体悟""体验",都是在突出忠于内心的重要!

从这个角度说,夏丏尊提出的忠于内心,抒写自己思想感情,的确触及了写作教育的要领。他不厌其烦地提醒学生要"自己造辞,勿漫用成语或典故""勿模仿、勿抄袭",视无中生有的虚情、矫情为"说诳",并且在创作中身体力行,无不是出于对这一写作信念的坚守

---

① 孙绍振:《经典、"去蔽"和教学的主体性》,刘正伟主编,张蕾、温欣荣副主编《名家解读:语文教育意蕴篇》,山东教育出版社 2009 年版,第 112 页。

与捍卫。郑振铎对其作品这样评价道,"他毫不做作,只是淡淡地写来,但是骨子里很丰腴""他的风格是朴素的,正和他为人的朴素一样。他并不堆砌,只是平平淡淡地说着他自己所要说的话。然而没有一句多余的话、不诚实的话,字斟句酌,绝不急就"①。中国台湾学者张堂锜称赞道:"夏丏尊的散文是有力量的,这种力量的形成,正来自他充实的人格,情感的共鸣,以及纯朴清隽如白马湖般的文风。"②何尝不是如此?没有真诚、充沛的言语人格底蕴,夏丏尊怎么能开白马湖派散文的风气之先呢?杨牧指出:"夏丏尊以一篇(《白马湖之冬》,笔者注)树立了白话文的模范,朱自清承其余绪,称一代散文大家,而郁达夫、俞平伯乃至今人林文月等人的作品也都流露出白马湖风格。"③ 人们所欣赏的朴素、真诚的文风,峻洁、有力的人格,其实正是夏丏尊忠于内心,抒写自我的写作理念的一种外化、一种投射、一种润泽。

为了达到写"自己的"思想情感这一境界,夏丏尊主张:"我们生当现在,已不必再受此种束缚(指'代圣贤立言',笔者注),肚子里有什么思想感情,尽可自由发挥,写成文字。并且文字的形式也不必如从前地要有定律,日记好算文章,随笔也好算文章。作诗不必限字数,讲对仗,也不必一定用韵,长短自由,题目随意。"文体不限、字数不限、格式不限,这种"自由发挥"的思想,与南宋谢枋得提倡的写"放胆文",颇有异曲同工之妙。放胆写去,真我自见。即使技巧幼稚,文法多病,也在所不惜。因为求真是第一位的,求美则奠基于其上。文章失真了,自我缺席了,再怎么美化都是徒劳。这一

---

① 郑振铎:《郑振铎文集》第3卷,人民文学出版社1985年版,第239页。
② 张堂锜:《清静的热闹——白马湖作家群论》,东大图书馆股份有限公司1999年版,第201页。
③ 杨牧:《文学的源流》,洪范书局1984年版,第56页。

点，他看得非常清楚："态度不对，无论加了什么修饰或技巧，文字也不能像样，反觉讨厌。好像五官不正的人擦了许多脂粉似的。"①

不过，自由发挥并非信口乱说，而是紧紧扣住自我的所思所感，让文字纵情流淌，不惧权威的巨型话语，也不用小心翼翼地揣摩圣意。这与当下西方国家倡导的"批判性阅读""个性化写作"的思想十分暗合。比如，德国的语文课程标准对中学生的语言表达要求，便提到了"能够准确报道，客观描述，清楚阐明自己的观点，能议事论理，正确阐释，自由发言，并能作报告"②。夏丏尊倡导写作忠于内心，自由发挥，学生一旦形成自觉、建立言语表现的自信、独创性的言语表现风格和改进自我的生活，都是水到渠成的事情。

美国学者帕克·帕尔默说："除非教师把教学与学生生命内部的鲜活内核联系起来，与学生内心世界的导师联系起来，否则永远不会'发生'教学。"③夏丏尊主张写"自己的"思想情感，并尽可能地自由发挥，不仅将教学与学生生命内部的鲜活内核联系起来，而且为之注入了强旺的精神能量：自由、勇敢、真诚、坚持……循此理念写作，所表现的思想情感岂能不属于自我？岂能不新鲜、弥满？

二 精致厚化，复合情思

但是，夏丏尊也坦承，并非所有的自我思想感情一经表出，都会成为文章。如仅将"我恐这病不轻"的思想发露，写出来，便不能就

---

① 夏丏尊：《作文的基本态度》，杜草甬、商金林编《夏丏尊论语文教育》，河南教育出版社1987年版，第99页。
② 倪仁福：《简介德国巴符州德语语文教学大纲》，江苏教育出版社2000年版，第456—457页。
③ ［美］帕克·帕尔默：《教学勇气——漫步教师心灵》，华东师范大学出版社2005年版，第32页。

算是文章。何以故？夏丏尊认为文章中的思想感情不是单独的，而是由若干思想和感情"复合而成的东西"。"交朋友要小心"不是文章，以此为中心，把"所以要小心""怎样小心法""古来某人曾怎样交友"等思想组织地、系统地写出，使它成了某种有规模的东西，才是文章。

把自我的思想感情视为"复合体"，这道出了思想感情的丰富性、复杂性和独特性。因其丰富、复杂、独特，言语表现的时候必须精心设计，做到有组织、有系统、有规模。这非常朴实而深刻地揭示了言语表现的智慧。

首先，复合的思想感情必须精致化，精致化则可强化思想感情的复合性。"所以要小心——怎样小心法——古来某人曾怎样小心"，从夏丏尊吉光片羽的描述中，我们不难发现其围绕"交朋友要小心"这个论点而展开的思维推进，如同下象棋，一步步、层次井然、曲折有致，而又浑然一体，思想的弹性、力度，触之可及。仅是骨架式地勾勒，我们便可一睹其思想的脉络，更何况可以随时滋长的血肉丰满的论证、分析、归纳、演绎，一旦形诸文字，其观点的说服力应该是毋庸置疑的。当然，这是夏丏尊与中学生恳谈中信手拈来的一个例子，旨在谈复合的重要性，并未加以缜密思考。倘若从言语表现的质量上来考量，其实还是有一定的提升空间的：为什么只谈了立论的一面而遗忘了驳论？交友要小心，难道坦承、信任地交友就不可以？从驳论入手，复合自我的思想，未见得不能成就一篇好文章。

精致化不仅限于议论性文体，叙事性、说明性的文体，一样需要。夏丏尊说："'今天真快活'不是文章，把'所由快活的事由'，'那事件的状况'等等记出，写成一封给朋友看的信或一则自己看的日记，才是文章。"这是在讲记叙性文体思想感情的精致化。"所由快活的事由"涉及哲思的精致化,"那事件的状况"更侧重叙述、描写、抒情的精致化,形成文章则关涉整体结构的布局,表现手法错综而灵动的运用,还有遣词造句的个性化、适恰性,这些都属于精致化的范畴。在《汉字所表现的女性的地位》这篇说明性的文章中,夏丏尊将字典"女部"的175个字分成五类:①表女性称呼的;②表人性缺点的;③表女性功用的;④表男性所喜欢的女性美质的;⑤表男女间的结合关系的。——分析文字背后的歧视女性心理,对女性屈辱地位的深切同情,对粗暴、专制的男权文化的不满与抨击,以及对女性独立意识的启蒙,均含蕴其间,呼之欲出,这是说明的精致化所带来的效果。有学者指出:"如果教师不了解学生的逻辑思维能力怎样,只要看看他的议论文就清楚了;而学生的形象思维能力如何,只要看看他的记叙或描写文字也能知道个究竟。"[①] 何以能够?正是因为可以从其言语表现中看出精致化的功力!

　　精致化的表现也非只是助力复合的思想感情,对开放感官、纤敏感受,提升分析力、概括力、鉴赏力、批判力,一样大有助益。黑格尔曾经表达过这样的意思:"一个面对自然美只知道喊美呀美的人,还是一个野蛮人。"[②] 他谈的是审美精致性问题。虽然有些夸张,但对已经感觉到美,却因为缺乏"内审美"的判断力,无法将审美感受精致化、扩大化并言辞化的主体来说,的确是有点粗疏、愚昧,和野蛮的原始人有点相类的。表达不精致,自我的感受、体验无法表达不说,还影响别人接受的准确与快感。审美精致性如此,说明、议论、描述的精致性亦然。

[①] 潘新和主编,赖瑞云、王荣生、李海林副主编:《新课程语文教学论》,人民教育出版社2005年版,第288页。

[②] 王建疆:《修养·境界·审美》,中国社会科学出版社2003年版,第24页。

其次，精致化必然带来思想感情的纵深度和立体化，从而使"复合"更加坚牢，更为有机。多层面、多方位地表现，自我的思想感情便会由平面到立体，变得逐渐丰满起来，个性创造的浓度随之升高。原先很生活化、很大众化的情思，也会变得更富艺术性和个性化。这颇像在一池或一湖上架桥。为什么不遵循"两点之间的距离直线最短"这一原理，进行直线铺设，而非要在池面或湖面曲里拐弯地架设？甚至还要设计出某种特定的艺术造型？无它，为了更好地突出景致之美，延宕审美的体验，增强欣赏的趣味。这与苏州园林里花墙和廊子的设计，颇有声气相通之处：园林有墙壁隔着，廊子界着，层次便显得多了，景致便见得深了。同理，自我的情思因精致化的表达，更利于从概念走向形象，从单薄走向丰富，从共性走向个性，对记叙类文体，尤其如此。

夏丏尊的很多作品都是贯彻了这一创作理念的。仅以《"无奈"》为例：他先从一位朋友的对联"命苦不如趁早死，家贫无奈做先生"引出"无奈"的话题；继之将无奈分为"客观的无奈"和"主观的无奈"，加以例说；然后用基督、释迦牟尼、南丁格尔、列宁的无奈进行铺陈、渲染，悲观的情绪越来越重；紧接着，他突然冷凝自己的情感，很理性地揭示因无奈所导致的人们烦闷不自由，渺小无价值，再掀悲观的高潮。本以为他会一路悲观下去，没想到在结束部分，他突然杀了一个回马枪：

  横竖无奈了，与其畏缩烦闷的过日，何妨堂堂正正的奋斗。用了"死罪犯人打仗"的态度，在绝望之中杀出一条希望的血路来！"烦恼即菩提"，把"无奈"从客观的改为主观的。所差只是心机一转而已。

求用·求美·求在

全文如宋代周密笔下的钱塘江潮，起初仅如银线，迂缓平静；继而如玉城雪岭，一浪高过一浪地际天而来；碰到堤岸后，则反弹起冲天的巨浪，大有吞天沃日之感。形式上的精致、曲折、雄豪，使作者所要表达的观点"与其畏缩烦闷的过日，何妨堂堂正正的奋斗"，显得格外掷地有声，具有极强的震撼力。同时，作者挑战生活苦难的自信、果断的形象也跃然纸上。

另外，精致化、立体化的表现，也并不影响自我思想情感的蕴藉化、醇永化。精致化、立体化不是追求面面俱到的平均化、全息化，而是融以小见大、收放自如、主次有致、浓淡相宜为一体的整体化、生命化、艺术化和个性化，这就必然内含了表现的蕴藉化。木心说："所有伟大的人物，都有一个不为人道的哲理的底盘。艺术品是他公开的一部分，另有更大的部分，他不公开。不公开的部分与公开的部分，比例愈大，作品的深度愈大。"① 对于这种平衡显与隐的表现艺术，夏丏尊体验尤深："长长的文字，好比一大碗有颜色的水，我们想收得其中的颜色，最好能使之凝积成一小小的颜色块，弃去清水，把小小的颜色块带在身边走。"② 他本是就阅读要学会概括各段的意旨来说的，但是一旦转化到写作中，则必须将意旨像颜色块一样融于全篇的字里行间，融化得越无形越好。巧妙地隐匿，正是为了更有力地表现。就像恩格斯所说的那样："作者的见解越隐蔽，对艺术作品来说就越好"③。关于这种留白艺术、冰山风格，在夏丏尊的《文章作法》中有多次强调。其中，以"浮菱之喻"最为生动：

---

① 木心：《文学回忆录》（上），广西师范大学出版社 2013 年版，第 352 页。
② 夏丏尊：《关于国文的学习》，张圣华总主编《夏丏尊教育名篇》，教育科学出版社 2007 年版，第 104 页。
③ ［德］恩格斯：《致玛·哈克奈斯》，中共中央马克思恩格斯列宁斯大林著作编译局编译《马克思恩格斯选集》第 4 卷，人民出版社 1995 年版，第 683 页。

> 例如水上浮着的菱，虽只现一小部分的花叶，但水中却有很繁复的部分潜藏着；而水中潜藏着的繁复的部分，和水上所现出的简单的部分还有着不可分的有机的关系。①

将尺幅千里的表现智慧诠释得无比生动、深透。在《文心·小说与记事文》中，他和叶圣陶突出得更为鲜明：须把意义"含"在故事中间的才是小说。怎么个"含"呢？就像一碗汤，看不出一颗盐来，呷一口尝尝，却是咸的，于是我们说盐味含在这碗汤里。小说的故事含着作者所看出的意义就像这样一碗汤。如果在故事之外，另行把意义说明，那就不是"含"了。

不过，总体来看，夏丏尊似对蕴藉风格情有独钟，却遗落了明丽、热烈、反讽、幽默、嬉笑怒骂等风格的多样性，这对言语表现的丰富性、开放性显然是不利的，应该注意规避。

三 融会贯通，培育发达

对于写什么，是否可以仅停留在表现自己的、复合的思想感情层面上就足够了呢？对此，夏丏尊作了更深一层的思考：

> 所谓写作，在某种意味上说，真等于母亲生产小孩。我们肚子里虽有许多思想感情，如果那思想未曾成熟，犹之胎儿发育未全，即使勉强生了下来，也是不完全的无生命的东西。文章的题目不论由于教师命题，或由于自己的感触，要之只不过是基本的胚种，我们要把这胚种多方培育，使之发达，或从经验中收得肥料，或从书册上吸取阳光，或从朋友谈话中供给水分，行住坐卧

---

① 夏丏尊、刘薰宇：《文章作法》，中华书局2013年版，第103页。

都关心于胚种的完成……把这些知识或见解与感触打成一片，结为一团，这就是"写作些什么"问题中的"什么"了。

这里出现了一个新观点：表现成熟、发达的思想感情！成熟、发达奠基于自我、复合之上，是对后两者的补充和升华，但又与之浑然相融。

如果说写自我的复合情感，是相对于质木无文的弊病和以简单写清意思为目标的实用文而言，那么，写自我成熟、发达的思想感情，则可以说是针对了写作中无病呻吟、为文造情的不良现象。

如何使自我的思想感情成熟、发达？夏丏尊的论述中至少涉及了三点智慧。

一是积累。"从经验中收得肥料，或从书册上吸取阳光，或从朋友谈话中供给水分，行住坐卧都关心于胚种的完成"，这继承了钟嵘、刘勰、司空图等古代文论家的形象说理传统，用诗意的语言强调了从经验、书本、交际等方面做生活的有心人，广事积累的重要性。毕竟无菜不成席，无料难成文。

二是体验。积累不是守财奴式的占有、堆积，而是蜜蜂采花、蚕食桑叶般的内化、吸收，是一种"体验式"积累，化为自我精神血肉的能量补充。体验不仅需要自我的内省和超越，还包括了与他人的比照，对不同现象、观点的判断、分析，甚至批判，"收得""汲取""供给"（这里的"供给"应作"补充""畅饮"解。笔者注）等词语生动地揭示了这一点。

三是贯通。体验达到一定的程度便需要贯通——打成一片，为我所有，亦即俗语所云"不管猪肉、羊肉，一定要吃到肚子里，化为自己的血肉"。贯通便是自我思想感情成熟、发达，或者说自我精神血肉真正形成，"新我"真正诞生的标志，至于说贯通之后的言语表现，则更是。

限于篇幅，夏丏尊对如何成熟、发达自我的情思，仅是作了粗线条的勾勒。但这种粗线条的勾勒背后，其实蕴含了极为深广、丰富的思想资源。这从他的其他文字中，可以得到互文式的验证。

仅就积累而言，夏丏尊的探索除了上述的积累方法，还涉及了积累的种类：知的积累、情的积累和意的积累。识词要多，积理要丰，侧重知的积累，夏丏尊开示学生如何阅读，开列书单指引学生阅读，内容广涉中外优秀的文化遗产，既有社会科学的，也有自然科学的；既有英文写的，也有中文写的，都属于此列。培养自我对自然、社会、人生的热爱与诗情，属于情的积累。学生写家庭，倘若只写家在何处、有屋几间、以何为业、有人口若干，却遗落了春、黄昏、故乡、母亲、窗、灯等一系列情味丰富、诗趣充溢的意象，在夏丏尊眼中便是情的积累不够。意的积累侧重于理性、意志、人格的磨砺，亦即《大学》里所说的诚意正心，用夏丏尊自己的话来说就是"陶冶精神，道德润心身"（浙江第一师范学校校歌，夏丏尊作词，李叔同谱曲）。三者"虽方面不同，实是彼此关联的"，因为"情意如不经知识的驾驭，就成了盲目的东西"[1]。背后的潜台词应是：知识不经情意的濡染，只能是冰冷的、零散的、外在于自我的存在。这种积累方法观，迥然相异于机械、片面的材料积累观。因为前者是主动、立体、动态的积累，满足人的应性之需，并不断化为精神性的存在，与自我超越、自我实现相依相存；后者则是被动、狭隘、静止的积累，多迫于外在的应世之需，有使人沦为物欲、名利奴仆的倾向，异化的特征十分显著，一旦目的达到，立刻从自我的生命中剥离，因此与自我发

---

[1] 夏丏尊、叶圣陶：《文心》，生活·读书·新知三联书店2008年版，第47页。

展、自我实现是难以兼容的。

关于积累的目的或功用,夏丏尊的论述不胜枚举:

(1) 指向实用。当时虽然白话文运动如火如荼,但是文言文在社会上依然占据很广的势力,所以文言文的积累如果缺失,学生将连"日报、官厅公告以及现代社会上种种文件"都无法阅读。

(2) 文化认同。"如果中学毕业生没有阅读中国普通书的能力,那就不能享受先人精神的遗产,不特是本人的不幸,恐也不是国家社会之幸,不特在中国文化上可悲观,在世界文化上看来也是可悲观的"[1] 意即在阅读中积累,认识或认同自己的文化传统,知道从何而来,以便为自我归属、发展定位。同时,让优秀先哲的精神流经自我的血脉,也更容易博大自我的眼界和胸襟,对自我激发进取力,对社会产生向心力。

(3) 增益读写。"读一部书,收得其内容,同时欣赏玩味其文字,遇有疑难时就利用了上项的工具书去解索。所收得的内容,成了自己的知识,其效力等于实际体验。积久起来,不但可为写作的材料,而且还可为以后读他书的补助知识。所欣赏玩味过的文字的方式,则可以应用于写作上。"(夏丏尊《国文科课外应读些什么》)

(4) 渊深修养。"自己努力修养,对于文字,在知的方面,情的方面,各具有强烈敏锐的语感,使学生传染了,也感得相当的印象",特别是注重人格修养,自觉地从各科目摄取身心上的能力,既可获得求知的趣味,亦可尽享教育的快乐与尊严,"好比一尊佛像,有后光,故能令人敬仰"[2]。夏丏尊自己就是这样的学养丰厚之人,诗文、绘画(鉴

---

[1] 夏丏尊:《初中国语兼教文言文的商榷》,《春晖》半月刊1923年第19期。
[2] 丰子恺:《悼丏师》,杜草甬、商金林编《夏丏尊论语文教育》,河南教育出版社1987年版,第305页。

赏）、金石、书法、理学、佛典，以至外国文、科学等，无不精通。

应该说，夏丏尊的思想既遥承了古人的积累观——比如，汉代扬雄就说过"能读千赋，则能为之"（扬雄《答桓谭论赋书》）。清代崔学古也说："通于《书》，其文必实；通于《易》，其文必深；通于《诗》，其文必逸；通于《春秋》，其文必断制；通于《礼记》《周礼》，其文必典雅。"（崔学古《学海津梁》）也与同时代学者们的思想同声相应，同气相求——茅盾说："赤手空拳无凭借的作家，事实上是不会有的。所以写小说的人倘使除了研究'人'而外还有什么应得研究的，就是前人的名著以及累代相传的民间文学。"（茅盾《谈我的研究》）郁达夫说："要练技巧，另外也无别法，多读多想多写之后，大约技巧总会有一点长进的。"（郁达夫《再来谈一次创造经验》）既注意了方法的总结与分享，又注意了道的点染与提升；既立足了现实教育的土壤，又指向了成就自我的未来教育，对中国现代写作教育观的建构，无疑是有其独特的贡献的。

以上略举数端，只为一窥夏丏尊写作思想的侧影。

学生作文写什么？就是写自己的思想感情、复合的思想感情、发达的思想感情！夏丏尊以其平民教育家的独特体验和思考，作出了平易而深刻、朴实而灵动、实用而超越的回答。

第三节　怎么写：形之于外，求之于内

对于怎么写，夏丏尊在《文章讲话》《文章作法》《文心》《国文百八课》《开明国文讲义》等著作或教材中，在《关于国文的学习》

《学习国文的着眼点》等文章中，探讨不厌其详。可以说，在其写作教育思想体系中，这部分的思考占据了大半壁江山。

关于怎么写的论述虽然浩繁，但择其要，不外以下三个方面。

一　勉力求通，不忘求好

求"通"、求"好"主要是从写作标准的角度来谈的。

在夏丏尊看来，求"通"的标准可分为二：①明了；②适当。明了包含形式上的明了和内容上的明了。形式上的明了，是指"通"，即句的构造要合法，不能出现病句；句与句之间的结合要能有呼应——"发展这些文化的民族，当然不可指定就是一个民族的成绩"，此句便是典型的失去照应，首句的"民族"与次句的"成绩"根本不匹配。内容上的明了，是指表达无歧义，用词要确切。前者需靠文法知识救济，后者则必须从各方面留心。

如何留心？夏丏尊谈了自己的经验：

> 积极的方法是多认识辞，对于各辞具有敏感，在许多类似的辞中，能辨知何者范围较大，何者范围较小，何者最狭，何者程度最强，何者较弱，何者最弱。消极的方法，是不在文中使用自己尚未明知其意义的辞。想使用某一辞的时候，如自觉有可疑之处，先检查字典，到彻底明白然后用入。（夏丏尊《关于国文的学习》）

能掌控近义词之间细微的区分度，遇可疑字词能自觉查阅字典，这是十分严谨而科学的态度。字斟句酌，避免差池，努力将最恰当的词用到最恰当的地方，不仅是对读者的负责，也是对自我精神生命形象的苛严，更是对具有极致之美的言语表现境界的执着追求。

第五章　诚意正心，阳明兼得

尽管"明了"在夏丏尊的写作理论中属于"消极修辞"（怎样使文章不坏）的范畴，不属于"积极修辞"（怎样使文章更加好），但是夏丏尊从来不会将之视为"小儿科"，而是视之为"修辞的第一步工夫"，并认为"一切文章的毛病，除了文法上的缺点外，几乎都可用消极的修辞工夫来医治"，还谆谆提醒学生"要养成遵守的习惯却须随时用工夫"①。因为有了这样的重视与体认，所以无论是指导学生写作，或批改学生习作，抑或自己创作，夏丏尊对文章通与不通的问题，都是极其敏感的。学生作品的文不对题或文理不通，他一般会采取总批或眉批的方式开示，但是对用词不当的地方，他则会亲自动手，一一加以修改②。同时代的教师姜丹书盛赞夏丏尊的作品："最注重研析字义及同类性质、作文法则等，义理务合逻辑，修辞不尚浮华，其为语体文也，简当明畅，绝无一般疵累之习，善于描写及表情，故其所译世界名著如《爱的教育》《棉被》及自撰之《平屋杂文》等，读之令人心神豁然，饶有余味，如见其人，如见其事也。"（姜丹书《夏丏尊先生传略》）简当明畅，无疵累之习，饶有趣味，这种美好的言语表现境界正是夏丏尊不懈求通的结果。

夏丏尊认为，明了是"形式上与部分上的条件"，适当则是"全体上态度上的条件"。如何适当？必须心存读者，"努力以求适合读者的心情，要使读者在你的文字中得到兴趣或快悦，不要使读者得着厌倦"。怎样具体操作呢？夏丏尊借用了当时日本文章家五十岚力的"六W说"，亦即（1）为什么作这文？（Why）（2）在这文中所要述的是什么？（What）（3）谁在作这文？（Who）（4）在什么地方作这

---

① 夏丏尊、叶圣陶：《国文百八课》，生活·读书·新知三联书店 2008 年版，第35—37 页。
② 夏弘宁主编：《夏丏尊纪念文集》，浙江省上虞市文学艺术界联合会 2001 年版，第 261 页。

文？（Where）（5）在什么时候作这文？（When）（6）怎样作这文？（How）作了进一步的阐释，用他自己的概括来说就是"谁对了谁，为了什么，在什么地方，什么时候，用了什么方法，讲什么话"，写作中最好对之"逐一自己审究"（夏丏尊《关于国文的学习》）。

作文目的、作文题旨、作者地位、作文场合、作文时代、作文方法，一应俱全！似乎烦琐至极，甚至很无聊，可是一旦某个环节出了问题，便会影响言语表现的整体效果和质量。在夏丏尊所举的例子中，那位学生的信（"我钱已用完，你快给我寄十元来，勿误"）之所以会激怒父亲，正是因为没有考虑到自己的儿子身份（Who），错以老子自居，加以命令，怎么能不让他的父亲大为光火呢？进入民国时代，本该称"总统""督军"，却套用前清的"元首""疆吏"，这正是因为没有考虑到作文的历史语境（When）。可见，夏丏尊对"适当"这一写作标准的设定，并非闭门造车，或多此一举，而是针对了现实写作中的诸种弊病，所提出的一种针对性极强的矫治方案。平心而论，在写作秘籍或宝典充斥课堂与坊间的当下，能有多少人写作时将"6W"全部审究的呢？即使一窝蜂似的将心思花在了作文题旨"What"和作文技巧"How"上，可出现了虚假立意、新八股文写作（如议论文写作中的"引—议—联—结"）等丛生的陋习，能算是"审究"吗？这样想来，夏丏尊求"通"说中所蕴含的严谨扎实的态度，精益求精的追求，真是让人感到朴素而温暖。

对"心存读者"的强调，相较于 20 世纪 60 年代末期兴起的"读者反应理论"，提早了近乎 40 年！夏丏尊明确说道："所谓好文章，就是达意表情，使读者读了以后能明了作者的本意，感到作者的心情

第五章　诚意正心，阳明兼得

的文章。"①"所谓好的文字就是使读者容易领略、感动、乐于阅读的文字。诸君当执笔为文的时候，第一，不要忘记有读者；第二，须努力以求适合读者的心情，要使读者在你的文字中得到兴趣或快悦，不要使读者得着厌倦。"② 这与苏联学者梅拉赫（Meilakh）提出的"接受模型"概念③，德国接受美学理论家沃尔夫冈·伊瑟尔所提出的"隐含读者"概念④，还有阿·托尔斯泰（A. Tolstoy）对读者的强调："读者的性格和对读者的态度，就决定着艺术创作的形式和比重。读者就是艺术的一个组成部分。"⑤ 不是异曲同工吗！而且说得比他们更通俗，更亲切。当然，夏丏尊所说的关注并悦纳读者的心理，并非一味地迎合、献媚，而是谋求最高质量、最大效益的精神对话。的确，大凡优秀的作者，心中都是存在着虚拟的理想读者形象的。有和没有，表达效果大相径庭。有，则会积极考虑读者的性质、"我"与读者的关系、为文的动机、遣词造句的精当和生动、对话气场的营构等；没有，则很有可能会陷于夫子自道，在不知不觉中走向散漫、拖沓、艰涩和玄虚。因此，树立读者意识，并努力使之"有所知"，且"有所信"，挑战难度是极高的，这对读者是一种莫大的精神关怀，对作者自己则是一种高难度的挑战。缘于此，创作的过程本质上是一种动态的双向建构的过程。夏丏尊那么敏锐地洞悉了这一"天机"，并

---

① 夏丏尊、刘薰宇：《文章作法》，中华书局2013年版，第1页。
② 夏丏尊：《关于国文的学习》，张圣华总主编《夏丏尊教育名篇》，教育科学出版社2007年版，第116页。
③ 梅拉赫认为，作家的头脑中都有一个"接受模型"，从开始的构思到作品的完成，都要不断地同想象中的读者打交道，千方百计地使作品的思想倾向和艺术形式适应并影响他们，以获得最佳反响。同时，作家也会从分析读者的审美心理结构来寻找、安排作品最佳的内在结构。
④ 伊瑟尔认为，在作家写作的过程中，头脑里始终有一个"隐含读者"，写作的过程即是向这个隐含读者叙述故事并与其对话的过程。
⑤ ［俄］阿·托尔斯泰：《论文学》，人民文学出版社1980年版，第24页。

将之适时地引入写作教育，何其用心！何其用情！何其用力！潘新和教授称："在现代语文教育家中，注重培养学生读者意识的不乏其人，但能对此作周详的思考和策划，却并不多见。"① 这正是看到了夏丏尊理论倡导的苦心孤诣。

对"读者意识"的强调，也是针对了当时学生写作中矫揉造作、目中无人的现象。小学生写《西湖游记》，竟然连"携酒赋诗"都跑出来了。夏丏尊痛心疾首地写道："循此以往，文字将失信用，在现世将彼此误解，于后世将不足征信。"② 所以，"读者意识"的提出，对写作中套话成风、假话泛滥的现象可谓一种有力的矫正。当时，叶圣陶提倡写作要"本于内心的郁积，发乎情性的自然""从原料上讲，要是真实的、深厚的，不说那些不可征验、浮游无着的话；从写作上讲，要是诚恳的、严肃的，不取那些油滑、轻薄、卑鄙的态度"③；朱自清主张拿杂志上，特别是报纸上的文字作为中学生写作训练的目标，给他们布置说明文、议论文写作的任务，也只能给他们"一些熟悉的小题目""或者给一些时事题目，让他们拟演说词或壁报文字，假想的读者是一般民众，至多是同等的中学生。这才可以引他们入胜"④。无不是针对了"读者意识"缺乏的现象而发，力求强化启示、训练学生的读者意识，以拨乱反正。

影响所及，读者意识还渗透在夏丏尊语文教育思想的其他方面。如他的文体观，"我们自己觉知了一个或多数的人或物，更想叫别人

---

① 潘新和：《夏丏尊写作教学观初探》，《福建师范大学学报》（哲学社会科学版）1994年第3期。

② 夏丏尊：《学斋随想录》，张圣华总主编《夏丏尊教育名篇》，教育科学出版社2007年版，第70页。

③ 叶圣陶：《作文论》，中央教育科学研究所编《叶圣陶语文教育论集》，教育科学出版社1980年版，第358—359页。

④ 朱自清：《朱自清语文教学经验》，教育科学出版社2007年版，第27—29页。

知道……倘若那人或物不在别人眼前,我们就得用语言或文字来告诉别人。为着这种需要写成的文字叫作'记叙文'。""我们自己知道了一些事情,更想叫别人知道,为着这种需要写成的文字叫作'叙述文'。"(《开明国文讲义》)再如他的编辑观,《中学生》杂志中"文章病院"栏目的开设,《夏氏字典》编纂中注意"文白结合"等,无一不是从读者的心理需求出发。还有他的教学观,为教之初便从学生心理需要和接受能力出发,从"语文教学和新的文学观点着眼,选讲具有较高文学价值和学术价值的文章,特别是桐城派的组织严谨或富有文学意境的文字",而不是像当时的那些宿儒硕彦们,"只拿自己熟悉的一套传授给学生"[1]。甚至在命题观中都有"读者意识""学生意识"的闪烁:反对命题的大而无当、无病呻吟——学生才看了几页历史,就让他们写《秦始皇论》《汉高祖论》,还没明白一乡一村的社会组织,就让学生写《救国的方针》《富强的根源》,主张要"引起学生的意趣",先"揣度练习的人对于什么是有话说的,说得来的",然后再决定"把什么作为题目给你作"[2]。

追根溯源,这种"读者意识"与他的"情爱教育观"有着必然的关联。在《爱的教育·译者序言》中,夏丏尊说:"教育上的水是什么?就是情,就是爱,教育没有了情爱,就成了无水的池。任你四方形也罢,圆形也罢,总逃不了一个空虚。"[3] 没有情、爱的润泽,毫无人格上的接触,只有知识的授受,那么,教师就会沦为卖知识的人,学生成为买知识的人,整个学校教育就堕落为"学店的教育"了。基于这样的认识,他将教育事业视为"英雄的事业""大丈夫的

---

[1] 王利民:《平屋主人——夏丏尊传》,浙江人民出版社2005年版,第43页。
[2] 夏丏尊、叶圣陶:《文心》,生活·读书·新知三联书店2008年版,第22—23页。
[3] 夏丏尊:《〈爱的教育〉译者序言》,商金林编注《夏丏尊集》,花城出版社2012年版,第200页。

事业",不仅要处处为学生着想,而且教师本人也要进行人格的磨炼,因为"人格恰如一种魔力,从人格发出来的行动,自然使人受着强大的感化"。尽管他也表示"并不是凡是教育者必须贤人圣人",因为"理想的人物本是不可多得的,我并不要求教育者皆有完美之人格"[①],但是他本人分明时时刻刻都是这样高标准地要求自己的。可以说,有了英雄精神、圣贤胸襟的自觉追求,夏丏尊的"读者意识""生本主义"才像空气、阳光和水一样,遍布了他语文教育思想的各个角落。他的"读者意识"立足了写作学,又超乎了写作学。

夏丏尊在写作教育中勉力求通,但亦不忘求好——积极修辞。

积极修辞的方式很多,夏丏尊和叶圣陶主要谈了以下几种:①调和。即整齐、相应、谐和、自然。句子要读去顺口,听去悦耳;全篇要统一有序,体式分明。②具体。即将空漠难解的无形事情用具体的方法来表达。③增义。即用有关系的材料附加在所说的话里,使所说的话意义更丰富,如把"国事危急"说成"国事危如累卵"。这些方式都是针对了读者的心理需求,力争使表达更合情境,更加有效。

非常有意思的是,夏丏尊、叶圣陶二人还反其道行之,提出了三种对立的积极修辞方式:(1)奇警。主要是针对长期调和所造成的阅读倦怠。如"人有毁谤应该声辩"是调和的说法,奇警的说法就会是"止谤莫如缄默"。初看,不合情理,但是如果加以说明,也会生出说服力。(2)朦胧。这是具体的反面,故意将意思表达含蓄一些,如交际社会上把"撒粪"改说"出恭"。(3)减义。与增义相对,故意把要说的话不说尽,或不说,让对手用想象去补足,如对一个愚人说

---

① 夏丏尊:《教育的背景》,张圣华总主编《夏丏尊教育名篇》,教育科学出版社2007年版,第76页。

"你真聪明",骂无用的人为"宝贝"①。将言语表现的辩证法诠释得淋漓尽致。

尤其是奇警、朦胧、减义诸法,与亚里士多德所说的"奇异"——最能使风格既明白清晰而又不流于平凡的字,是衍体字和变体字;它们因为和普通字有所不同而显得奇异②,俄国形式主义文论中的"陌生化"——使对象陌生,使形式变得困难,增加感觉的难度和时间长度,因为感觉过程本身就是审美目的,必须设法延长③,还有英美新批评所追求的"反讽"(irony)——语境对一个陈述语的明显的歪曲④,在精神上十分契合,却又天然地具有浓郁的中国风、个人味及独特的发现与创造能力,一样可以在理论上实现"人生的通感",这的确令人称奇。

二 知行合一,熟能生巧

这主要是从写作实践的层面来谈的。

在"知"与"行"之间,夏丏尊颇为看重"行"。他说:"技术要达到巧妙的地步,不能只靠规矩,非自己努力锻炼不可。学游泳的人不是只读几本书就能成,学木工的人不是只听别人讲几次便会,作文也是如此,单知道作文法也不能就作得出好文章。"⑤ 怎样努力锻炼,他在许多方面都作了强调。

---

① 夏丏尊、叶圣陶:《国文百八课》,生活·读书·新知三联书店2008年版,第107—132页。
② [古希腊]亚里士多德:《诗学》,人民文学出版社2002年版,第65页。
③ [俄]什克洛夫斯基:《作为技巧的艺术》,莱芒(Lemon)、里斯(Reis)编译《俄国形式主义批评:四篇论文》,美国内布拉斯加大学出版社1965年版,第12页。
④ [美]布鲁克斯:《反讽——一种结构原则》(1949),赵毅衡主编《"新批评"文集》,百花文艺出版社2001年版,第379页。
⑤ 夏丏尊、刘薰宇:《文章作法》,中华书局2013年版,第2页。

对于作文次数，夏丏尊力主多练。这与当时很多学者的意见相左。比如，萧楚女、叶苍岑等人主张作文每两周一次，短篇习作一小时可完者，每周一次[1]；胡适、梁启超等人主张每学期至多三次，因为"多做学生便要讨厌，或拿一个套子套来套去"，不如"做一次便将一种文做通。下次再做别一种文。如此便做一篇得一篇的好处。尚有补助法，使学生在课外随意做笔记，以为作文的补助，比出题目自然得多"[2]。夏丏尊是力挺每周一次的教师命题作文的，并且也不认为课余多写笔记、日记、通告、书札，就是"补助法"，就是真正的作文，是"把课内外打成一片"，作文是生活的一个项目，同吃饭、说话、做工一样，或者就是生活。在尝试小品文教学时还指出："无论如何，多作总是学文底必要条件之一。现在学校中每月二次或三次的文实嫌太少。"这的确说到了点子上。千里马是跑出来的，好文章是练出来的，光说不练、眼高手低、心手不一，就不会出好文章。

但是，夏丏尊倡导的多作，迥异于当下的题海战术。因为多作的同时，他也很强调多看、多思、多商量。多看，从他《关于国文的学习》《阅读什么》《国文科课外应读些什么》等文，自己作文理论著作中所征引经典范例显示出来的辽阔范围，还有曾经为学生开列的85部书单中，不难一窥端倪。古今中外、天文地理、文学、学术，甚至连工具书、《新约》《旧约》，还有陈望道于1920年翻译的《共产党宣言》，都位列其间[3]。这与古人的"观千剑而后识器，操千曲而后晓声"（刘勰《文心雕龙·知音》）的思想，显然一脉相承。

既要多看，又要多思。把自我放进阅读的对象中去，两相比较，

---

[1] 叶苍岑：《对中学新生谈国文学习》，《国文杂志》1942年第1卷第2期。
[2] 梁启超：《作文入门》，教育科学出版社2007年版，第47页。
[3] 夏丏尊：《叫学生在课外读些什么书》，《春晖》半月刊1923年第17期。

"一壁读,一壁自问:'如果叫我来说,将怎样?'对于文字全体的布局,这样问;对于各句或句与句的关系,这样问;对于每句的字,也这样问"(夏丏尊《关于国文的学习》)。这种蝎子般的自觉而坚韧的思索,自然更能解悟文本的秘妙或不足,不断提升思辨、批判和表现的能力,进而渊深自我的写作素养。他指出《红楼梦》中描写贾宝玉面貌的文字极忠实,却吃力不讨好,无法给人想象的空间(夏丏尊《关于国文的学习》);批评易卜生《娜拉》中的人物语言不切合身份,发现鲁迅、郁达夫、叶圣陶等作家作品中"作者忽然现出",文字"在形式上失了统一"[1],莫不是多思、深思之后所下的判语。马叙伦在为夏丏尊所写的铭文中有"思通百代,焕若泉新"一句,正是对其思想力量的肯定,称得上"知音之评"。

又因为,夏丏尊能始终以形式为学习国文的着眼点,不仅关注写什么,还关注怎么写,为何这么写,所以更能把握国文的体性,使阅读、写作都能起到举一反三、触类旁通的效果,进而较好地实现自我本质力量的对象化。加之,他不仅关注写作之用,也关注写作之美、之趣——"一味抒述内心生活,虽嫌虚空,然账簿式的事实的排列,也实在没有趣味。因此,最好的日记是于记述事实之中,可以表现心情的作法。"书札"不只简单地排列要事,很能使受书的爱读,而且读了增加不少的兴趣……书札中能兼述生活情趣,就能不呆滞而饶兴味"[2]。这与当时学者重应用文而轻文学的写作观(如刘半农就认为"应用文是青菜黄米的家常饭,文学却是个大鱼大肉;应用文是'无事三十里'的随便走路,文学文乃是运动场上

---

[1] 夏丏尊、刘薰宇:《文章作法》,中华书局2013年版,第133—136页。
[2] 同上书,第92—95页。

大出风头的一英里赛跑"①）截然不同，所以他提倡的多作在某种程度上已然化作学生精神成长的自发需要，成了内在的驱力，而非外在的拉力、压力了。

另外，更要多商量。作品写好后，与同学切磋、向师长请益，明得失、悟秘妙，从而尽可能地将文章修改完善，臻理想之境。这种思想，在《文心》中有多处体现，如《一封信》中的乐华与大文共写一封信，请枚叔提意见；《推敲》中的宋有方请乐华为之修改、讲评《机械的工作》一文。朱光潜在回忆春晖中学的教学经历时说："学校范围不大，大家朝夕相处，宛如一家人。佩弦与丏尊、子恺诸人都爱好文艺，常以所作相传观。我于无形中受了他们的影响，开始学习写作。我的第一篇处女作，就是在丏尊、佩弦两位先生鼓励之下写成的。"② 范泉受内山完造之托，翻译了日本小田岳夫的《鲁迅传》，向夏丏尊请教。夏丏尊在点明其"简明扼要"的优点时，也道出其不足，"不少外国人的观点，说得似乎不够恰切"，并语重心长地指出："有些语句，得意译。不能完全直译。意译了，反而能够表达原作的精神。"③ 一下子解决了长期困扰范泉的翻译写作问题。文章共赏，多交流，听听他人的意见，连成人学者都觉得兴趣盎然、受益无穷，更何况学养相对薄弱的学生呢？多商量、多分享，思维洞开、想象翩跹，一如戴维·伯姆所说的那样："我们坐到一起来互相交流，进而创造出一个共同的意义；我们既'参与其中'，又'分享彼此'，这就是共享的含义。"④ 如此，多作又怎么会索然无趣呢？有兴味、有乐

---

① 刘半农：《应用文之教授》，《新青年》1918 年第 4 卷第 1 期。
② 朱光潜：《敬悼朱佩弦先生》，《文学杂志》1948 年第 3 卷第 5 期。
③ 王利民：《平屋主人——夏丏尊传》，浙江人民出版社 2005 年版，第 199 页。
④ ［英］戴维·伯姆：《论对话》（On Dialogue），李·尼科编，王松涛译，教育科学出版社 2004 年版，第 33 页。

趣、有生长，再多的写作都会化为享受；反之，再少的写作，都会感到压力重重，不胜其烦。

努力锻炼、忠于自我、有感而发是前提。在《文心》中，他借王仰之先生的口说"题目虽由我出，却还是应付真实的生活"——这真实的生活有外在生活的真实，但本质上是内心生活的真实。因为他明确说过"作文先要有真实的'情'，才不是'无病呻吟'"（夏丏尊《作者应有的态度》），与叶圣陶的求诚观"本于内心的郁积，发乎情性的自然"[①] 是一个道理。但是，夏丏尊也很注意系统化训练，如各体作文法则的系统探究、形式知识的无声渗透。在这方面，《文章作法》《文章讲话》等理论著作就是上述探索的结晶。为了激发学生的写作兴趣，他还主张试作小品文，因为小品文（1）可以作长文的准备；（2）能多作；（3）能养成观察力；（4）能使文字简洁；（5）能养成作文的兴味[②]。特别是将教与学、知识与生活、读法与作法打成一片的追求，令人情不自禁地想到王国维所说的"观其会通，窥其奥窔"[③]。

这说明，夏丏尊对"知"其实也是密切关注的。在《文章作法·序言》中，他旗帜鲜明地宣称："专一依赖法则固然是不中用，但法则究竟能指示人以必由的途径，使人得到正规。渔父的儿子虽然善于游泳，但比之于有正当知识，再经过练习的专门家，究竟相差很远。""法则对于技术是必要而不充足的条件，真正凭着练习成功的，必是暗合于法则而不自知的。法则没用而有用，就在这一点，作文法的真价值，也就在这一点。"

[①] 叶圣陶：《作文论》，中央教育科学研究所编《叶圣陶语文教育论集》，教育科学出版社1980年版，第358页。
[②] 夏丏尊、刘薰宇：《文章作法》，中华书局2013年版，第89—90页。
[③] 王国维：《王国维戏曲论文集》，中国戏剧出版社1957年版，第3页。

夏丏尊写作教育中的知行合一思想，有的偏于先知后行，如评改学生习作、品评作家作品，自我写作中文艺理论的悄然出之；有的偏于先行后知，如重读旧书，对语感的率先发现和对语感训练的提倡。更多的时候，似乎是且知且行，即知即行，如《读诗偶感》《阮玲玉的死》《闻歌有感》等作品的诞生，还有对作文教育改革的多方尝试——"稿上订正，当面改削，自由命题，共同命题，分文体编讲义，分别讲解教授作文法等方法"，都尝试过。"所教的学生成绩并不差，可他还是感慨于学生作文内容的空洞。为了改变学生作文的态度和国文学习效果，他经常会烦闷很久，最后就教国文与学国文问题提出了'不要只从国文去学国文，不要只将国文当国文学'的国文教育思想。"[①] 令人觉得，在他的写作教育思想中，知与行似乎是一回事，阳明兼得，水乳交融，所以无论是指导学生写作，还是自己创作，都能进入化境。

三 努力修养，文从道出

这是从写作外围学养的角度来谈的。跳出国文学国文，跳出写作学写作，功夫在诗外。

"白马湖"作家群的艺术信条是"首重人格，次重文艺学习"[②]，作为班首的夏丏尊更是如此。早在写《文章作法·绪言》时，他便意识到人格素养对写作的重要性："内容是否充实，这关系作者的经验、智力、修养。至于形式的美丑，那便是一种技术。"其实，人格素养的高下，也是会影响形式的美丑的。言语人格优秀的人，

[①] 傅红英：《夏丏尊评传》，中国社会科学出版社2012年版，第147—148页。
[②] 丰子恺：《丰子恺散文全编》（上编），浙江文艺出版社1992年版，第535页。

从来都是将"文质彬彬"作为自己的不懈追求的。在《作驳论的注意》一文中,他似乎注意到了这点:"文章真要动人,非有好人格,好学问做根据不可,仅从方法上着想总是末技。因为所可讲得出的不过是文章的规矩,而不是文章的技巧。"将好人格与好学问并列,并说会影响文章的技巧,亦即形式的美丑、优劣,显得十分允当。多年之后,在《关于国文的学习》一文中,他重新突出了言语表现人格的重要:

> 文字毕竟是一种人格的表现,冷刻的文字,不是浮热的性质的人所能摹效的,要作细密的文字,先需具备细密的性格。不去从培养本身的知识情感意志着想,一味想从文字上去学习文字,这是一般青年的误解。我愿诸君于学得了文字的法则以后,暂且抛了文字,多去读书,多去体验,努力于自己的修养,勿仅仅拘执了文字,在文字上用浅薄的工夫。

人格内涵中更强调"知、情、意"的三位一体且培养"全人"素养的意识有所明确。将人格素养提到至高无上的地位,大概是针对当时学生偏科,学问不扎实;文风浮华,不足征信;内容空洞,矫揉造作的写作现实吧!

将人格素养视为言语表现的最高学问,这无疑是对我国古代写作教育中"修辞立其诚"(《周易·乾》)这一精神道统的忠实继承。孔子说:"有德者必有言,有言者不必有德。"(《论语·宪问》)将言视为德的自然产物,德对言具有决定性的作用。孟子说:"我知言,我善养吾浩然之气。"(《孟子·公孙丑上》)他说的"养气"其实就是"养心",进行人格的自我修炼,知言、善言,正是善于修炼人格的结果。朱熹说得更为具体、明确:"这文皆从道中流出,岂有文反能贯道之理？文，是文；道，是道。若以文贯道，却是把本为末。以末为本，可乎？道者，文之根本；文者，道之枝叶。"(《朱子语类》卷一百三十九)重申了道对文的决定作用。这里的"道"，内涵已有所扩展。有论者认为是指"事物的规律和道德原则"[1]，还有论者认为是指"宇宙原理和道德准则"[2]。但是不管偏于哪种理解，都没有缺失体现自我人格素养的道德之维。

当然，重视人格对言语表现的决定作用，也有同时代"思想共同体"的相互驰援与补充、生发。叶圣陶就特别看重作文上的"求诚"——从原料上讲，要是真实的、深厚的，不说那些不可征验、浮游无着的话；从写作讲，要是诚恳的、严肃的，不取那些油滑、轻薄、卑鄙的态度。[3] 外求事真，内求心诚，表现出非常严谨、庄重的写作使命感。朱自清说："古人作一篇文章，他是有了浓厚的感情，发自他的肺腑，才用文字表现出来的。在文章里隐藏着他的灵魂，使旁人读了能够与作者共感共鸣。"[4] 虽然忽略了文字对情感、灵魂的规约、塑造作用，但是强调为情而写，自然成文，道出了所有优秀文章的共性。朱光潜也说："文学是人格的流露。一个文人先须是一个人，须有学问和经验所逐渐铸就的丰富的精神生活。有了这个基础，他让所见所闻所感所触很本色地流露出来，不装腔，不作势，水到渠成，他就成就了他的独到的风格，世间也只有这种文字才算是上品文字。"[5] 人格、学问、经验、文章，相辅相成，浑然一体，但是人格起

---

[1] 陈来：《宋明理学》，辽宁教育出版社1991年版，第162页。
[2] 潘立勇：《朱熹对文道观的本体论发展及其内在矛盾》，《学术月刊》2001年第5期。
[3] 叶圣陶：《作文论》，中央教育科学研究所编《叶圣陶语文教育论集》，教育科学出版社1980年版，第359页。
[4] 朱自清：《怎样学习国文》，张圣华总主编《朱自清语文教学经验》，教育科学出版社2007年版，第186页。
[5] 朱光潜：《我与文学及其他》，广西师范大学出版社2004年版，第106页。

着最关键的作用,是基础,又是统领。

有继承,有生发,有体认,有坚守,但是要想让这朴素而深刻的道理化为学生言语表现的习惯、能力并最终融入他们的精神生命,形成素养,乃至信念,则必须投入大量的、不倦的教育实践。

除了在著述、演讲中不断点染人格对言语表现的决定作用之外,在写作教学中,夏丏尊也是始终不渝地贯彻这一理念的。

丰子恺在《悼丏师》一文中回忆了两个细节:一是某生写父亲客死他乡,他"星夜匍匐奔丧",夏丏尊苦笑着问他:"你那个晚上真个是在地上爬去的?"引得大家发笑,那位同学脸孔绯红。二是某生发牢骚,赞隐遁,说要"乐琴书以消忧,抚孤松而盘桓",夏丏尊厉声问他:"你为什么来考师范学校?"弄得那人无言可对。这种当头棒喝可以说是对虚伪人格、套作之弊毫不留情的抨击,对真诚言语人格的有力捍卫。针对写作中的具体病症,勇敢地亮出自己的不满,或艺术地点睛,完全可以促使学生更好地意识到言语人格对为文的重要性。有痛感,有震惊,成长才会更快。帕克·帕尔默就说过:"方法固然重要,然而,无论我们做什么,最能获得实践效果的东西是,在操作中去洞悉我们内心发生的事。越熟悉我们的内心领域,我们的教学就越稳健,我们的生活就越踏实。"① 夏丏尊既洞悉学生的灵魂领域,又知道他们的写作缺陷,并及时、果断地矫正,不折不扣地贯彻了他教育是"英雄的事业,大丈夫的事业"的信仰②,这样的教育当然是稳健的、踏实的、有力的。

在作文评改中,夏丏尊也始终坚守着这一信念。一个叫王炯的学

---

① [美]帕克·帕尔默:《教学勇气——漫步教师心灵》,华东师范大学出版社1991年版,第6页。
② 夏丏尊:《近事杂感》,张圣华总主编《夏丏尊教育名篇》,教育科学出版社2007年版,第91页。

生,古文背得熟,作文喜欢引经据典,连缀成篇,但是缺乏自我的思想。这种作文在前任语文老师那里,常被褒奖并获满分,可是夏丏尊并不赞成这种写法,对之循循善诱,劝其努力用白话文表达自己的思想。另一位学生叫陈润堂,不爱引述经典词句,但能忠于自己的思考,时有新意出现。前任老师评之内容空洞,无据可寻,夏丏尊却对之赞赏有加并经常将他的作文当作范文介绍。有了这种健康作文观的引领,以及不断激浊扬清,学生的作文风貌怎能不为之一变呢?

夏丏尊对于虚伪造作、视套成习的现象拍案而起,在很多人看来,或许是小题大做——放在当下,甚至能被视为炒作,惹得一身骚。可是,正因为这种莫名惊诧、不以为意,从他所处的时代到当下,这些弊病非但没有销声匿迹,反而有愈演愈烈之势。谈自强不息,学生捏造出自己残废、父母离世的事实,一点儿都不会心中有愧。至于套作,更是疯魔痴狂。据说,作家叶兆言以"禁止鸣笛"的交通标志为题,看图作文,学生竟然也能玩出一度备受推崇的"文化历史大散文"来。比如,从秦始皇的"禁止鸣笛"一直说到岳飞的"吹笛",驾轻就熟,非常流畅,却把老师扔进了五里云雾之中。南京特级教师吴非讥之为"滥抒情,口吐白沫;假叹息,无病呻吟;沾文化,满地打滚;伪斯文,道貌岸然"[①],可谓一剑封喉。梁启超指斥当年的写作教育"奖励剿说,奖励空疏及剽滑,奖励轻率,奖励刻薄及不负责任,奖励偏见,奖励虚伪"(梁启超《为什么要注重叙事文字》),此类顽症,今日何曾消除?基于此,夏丏尊的仗义执言,显得何其珍贵!

夏丏尊的努力修养,也贯彻到了生活的各个方面。无论是教学、

---

① 吴非:《王栋生作文教学笔记》,江苏教育出版社2012年版,第30页。

办刊、译书、撰文、交际，始终秉持着真诚相待、一丝不苟的为人原则。尤其是对独处、自省，他竟然将其提升到了"文艺创作的源泉"高度，认为"在森罗万象的自然人生之中"，"最安全正当的方法，是从自己下手"去认识，但是，一个人"真正要知道自己"却并不容易，非要"自己客观地作严酷的批判，深刻的解剖不可"①，这使他的不少文章充满了自我批判的色彩，读来颇具发人深省的力量。芝峰法师赞其为人："贫于身而不谄富，雄于智而不傲物，信仰古佛而非佞佛，缅怀出世而非厌世，绝去虚伪，全无迂曲。"② 这种真诚坦荡、率真刚直的个性，在其写作教育中，更是得到了淋漓尽致的展现，很好地实现了作文与生活打成一片的追求。

---

① 夏丏尊：《夏丏尊文集·文心之辑》，浙江人民出版社1983年版，第162页。
② 芝峰：《在夏丏尊遗体火化仪式上的致语》，杜草甬、商金林编《夏丏尊论语文教育》，河南教育出版社1987年版，第309页。

第六章

遵路识真，化为关怀
——夏丏尊语文测评思想论

遵路识真，化为关怀，堪称夏丏尊语文测评思想的灵魂。

抨击命题罔顾时代需求、无视学生知识实际，关注检测服务学生将来的进修与生活；警惕大而无当的随意、任性，讲求检测的精细化、科学化；摒弃知识的机械识记、能力的无聊操练，建构素养本位下融语文基础知识、基本能力、学习态度、探索兴趣、人格素养于一体的立体考查；既注意他测，亦不忘自测、互测、混测，形成检测的动态化、优质化，并构成对目标设定、课堂教学的有力互动。这使他的语文测评思想不仅具有科学的效度、信度、梯度，更具有人文的热度、广度和深度。

第一节　关于语文测评的构想

在《国文科的学力检测》一文中，夏丏尊系统阐述了他的语文测评构想。

一 写作：以翻译、评改为标准

当时对学生语文能力的评定，几乎只凭写作，而写作的考查，因教师累次的着眼点不同，加上成绩又"机械地历年平均"，颇不可靠。针对这种状况，夏丏尊提出了作文之外，兼以翻译、评改为标准的思想。

翻译是指将文言译为白话，或将英文译为中文，也可将普通文言诗歌或所读英文的一节忠实地译出。何以从翻译的角度考查学生的写作能力，夏丏尊的理由是"翻译是有原文的，既须顾到译文，又须顾到原文，一切用字造句都不能随意轻率，一有错误，对照起来立即现出，所以是试练写作的好方法"。评改即是将"一篇他人的文字摆在面前，细心审读，好的部分加圈，坏的部分代为改窜，但好与坏都需把理由说得出，不准有丝毫的含糊"。因为这两种测查方法"比自由写作及命题作文来得可靠，既用不着滥调子，也用不着虚伪的修饰"，因此，"真实的写作能力可以赤裸裸地表现无遗"。

通过翻译考查学生写作能力的思想，在王森然《中学国文教学概要》、阮真《中学作文教学研究》、蒋伯潜《中学国文教学法》等著作中均有阐述。胡适更是大力倡导"多做翻译，翻白话作古文，翻古文作白话文"，因为这样可以"练习文法的应用"。倘若翻译长篇，还可使学生练习有材料的文字。"做文最忌没有话可说。翻译现成的长篇，先有材料作底子，再讲究怎样说法，便容易了。"[①] 西南联大在高中毕业生甄别试验的国文试题中，更是多次出现翻译题，如将老舍《更大一些的想象》中的首段白话译成文言。夏丏尊与他们同声相应，但并不赞成将语体文译成文言文，这与他教而不作的思想是一致的，

---

① 胡适：《胡适文集》第 2 卷，北京大学出版社 2013 年版，第 147—148 页。

也顺应了当时的白话文运动,以求言文合一,尽享语言解放的欢畅。与刘大白等人的偏激相比——视文言文为"死话文""鬼话文",他的思想还是比较持正而切合实际的。据何兆武回忆,在西南联大时期,中文系(系主任是朱自清)也是规定学生作文"必须用白话,不能用文言文"的,"其意也在养成通识和通才教育,大概因为这是'会通'之所必须"①。

从表面上看,翻译似乎只是规定动作,传述而已,谈不上什么表现与创造,其实不然。既要忠于原文的意思,又要传递原文的神韵,这种戴着脚镣跳舞般的要求,本身就蕴含着极大的创造。同一篇文章,为什么不同译文的水平却参差不齐,甚至天地悬殊?生活中为什么寻找最好译文、译本的声音一直不绝于耳?为什么越来越多的人对翻译中意蕴、情感、文化信息的流失深感不满,却又无可奈何?翻译达到"信"的境界尚且如此艰难,更何况还要"达"和"雅"!没有一定的表现力,谈何容易!翻译不仅需要生命的融合、思想的共振,更需要自我的创造。因为在融合、共振的过程,译者的言语生命能量必然会源源不断地注入,对等的交流、传递、共生、共长才有望达成。从这个角度说,翻译确乃二度创作。

中国的训诂学传统,以及文人的释古心理更是验证了这一道理:翻译、阐释并非简单复制古声。"由于中国没有批判主流文化的客观环境,学人的批判欲、破坏欲和创造欲都受到压抑,因而,这些欲望往往以'解释'的心态曲折地表现出来。对经典名为解释,实际上隐含着批判、修正。"② 另外,释古者们大多喜欢"把自己的工作看作

---

① 何兆武:《也谈"清华学派"》,徐葆耕《清华学术精神》,清华大学出版社2004年版,第8页。
② 同上书,第7页。

为病入膏肓的民族开一副救死的药方。正是这种崇高的精神激发着他们的智慧。他们自信这些药方是传统文化中内在的、固有的东西；其实它只是个人前见和历史视域的融合"[1]。普通中学生当然不会具备训诂者们自觉借古人发声的功力，可能也少有挖掘传统经典中的精髓、疗救病态社会的自觉，但是会通古人的情思，并加以诠释、传递，自我的体验与创造必然会渗透其间。

突出翻译的忠实，与古人提倡的先写"放胆文"，再写"小心文"正好相反——唯有先"小心"，"忠实"才能得到保障。至于放胆的创造，则是忠实已达炉火纯青之境以后的事情。毕竟，翻译是不逾矩的二度创作。夏丏尊讲过一位工于尺牍写作的朋友，"文字都简雅高古，没有俗气，不类近人，自成一格"，个中原因竟然是临摹晋唐人的书法所致，如《淳化阁法帖》《三希堂法帖》等。一般人只注意到书法，而他的朋友却"能于书法之外，利用了去学文章"[2]。可见，临"帖"或临"文"，绝不是如照相机般按比例复制，而是融汇了灵思妙悟的个性化创造。准确地说，是萃聚了临者与作者智慧的"复合式"创造。翻译亦然。当下的中、高考语文试卷中硕果仅存的文言翻白话，已非夏丏尊测评思想中的语篇或语段翻译，只是从文中抽出一两句，带有窥一斑而见全豹的企图，难度大幅降低，分值也少得可怜（每句2分），这在客观上给学生的慵懒、投机带来了可乘之机——不少老师应学生要求，从指定篇目中划出所谓的重点句，让学生临时强记即是。尽管词语解释、内涵理解等题目也会紧紧跟上，但检测的效度与信度已打了折扣。

---

[1] 徐葆耕：《清华学术精神》，清华大学出版社2004年版，第20页。
[2] 夏丏尊：《国文科课外应读些什么》，杜草甬、商金林编《夏丏尊论语文教育》，河南教育出版社1987年版，第56页。

通过评改，考查学生的写作能力，极类中国古代的印象主义批评。既能提要钩玄，阐发精微，又能指陈不足，讲明道理。学生的感悟力、理解力、表现力，尽可在评改中充分彰显。遗憾的是，后世只汲取了夏丏尊的"评"——划出文中的 3—4 个句子或句群，让学生"从内容、写法、结构、语言、修辞等方面任选角度"评点，而忽略了"改"——改窜写得不好的地方。一边倒地叫好，固然可以深味言语表现的秘妙，但是无形中也会将学生的思维同质化，使他们误以为作者的文句都是无可挑剔的。如此一来，必然导致批判性思维的渐渐麻痹。而为了保险起见，"表现手法、修辞手法＋意蕴揭示"这一评点范式的机械运用，则使本来不拘一格，充满个性化体悟、创造的评点，变成了千人一面的套话填充。王尔德有言："关于艺术的东西，思想必定是带有情感成分，流动而非固定，因时节心境的不同而变易，所以不能笼入科学公式或是道学经说的圈套。"① 不幸的是，这一积弊在语文中、高考中已经越陷越深了。

二　理解：考标点、分段与常识

理解与写作，一直被夏丏尊视为语文学习的两大目标。

考查学生的阅读理解力，他首选"标点与分段"——碰到一篇艰深的文章或一本书（指没有句读的文言文或著作），如果能逐句读得断，全体分得成段落，便算是大致能理解了。次选"常识的测验"——在普通文字中所谓内容，无非是些常识而已。中学生尽可不懂偏僻的术语，普通书中常用的名词究非知道不可。近来，大学或专

---

① 王尔德：《批评家即艺术家》，林语堂译《新的文评》，北新书店 1930 年版，第 87 页。

门学校的入校试题中常有常识检测一个项目，你可以把各校的检测题目拿来测验自己，如自觉能力欠缺，就急需自己补救。补救的方法是多问，多翻字典。

夏丏尊是就文言文阅读理解来谈的。从标点与分段入手，的确是找到了理解的枢纽。标点与分段的过程，不仅可以理解文章字句的意思、全文整体的意脉或情脉，而且可以玩绎作者遣词造句的优劣、结构布局的妍媸，实现跨越时空、深度自具的精神对话。而句读、分段中的难点、疑点，乃至舛误，则又可以促使学生反求诸己，不断调试、吸纳、扬弃和超越。所以，标点与分段也算得上是语文学养最见功夫、最为有效的积淀方式。20世纪八九十年代，国内不少知名大学古代文学专业的考研试卷中依然保留这样的题型，当下不少古籍出版社聘请一流的学者对古代的典籍进行句读，更是证明：标点与分段绝非小儿科、花架子，实乃大学问、硬功夫。

不少命题专家拿句读的多元性（可以这样句读，也可以那样句读）、复杂性（句读繁多，不便操作）说事，以为这会影响检测的效度与信度，也会增加批改的难度，影响工作的进度，拒绝标点与分段进入文言文阅读考查的范围，纯属是为自己怕费事、图省事的心理寻找遮羞布，经不起任何推敲。如此浅薄、浮躁，怕应羞见先生的虔诚与笃定吧!

着眼于常识的考查，一是基于中学生暴露的学识孤陋——有人把陶渊明《桃花源记》中的"晋太元中"解作"山西太原府"，把"安禄山"解作"西北之高山"。二是出于立体学养的考虑——很关注语文学习的会通，既要读有字之书，又要读无字之书，讲究读书与生活的"连成一气、打成一片"[①]；更关注学习的趣味，所谓"酱之只有

[①] 夏丏尊：《阅读什么》，张圣华总主编《夏丏尊教育名篇》，教育科学出版社2007年版，第136页。

酱气者，必非善酱；肉之只有肉气者，必非善肉"。教师在职业之外，当有多方趣味；学生在掌握课本知识的同时，更需掌握生活的知识，因为国文包含的内容太广泛，差不多包括文化及生活的全体。三是由于对通识教育价值的敏感前瞻——既要成为中国人，"知道中国文化及思想的大概"，又要成为世界人、20世纪的人，"能知道全世界普通的古今事项"，不能像某中学国文老师那样，把"梅德林克"（今译为"梅特林克"）误解作乐器中的曼陀铃，把"伯纳特·萧"误解作一种可吹的箫[①]。

常识的考查，夏丏尊突出的是"文化"，后人突出的是"文学"，宽窄有别，高下立见。再后来，因为觉得文学常识的考查太琐碎，又有脱离语境的嫌疑，所以不少省份的中、高考语文试卷中，这种题型渐渐消失了，除非变身进入名著阅读的复习资料题，倒是在"青歌赛""开心辞典""一站到底"等电视节目中，时能窥见夏丏尊文化常识考查的面影。至于平时的语文学习，因为追求所谓的效率，一切为考点而战，更是鲜有人问津常识的复习了。其实，不管教育思潮如何云涌，题型如何变脸，夏丏尊在句读与常识考查中体现出来的语文核心素养与外围素养兼顾，而又主次分明的思想，值得永远谨记与弘扬。

三　语汇：聚焦理解和运用能力

夏丏尊对语汇的考查，也指向了阅读和写作。

传统的语汇学习，基本停留在会读、会写、会记上，偏于机械地

[①] 夏丏尊：《关于国文的学习》，张圣华总主编《夏丏尊教育名篇》，教育科学出版社2007年版，第96页。

积累；夏丏尊提倡的语汇学习则进了一步：会"解"。在理解的基础上积累，且是批量积累——例如说，一个"观"字共有多少种解释？和其他词拼合起来，在头上的如"观念""观感""观光""观察"……共有多少个？在末尾的如"楼观""壮观""人生观""达观""贞观"……共有多少个？均可自我检测。某字在头上者，最好以日常所用的辞典来作依据，某字在末尾者，可去一翻《佩文韵府》等类书。为了增加积累的趣味性，他还建议择数字与朋友竞争，一一写出，比比谁写得多。

不过，会"解"只是语汇学习的前奏，最终是要为会"用"服务的。夏丏尊认为，语汇学习不仅要注意形式上的批量积累，更要关注意蕴上的区分度——例如一个"笑"字，你在写作中运用"笑"字的时候，因了情形，能换出几种花样来？与"笑"一系列的词，有"解颐""哄堂""捧腹""喷饭""莞尔"……形容"笑"的程度的词，有"呵呵""哈哈""嘻嘻"……你知道的有几个？有了这种体察入微的区分度，语汇的积累才会卓有成效。而语汇一旦丰富起来，就能"多方运用，各得其所，犹之作战需用多数的军队。你该任就几个意思，把可用的词列举出来，像检阅部下军队似地自己检验一下"。

语汇学习如今多被下放到小学且主要是浓缩到前三年集中学习了。在中学，虽然课文之后也附有生词表，但通常多是以学生自学的形式完成的。试卷中也会有语汇题的存在，或单独出现在语基部分，或随文出现在阅读理解中，但只是象征性地露个脸，分值极低。至于说语文教学，无论课内，还是课外，语汇的学习都是极度边缘化的。尽管优秀的老师也会抓住文中的关键词，引导学生梳理文脉，体味人物形象的思想情感，把玩文本的形式秘妙，以此纤敏学生的语感，希冀牵一发而动全身，带动语汇的积累与运用，但像夏丏尊这样如此重视且苦心孤诣地加以指点的,为数极少。

小学高年级与中学阶段,逐步放手让学生从事语汇的学习和积累,无可厚非,但放手不是放弃。放手的过程中,重视语汇理解、积累、运用的思想,应该一以贯之。这应提升到足够的高度加以体认。

首先,语汇是对世界的命名。令"物"到来,照亮世界。没有语汇涉足的地方,事物或现象"在"亦等于"不在",一如萨丕尔所言:"有了一个词,我们就像松了一口气,本能地觉得一个概念现在归我们使用了。没有符号,我们不会觉得已经掌握了直接认识或了解这个概念的钥匙。"[1] 海德格尔说得更为深刻、明确:"词语本身就是关系,因为词语把一切事物保持并且留存于存在之中。倘若没有如此这般的词语,那么物之整体,亦即'世界',便会沉入一片暗冥之中;包括'我',即那个把他所遇到的奇迹和梦想带到他的疆域边缘,带向名称之源泉的'我',也会沉入一片暗冥之中。"[2]

其次,语汇凝聚着丰富的人生体验。语汇是对经验世界的揭示,具有人生的通感,人类的交流正是借此得以进行。但是,在使用的过程中,语汇又会带上个体的生命气息,使自我出场。正如夏丏尊所说的"符号因读者的经验能力的程度"而感受不同,亦即修养不同,语感便会千差万别。缘于此,语汇丰富的人,常常就是感受丰富深刻理解的人[3]。

语汇丰富不仅可以提升理解力,更可增强表现力。夏丏尊的"检阅部队"之喻已经暗示了这一点。兵力充足可以胜券在握,词汇丰富则可以灵动表现。在《意念的表出》一文中,他对这一思想作了更为

---

[1] [美]爱德华·萨丕尔:《语言论》,陆卓元译,商务印书馆1985年版,第15页。
[2] [德]海德格尔:《通向语言的途中》,孙周兴译,商务印书馆2004年版,第167页。
[3] 夏丏尊、刘薰宇:《文章讲话》,中华书局2013年版,第140页。

具体的阐释:"一个意念有许多符号,我们在写作或说话中,应该怎样去使用这些符号?符号犹如俳优的服装,要表出一个意念到语言或文章上,好比送一个俳优出舞台去给观众看,这俳优应该怎样装束,怎样打扮,是戏剧家所苦心考虑的。文章家也该用和这同样的苦心去驱遣符号。"

故此,语汇同一个人的言语生命又是同在的。

2013年12月7日,哈佛大学教育所凯瑟琳·斯诺(Catherine Snow)教授在山东济南大学所作的讲座中断言:从词汇量可以预见孩子学业的成功与否。因为词汇量是对真实世界认识的一个指标,孩子没有太多的词汇,对真实世界的认识便不全面。这种说法有一定的道理。词语是语言的细胞,语言首先表现为词与物的关系,而物又需要词语的命名才能被把握,所以语言的掌握归根结底还是要落实到语汇的认知与掌握上。语汇的认知不深刻,掌握不牢固,言语表现自然乏力。一个言语表现乏力的人,在人与人、人与物、人与世界的沟通上必然受到种种羁绊。如此,怎能不影响事业的成功?传统观念中有"理屈词穷"一说,可是很多时候,并不是因为理屈而词穷,恰恰是因为词穷才理屈的。

从这个角度说,夏丏尊在测查中聚焦语汇的理解与运用,着实点到了语文学习的要害,但怎样以更丰富、更有效的方式去积累、运用语汇,还需深入探究。

四 其他:书法、格式与讹写等

在语文学力的检测中,夏丏尊还提到了书法、格式与讹写等项目。看似无足重轻,其实深意存焉。

一是紧扣生活之用。夏丏尊认为,进入现代工商社会,书法与人们的实际生活日益密切，差不多没有人可以一日不执笔的，用笔的工作比从前的士大夫都要忙，所以必须引起重视。只会写文课里的方格字，而不能写社会上实际需要的别种样式的字，如钢笔行书，得赶快补习。之所以要进行格式的检测，也是因为"我们实际生活上所写的东西，各有一定的格式，不合这些格式，即使你书法很好也不相干"，如契据的格式、章程的格式、公文的格式、柬帖的格式，均要知道大略的情形。

二是时时不忘审美。现代的书法，"应以敏捷、正确、匀净为目标"。书信写作，如果"不止一张，第二张至少应该在第几行完结才不难看？又，信封上地名与人名应该怎样安排"，这些问题均需考究。

三是关乎形象建构。书写美观、合"式"，不讹写，不误读，这些要求之所以被正儿八经地提出，还因为它们关乎自我形象的建构。比如，写别字，"究是浅陋幼稚的暴露"；读别字，则常会在人前被暗笑。

如此一来，看似琐碎、末节的书法、格式、不误读、不讹写，实际上全部关乎学生的语文素养，审美意识，乃至自我存在了。实用、审美、存在的有机统一，怎么能不深层地激发学生的语文学习动力，激活他们精益求精的意识呢？有实用的维度，语文实践便不会流于形式，疲于敷衍；有审美的维度，语文学习便会跳脱烦苦之重，走向轻盈洒脱；有存在的维度，语文学习便会化被动为主动，化盲目为理性，逐步走向真正的自立和自强。

可是，这样金子般的思想一直被视为迂远而阔于事情。当时的情形是"教育者与被教育者但有知识的授受，毫无人格上的接触"——所谓的"知识"还不是真正有价值的知识，要么奔着应世而去，只盯着一两科发力，而忽略了普遍的学习；要么就是随着性子乱教，远离

第六章　遵路识真，化为关怀

生活，远离人生，结果使学生变成"半三不四的人物，学了几年，一切现在的制度，生活上应有的常识，仍旧茫然"①。至于测评与所教分离，与应世、应性都不沾边的现象，比比皆是。"刚看了几页历史，就教他作《秦始皇论》《汉高祖论》，还没明白一乡一村的社会组织，却教他作《救国的方针》《富强的根源》……这些题目，看来好像极正当，可是出给不想作、没能力作的学生作，就同教他作《太阳晒屁股赋》一样，而且对他的害处一样。"② 现在的情形更糟，考什么教什么且是"填鸭式""驯兽式"的猛灌、死练，审美熏陶、人格教育早被当作花架子予以毫不怜惜地过滤了。至于书写、格式之类，除在国外的语文测评中，会天方夜谭一般地读到，如美国对学生平时的作文考查就含有编辑和校对环节，意在提醒学生：注意格式的训练，重视发表③。中国台湾的中学亦尚有书法的评量，大陆、中国香港早就销声匿迹了。如此，又怎么能指望学生热爱书写、热爱语文、热爱言语表现呢？

从形式上看，在夏丏尊关于语文测评的构想中，书法、格式、不误读、不讹写的权重确实逊于写作和阅读。但就其实质来看，这些项目与阅读、写作又有着千丝万缕的联系——格式其实就涉及了体式素养。上升到审美和自我存在的层面，很多事情都是相通的。有学者指出："语文教育测评，最应关注的是学生言语生命的健康和言语人格的健全。语文教师要把呵护、维护和养护学生的言说欲、发表欲放在最重要的地位，充分理解、尊重学生的个体言语生命冲动和选择，只

---

① 夏丏尊：《教育的背景》，张圣华总主编《夏丏尊教育名篇》，教育科学出版社2007年版，第75—76页。
② 夏丏尊、叶圣陶：《文心》，生活·读书·新知三联书店2008年版，第22页。
③ 倪文锦、欧阳汝颖主编：《语文教育展望》，华东师范大学出版社2002年版，第442页。

有在这个前提下,才谈得上言语素养的提高。"① 夏丏尊素养本位的测评思想中对审美、存在维度的重视,正是关注学生言语生命健康和言语人格健全的最好证明。在《关于国文的学习》一文中,他更是明确表示,人的"爱美欲与发表欲"是"一切艺术的根源,应该加以重视。学校中的作文课,就是为使青年满足这欲望,发达这欲望而设的",分明早已开了关注与呵护学生言语生命的先河了。

联系到 1923 年、1924 年春晖中学的国文考查试卷,标点(如辨认";"是什么记号)、语汇(如写出和"之"字音相同的字,和"更"字义相类的字,和"国"字形相近的字,写出"憨"和"暴虎冯河"的意义)、文学常识的考查(如《长恨歌》的作者是谁,托尔斯泰是哪国的文学家等),其实已有所涉及。因此,发表于 1934 年 6 月第 46 号《中学生》杂志上的《国文科的学历检测》一文,堪称是夏丏尊关于国文测评思想的一次较为系统的总结。

第二节　走向科学的大测评观

自 19 世纪末始,整个世界的教育测评因受科学思潮的影响,开始广泛借鉴心理学、统计学和实验等科学方法,不断加大客观性检测的力度,力求将学生习得的知识、能力予以量化、标准化。桑代克在 1904 年出版的《心理与社会测量》一书中甚至宣称:"一切存在物都是数量的存在,而数量存在是可以测量的。"这种科学化的追求对传

---

① 潘新和:《"表现与存在论"语文学视界》,人民出版社 2014 年版,第 338 页。

统测试中存在的主观、片面、狭窄之弊，的确起到了一定的矫治作用。学贯中西的夏丏尊显然也深受影响，这从他与叶圣陶编制《国文百八课》的旨趣中不难见出——

  在学校教育上，国文科向和其他学科对列，不被认为一种科学，因此国文科至今还缺乏客观具体的科学性。本书编辑旨趣最重要的一点就是想给予国文科以科学性，一扫从来玄妙笼统的观念。①

批评教育部民国十八年（1929）八月颁布的《中学课程暂行标准》关于国文科毕业最低限度的"笼统"——什么"名著六种"咧，"名著十二种咧"，什么"略能"咧，"大致"咧，什么"浅近的"咧，"平易的"咧，都是些不着边际的话②。包括他指责的打分不规范，评改着眼点不同的作文测评，莫不如此。

但是，夏丏尊绝对不是唯科学论者。他显然已经意识到客观化、标准化、量化、精确化的检测并非万能，因为学生的兴趣、态度、价值观、思维的弹性、想象的韧性，根本无法量化。所以，除了关注静态的纸面测评之外，他还关注动态的实践测评；不仅注意阶段的终结性测评，还注意连续的形成性测评；不仅看重学科素养的检测，而且看重生活素养、人格素养的检测；既追求检测的科学化，又不忘检测的情趣化。

---

 ①　夏丏尊、叶圣陶：《国文百八课》，生活·读书·新知三联书店，2008年版，第1页。
 ②　夏丏尊：《国文科的学力检验》，张圣华总主编《夏丏尊教育名篇》，教育科学出版社2007年版，第129页。

一 动态：多管齐下，鉴明得失

关于写作、理解、语汇及书法、格式等的测评，夏丏尊是就学生的自测来谈的。

自测可以是阶段性的，也可以是随时性的。一旦养成自觉，学生则可以不断反刍、调试自己的学习，实现自我学习效益的最大化、最优化。个性化的学习，必须有个性化的测评与之匹配。夏丏尊提醒学生："一个代数方程式，同级的人都能解，你如果解不出，这事本身关系原不大。但在一方面说，就是你的记忆力或思考力不及人，不到水平线，这却是大事。冬天早操屡次赶不上，这事本身原不算得什么有碍，但由此而显现着的你的惰性，如果不改革，却是足为你终身之累的，无论你将来干什么。"[①] 有了这种自测、自省意识，教师还用焦虑学生的被动学习、无效学习吗？在《近事杂感》一文中，夏丏尊更是明确指出："学问要学生自求，人要学生自做。我们以前种种替学生谋便利的方案，都可以说是强牛饮水的愚举。最要紧的就是促醒学生的自觉。学生一日不自觉，都是空的。"自测正是促醒学生自觉学习的一种方式。现代教学评价是"以调动评价者与被评价者等各方面的积极性，促进学生身心发展为目的的评价""不仅重视总结性评价，明确学生已有的发展状况，而且更重视形成性评价，致力于学生未来优化地发展；不仅重视由评价者来评价，而且注意引导被评价者积极参与评价，注重自我评价。"[②] 这些精髓性的总结堪称对夏丏尊语文学习中自测思想的最好注脚。

---

　　① 夏丏尊：《受教育与受教材》，张圣华总主编《夏丏尊教育名篇》，教育科学出版社2007年版，第27—28页。
　　② 王道俊、郭文安主编：《教育学》，人民教育出版社2002年版，第268页。

夏丏尊也提倡"互测"。例如，为了检测自己的语汇量，可以"任择数字叫朋友和你来竞争了——写出，看谁写得多"（夏丏尊《国文科的学力检验》），这是有形的、有意的互测。还有无形的、无意的互测——学了某些知识，好朋友之间彼此识记内化、研究探讨、推广运用。这种方式，《文心》中多有记载。比如，听王仰之先生讲了词性随语境而变的知识后，周乐华与张大文走在街道上，立刻开始品味不同店招牌中相同词的意思和词性（《方块字》）；经了枚叔的写作点睛——作文、说话是一样的，在承接和转折的地方最要留心，马上开始探讨作文中"但是"一词的去留或替换（《一封信》）。

因为有老师、家长的参与，学生之间的互测实际上已演化成了一种智慧互融、互启、互生的混测。《文心·"文章病院"》中形象地反映了这种令人欣喜的测评景观：针对《中学生》杂志"文章病院"栏目中提供的病句案例，周锦华、朱志清、汤慧修、胡复初等人决定一起探究病因，形成研究报告，由朱志清汇报，邀王先生点评。虽然没有冠以"研究性学习"之名，却将研究性学习的精髓酣畅淋漓地展示了出来。请老师或实力派的家长点评，不仅在无意中形成了对老师、家长学养的突发性检测，促使他们进取不辍，而且还能强力推动学生自我思考的深化，造成一种生动的"视界融合"状态。于是，教学相长的愿景可在举手投足之间完成。教育不是"把篮子装满"，而是"把灯点亮"。即时即景，自然生成的混测，教师倘若学养过硬，完全是可以达致将学生智慧点亮的教育效果的。

《义务教育语文课程标准》提出："应注意将教师的评价、学生的自我评价与学生之间的互相评价相结合，加强学生的自我评价和相互评价，促进学生主动学习，自我反思……根据需要，可让学生家长、社区、专业人员等适当参与评价活动，争取社会对学生语文学习的更多关注和支持。"① 包括被人们津津乐道的美国芝加哥大学、西北大学的学生命题——由上一届申请入学的大学生命制,择优采用,作为考查新生的试题。这种所谓的新新理念,在夏丏尊那里早就滥觞了。换言之,新课标的测评理念,外国名校的作文测评方法,在不知不觉中总结、遥承或暗合了夏丏尊的语文测评思想。

现代测试的研究表明,掌握和使用语言的过程比抓住死的"成品"——考试成绩更为重要。学者们也越来越深刻地意识到,语文学习和测试应该"合为一体",测试将会被"连续性的形成评估(continuous formative assessment)所取代,不以测定某一时刻的水平为目的,而以测出动态的进步为宗旨。测试反馈不应是静态的位置(static position),而应是动态的流轨(dynamic trajectory)"②。与这些理念相比,夏丏尊的动态测试观有过之而无不及。夏丏尊理想中的语文学习与测试的合一,不是硬生生地焊接,而是自然而然地相融,既呼应了吾日三省吾身的儒家学习观,又符合世界范围内日渐兴盛的终身学习观。与图书馆为伴,终身以之;既读有字之书,又读无字之书,成了他语文教育中始终飘扬的一面理念旗帜。不仅关注测出动态的进步,而且更在意测出自身的不足,以利成功地长善救失。

当然,在动态测试中,夏丏尊也不忘优化"师测"。据钟子岩回忆,在课堂上,夏丏尊"有时向学生提问,有时则要求学生向他提问"③。高志林说,批改学生作文,丏师则是认真到了极点,"每篇习作页顶,他都要写上一段评语,再加上眉批,说明这个地方为什么要这样改"。读到写得出色的地方,他还会在"圈点之处加上眉批,说

---

① 中华人民共和国教育部:《义务教育语文课程标准》(2011年版),北京师范大学出版社2012年版,第27页。
② 倪文锦、欧阳汝颖:《语文教育展望》,华东师范大学出版社2002年版,第449页。
③ 夏弘宁主编:《夏丏尊纪念文集》,上虞市文学艺术界联合会2001年版,第261页。

明好在何处,妙在何处"。笔上交流不尽兴,他还会将优秀习作"拿到课堂上去抑扬顿挫地朗读一番,并且随时夹入他的按语和评论"①。自然、无声的"师测",与交流、开示、赞许,有机地融为一体,实际上已经带有更高层级的情景化、互动化测试的色彩了。情景化指所测问题的语境化或现场化,便于教师及时、准确地把握学生的思维状态,为更好地因材施教、因人施教做准备;互动化既指教师与学生的语言、思想、情感形成有效的显性沟通,也指作者/说话者与读者/听话者、学习者与课堂之外的世界、学习者的新经验和旧经验、新知识和旧知识之间的隐性沟通。暗合如此的教学规律,便不难想象夏丏尊的课何以能一直生动活泼,深受学生的喜爱了。这恐怕是那些目无学生、耽溺满堂灌的老师,永远都不能参透的。

当下的美国,评价好课的内容有四项:(1)是否达成教学目标;(2)学生的表现;(3)教与学活动的"课程意义"何在;(4)教学过程中是否开展评价活动②。其中,学生的表现是评价的重点,也很关注教学过程中的评价。这种关注学生体验、思维质量、活动、交际能力的新型教学观、评价观,在夏丏尊的互动化教学实践中有着极为鲜明的体现。

二 立体:立足体性,着眼全人

夏丏尊还关注语文的立体测评。读写为中心,兼顾听说。文言体、语体,统筹兼顾。既注意语文基础学养、体式素养的测评,又注意人格素养的测评,从而形成了立足语文体性,着眼身心和谐发展的

---

① 夏弘宁主编:《夏丏尊纪念文集》,上虞市文学艺术界联合会2001年版,第426页。
② 李海林:《美国中小学课堂观察——一位教育学教授的笔记》,教育科学出版社2015年版,第121—124页。

全人思想。

在夏丏尊的语文测评思想中,读写素养的考查一直雄踞核心地位。他不止一次地强调:"学习国文的重要目标,不外写作、理解二事。"(夏丏尊《国文科的学力检验》)但是,这并不意味着他对听、说能力考查的漠视。只不过,考查的方式偏向实践型罢了。在课堂教学中,他一直磨砺自己少说、巧说,换来学生的多说、畅说,特别是在学生说的过程中适时插入自己的质疑或点拨,推动学生的深说、美说,即是最好的说明。在《先使白话文成话》一文中,他批判白话文语汇的贫乏,与大众不能发生交涉,还不能明白如"话";在《文章的会话》一文中,笔墨详尽地探讨如何使会话不芜杂、不拖沓,既能传达思想感情,又能寄托人物特色;《文心·语调》一书中还借学生的口,特地探讨了如何避免语调平板、不调和等毛病,更是充分说明听、说能力在他心目中的重要。读、写兼容听、说,听、说指向读、写,这便使他的语文素养测评走向了立体化。

《义务教育语文课程标准》突出语文课程评价的"整体性和综合性",主张从知识与能力、过程与方法、情感态度与价值观三个维度,以及识字与写字、阅读、写作、口语交际、综合性学习五个方面来全面考察学生的语文素养。一些学者也积极主张"每张试卷都必须有书写题,每张试卷都必须有朗读题"[①],而北京、陕西、安徽、山东、宁波、厦门也的确将口语交际纳入了中考的检测范围,复旦大学、华东师范大学在文科基地班的单独招生测试时,更是将口试作为必测的项目,对仅限于阅读、写作的传统语文测评,起到了很好的纠偏作用,算得上是对夏丏尊语文立体测评思想的隔代呼应吧。

---

① 郑友霄:《初中语文测评考核改革构想》,《语文教学通讯》2001年第17期。

与事无巨细，把学生的目光引向碎知识、伪能力的测评不同，夏丏尊对写作、理解、语汇及书法、格式、读音、字形等的测评，主要是在"自测"的语境下说的。"他测"可以以点带面，讲究少而精，精而活，但是"自测"则必须尽可能细密、全面，且能融会贯通，不可只复习自己臆想中的考点，或者踩着西瓜皮般滑到哪儿算哪儿，然后抱着押宝的心态去考场上碰运气。

另外，与离散、片面的知识本位、能力本位的测评不一样的是，夏丏尊素养本位的测评观以形式为切入点、以立人为灵魂，整体感、综合性的特征非常鲜明。谈能力，强调的是"身心上的诸能力"，德、智、体、美、劳，悉数囊括；谈写作，强调的是知识、情感、意志的协调运作；谈人的发展，强调的是灵肉一致，自我实现，这些都是教育以立人的表现。既关注文言体的检测，又关注语体的检测；在具体的语境中考查话法、作法、语法、修辞，使学生能学以致用，这都是基于形式的考查。比如，讲过"随笔""名词语"的理论知识，学了名家例文（巴金的《朋友》，鲁迅的《风筝》）后，紧随而来的检测题是：

1. 从前读过的文章中，哪几篇是随笔？哪几篇不是随笔？为什么？

2. 文选五、六，在哪一点上有着新鲜味？在哪一点上关联着当前的生活？从前读过的随笔呢？

3. 试就读过的文章中找寻例句，或自己造句，其中须含有下列各种名词语：①在原来的名词上加着限制的；②他动词带被动词的；③整个的文句。

4. 试就下列一段文章，指出各种名词来。（鲁迅《风筝》中的语段——有一天，我忽然想起，似乎多日不很看见他了……后来他怎样，我不知道，也没有留心。)①

形式素养（题1、3、4）、情意素养（题2）全部考查到！而且紧扣所讲，既考查学生的理解能力——是否掌握，又考查了学生的运用能力——可否举一反三（四道题目都有这种巧妙的兼容能力）；既考查学生体察、玩味生活的能力（题2），又能考查学生化用所学、灵动表现的能力（题3）。尤其是题2的命制，集知识性、趣味性、审美性、探究性、开放性、创造性于一体——答题的场域虽有所规约，但是极为广阔，任何同学都可驰骋自己的才思，作出个性化的解答，堪称神来之问。

近年来，国际评价项目"PISA"（Program for International Student Assessment）的测评理念非常流行。"测试是未来取向的，它致力于检测青年学生运用知识与技能解决'真实生活'挑战的能力，而非仅仅检测他们已经学习的、特定的学校课程。""阅读素养就是为了实现个人目的，发挥自己知识和潜力参与社会活动，理解、运用和反映文本的能力。"② "PISA是基于终身学习（lifelong learning）的动态模型设计测试，它的口号是评价学生现实生活和终身学习所必需的知识和技能。"③ 但这种貌似深刻的理念，只能望夏丏尊语文测评观之项背。倡导测评的动态化、立体化、素养化和服务于终身学习的未来取向，对传统的静态知识考查，常常一次考试定终生的终极性测评，确是一种有力的反拨，可是将为何学、如何学、学什么，统统地指向外部的生

---

① 夏丏尊、叶圣陶：《国文百八课》，生活·读书·新知三联书店2008年版，第192—193页。

② Zhang Minxuan, Kong Lingshuai, *An Exploration of Reasons for Shanghai's Success in the OECD Program for International Student Assessment (PISA)* 2009, http://wenku.baidu.com/view/52a845053186bceb18e8bb44.html.

③ http://www.pisa.oecd.org/pisa/.

活之用，而忽略了颐养灵魂的内部之用，显然有失偏颇。

仅此一点比照，足以显出夏丏尊语文测评观中人文性和超越性的可贵。

三 精妙：尺幅千里，不忘意趣

令人温暖的是，夏丏尊还不忘语文的精妙测评。

在《国文科的学力检测》一文中，他饶有兴味地介绍了陈寅恪的一次命题风波。陈寅恪为清华大学中国文学系入学考试所命的试题中，有一道题目是"对对子"——出一句联语，让学生对。试题出来后，舆论大哗，指责顽固守旧的声音不断。陈寅恪撰文回应，枚举了这种题型的四大作用：①可以测验应试者能否分别虚实字及其应用；②可以测验应试者能否分别平仄声；③可以测验读书之多少及语藏之贫富；④可以测验思想条理。各种责难声立马消失了。

饶有兴味，源于对这种题型背后隐含的命题观的认可。第一，所测知识、能力、素养，皆指向了读写素养的考查，没放水，没跑偏，方向正确；第二，是活检——重理解与化用，而非死检——重识记与再现，且遥承传统而不无意趣，避免了"两脚书橱""人形鹦鹉"的训练导向，策略对路；第三，一种角度的测试，激活多方积累，使内化与吸收走向表现与存在且创造空间极大，方法灵活，满蕴了人文关怀。

这正是夏丏尊语文测评追求精妙化的生动体现。

方向明，方法活。这种命题特色在《国文百八课》中一览无余——所命制的题目，悉数围绕本单元的文话、修辞展开。无论是课内选材，还是向课外拓展；无论是课文的前后打通，还是从辨析走向运用，都是指向所论的文话、修辞知识。而这些文话、修辞知识，大体又是在"文言体——语体——文类"这样的文章学系统中展开的。选文虽然体式多样,题材广泛,但都是作为文话、修辞的例子或用件的形式存在的,便于学生熟读精思,会通奥窔。在《国文百八课·编辑大意》中,他和叶圣陶特地说明:

> 从来教学国文,往往只把选文讲读,不问每小时、每周的教学目标何在。本书每课为一单元,有一定的目标,内含文话、文选、文法或修辞、习问四项,各项打成一片。文话以一般文章理法为题材,按程配置;次选列古今文章两篇为范例,再次列文法或修辞,就文选中取例,一方面仍求保持其固有的系统,最后附列习问,根据着文选,对于本课的文话、文法或修辞提举复习考验的事项。

从语文教材的编排上树规、立范,强化教师教学的目标感,是为方向明确。文话、修辞的理论文章,皆出于自撰,选文经过精选,习问经过精研,既紧扣单元目标,又便于师生语文素养的积累与提升,还能彰显自家选材、阐述、命题之匠心,是为灵活。

切口小,内域广。要实现语文测评的多重目标,题目又不陷于琐碎,命题便不可避免地要选择这一策略。陈寅恪之所以能让各种怀疑、指责迅速消歇,也是因为暗合了这一命题规律。夏丏尊热衷于让学生通过翻译与评改,来检测自己的写作能力,亦缘于此。翻译、评改的语篇或语段虽然很小,很个别,仅是文海一粟,但是要想传意、摹神,自具匠心,则必须对词法、句法、文法,乃至作者的思想风格、语言特色有比较深厚而精准的理解,而且自身的言语表现力也必须紧紧跟上,所谓"要理解但丁,我们必须把自己提高到但丁的水准"①。波兰学者英加登有过"学者型的读者"和"消遣型/消费型读者"的说法——后者只是从阅读中得到乐趣，或者只是追求自己的创造行为而去领会作品，并没有努力去把握作品本身的形式，而前者的全部目的和全部努力旨在把握作品的本来面目和特有形式，并认为"谁在某一个领域中是文盲就没有权利做出判断"②。如果此说成立，那么，出色的翻译、评改之人，一定是学者型的读者。

更何况，翻译、评改的内域十分广袤。没有大一统的命意，每个学生都有尽情发挥的空间。潘新和指出："在写作的一切创新中，最有价值的是'意'的创新。命题者要把对考生'立意'能力的考查放在首位。此外，还要考虑材料规定性的适度开放，让考生可以多方面立意。"③ 他是就作文命题来谈的，但对评改题一样适用。因为评改他人文章的得失，自我的意必须在场，且更利于比照自我与他人立意之高下。童庆炳就曾说过鉴赏性接受、诠释性接受和批评性接受的区别——后两者是带着理性的、专业的背景去接受的，是一般鉴赏性接受的提高和升华④。学生在做翻译、评改题的时候，也会存在这样的落差，检测的区分度，甄别、选拔的功能，由此见出。

这便带来了精妙测评的另一特色：牵一发，动全身。

毋庸讳言，夏丏尊的很多测试题偏于语文知识、能力的考查，尤其是识记、检索信息的能力。尽管也会指向运用，如"试把下面文句中的譬喻改成明喻""下面一段文章是用隐引法，试改成明引法的样式"等，但只是所学知识有限范围的迁移与运用，测试的容量不大，

---

① 朱光潜：《克罗齐哲学评述》，《朱光潜全集》第 4 卷，安徽教育出版社 1988 年版，第 337 页。
② ［波］罗曼·英加登：《对文学的艺术作品的认识》，陈燕谷、晓未译，中国文联出版公司 1986 年版，第 428 页。
③ 潘新和：《不写作，枉为人》，福建教育出版社 2014 年版，第 185 页。
④ 童庆炳：《文学理论教程》，高等教育出版社 1998 年版，第 446 页。

还谈不上智慧含量很高的个性化表现与创造。不过，一旦触及主观题时，夏丏尊的牵一发，动全身的特色就呼之欲出了。比如，"你对于下列各判断如有不一致的主张试说出来。①万般皆下品，唯有读书高；②运动有益于健康；③金钱为万恶的根本"①，真正做到了无定题、无命意、无障碍（审题），颇具法国、美国的哲学性高考命题色彩②，必须调动所有的生活积累和学养去阐释、分析、概括、辩驳、判断、立论，而对思辨力、想象力、记忆力、表现力的考查尽在其中。夏丏尊将传统看法和流行观点并置推出并以此为由头，推动学生参与生命的对话，激活、提升学生的语文素养，堪称是对学生言语生命健康的最好关切，也是对学生言说欲、发表欲的最好开发与保护。

至于说语文测评中注意主次分明，重点突出，如记叙类文体突出场面与细节描写能力的考查，说明类文体突出概括与分类能力的考查，议论类文体突出分析与论述能力的考查——在《国文百八课》中均有很好的演绎，称得上是精妙测评的别样呈现。

---

① 夏丏尊、叶圣陶：《国文百八课》，生活·读书·新知三联书店2008年版，第663页。
② 例如，法国2014年高考文科试题：1. 艺术作品能培养我们的感知力和领悟力吗？2. 我们是否应该为获得幸福而穷尽一切手段？3. 阐释哲学家卡尔波普尔1972年著作《客观知识：一个进化论的研究》中的选段。社会经济科考生试题：1. 拥有选择权是否就意味着自由？2. 为什么人需要寻求认识自己？3. 阐释政治理论家汉娜·阿伦特1958年著作《人的境况》中的选段。理科考生试题：1. 人活着是为了幸福吗？2. 艺术家是否是他个人作品的主宰者？3. 阐释笛卡尔1628年著作《指导心智的规则》中的选段。音乐舞蹈专科试题：1. 文化的多样性是否会阻碍全人类的团结？2. 我们能否对真理漠不关心？3. 阐释哲学家康德1795年著作《道德形而上学》中的选段（各科试题皆为三选一。笔者注）。

第三节　超越测评，确证自我

在夏丏尊那里，语文测评不仅是帮助学生对已学知识的清算、反省和考察，更是对学生学习方法的点拨、学习兴趣的激发、学习品质的锻造。透过其命题的视角、结构和方式，我们甚至还能隐隐地感受到他不时超越测评，引领学生确证自我、实现自我的努力。

一　平台：思想对话，生命生长

在《关于国文的学习》一文中，夏丏尊论鉴赏时提出要"把'我'放入所鉴赏的对象中去，两相比较。一壁读，一壁自问，'如果叫我来说，将怎样？'对于全体的布局，这样问；对于各句或句与句的关系，这样问；对于每句的字，也这样问。"论写作时，他再次提及"应以读者为对象，首先须考虑的是：（1）读者的性质；（2）作者与读者的关系；（3）写作这文的动机等等"。这种自觉的作者意识、读者意识使他无论上课、演讲、写作，还是命题，都有一种亲切的对话风：

①试把文选二十一（指魏学洢的《核舟记》）每段加上小标题，标明某段所写的是哪一个项目。

②记述复杂的事物，须从全体看起，顺次再看各部分。文选二十（指朱自清的《卢参》）、二十一里面，写事物全体的是哪一些句子？

③文选二十和二十一，当你阅读的时候，在文章的情味上，

觉得有不同吗？试随便说说①。

毫无居高临下、盛气凌人的架子，有的只是平易、真诚的分享与探讨，难怪学生要称他的教育是"妈妈的教育"了②。

"试"即尝试，透着游戏、鼓励的味道，文字背后温煦的目光、和蔼的笑容，似乎能触之可及，学生答题的畏难、排斥心理因之会很容易融化，而尝试的勇气和信心随即增长。当下的语文高考命题之所以给人硬邦邦、冷森森的感觉，很大程度上是缺少了对话意识，文字丧失了情感的温度所致。"对下列句子中加点词的解释，不正确的一项是（　）""下列句子中，全都表现梅圣俞夫妇情深的一组是（　）""把文中划线的句子翻译成现代汉语"……完全是讯问、命令的语气，高压的态势昭然若揭，而第一题竟然还是一个病句。如此粗率大意，又妄自尊大，岂能唤起学生的言说欲望？细微之处有乾坤，这个乾坤不仅是智慧的乾坤、技术的乾坤，更是爱的乾坤。细微之处有乾坤，也不是一句显摆的口号，必须化为行动，渗透在所命之题的每一个细胞中，而这些方面，夏丏尊都做到了。

"记述复杂的事物，须从全体看起，顺次再看各部分"，看似共识，其实是命题者独特的写作体验。作为题干，有言语表现智慧分享和启悟的功能。有了这种分享和启悟，学生在接下来的检索选文中写事物全体的句子，还有日后的言语表现与创造便会显得相对容易，也更利于形成习惯。询问学生两篇选文在情味上有何不同，则不仅引发学生的研究意识、审美意识，更有引导他们聚焦新体验、新发现，以

---

① 夏丏尊、叶圣陶：《国文百八课》，生活·读书·新知三联书店2008年版，第100—101页。
② 丰子恺：《悼丏师》，杜草甬、商金林编《夏丏尊论语文教育》，河南教育出版社1987年版，第307页。

凸显自我存在的思想倾向了。

可见，在夏丏尊的心中，命题就是要提供一个良好的平台，让学生参与不同主体间的对话，实现不同生命的碰撞、融合和生长，推动体验、思想的深化、锐化、个性化。因为是对话，平等、尊重、开放乃题中之意，所以命题更需要措辞的严谨与平和、选点的集中与小巧、设问的精准与智慧。好的命题，不仅要帮助学生自查、自省、自结，更要借机促使学生磨炼想象的韧度、提升思维的高度、增强探究的热度、开拓学习的深度。日本学者佐藤学认为，"学习的活动是建构客观世界意义的活动，是探索与塑造自我的活动，是编织自己同他人关系的活动"[1]。钟启泉认为，"教学的重要本质就是一系列沟通"[2]。他们是就对话哲学教学论的理论意义来谈的，同样适用于阐述夏丏尊的语文测评思想。借助测评，帮助学生与文本、世界、老师、自我进行开放性的对话。在对话中反思，在反思中建构，在建构中表现，不断地确证自我，与更优秀的自我相遇。

语文教育由传统的"授受"范式向"对话"范式转型，是在改革开放后，西方对话理论日益东渐的背景下发生的，且研究多限于课堂教学。夏丏尊能早在半个多世纪前，就率先探索、建构，且在命题实践中自然、自如地加以运用，由不得别人不惊叹他教育思考的超前与深邃。当人们的目光被普林斯顿大学的"面谈式"作文试题所刷新，一致盛赞其平易、自然，又颇具深度和代表性时[3]，殊不知，还在70多年前，夏丏尊与他的同道叶圣陶就已经做得风生水起了。

---

[1]［日］佐藤学：《学习的快乐：走向对话》，钟启泉译，教育科学出版社2004年版，第39页。

[2] 曹明海主编：《语文教学本体论》，山东教育出版社2007年版，第8页。

[3] 枚举一二：1. 假如你得到一年的时间为别人提供自己的服务，你将选择干什么？为什么？2. 什么是你曾经不得不做出的最困难的决定？你是怎么做出来的？3. 截至你目前的生活，你的什么具体的成功给了你最大的满足？

二　引线：引爆积累，幸福言说

语文测评不仅被夏丏尊视为让学生确证自我的平台，更是让他们自我言语表现的"引线"。

尽管觉得命题作文有违写作程序——通常应先写成文章，再加上题目，但鉴于命题作文可以防止抄袭，而且善用之，还有许多利益可得，如"学得捕捉文章题材的方法""学得敏捷搜集关系材料的本领""周遍地养成各种文体的写作能力"，因此，夏丏尊并不反对命题作文。不过，对如何命题，他是有着很高的要求的。

> 写作是一种郁积的发泄，犹之爆竹的遇火爆发。教师所命的题目，只是一条药线，如果诸君是平日储备着火药的，遇到火就会爆发起来，感到一种郁积发泄的愉快，若自己平日不随处留意，临时又懒于去搜集，火药一无所有，那么，遇到题目，只能就题目随便勉强敷衍几句，犹之不会爆发的空爆竹，虽用火点着了药线，只是'刺'的一声，把药线烧毕就完了。①

不是扑灭、绞杀，而是引爆昔日的积累，让学生体验郁积发泄的快乐，这种"引爆"说无疑很暗合语文的测评之道。引爆积累，学生的学习兴趣自然会被点燃。兴趣一旦被点燃，则可形成自查、自省、自悟、自研、自强的燎原之火。让学生萌生对语文学习的热爱，对言语表现的迷恋，不断体验生命拔节的快乐，这是对他们最丰厚、最高贵的关怀。后世的学者也悟到了这一智慧："在语文测评上特别需要关注的是主体言语人格的呵护与养护，不能眼睛就盯

---

① 夏丏尊：《关于国文的学习》，张圣华总主编《夏丏尊教育名篇》，教育科学出版社2007年版，第112页。

在错别字、病句或文章的主题、结构上，而是要关怀言语主体的体验和感受，唤醒他们的言语生命冲动，顺应他们的言语潜能和个性，激发他们的言语自尊和自信，使他们热爱言说、敬畏言语。这才是语文教育的根本。"[1] 这是对夏丏尊引爆积累，幸福言说的测评思想的最好呼应与补充。

夏丏尊在阐述"引爆"命题观的时候，显得十分辩证。好的命题，既可以测出学生的积累之厚——如爆竹的遇火爆发，有郁积发泄的快乐；又可测出学生的积累之薄——如引而不爆的爆竹，有无药可爆的尴尬。积累厚，有的表现，学生自会积累更勤，表现更欢；积累薄，没的表现，学生自会亡羊补牢，蓄势待发。但不管是成为一团火苗，还是一面镜子，这样的测评都会助益学生的生命成长。

对如何积累，夏丏尊也深有感触：

> 无论自由写作或命题写作，只靠临时搜集，是不够。最好是预先多方注意，从读过的书里，从见到的世相里，从自己的体验里，从朋友的谈话里，广事吸收。或把它零零碎碎地记入笔记册中，以免遗忘，或把它分了类各个装入头脑里，以便触类记及。
> （夏丏尊《关于国文的学习》）

迥然有别于一般意义上的占有式积累——守财奴般囤积，这种方式至今仍被很多老师奉为圭臬，如让学生积累所谓的"好词好句"，在作文中随时进行雷人的嫁接组合，以炫博识，夏丏尊倡导的积累称得上是一种化用式的积累、真正意义上的存在式积累——"广事吸收""触类记及"强调的正是主动、灵活、强悍地将材料化为自己的"血

---

[1] 潘新和：《语文：表现与存在》，福建人民出版社2004年版，第1306—1307页。

肉"，而非让材料成为外在于我的他者，甚至甘愿为之奴役。知识的积累（读书）、生活的积累（阅世），最终都要化成体验的积累、情感的积累、思想的积累，化用夏丏尊的思想，就是知的积累，情的积累，意的积累（夏丏尊、叶圣陶《文心·知与情与意》）。有学者上升到"美的积累"这一高度来谈，认为大量的美的积累可以"养育智慧"，使"艺术形式感知不知不觉丰厚起来，敏锐起来"[1]，也是说得通的——因为夏丏尊最先提出应该"努力于修养，对于文字，在知的方面，情的方面，各具有强烈敏锐的语感，使学生传染了，也感得相当的印象"，比如，见了"新绿"，就会"感到希望焕然的造化之功、少年的气概等等说不尽的情趣"；见了"落叶"，就会"感到无常、寂寥等等说不尽的诗味"[2]，正是美的积累的形象诠释。

  "引爆"说不只是针对了作文命题，对其他题型的命制，一样适用。比如，针对刘半农的诗作《一个小农家的暮》中第四节末句写孩子数星星语句"五，八，六，两——"，夏丏尊和叶圣陶这样设问：作者故意把数目的次序颠倒着，这手法在这首诗里有什么效果？问沈尹默的《三弦》与刘半农的《一个小农家的暮》，如果用摄影片来比，哪一篇像普通照片，哪一篇像电影？[3] 这些都是紧扣文本形式秘妙，又很贴近学生知识结构、生活实际的灵妙之问，很能开启学生的言说欲望，也能测出他们的言说质量。当然，就整体而言，"引爆"说主要是针对了主观题型，而对检测形式素养的客观题来说，则重在"激活"。

---

[1] 赖瑞云主编：《文本解读与语文教学新论》，北京师范大学出版社2013年版，第106页。

[2] 夏丏尊、刘薰宇：《文章作法》，中华书局2013年版，第142—143页。

[3] 夏丏尊、叶圣陶：《国文百八课》，生活·读书·新知三联书店2008年版，第91—92页。

三 契机：深化思想，确认自我

夏丏尊的客观题命制重在激活，主要是考查学生语文知识、能力、素养的掌握、形成对与不对、全与不全、活与不活，而主观题则重在"引爆"，主要考查学生自我体验、情感、思想的在与不在、新与不新、优与不优。这在无形中使主观题的检测成了敦促学生深化思想、确认自我的一次次契机。

夏丏尊之所以对某小学生《西湖游记》中出现的"携酒赋诗"等套语大为反感①，对弟子作文中出现的为父亲"星夜匍匐奔丧"深感不满②，正是因为写作中"我"的缺失之故。没有自我的在场，套话、空话便会泛滥成灾，肆意侵蚀言语表现的信用，人亦同于行尸走肉罢了。如何在？夏丏尊突出的是"真实"，"从实生活上切切实实地观察体验"，所谓"情者，文之经；辞者，理之纬；经正而后纬成，理定而后辞畅，此立文之本也"（刘勰《文心雕龙·情采》）。因此，"作文先要有真实的'情'，才不是'无病呻吟'"③。忠于自我的观察与体验，真情自出，真我自现。这不仅是一种可贵的言语态度，更是一种高尚的言语人格。说起来容易，做起来难，特别是面对强权话语或流行话语时。当下中小学生作文中很少看到花草的颜色，听到鸟儿的声音，闻到泥土的气息，普遍有一种感官瘫痪的倾向，至于独立之思想，自由之精神，更是难觅踪影。个中缘由，与盲目地迷信他者、奴性地放逐真我，不无关联。叶圣陶说："假若有所表白，这当是有

---

① 夏丏尊：《学斋随想录》，张圣华总主编《夏丏尊教育名篇》，教育科学出版社2007年版，第70页。
② 丰子恺：《悼丏师》，杜草甬、商金林编《夏丏尊论语文教育》，河南教育出版社1987年版，第306页。
③ 夏丏尊、刘薰宇：《文章作法》，中华书局2013年版，第1页。

关人间事情的，则必须合于事理的真际，切乎生活的实况；假若有所感性，这当是不倾吐不舒快的，则必须本于内心的郁积，发乎情性的自然。这种要求可以称为'求诚'。"① 强调的也是真实的重要——外在真实与内心真实。真实了，才谈得上真诚；真诚了，才谈得上自我的出场与存在。

但是，自我体验、情感、思想的在与不在，仅是言语表现考查的基础目标，更高级的目标其实是指向"新"与"优"的。比如，"文选二十四（许地山的《落花生》）、二十五（李渔的《梧桐》），在哪一点上是有新意味的？""试把从前读过的记叙文，一一说明所以值得写作的理由。"② 这样命制便是对言语表现中"新与不新""优与不优"的考查。真实自然出新，因为每个人所立之场不同，所观视角不一，体验、感受肯定有异，这"异"便是"新"。新是优的充分条件，故新不一定优。优是在通过与他者或旧我的互动、比照中胜出的，是个相对的、动态的、不断发展的概念，故优必定新。缘于此，夏丏尊特别在意"新"："平凡的人人皆知的事物，不能做记叙的题材，实际上，作者也决不会毫无意义地把任何平凡的事物来写成文章的。作者有兴致写某种事物，必然因为那事物值得写给大家看，能使读者感到新奇的意味的缘故。"③ 追求别人忽略的侧面的部分，因为这样"文字就容易奇警，而表现也容易成功"；讲究在小品文中要有一句"使全体振起的能力的句子"，是因为这可以有"喝破真理的一面"（夏丏尊《小品文》），进而化平庸为神奇……无不是在考究自我体验、思想的新与不新，优与不优。

---

① 叶圣陶：《作文论》，中央教育科学研究所编《叶圣陶语文教育论集》，教育科学出版社 1980 年版，第 358 页。
② 夏丏尊、叶圣陶：《国文百八课》，生活·读书·新知三联书店 2008 年版，第 116 页。
③ 同上书，第 110 页。

第六章　遵路识真，化为关怀

因为有了这种内在的追求，所以对不新、不优的制题，夏丏尊格外警惕。讥讽命制《秦始皇论》《救国的方针》等陈腐文题，如同教学生作《太阳晒屁股赋》一样毫无益处，正是因为这个缘故。（夏丏尊、叶圣陶《文心·题目与内容》）但是，一旦发现新、优皆备的作文，他又会拍案叫绝，甚至在深夜都会"去敲同住的先生的门，欢喜无限，说：'来看，来看，好文章！'"[1] 这对激发学生的言语表现热情，培养学生的言语生命意识，真的是功德无量。学生在多年之后回忆起这些细节，尚能有历历在目之感，足以证明这一点。

狄尔泰指出："只有在语言里，人的内在生命才找到了它的完备、透彻而且客观理解的表现。"[2] 他说的"语言"应该作"言语"解，因为人是在言语中存在的，言语抵达处，自我的出场才有可能。夏丏尊在语文命题中，不断提供言语的契机且引导学生努力求"新"、求"优"，这正是为了助力学生，使他们自我的内在生命得以完备、透彻地表现。

---

[1] 张志渊：《哀忆丏尊师》，杜草甬、商金林编《夏丏尊论语文教育》，河南教育出版社1987年版，第302页。

[2] 涂纪亮：《现代西方语言哲学比较研究》，中国社会科学出版社1994年版，第116页。

第七章

体上求用，用中见美*
——夏丏尊语文教育形式美学论

关于语文教育的思考，夏丏尊不仅在语文教育本体、语文课程建构、教材编制、阅读教育、写作教育、测评设计与实践等方面领跑时代风气，在对语文教育形式美学的体认和建构上更是别开生面、独树一帜——拉开了捍卫语文体性，注重审美观照的序幕，不仅成了民国时期语文教育中的一道魅力风景，而且成了中国现代语文教育史上无法绕开的一个独特存在，对后来的语文性质确认、体式语感培养，以及对语文教什么和怎么教的深入探讨，一直起着提供思想武库的作用。

本是为了追求语文学科的科学化，一扫当时语文教育的"玄妙、笼统"之弊[①]，在改善语文教学品质、提升学生写作能力、捍卫语文教育体性、重塑语文学科尊严等方面蹚出一条光明之路来，实用、功利、现世的指向特别鲜明。可是，因为以形式为"着眼点"（夏丏尊

---

* 本章第一节第三部分"教育形式美学流脉及辨正"发表于《青海师范大学学报》哲社版2015年第1期，其余部分发表于《山东师范大学学报》（人文社会科学版）2015年第2期。

① 夏丏尊、叶圣陶：《国文百八课》，生活·读书·新知三联书店2008年版，第1页。

《学习国文的着眼点》），于无声处关注形式的构成与生成、恒定与灵动、实用与审美、个性与共通，并且有意识地引领学生通过对形式的玩绎，来纤敏语感、体验情味、领略诗趣、拓展想象、陶冶人格，反而使其语文教育形式美学具有了务虚、审美、超越的色彩。

他的语文教育形式美学外呈修辞论美学的风貌——如强调文章的修辞性、文本语境的互赖性、语言学模型的运用；内含体验论美学的质地——如坚信文学是作家的深层体验，而非天才、灵感；比较看重人体验的片段，只要有一方面令人感动——如文气、语感、节奏，"使全体振起"的句子等，便有价值。又因为，对何谓形式，形式的内涵、外延到底是什么样的，语文教育中该如何运用，为什么要这样运用等本体性的追问一直贯穿始终且悄无声息地融化到具体的语文教育实践中，在一定程度上实现了内容与形式、理性与感性的和谐，所以他的语文教育形式美学分明又打上了认识论美学的烙印。

呈现这种驳杂、矛盾而又变动不居的风貌并不奇怪。"中国现代美学是在西学东渐，中西文化碰撞、冲突、交融的背景中发轫的，现代美学史上几乎所有的重要的美学家都不同程度地受到过西方美学的熏陶。"[①] 中国现代形式美学亦然。比如，最先在中国现代美学领域中使用"形式"概念的王国维，他是受康德"先验形式"论的影响，提出了"第二形式之美"（古雅）一说的。在夏丏尊"利利用短促的句读加强事物动作的连续"（夏丏尊《文章的动态》），"叠用调子相同的词句加强文气"（夏丏尊《所谓文气》）的主张中，我们不难发现古希腊毕达哥拉斯学派"和谐"说的影子；批评记叙文夹叙夹议"究属滥调"，因为作者"露出自己的面目""用了谆谆教诲的态度来强

[①] 杜安：《王国维形式美学观念的现代性追求》，赵宪章、南帆、方克强、汪正龙编《文学与形式》，南京大学出版社 2011 年版，第 9 页。

迫""减杀读者的趣味"①,这与恩格斯推崇的"倾向应当从场面和情节中自然而然地流露出来"的观点②,可谓同声相应,同气相求。在西方美学的启发、触动下,尝试性地转化本土的传统资源,即使驳杂、粗粝,甚至偏激、龃龉,也并不影响他们美学探索时的虎虎生气。更何况,"协调是从差异对立而不是从类似的东西产生的""结合体是由完整的与不完整的,相同的和相异的,协调的与不协调的因素所形成的"。③

再一个,置身当时为实用而狂的思想语境中,从美学,特别是形式美学的角度,拯救沦落的语文的教育学者,毕竟寥若晨星。蔡元培倡导"超轶政治之教育"的美感教育④,几乎如泥牛入海;王国维在提出"一切之美,皆形式之美也"后,很快偃旗息鼓。

朱自清、叶圣陶、何仲英等人的确是关注过形式之美,如朱自清对给课文欣赏只加上"美""雅""神妙""精致""温柔敦厚""典丽矞皇"一类抽象、多义的评语就作罢的现象,很不以为然,力主"从词汇和比喻的选择,章句和全篇的组织,以及作者着意和用力的地方,找出那创新的或变古的、独特的东西,去体会,去领会",方能"切实的受用"⑤;叶圣陶在谈阅读方法时,特别强调对作者"词的选择,语调的特点,表现方法的优劣"加以考虑,"他有长处,好

---

① 夏丏尊、刘薰宇:《文章作法》,中华书局2013年版,第127—129页。
② [德]恩格斯:《致敏·考茨基》,《马克思恩格斯选集》,人民出版社1995年版,第673页。
③ 朱光潜:《西方美学史》,人民文学出版社1979年版,第34页。
④ 蔡元培:《对新教育之意见》,张圣华总主编《蔡元培教育名篇》,教育科学出版社2007年版,第6页。
⑤ 朱自清:《再论中学生的国文程度》,中央教育科学研究所编《朱自清论语文教育》,河南教育出版社1985年版,第63页。

在哪里？他有短处，坏在哪里？"①都得给予解答；何仲英还曾特地撰文，不无自豪地介绍自己在讲《水浒传》中"武松打虎"一节，如何就谋篇布局、斟词酌句，与学生展开探讨，取得生动活泼的效果："武松怎样吃下十八碗酒？怎样拿哨棒做个线索？""'原来那大虫拿人……原来打急了……原来使尽了气力……'，那几句话为什么用'原来'的字眼？"②

但这仅是沧海一粟，少数语文教育精英们心中留存的一个形式美学的乌托邦罢了。地地道道的语文教育常识，竟被视作阳春白雪，甚至繁文缛节，这不啻是语文教育的莫大悲哀！没错，有多少人能具备这样的深醇学养呢？又有多少人愿意为语文教育中的形式揭秘而苦苦追寻呢？跟着一波又一波的教育潮流作蜻蜓点水式的滑翔，或者干脆继续昔日的"暗胡同"教学，岂不快哉？中国语文教育的很多改革，正是在这样的"浅教学"和"暗教学"中，不知不觉、稀里糊涂地走向破产的！

面对如此的逆境，夏丏尊能筚路蓝缕、矢志不渝地从事语文教育形式美学的建构并带动一批有识之士投身语文教育形式美学的探索中，卓然而成一家，实在是中国现代语文教育的大幸。这不仅对当时功利主义大行其道的语文教育现状是一种有力的反拨，对当下语文教育中"工具理性"盛行、"价值理性"受挫的不良趋向，还有语文教学中存在的整体感、生命感、美感严重缺失的状况，何尝不是一种有力的矫治？如何使语文教育忠于体性、回归诗性，"唤醒生命意识、关注生命情怀、拓展生命疆界、丰富生命内涵、提升生命质量"，夏

---

① 叶圣陶：《中学国文学习法》，张圣华总主编《叶圣陶教育名篇》，教育科学出版社2007年版，第185页。
② 陈必祥主编：《中国现代语文教育发展史》，云南教育出版社1987年版，第64—65页。

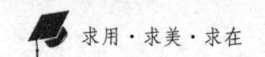

丏尊语文教育形式美学无疑更具重要的价值论和方法论意义。

基于此，系统、深入地厘清夏丏尊语文教育形式美学的层级、样态、内涵、流变，客观、辩证地估衡其在中国现代语文教育形式美学中的独特地位和价值，探讨其对当下语文教育的哲学启迪和实践意义，显得十分必要。

第一节　夏丏尊语文教育形式美学概述

夏丏尊语文教育形式美学，一般被认为仅限于"文本形式"的层级，即文本的组织结构和表现方式，其实远非如此。

一　灵活多姿的层级与样态

在《学习国文的着眼点》一文中，他本人的确说过：

> 所谓形式，是对内容说的。诸君学过算学，知道算学上的式子吧，"1+2=3"这个式子可以应用于种种不同的情形，例如说一个梨子加两个梨子等于三个梨子，一只狗加两只狗等于三只狗，无论什么都适用。这里面，"1+2=3"是形式，"梨子"或"狗"是内容。算式上还有用"X"的，那更妙了，算式中凡是用着"X"的地方，不拘把什么数字代进去都适合，这时候"1""2""3"等的数字是内容，"X"是形式了。

很抽象的概念，经他这么扼要地一阐释，立刻就变得形象、生动、亲切、浅易起来。他是用数学的眼光来看待文本的形式的，突出了形式执一御万、海纳万物，而又可以灵活变通的特点。

对于文本形式到底包含哪些具体的要素，在该文中，他一样很清楚地给出了答案：

> 文字（指文章或文本。笔者注）是记载事物发挥情意的东西，它的内容是事物和情意，形式就是一个个的词句以及整篇的文字……
>
> （文章/文本）内容虽然各不相同，形式上却有相同的地方，就整篇的文字说，有所谓章法段落结构等等的法则，就每一句话说，有所谓句子的构成及彼此结合的方式，就每句中所用的词儿说，也有各种的方法和习惯。此外因了文字的体裁，各有一定共通的样式，例如，书信有书信的样式，章程有章程的样式，记事文有记事文的样式，论说文有论说文的样式。这种都是形式上的情形，和文字的内容差不多无关。我以为在国文科里所应该学习的就是这些方面。

层次极为明晰，大到全篇的语言文字、章法结构、文类样式，小到文本的句法、词法、修辞方式、表现手法，都在他所说的形式范围之内。概括极为到位，与当下语言学理论对形式构成要素的界定完全一致[1]，只是措辞上略有不同罢了。

但是，在夏丏尊那里，形式并非仅是静态、僵化的语言学或文章学知识，而是指向了活的"语文教育文本"，凝聚了他个性化体验与洞察且不断生成的言语知识。形式是他切入文本解读、言语表现、语

---

[1] 当下的语言学理论认为：相对于内容而言的形式包含语言、结构、文体、表现手法四要素。其中，语言处于先导和核心的地位，是结构、文体及表现手法的中心和载体，也是形式要素之间彼此联系和相互作用的桥梁与纽带。同时，语言也是承载文本内容，包括题材、主题、情节、人物的载体，是决定文学内容如何表达的方式和形式。

文教育的一个视角，也可说是一种枢纽。在大多数情况下，形式是他语文教育的立足点，也是返归地。立足形式，语文教育便有了可靠而称心的把手，学生的"身心诸能力"（夏丏尊《受教育与受教材》）训练便会得到充分的保障；返回形式，语文体性的捍卫、味道的醇永、目标的实现——指向人的生命本体的人性、人心、人格的养育、顺应人的言语本性、张扬人的言语天性，指向表现、创造、发展的言语人生、诗意人生[①]，则会得到最大程度的达成。

"草青青地长着，草上两个蝴蝶在那里翩翩飞舞，一个是黄蝴蝶，一个是白蝴蝶。"这样的文字，弊在何处？他给出了明确的答案，"虽明了，但是不干净，多冗词。'草'、'草上'、'两个蝴蝶'、'黄蝴蝶'、'白蝴蝶'相同的名词叠出，文趣不好"，并直接操刀，将之改成："青青的草上，有黄白二蝴蝶翩翩飞舞"（夏丏尊《小品文·实际做例和添削》）。评点一剑封喉，批改熠熠生辉，这是机械照搬理论的人怎么学都学不来的灵动与深刻，哪里有半点形式主义的影子呢？

批评黄山谷的诗《戏赠米元章二首》"无意味"，与千年之后的我们没有"发生什么交涉"，而李白的《静夜思》因为"没有用着一定的人名，任何人都可以做这首诗的主人公""在类似的情景之下，都可以当作自己的创作来念。心中所感到的滋味，和作者李白当时所感到的可以差不多"且"用着不说煞的含蓄手法"，"只说'思故乡'，不加'恋念''悲哀'等等的限定语。为着父母而思故乡也好，为着恋人思故乡也好，为着战乱而思故乡也好，什么都可以"，则两美兼得。从形式入手，一下子点破了诗歌中的客观现实，得以概括出现的文类特征，令人耳目一新。从他的分析中，我们不难体察到他对

[①] 潘新和：《语文：表现与存在》，福建人民出版社2004年版，第48页。

诗歌创作中"冰山风格"的喜好，也很在意"人生经验通感"的实现。尺幅万里、高屋建瓴，却又具有浓郁的中国古典风、乡土味，还有他本人朴实而较真的个性气息。

但若从夏丏尊著述的整体来看，他的形式美学其实并非只局限于文本，而是指向了更为开阔的领域，如课程、教材、阅读、写作、测评等。针对当时没有标准的中学国文教材，教师随意敷衍的现象，他建议由学生预先请求教师定就一学年或半学年的选文系统，以确定所教篇目，"内容方面，属于思想的若干篇，属于文艺的若干篇，属于常识或偶发事项的若干篇，属于实用的若干篇；形式方面，属于记叙体的若干篇，属于议论体的若干篇，属于传记或小说的若干篇，属于戏剧或诗歌的若干篇，属于书简或小品的若干篇"（夏丏尊《关于国文的学习》）。这里有明显的关于教材形式的构想。

谈鉴赏时，他提出了三种方法："放入"（将自我放进所鉴赏的对象中去，与文中人物或作者的生命化合）、"冷静"（持玩赏的态度，专注于事物本身，不要带着什么目的，力求无所为而为）、"参考"（参考别人的鉴赏结果，发展自我的鉴赏力）[1]。这何尝不是鉴赏或阅读教学的形式呢？

可以说，形式在夏丏尊那里，不仅成了语文教育的行为方式，更成了他自觉的思维方式、言说方式。这从他层层剥笋、条分缕析的论析，以及无处不在的读者意识、论辩意识、问题意识中，不难一窥消息。尤其是问题意识，简直成了他形式观自由演绎的一个强劲引擎。为什么侧面描写更容易使文字"奇警"？为什么小品文中得有一句"使全体振起的能力"才好？为什么有些段落分开比融合好？为什么

---

[1] 夏丏尊：《关于国文的学习》，杜草甬、商金林编《夏丏尊论语文教育》，河南教育出版社1987年版，第33—41页。

题目需要"苦心制作"?[①] 老到而赤诚的形式分析文字的背后,都是暗藏着各种问题的。这样的例子,在《文章作法》一书中,俯拾皆是。更为可贵的是,形式与他对语文教育的责任、深情、学养、智慧,还有追求科学化的执着冲动,又是紧密联系在一起的。浸淫日久,便成了他的一种无意识,一种习惯,或者说是一种严谨、细腻、稳健、扎实的工作作风。所以,称形式是他个性化的"存在方式",也未尝不可。

对《论语》中的"君子不器"一词,夏丏尊曾作过独具匠心的阐释。

在他看来,普通人学什么,只会做什么,好比某种器具只能派上某一种用场,但君子则是不可限量的。普通人只能注意他所专精的事,也只宜做他所专精的事,所以是"器"。非常人因有过人的精力,所以能注意到各方面的事,易于统筹全局、做领袖人物,所以是"不器"。就像曾国藩,写得一手黄山谷好字,文章做得好,文治武功都办得好,这便是"君子不器"的明证。这里,君子的"不可限量""过人精力""统筹全局",与他突出的形式"执一御万""海纳万物""灵活变通"的特点,何其神似!

从这个角度说,他思想中那层级多元、样态万千的语文教育形式,不仅有"器"的小用、专用,更有"不器"的大用和多用!

二 鲜明丰富的个性化特征

"不器"的品质,让夏丏尊语文教育形式美学鲜明、丰富的个性化特征,得到了极为充分的展现。

[①] 夏丏尊、刘薰宇:《文章作法》,中华书局 2013 年版,第 105—117 页。

最为显豁的是"形"主"意"辅。

总体来讲，在形（形式）意（内容）关系上，夏丏尊是越来越倾向于形重于意的。在《学习国文的着眼点》一文中，他明确说：

> 我们学习国文所当注重的，并不是事情、道理、东西或感情的本身，应该是各种表现方式和法则……国文和英文一样，同是语言文字的科目，凡是文字语言，本身都附带有内容，文字语言本来就是为了要表现某种内容才发生的，世间决不会有毫无内容的文字语言。不过在国文科里，我们所要学习的是文字语言上的种种格式和方法，至于文字语言所含的内容，倒并不是十分重要的东西。

他说的"表现方式和法则""文字语言上的种种格式和方法"正是指形式。何以如此？只因形式比较"固定"，而内容不是。更何况，当时语文教材中的内容既"乱杂""陈腐"，又"不适用""不够用"。有的内容还"吸引力更大"，让人"忽略形式方面"。

客观地说，教学中引导学生关注文本形式，不要一味地沉陷在内容中，这是符合语文体性的自然要求的。离开形式，进行架空的思想熏陶、情感濡染、审美观照，语文教育注定是水过鸭背，无法真正地发挥渗透效力的。很多老师将语文课上成政治课、历史课、生物课、科技课，即是明证。注重形式分析，进行知识的积累、能力的训练，充分感受形式的秘妙，以救治当时学生写作中文字不通的毛病，也没有错。但是，如果真的一味学习形式，显然不妥。"学外语主要是学语言，学母语不仅在于学语言，母语作品所承载的民族文化一样是重要的必学内容。"[①] 更何况，被内容吸引，说明文字是颇富表现力的，

[①] 赖瑞云主编：《文本解读与语文教学新论》，北京师范大学出版社 2013 年版，第 204 页。

正可以借此来激活学生对言语表现艺术探究的热情和欲望。

作为相对固定的形式知识值得学习，因为文学形式是"审美规范和艺术技巧的储存和积累的载体"①，不学就等于从零开始，不仅不利于文化的传承，也不利于自己学养的积淀、能力的提升，更谈不上日后的创造。但是，并非所有的形式知识都值得学习，陈腐、落后、不完善的、与文本秘妙关系不大的形式知识，学了不但无益，反而有害。对于这一点，夏丏尊显然心知肚明，针对当时中学生的语体作文（白话作文），他曾毫不客气地指出"除了把文言翻成白话外，内容上何曾有一点的新气？""现在学生文课中的'外国怎样好，中国怎样坏'，同以前学生文课中的'古者……今也则否'，有何分别？'西儒说……'，'杜威说……'，不就是新式的'古人有言曰'，'子曰'吗？"可见，对于没有新意的俗套形式，他也是很排斥的，"但改变了问题的形式，而不改变作文的态度，结果总是无什么用处的"②。

"乱杂""陈腐""不适用"的内容固然不值得学习，但是如果是"精致""新鲜""很适用""很营养"的内容，为什么不能去吸纳呢？耐人寻味的是，夏丏尊在大谈形式的教学价值时，在同一篇文章中他又提到了对属于内容范畴的词的"意义""情味"要仔细体味。特别是情味，"完全要靠自己去领略，词典是无法帮忙的"。这种思维悖论说明：在教育过程中，关于形意关系的处理上，他并非驱逐"意"、不讲"意"，只不过是加强"形"的教学，而弱化"意"的教学罢了。

其次是"体""用"兼顾。

---

① 孙绍振：《文学创作论》，海峡文艺出版社2007年版，第220页。
② 夏丏尊：《作文教授上的一个尝试——教学小品文》，《春晖》半月刊1923年第14期。

从表面上看,夏丏尊语文教育形式美学是处处强调形式之用的。在他与叶圣陶共同编著的《国文百八课》一书中,开篇第一则"文话"便指出:"中学里国文科的目的,说起来很多,可是最重要的目的只有两个,就是阅读的学习和写作的学习。这两种学习,彼此的关系很密切,都非从形式的探究着手不可。"① 在强调形式这个切入点的同时,也道出了形式之入用——为阅读和写作的学习服务。

他不仅这样倡导,而且还身体力行。在许多时候,甚至能将形式之用发挥到堪称神奇的佳境。评论崔护的《题都城南庄》(去年今日此门中,人面桃花相映红。人面不知何处去,桃花依旧笑春风),他认为该诗的动人之处正在于诗人能"触物兴感,把偶发的断片的材料来活写的缘故。如果平铺叙述,把一切事情都说到了,就成了'崔护某处人,一日在某处遇一女郎……'这样的一篇东西,使人读了,最多也不过得着'哦,有这么一回事'的感觉罢了",并将这种创作秘诀与战争中以少胜多的策略联系起来:"好像打仗,要用少数的兵去抵御大敌的时候,应该集中兵力,直冲要害,若用包围式的攻战法,就要失败的。"这样的智慧点睛,着实让人会不由自主地生出一种醍醐灌顶的惊喜,抽象的形式技巧,似乎顷刻间化作了光彩四射、法力无边的宝物。

他的散文《白马湖之冬》历来被视为"白马湖风格"的标杆之作。白马湖因之如柳宗元笔下的小石潭一样,变得声名远播。而现代散文"白马湖派",则因此有了与其艺术特质相吻合的名称。细究起来,此篇恰恰是用了他本人热衷的"寡兵御敌"这一写作形式策略,"抓住白马湖地理上的特点,不写冰雪,也不写严霜,唯独写风,通

---

① 夏丏尊、叶圣陶:《国文百八课》,生活·读书·新知三联书店2008年版,第3页。

篇弥漫着一种深沉的、撩人遐思的情愫"①。

不过,夏丏尊也很重视形式之"体"。对"形"主"意"辅思想明里暗里,自觉、不自觉地贯彻,即是最好的说明。形式与内容谁主、谁辅,西方从古希腊开始,就争论不休了。而在中国,则出奇的一致:但凡涉及内容("道""神""体")与形式("文""形""貌")的关系,几乎都是将形式放在从属的、服务的地位。至宋明两代,这种观念发展到了极致,以董其昌为代表的南宗画派高谈"气韵",贬抑重技巧、形式的北宗画派,舍形而求意的主张,得到了当时士大夫文人的广泛认同,成为占据主流的美学观念。新文化运动时期掀起的"诗界革命""小说界革命",企图通过文学的形式,"开启民智""改良群治",一样是重质轻文,崇意贬形的表现。在这样的背景下,夏丏尊将语文教育形式上升到主导的地位,注重形式本体的建构,的确是需要一定的胆气和卓识的。

建构形式本体的追求,在很多方面可以见出。比如,对形式塑造内容的强调,夏丏尊曾举过一个很有说服力的例子:"大军官正擦额上的汗呢!听见了这句话,遂高声喊道:'全胜!'""这句里'全胜!'本是大军官得意的口吻,所以用叹号(!)表出;若用问号,便是表示那大军官还怀疑别一军官的报告,并且和'遂高声喊道'几个字所表示的情调不称;若用句号(。),情调自然也不合,而'全胜'二字所表示的不过是事实的直述,再无别的意味。"一个小小的标点符号,稍加改变,便会对内容产生颠覆性的影响,形式对内容的规范、塑造之力,可见一斑,而形式积极的、主导的作用,不言自明。至于说对形式的自身之美,如节奏、韵律、色彩,其"可爱玩而不可

---

① 王利民:《平屋主人——夏丏尊传》,浙江人民出版社2005年版,第145页。

利用（应世）"的超功利意味就更浓了，而这恰恰是本体性的很好体现。

可见，夏丏尊语文教育形式实际上是体用兼顾，甚至体用相融的。"体"统摄着"用"，"用"折射着"体"。这使他的语文教育形式美学，既有形而上的深刻、高贵，又有形而下的灵活、平易，因此具有了较为强大的阐释力。

再次，"承""创"统一。

夏丏尊本人一生勤学不辍，读书海量，堪称文理兼通，学贯中西。仅就16岁前后所读的书目（夏丏尊《我的中学生时代》），就足以让当下所谓的博士、教授感到汗颜。他的读书，不是为了附庸风雅、装点门面，而是为了养成他所崇尚的实力，如健康力、想象力、判断力、记忆力、思考力、忍耐力、鉴赏力、道德力、发表力、社交力等（夏丏尊《受教育与受教材》），所以一直很注意规避食而不化、跟风乱跑、丧失思想独立的现象。他曾提醒过老师们要"对于各种教育思潮方案等有确实的信念和实际的实验"，如果"杜威来了就流行'教育即生活'，孟禄来了就流行'学制改革'，推士来了就流行'科学教育'，罗素来了就自负'国学'和什么。忽而'设计教学'，忽而'道尔顿制'等类走马灯式的转变，总是猴子种树难望成荫的"[《一年间教育界的回顾和将来的希望》（《春晖》1924年第22期）]，不排斥，不盲从，而是审慎地辨析，批判地吸纳，这正体现了吸纳与表现、继承与创造的统一。

这种统一在夏丏尊的语文教育形式美学中也有体现。由于对他人的形式思想，实现了本土化、现代化、个性化的转型，所以痕迹不彰，近乎天然。比如，在《教育的背景》一文中，他提出教育要"以人为背景"（这是一种思想，也是一种方法、一种形式。笔者注），使所学的科目都成为"养成人的材料",不能一味地功利化、实用化、技能化,更要"注重陶冶品性的一面"。这其实是吸纳了赫尔巴特、卢梭等人的儿童本位思想。卢梭明确说过:"不管学生将来入何等职业,先使他成功一个人。"夏丏尊还特地将之引入文中。他本人着眼形式的教育思想,和赫尔巴特、帕克的"中心统整"理论,更是有神合之处,即都是强调关注学生的能力、兴趣和人格,注重整体性的教育。只不过在方法上,夏丏尊突出了"形式",赫尔巴特突出了"致思"(学生静止地思考前阶段想起的许多事物的关系,并赋予一定的作用,是静止的致思。其结果,产生"系统"。将这样获得的知识,纳入已有的知识系统的作用时,是动态的致思。其结果,便成为运用系统的"方法"①),而帕克突出了"实践活动"而已——以指向周围的事物(生命现象、物理现象、化学现象)的自发活动为基础。

这正是夏丏尊继承上的特色,不是表象地继承,而是本质地继承;不是全盘地继承,而是选择地继承;不是服从地继承,而是批判地继承。在抨击当时的教育罔顾"境遇和时代",大讲春秋大义,冕旒制度,教读《李斯论》《封建论》等文章,写作《岳飞论》《始皇论》等作文,使学生"变成半三不四的人物,学了几年,对一切现在的制度、生活上应有的常识,仍旧茫然"时,你能隐约感受到康德"感性形式"说的影子②;在发出"山是宗教的,那么湖可以说是艺术的、神秘的,海可以说是革命的"浩叹,并断言"梅戴林克的作品近于湖,易卜生的作品近于海"时,你分明又感受到了柏拉图所说的艺术形式乍现本相时的迷狂。可是,你又发现不了任何移植、嫁接的

---

① 钟启泉编著:《现代课程论》,上海教育出版社2006年版,第86页。
② 康德认为,形式可分为感性形式和知性形式。感性形式来自人类先天的形式直观能力,表现为时间和空间;知性形式则由人类的知性能力自发地生产出来,表现为概念和范畴。

印痕，仿佛都是从他的心灵中土生土长出来的。尽管他的判断和立论不一定完全正确，或者不无保守、偏激之处，但是他体验的真诚、思想的自洽，却是浑然挺立的，绝非思想的侏儒、奴仆之辈所能望其项背。

缘于此，夏丏尊语文教育形式上的创造才显得雄健而富含生气。其间，有和他者思想的碰撞、激荡，有对问题之因和解决策略的深层追索，加上渊深学养、赤诚人格的自然介入、润泽，他的形式美学思想对语文教育来说，是很接地气的。因为这种形式美学还深度地内化、延展为他的一种思维方式，甚至直觉反应，所以创造显得无处不在，却又十分家常。

最后，还有"定""变"有道的特点。

在夏丏尊眼中，相对于内容，形式是比较固定的。但因为形式有美丑、新陈、适与不适之别（夏丏尊《文章作法·序言》），所以在和内容交互作用的过程中，为了免被抛弃，实际上又是处于不断变化之中的。孙绍振教授曾按形式与内容博弈的程度，将形式分为"与内容充分协调，强化了内容的形式""束缚了内容，二者很别扭地共处的形式"；按历史发展过程，又将形式分为"草创的、与内容不甚协调的原始形式""充分发展了、强化了内容的精致形式""走向衰亡，脱离了内容或抑制了新内容的僵化形式"。这是符合形式规律的。"有了体现情节完整、曲折的审美规范的唐宋传奇，情节不完整、不曲折的魏晋志怪就不符合小说的审美规范；有了体现性格审美规范的《水浒传》，那些纯粹追求离奇情节，让性格迁就情节的小说就显得不符小说的审美规范了。"[①] 因此，形式的固定与否只是相对而言的。较

---

① 孙绍振：《文学创作论》，海峡文艺出版社2007年版，第219—222页。

之于内容，它比较稳定，但在其自身范围内，又蕴藏着变化。变化的推手，自然是不甘平庸的创造者的匠心。

但形式的变化必须遵循一定的规律。这便要涉及形式与内容匹配的程度，自我形式与他人形式的比较，以及主体对形式知识的个性化把握与运用——形式只对懂它的人显示意义和价值。落实到具体的实践中，又得注意时空、对象、语境、社会潮流、读者心理等条件的限制，所以形式在情感触角敏锐、思想锋芒新锐的主体那里，实际上一直是处于一种个性化的生成状态之中的。

为什么说"麦被风吹动"，不如说成"麦被风吹得浪一般摇动"好，因为后者"记述主观的心情""比前者有生气，容易使读者得着印象"（夏丏尊《文章作法·文学的记事文》）。这是源于对读者心理、期待视野的满足所带来的形式之变。

为什么易卜生《娜拉》中的哈尔茂称娜拉为"小鸟""可爱的小松鼠""可爱的云雀"，会引发评论家的怀疑："这是一个银行经管，辩护士，同居了八年的丈夫，对于已经做了三个子女的母亲的妻所应有的口吻吗？"[1] 这恰恰是忽略了对象的身份特征、心理逻辑，没有及时注意语言形式之变所带来的弊病。

在《句读和段落》一文中，夏丏尊敏锐地觉察到了这一点："近来文章段落逐渐在趋向于短而多的一面，在向来认为不必分段的地方，往往也分段另行写。这实是新闻文字的影响……新闻文字是可以左右文章界的风气的。现代的新闻不但要求文章内容的浅显，同时还要求文章形式的简短。"这道出了形式之变与其他文体、社会心理的关联。

---

[1] 夏丏尊、刘薰宇：《文章作法》，中华书局2013年版，第136页。

三 教育形式美学流脉及辨正

但是，就整体来讲，夏丏尊语文教育形式美学的确存在着"偏重内容，从兼顾形式到兼顾内容、从形式并重到偏重形式，弱化内容"的发展流脉。

依据现存的资料，大体可以确定：1930年以前，他的语文教育形式美学基本上是内容、形式兼顾，但更看重内容的。

在《教育的背景》一文中（1919年4月、6月《教育潮》第1卷第1期、第2期），他这样写道："事物的好坏不是可以单独判定的，必须摆入一种背景当中，方才可以认得它的真相，了解它的意义"，并以中国的古典诗词加以阐释："例如'风萧萧兮易水寒，壮士一去兮不复还'，这可算得最悲壮的文字了。但是离开了第一句，便失却它悲壮的意味，因为第一句就是第二句的背景的缘故。其余如'暝色入高楼，有人楼上愁''落日照大旗，马鸣风萧萧'等许多好文章，也都可以用这个道理来说明它的好处。"[①] 这里，他是从"句式"（形式）的角度切入，在句与句的背景，也可以说是句与句的关系中把握诗词的"意味"（内容）的，虽然两者并重，但句式是手段，意味是目的，一目了然。

谈及文体分类，夏丏尊认为曾国藩的水准虽远胜过萧统，但也有白璧微瑕："如果依了这个分类法，那末，用书信形式写的学术论著就得归入'书牍类'，记述得书的因由、藏书的人物等等的文字就不

---

① 夏丏尊：《教育的背景》，杜草甬、商金林编《夏丏尊论语文教育》，河南教育出版社1987年版，第8页。

得归入杂记类,这仍不免重于形式而轻视实质。"① 言下之意很清楚:实质是高于形式的。分类不能为了迁就形式,而损害内容。

这种思想到了《句子的安排》一文中,表现得更为鲜明、突出。对为了句式上的和谐而牺牲文法的律令的现象,诸如把"司马迁""诸葛亮"无理地腰斩为"马迁""葛亮"等类,他一律视作"矫揉造作",入了"魔道"的表现。甚至连杜甫的名句"鹦鹉啄残香稻粒,碧梧栖老凤凰枝",都遭到了他的炮轰。原因很简单,这两句诗也破坏了文法律令,照理应该是"香稻啄残鹦鹉粒,凤凰栖老碧梧枝"。

这的确有明代学者杨慎较死理的味道了。面对杜牧的诗句"千里莺啼绿映红,水村山郭酒旗风",杨慎很不屑地抬杠:"千里莺啼,谁人听得?千里绿映红,谁人见得?若作十里,则莺啼绿红之景,村郭、楼台、僧寺、酒旗,皆在其中矣。"(杨慎《升庵诗话》)夏丏尊在强调此文法律令(通达)的时候,恰恰忽略了彼文法律令(陌生化):在文学创作的诗情策动之下,作者的感觉是可以变异的,语言是可以夸张的,情境是可以假定的。如果处理得当,"使对象陌生,使形式变得困难,增加感觉的难度和时间的长度"②,是可以更好地表现内容,延长审美体验的。不过,这一较真反而让人更加看清楚了他重内容、轻形式的思想倾向。

1926年3月,夏丏尊翻译的意大利作家亚米契斯的小说《爱的教育》,被开明书店出版。在该书的序言中,他写下了这样一段话:

学校教育到了现在,真空虚极了。单从外形的制度上、方法

---

① 曾国藩在《经史百家杂钞》里,将文章分为十一类,分别为:论著类、序跋类、奏议类、书牍类、诏令类、典志类、传志类、叙记类、杂记类、辞赋类、哀祭类。
② [俄]什克洛夫斯基:《作为技巧的艺术》,莱芒(Lemon)、里斯(Reis)编译《俄国形式主义批评:四篇论文》,内布拉斯加出版社1965年版,第12页。

上，走马灯似地更变迎合，而于教育的生命的某物，从未闻有人培养顾及。好像掘池，有人说四方形好，有人又说圆形好，朝三暮四地改个不休，而于池的所以为池的要素的水，反无人注意。教育上的水是什么？就是情，就是爱。教育没有了情爱，就成了无水的池，任你四方形也罢，圆形也罢，总逃不了一个空虚。

这是一种比喻的说法。制度、方法、水池的形状，皆属于"形式"的范畴，而生命的某物、池水、情、爱，才是教育的"内容"。缺失了内容，一切都会落入虚空。说得非常形象、深刻。此时，夏丏尊仍是特别看重语文教育的内容的。

但是到了1930年左右，他的形式美学有了明显的抬头。虽未明言形式重于思想，但同样也未流露形式轻于内容的思想。从这种修辞状态中，我们说他形式与内容并重，应该不会有差。

在《受教育与受教材》（1930年4月《中学生》第4号）一文中，他打了一个比方，说受教育过程中所应养成的身心上的诸能力，如健康力、想象力、判断力等，犹如数学公式中的X，虽然"本身并无一定价值，却是一切价值的总摄，只要那公式是对的，无论用什么数目代入X中去都会对"，并说这些能力"本身原不能换饭吃，成学者，或有功于革命，但如果没有这诸能力，究竟吃不成什么饭，成不了什么学者，或有什么贡献于任何革命事业"。X相对于公式来说，是内容，但相对于别的数字来说，则是形式，因为它有巨大的"总摄"力。同理，身心上的诸能力，作为语文教育中的目标，是内容，但相较于未来实现"吃成饭""成学者""贡献于革命事业"等诸种人生目的，它又是形式（方法、手段）了。这种内容与形式不断流转，你中有我，我中有你的性状，正是夏丏尊形式与内容并重的很好说明。

《关于国文的学习》一文（1931年1月《中学生》第11期），也很能说明这一点。在夏丏尊自拟的三条国文学力目标里面（从文字上理解他人的思想感情；用文字发表自己的思想感情；不至于十分理解错，发表错），形式和内容是兼顾的。虽然从表面上看，形式是手段，服务于内容，地位还是略低一等。但很有意思的是，一旦进入教学状态，他不知不觉地又将形式的地位拼命往上抬。请看他对《桃花源记》所确定的八项教学内容——

（1）求了解文中未熟知的字与辞。

（2）求了解全文的意趣与各节各句的意义。

（3）文句之中如有不能用旧有的文法知识说明者，须求得其解释。

（4）依据了此文玩索记叙文的作法。

（5）借此领略晋文风格的一斑。

（6）求知作者陶潜的事略，旁及其传记与别的诗文。最好乘此机会去一翻《陶集》。

（7）借此领略所谓乌托邦思想。

（8）追求作者思想的时代的背景。

其中，（1）（3）（4）（5），基本上属于形式知识，而（2）（6）（7）（8）则属于内容知识，正好对半开！

以上是谈单篇课文的学习。对于整本书的学习，他提出了这样的建议：

无论全读或略读，一书到手，最好先读序，次看目录，了解该书的组织，知道有若干篇，若干卷，若干分目，然后再去翻阅全书，明白其大概的体式，择要读去。例如读《春秋》《左传》，先须知道什么叫经,什么叫传,从什么公起到什么公止。读《史记》,先须知道本纪、世家、列传、书、表等等的体式。

竟然全部是形式知识,反而把内容给抛弃了!这种潜意识中的自我矛盾,完全是夏丏尊脑海中形式与内容的地位之争,难分胜负的集中反映。教学中,将二者兼顾,也充分说明:此时此刻的他,语文教育形式美学尚未形成明确、完整、稳定的系统。

到了1934年,夏丏尊开始强调形式的重要性。

在《国文科的学力检验》一文中(1934年6月《中学生》第46号),他举了一个例子:"一篇《项羽本纪》当作历史来读,问题比较简单,只要记住历史上楚汉战争的经过情形就够了,如果当作国文来读,事情就非常复杂,史实不消说须知道,史实以外还有难字难句,叙事的繁与简,人物描写的方法,句法,章法,以及其他现出在文中的一切文章上的规矩法则,都须教到学到才行。"

夏丏尊说这段话,原是在感叹国文科的"笼统":一是内容笼统,几乎囊括了文化、生活的全体,不遵循"一定的法则"组织教学,根本不行;二是形式知识笼统,因为上述的形式知识无法"一一教学用遍",只能由学生日后"触发";这就必然带来第三个笼统,教学笼统——很奇怪,这样论说的时候,他竟然将昔日在《文章作法》(1922年,开明书店初版)里谈到的"寡兵御敌"——选取"最可寄托情感的一个点"来攻坚的策略给遗忘了,难道是不懂创作向教学的迁移?还是彼时思维卡了壳?不过,从他所开列的"教什么"的清单上,形式以6:1的绝对优势,终于大大盖过了内容。

至1936年,夏丏尊对形式的强调和推崇达到了巅峰,并一直持续下来。

在《阅读什么》一文中(广播稿,最初刊于1936年1月《中学生》第 61 号），他是这样表述的：

> 假定一册国文读本共有三十篇文章，你光是把这三十篇文章读过几遍，还是不够，你应该依据了这些文章作种种进一步的学习，如文法上的习惯咧、修辞上的方式咧、断句和分段的式样咧，诸如此类的事项，你都须依据了这些文章来学习，收得扼要的知识才行。

"读几遍"为什么不够？因为只是掌握了内容。语文学习更为重要的是：得结合内容，通过内容，甚至最终丢开内容，去掌握"文法上的习惯""修辞上的方式""断句和分段的式样"等形式知识。这种潜在的思维逻辑，在紧随其后的另一篇广播稿"怎样阅读"中，得到了明确的验证：

> 至于语言文字的学科就不同，我们在国文教科书里读到一篇文章——假定是韩愈的《画记》，这时我们不但该知道韩愈这个人，理解这篇《画记》的内容，还该有别的目标，如文章的结构、词句的式样、描写表现的方法等等，都得加以研究。如果读韩愈的《画记》，只知道当时曾有过这样的画，韩愈曾写过这样的一篇文章，那就等于不曾把这篇文章当作国文功课学习过。我们又在英文教科书里读华盛顿砍樱桃树的故事，目的并不在想知道华盛顿为什么砍樱桃树，砍了樱桃树后来怎样，乃是要把这故事当作学习英文的材料，收得英文上种种的法则。所以阅读两个字不妨分开来用，一般科学的教科书应懂它的内容，不必从文字上去瞎费力，只要好好地阅就行，像国文、英文两门是语言文字的功课，应在形式上多用力，只阅不够，该好好地读。

尽管在语文学习的目标中，内容、形式的维度，他都有提及，但是说学习一篇文章，只注意内容的把握，而不注意形式的掌握，这篇文章就等于不曾学过，将形式上升到教学之"道"的高度，内容和形式孰重孰轻，已经一目了然。

在《关于〈国文百八课〉》一文中（最初刊于1936年9月1日《申报·读书俱乐部》，由夏丏尊与叶圣陶合写），形式重于内容的思想更为明显："文章是读不完的，与其漫然地瞎读，究不如定了目标来读。本书每课有一目标。为求目标与目标间的系统完整，有时把变化兴味牺牲亦所不惜。"这里所说的目标，全部是关于形式知识的，因为《国文百八课》采用的完全是文章学系统，多是"从形式上去处置现成的文章的"。

通过对夏丏尊语文教育形式美学发展流脉的梳理，我们不难发现：

第一，他的目标指向是：让语文学科走向科学。

夏丏尊置身的时代，正是在西方"民主"与"科学"思想输入中国，中国教育深受濡染的时期。有学者指出："追求教育上的民主与科学，可以说是这一时期教育思潮的主流与方向。国民教育思潮、平民主义教育思潮、工读主义教育思潮、实用主义教育思潮、职业教育思潮、生活教育思潮、美感教育思潮、科学教育思潮、早期马克思主义的教育思潮等，尽管表现形态、关注重点不同，兴起的时间先后不一，但是追求受教育权的扩大和教育的科学化却是它们共同具有的内涵。"[1] 为了用"科学化"改变当时"神而明之"的蒙昧主义，陈望道、梁启超、黎锦熙、叶圣陶、阮真、吕叔湘、张志公等人都积极

---

[1] 王炳照、阎国华主编：《中国教育思想通史》，湖南教育出版社1994年版，第2页。

倡导并做出了自己的贡献。夏丏尊语文教育形式观正是在这样的历史语境下，不断生长、成熟起来的。关于这一点，在《国文百八课·编辑大意》里，他和叶圣陶已经作了明确的说明："在学校教育上，国文科向和其他科学对列，不被认为一种科学，因此国文科至今还缺乏客观具体的科学性。本书编辑旨趣最为重要的一点就是想给予国文科以科学性，一扫从来玄妙笼统的观念。"

如何使语文具有科学性，夏丏尊选择的是形式知识。因为形式知识相对"固定"，经历了无数代的智慧积淀，有着极为丰厚的阅读学、写作学实践经验打底，又具有很高的抽象性和指导价值，是成型的法则、通则，完全可以好好地继承、弘扬和发展。但是，形式知识又不能静态、抽象地传授，必须结合优质的教材、具体的文本、"热心"与"知力"并茂的实力派教学[①]，使其巧妙地被定格、被激活、被放大，让学生更好地领会、消化，并化为更高层级的实践才行。因此，他的所有语文教育实践，如课程构想、教材编写、阅读指导、写作教学、测评设计等，均是围绕这个制高点展开的。他不厌其烦地谈词法、句法、章法、分段、标点、结构并殚精竭虑地呼吁老师、学生也对形式引起重视、深入内化、注重积累和运用，可以说都是源于他语文科学化的崇高追求。

因为有信念、有思考、有实践，所以他的形式化探索显得具体、实在，生机内藏。又因为呕心沥血、矢志不渝地践行，所以"形式观"在某种程度上，又不知不觉地化作了他的思维方式、科学素养并成了他独特的存在方式。

随举一例：在《说明文的条件》一文中，他开门见山："说明文

[①] 夏丏尊：《彻底》，张圣华总主编《夏丏尊教育名篇》，教育科学出版社2007年版，第16页。

最简单的形式，就是单语的定义；复杂的说明文，无非是单语的定义的集合和它们的引申。"看似繁复的知识，被他一语点破。如何定义呢？他认为是"类+种差"。但这种结论不是凭空抛出的，而是结合了"人是有理性的动物"这句浅俗的"单语"。其中，"动物"是人所属的"类"，"有理性"则是人和其他动物的"种差"。简洁至极，通俗至极，却又把很深的道理说透了、说准了。然而，夏丏尊并不满足于此，因为他知道：说明文只这样简单，读者还无法明白，非得详尽说明不可。如何详尽说明呢？他给出的答案是：将"必须的条件"加上去！哪些条件呢？他再从"所属的种类""所具的特色""所含的种类""明显的实例""对称和疑似"[1]"语义的限定"等方面，结合具体的例句，娓娓道来。

这种从一个概念、一种观点、一件事情或一种现象切入，然后层层剥笋、细细分析，同时与历史或现实钩打连环，并将自我的思想、情感灌注进去的言语表现形式，在夏丏尊的言语表现中不断怒放，浑然一体而又气象万千。此中魅力，与他语文科学化的指向，显然有着一定的关联。

第二，他的探索动力是：救治、爱与体验分享。

夏丏尊的语文教育形式美学不是玄虚的坐而论道，而是围绕语文教育中的种种具体的问题展开的。

比如，关于课程，他觉得应该采用双轨制：专门以上的学校，偏重于专门知识技术的传授，为的是让学生直接应世；专门以下的学校，不要传授直接应世的知识，"务宁偏重于身心诸能力的养成，愈

---

[1] 对称和疑似：夏丏尊认为，单从事物的本身直述，往往不易明了。但若将对称的（即属于一类，而不是同种的）或疑似的（即好像同种，而实际上不同的事物）对照述说，便更可使事物明白显出。例如，①植物是生物中不属于动物的一部分（对称）。②习字纸也是用笔写的，但不以代谈话为目的，所以不是书信（疑似）。

是低级的学校愈如此"（夏丏尊《受教育与受教材》）。这种形式设计，正是针对了当时教育界甚嚣尘上的实用主义！在他看来，浅薄的实利主义足以压灭"中国人的创造冲动""扑杀一切文明的进化"（夏丏尊《中国的实用主义》）。

再如，他主张写作要"真实无饰"，不要"专袭套语"，这又是针对当时学生"把古人或今人的美丽词句来套袭""造成呆板讨厌的文字"的现象来说的（夏丏尊《小品文练习的机会》）。可谓无一理论无出处。为了彻底地贯彻形式观，他甚至不惜与学生叫板。一位学生写自述，里面说到自己父亲客死他乡，自己"星夜匍伏奔丧"，他苦笑着问学生："你那天晚上真个是在地上爬去的？"又有一位同学发牢骚，赞隐遁，说要"乐琴书以消忧，抚孤松而盘桓"，他厉声问："你为什么来考师范学校？"弄得那人无言以对①。

因为敢于直面问题，提出解决的设想、办法，所以他的语文教育形式美学能一直扎根于生活的土壤，且与时俱进。看似理性、严厉的背后，其实蕴含了高度的责任感——夏丏尊一直是以教育界的志士自期的，还有不为人知的深挚的爱。比如，他那个广为人知的心愿：取"四书""五经"《红楼梦》《水浒传》等书，将其中的句子"圈断、剪碎，按照形式相同的排比起来"，使学生"不但在理解上可以省却力气，而且在发表上也可以得到许多便利"。虽然没有实现，但对学生的厚爱，触之可及。可以说，责任感使他将教育视作了"英雄的事业""大丈夫的事业"（夏丏尊《近事杂感》），能真挚地面对一切挑战，甚至不惧以命相搏；深挚的爱又使他对教育的细节、情感的资源格外敏感并能积极开发且诉诸表现，最终赢得"妈妈的教育"的美名

---

① 丰子恺：《悼丏师》，杜草甬、商金林编《夏丏尊论语文教育》，河南教育出版社1987年版，第306—307页。

(丰子恺《悼丏师》)。

值得一说的是,夏丏尊语文教育形式美学朴实、平易,深入浅出,还与他的体验分享紧密关联。例如,建议老师"努力修养,对于文字,在知的方面,情的方面各具有强烈、敏锐的语感,使学生传染了,也感得相当的印象"(夏丏尊《我在国文科教授上最近的一信念——传染语感于学生》);教育学生注重表现的精致化,追求"周至深长的意味""凡细微曲折之点无不可以达出",使"比较偏于理智的解说文、议论文也能容易动人";批评记叙文中逐处加入说明或议论的文字,"其情形正如恋爱男女喁喁情话着,媒介者突然露出面影来羼入障害一样"(夏丏尊《论记叙文中作者的地位并评现今小说界的文字》)。情辞恳切,不失幽默,悉数源于他自己的阅读、创作体验。没有利用五花八门的雷人概念,架空议论,有的只是充满自我言语生命的原生态气息,读来醇永、清新,回味悠长。

第三,他的研究语境是:同人探索和自我创生。

夏丏尊语文教育形式美学的形成,也有同人探索的启发和驰援。这可以从同时期一些学者的论述文字中见出。

鲁迅在 1935 年为杨霁云编辑的《集外集·序言》中不无遗憾地写道:"那时我初学日文,文法并未了然,就急于看书,看书并不很懂,就急于翻译,所以那内容也就可疑得很。"[1] 鲁迅是夏丏尊非常尊敬的学者,两人曾在浙江两级师范共过事。鲁迅赠以《域外小说集》,夏丏尊自称是"受他启蒙的一个人"。[2] 鲁迅看重文法对写作、翻译的重要性,无疑会被夏丏尊引为形式论的同调,彼此形成一种或隐或

---

[1] 鲁迅:《鲁迅全集》第 7 卷,人民文学出版社 1981 年版,第 4 页。
[2] 商金林:《绚烂与平淡的统一——夏丏尊和他的散文》,《江苏行政学院学报》2009 年第 2 期。

显的思想互动。1923年夏末，夏丏尊利用课余时间着手翻译《爱的教育》时，因为深谙形式之道，加上极其严谨——对照英译本从日译本翻译，就很好地规避了鲁迅当年所遇的问题且能精准地传递原作的精髓，以致该书一经译出，即广受欢迎，"行销数十万册，成为支撑书店经济的台柱子"，鲁迅还故意开夏丏尊的玩笑："这本书卖得很好，你可是当财神老爷了。"[1]

朱自清也很关注形式。在《写作杂谈》一文中，他专门谈了文脉的畅通和标点符号的重要性问题。为夏丏尊、叶圣陶合著的《文心》作序时，他这样批评了当时的阅读教学弊端：

> 读的方面，往往只注重思想的获得而忽略语汇的扩展、字句的修饰，篇章的组织，声调的变化等……只注重思想而忽略训练，所获得的思想必是浮光掠影。因为思想也就存在于语汇、字句、篇章、声调里；中学生读书而只取其思想，那便是将书里的话用他们自己原有的语汇等等重记下来，一定是相去很远的变形。这种变形必失去原来思想的精彩而只存其轮廓，没有什么用处。[2]

从形式的角度，谈对文章思想精髓的把握，可谓击中了阅读教学的"命门"。西方符号学认为，符号的次序就是精神的次序。照此，符号的特色也应是精神的特色及言语生命的特色。所以，关注文本中的语汇特色、字句修饰、篇章组织、声调变化等形式因素，就是在把握体系化、生命化、个性化的符号，同时也是在把握符号背后的思想意义、精神内涵、言语表现的智慧。没有对符号精确、深度的体认，

---

[1] 王利民：《平屋主人——夏丏尊传》，浙江人民出版社2005年版，第134页。
[2] 夏丏尊、叶圣陶：《文心》，生活·读书·新知三联书店2008年版，第2页。

第七章 体上求用，用中见美

想创造性地吸纳内容的精髓，难乎其难！

从教学的角度讲，关注形式因素，实际上也是为了更好地训练体式语感。"体式语感包括对某一文体（语体）一切构成因素（主题、材料、结构、语言等）的特殊要求的领悟，涵盖了文章（口语）形式规范的、具体而微的全领域，在言语认知与创造中贯穿于阅读与表现行为的全过程。体式语感的形成，即人对文章（说话）图式的认知建构。"[1] 所以，朱自清的这种形式美学，与夏丏尊的形式美学，称得上是异曲同工。

但是，夏丏尊语文教育形式美学更有其个性化的创生之处。

相对于同时期的作家、学者，他的形式美学无疑钻研得更细、更深、更广、更持久。尤其是在阅读与写作领域，他的形式探索，用力更勤、更专、更活，因而也更见特色、更富系统。《文章讲话》一书收录了关于文章写作的十篇文章，内涉：句读和段落、开头和结尾、句子的安排、文章的省略、文章中的会话、文章的静境、文章的动态、所谓文气、意念的表出、感慨及其发抒的法式。除《开头与结尾》一文为叶圣陶所写，其余都是夏丏尊所作。可以说，这就是一部关于形式美学理论的著作。开口小、挖掘深，案例丰富、讲述平易。其思考之精细、深广、独特，给人以无限的启迪，至今仍不失其动人的魅力。

夏丏尊语文教育形式美学的创生，表现在很多方面。

从广度上看，这种形式观呈开放的姿态，涵盖面是非常广阔的。以阅读、写作教学为主，兼向课程、教材、教学、管理、测评、翻译、编辑、出版等领域辐射，几乎触及了语文教育的每一寸肌肤。所

---

[1] 潘新和：《语文：人的确证》，上海三联书店2014年版，第171页。

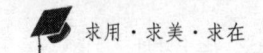

以，这是名副其实的大形式美学观、大语文教育观。

从高度上说，这种形式美学并非只瞄准表层的文章学知识，对很深层的人格陶冶、诗趣浸润、身心诸能力的培养，也一样关注。夏丏尊说："真的文字学习，须从为人着手。'文如其人'，文字毕竟是一种人格的表现，冷刻的文字，不是浮热的性质的人所能摹效的，要作细密的文字，先须具备细密的性格。不去从培养本身的知识情感意志着想，一味想从文字上去学习文字，这是一般青年的误解。我愿诸君于学得了文字的法则以后，暂且抛却了文字，多去读书，多去体验，努力于自己的修养，勿仅仅拘执了文字，在文字上用浅薄的功夫。"（夏丏尊《关于国文的学习》）其间流露的正是一个教育者深眷、博大的爱的情怀，令人情不自禁地会想到孟子的教育观："君子之所以教者五：有如时雨化之者，有成德者，有达财（指才干、才能、才华。笔者注）者，有答问者，有私淑艾者。此五者，君子之所以教也。"（《孟子·尽心上·四十》）这种情怀甚至在字典编排形式这个小细节上，也能体现无遗——文白结合，义用兼顾，只为方便学生对文言、白话的阅读和理解。

从深度上说，这种形式美学集中体现在原理、观念、应用、方法等方面的"命名"上。"语感""内部注意力""外部注意力""教育的背景""文字的品格"，还有写作中"浮菱之喻""寡兵御敌"的智慧……随着形式美学建构的走向深入，这种"人人心中有，个个笔下无"的命名纷纷浮现，使夏丏尊的学养和智慧得以不断地浓情绽放，这也正是海德格尔所说的诗人为"存在"命名，使"存在"出场，使世界以新的面貌出现，是"照亮世界的第一次命名"的要义[1]。英加登说过：

---

[1] 赖瑞云主编：《文本解读与语文教学论》，北京师范大学出版社2013年版，第118页。

"文学研究作为一门学科的可能性，取决于我们可以在何种程度上成功地把这种结果固定在判断和概念中。"① 夏丏尊的命名将形式观探索的成果固定在判断和概念中，与他追求语文科学化的努力是完全一致且富有成效的。

这便涉及他形式美学的灵活度。在夏丏尊那里，相对固定的形式知识，因为立足于用，而又能指向身心诸能力的培养、人格的陶冶、诗趣的激发，所以遭遇具体的对象，往往能够演化出万千风光，很好地规避朱自清先生所说的教学窘境：

> 在中等学校里——尤其是低年级里——学文法和修辞法，实是最困难的事；因材料零星不整，不易引起浓厚的趣味。若是国文科全教这两种，那是趣味将更少了！而且只讲琐碎的法式，不常见成篇的组织，也不能明白那全体大用的！②

这一点，从他与湖南第一师范学校同事的对比中，更能见出分晓。一师的国文教师，多是宿儒硕彦，有长于辞章的、有长于义理的、有长于考据的，在各自喜好的领域，其精熟、专深，往往还胜过夏丏尊。"可是他们教国文，只拿自己所熟习的一套传授给学生，不大考虑一般师范生的需要和接受能力。而夏丏尊能从语文教学和新文学的观点着眼，选讲具有较高文学价值和学术价值的文章，特别是桐城派的组织严谨或富有文学意境的文字。"③ 将形式知识、新鲜材料，以及极具文学价值、学术价值的选文融为一体，并及时传递语文教学

---

① 英加登：《对文学的艺术作品的认识》，陈燕谷、晓未译，中国文联出版公司1988年版，第419页。
② 朱自清：《中等学校国文教学的几个问题》，张圣华总主编《朱自清语文教学经验》，教育科学出版社2007年版，第14页。
③ 夏丏尊：《用典》，杜草甬、商金林编《夏丏尊论语文教育》，河南教育出版社1987年版，第193页。

与文学研究的前沿成果,这种大气、灵动的教学,怎能不境界高迥、兴味盎然呢?对照当下语文教学,就课文教课文,对专业领域的科研成果一片茫然,只把眼光狭隘地盯在应试考点上,将本是情韵丰饶的文本如切割生猪肉一样,大卸八块,再塞给学生的现象,夏丏尊的形式美学更是显出其夺人的魅力。

第二节 夏丏尊语文教育形式美学中的相关概念

耐人寻味的是,夏丏尊语文教育形式美学自诞生之日起,漠视与冷落、误解与质疑便从未间断过。

个中原因多多,但最根本的还是体现在对夏丏尊语文教育形式美学中相关概念的浅读、误读上。

一 形式与"形式主义"

这是夏丏尊语文教育形式美学研究中最常遭遇且误解较多的一对概念。尽管人们也认识到夏丏尊语文教育形式美学的诸多价值,如他主张的"学习国文,应该着眼在文字的形式上,不应该着眼在内容上""只要是白纸上写有黑字的东西,当作文字来阅读来玩味的时候,什么都是国文科的材料。国文科的学习工作,不在从内容上去深究探讨,倒在从文字的形式上去获得理解和发表的能力。凡是文字,都是作者的表现。不管所表现的是一桩事情,一种道理,一件东西或一片情感,总之逃不了是表现。我们学习国文所当注重的,并不是事情、道理、东西或感情的本身，应该是各种表现方式和法则。"①

王尚文认为，这的确是抓住了语文的缰绳，因为"语文之外的其他课程诚然不能越过形式而把握内容，但他们往往把形式当作掌握内容的跳板，可以得鱼而忘筌；即便关注它的形式，目的也仅仅在于更好地理解它的内容。语文就不同了，虽然在品味形式的同时也在理解内容，但它的目的主要不在把握内容，而是学习特定的形式如何表达特定的内容……仅仅关注语文科'说什么'，不是语文课；即使着眼于'怎么说'，却旨在把握'说什么'，也不是及格的语文课。只有以课文的言语形式为纲，自觉而明确地指向提高学生正确理解和运用语言文字的能力，才是真正的语文课。"② 可以说，这是从确证与捍卫语文体性的角度，道出了夏丏尊语文教育形式美学的不凡价值。

还有学者注意到了夏丏尊语文教育形式美学对揭示文本形式秘妙，"构建立足揭秘的形式知识体系"的重大贡献，但同时也指出：夏丏尊"从开始的形式、内容两边兼顾，最后一边倒，取唯形式论"，这种"认为学语文只需学形式"而不顾内容的形式主义倾向是"不妥的"③。因为相较于叶圣陶、朱自清的辩证与中和，夏丏尊已然走向了极端。

仅从上述简要的引述中，我们便不难发现一些相关概念或命题亟待深入、仔细地辨正：（1）夏丏尊所说的形式，仅是相对于内容而言的文本形式吗？（2）形式与"形式主义"各自的内涵是什么，二者该如何区分？（3）夏丏尊语文教育形式美学是否真的属于"形式主

---

① 夏丏尊：《学习国文的着眼点》，张圣华总主编《夏丏尊教育名篇》，教育科学出版社 2007 年版，第 151—152 页。
② 王尚文：《人文·语感·对话》，上海教育出版社 2010 年版，第 20 页。
③ 赖瑞云主编：《文本解读与语文教学新论》，北京师范大学出版社 2013 年版，第 203 页。

义"的范畴?

在弄清这些概念与命题之前,很有必要先回顾一下学界对"形式"概念的阐释。

诚然,一般情况下,人们讨论形式多是在文本形式或艺术形式的层面上进行的且多是相对于内容而言,主要指艺术作品内部的组织构造和外在的表现形态,乃至种种艺术手段的总和。

奥尔德里奇在《艺术哲学》一书中还对艺术形式进行过精细的区分,提出了"三级形式"说:

> 一级:指语言、色彩、线条等"媒介要素在审美空间中的排列";
>
> 二级:指"在排列起来的媒介中所体现的内容或形象的样式";
>
> 三级:指"风格",媒介要素排列和内容样式配合起来,"形成完整的作品"[①]。

"子形式"如此,"母形式"亦然——事物内容的组织结构和表现方式也是相对于内容而言的。虽然这种认识遭到了一些学者的反对,因为"与内容相对而言的形式只是诸多形式概念中的一种"[②],但这种反对的声音微若寒蝉。不过,这种"异质"的声音却诱发了我们对形式阐释史的重新审视和思考。

的确,在古希腊毕达哥拉斯学派的理论中,形式就是"数";在柏拉图的心中,形式就是"理式"。这些终极性的范畴,颇类中国传

---

① [美]奥尔德里奇:《艺术哲学》,中国社会科学出版社1985年版,第75页。
② 赵宪章:《形式美学与文学形式研究》,《中南大学学报》(社会科学版)2005年第2期。

统文化中的"道",被视为万物的本源,或者说万物都是以之为范型,由此派生而出的。这些认知中,形式与"数",形式与"理式"是一体的,根本没有基于内容与形式的关系一说。亚里士多德反对到事物之外、之上去找寻原因,认为事物生成和变化的原因就在于事物本身,即"质料因"和"形式因"("形式因"中内含"动力因"和"目的因")。"质料"是事物得以形成的原始材料,"形式"则是事物的本质定义和存在方式("限")。前者是事物的"潜能",后者则是事物的"现实"。事物的生成,正是因为被赋予了形式,或者说是质料被形式化所致。这也不是从内容的角度论形式——以"质料"为"对象物"来谈形式,然而质料并非内容。

20世纪以降,俄国的形式主义视形式乃文学之所以为文学的"文学性",英美新批评视形式为文学的"本体性存在",法国结构主义和叙事学则从结构和叙事模式的视角阐发形式,完形心理学美学的"格式塔"(Gestalt)、荣格和弗莱等人的"原型"(Form),以及卡西尔的"符号"(Symbol)等,更多的则是从"主客体关系"的视角去探讨形式……他们都不是从内容的角度来谈形式的。

从内容的视角谈形式,肇始于古罗马诗人贺拉斯。他提出了"合理"与"合式"说。"合理"即合乎情理;"合式"则指作品在题材的选择、性格的描写、情节的展开和语言、格律等表现形式方面的"得体""妥帖""适宜""恰到好处"和"尽善尽美"。后世黑格尔的著名论断"美是理念的感性显现",还有当下中国学界对形式概念的主流阐释,如"内形式"与"外形式","结构形式"与"意义形式","协调形式"与"别扭形式"等,可谓与之声息相通,一脉相承。

重温这些理论,对拓展和深化夏丏尊语文教育形式美学研究无疑是大有裨益的。

长期以来，我们囿于形式与内容的关系，在文本形式或言语形式上一个劲地转圈儿，何曾开放视野，从形式与"道"，形式与"文学性"，形式与"本体性存在"，形式与"主体建构"等视角，去观照夏丏尊语文教育形式美学，领略其思想的大气、深邃与灵动呢？

即使是在内容与形式的二元论框架中研讨，我们蔽于文本形式、言语形式，何曾对夏丏尊语文教育形式美学中的课程形式、教材形式、教学形式、测评形式等有过真正深入的考察和阐扬呢？盯住了夏丏尊所说的词法、句法、章法、表现手法等外在的形式知识，何曾关注过这些形式知识与文本生命体相融、生长的独特的智性、情性、气韵等特征，也就是文本的"内形式"，即歌德所称道的"形式的秘密"，王国维所激赏的"秘妙"，朱光潜所钟情的"佳妙"？

不妨再回到所谓的夏丏尊语文教育形式美学中"不顾内容的形式主义倾向"。何谓形式主义？形式主义的特征、成因到底有哪些？

百度百科对"形式主义"（Formalism）这样解释："指在艺术、文学与哲学上，对形式而非内容的着重。"怎么个"着重"呢？词条里说："大致上，形式主义在文学艺术的范畴中，代表了着重于作品艺术技巧、美观程度、遣词用字的技巧，但并不着眼于作品的社会和历史背景的思想倾向。"并以诗歌为例，作了进一步阐释："诗歌中的形式主义代表着重诗歌中的押韵、声调、字数、句数等，多于诗歌本身的主题、内容或意义。"总体特征就是"理论和创作实践都置内容于不顾，而把形式强调到一种绝对化的程度"，其思想根源和哲学基础，则是"唯心主义和形而上学"。

依然是从内容与形式的关系上进行界定与立论的。简言之，思想倾向上：重形式，轻内容；强调程度上：绝对化；思想根源上：唯心主义和形而上学——这里的形而上学并非指哲学中探究宇宙万物根本原理的那一部分,而是指孤立、静止地看问题的思维方式。

这样的界定还是颇具说服力的。比如,19世纪出现的唯美主义,提倡"为艺术而艺术",大谈"纯粹美",认为单纯的线条、声响、颜色等就是指艺术本身,完全脱离具体的历史内容,其真正的思想根源就是当时开始盛行的非理性主义,"无非是试图通过艺术社会责任感的解脱,逃遁当时西方社会已经尖锐化了的社会矛盾"[1]。还有20世纪的俄国形式主义、英美新批评、法国结构主义等形式美学学派,将文学视作一个独立的"封闭系统",人为地割断文学与社会历史的联系,片面地强调所谓"细读式""向心式"的语音、语义和文本结构分析,真的是走向了极端。按照上述的界定,它们都是典型的"形式主义"。

可是,以之对照夏丏尊语文教育形式美学,是否也能严丝合缝呢?

"重形式,轻内容",这是夏丏尊一而再,再而三地强调的,铁证如山;对"唯心主义"倾向,夏丏尊也毫不避讳——在和叶圣陶聊天时,他就明确表示过:"我是唯心的,你是唯物的。咱们的信仰虽各不同,但友谊是极好的。"[2]

但是关于"绝对化",就得具体问题具体分析了。

诚然,夏丏尊在很多场合的确将"形式"抬到了似乎绝对化的高度。"我们学习国文所当注重的,并不是事情、道理、东西或感情的本身,应该是各种表现方式和法则""不过在国文科里,我们所要学习的是文字语言上的种种格式和方法,至于文字语言所含的内容,倒

---

[1] 赵宪章:《形式美学:中国与西方》,《文史哲》1997年第4期。
[2] 王利民:《平屋主人——夏丏尊传》,浙江人民出版社2005年版,第209页。

并不是十分重要的东西。"(夏丏尊《学习国文的着眼点》)在《文章讲话》《文章作法》等著作中大谈形式；在《国文百八课》《开明国文讲义》等教材中对形式的讨究，更是不厌其详。但是，无论怎么抬，他却绝没有说过"不要内容"的话语。这从上述的"所当注重""并不是十分重要"等颇为稳健的措辞中，还有《国文百八课》中对选文内容"务取旨趣纯正有益于青年的身心修养"的强调，我们不难发现：夏丏尊并没有"唯形式论"，他对健康、新鲜的内容其实也是很在意，很欢迎的。如果放弃内容，他就不会在着眼形式的国文教学或理论建构中关注诗趣、情味、意味了。

事实上，夏丏尊本人是深谙辩证法和中道智慧的。这仅从他对"无一语无来历"的态度上，便可一窥端倪："说几句话，写几句文字，也不过大同小异的几种方式而已，要求语语有来历，句句都出于自制，原是不可能的事。但是，要求语语有来历，又何必呢？如果能够增大效果的话，自然无妨'用典'；若与增大效果并没有关系，单为求其'有来历'而'用典'，这除了表示作者记诵丰富以外，还有什么意思呢？"[1] 说得非常中肯、深刻、辩证，对剑走偏锋的人，不啻是当头棒喝。

更何况，早在1919年，他就提出了"动"的哲学："动"得好，固然最好没有了；"动"得不好，也不该就抱悲观；因为"动"总比以前的"不动"好得多。天下本来不应该有"完全无缺"的事，逐渐改动，就是渐与"完全无缺"接近的方法；固滞不动，那是没有药医的死症[2]。这显然是对"五四"精神解放、个性解放思潮的积极呼

---

[1] 夏丏尊：《用典》，杜草甬、商金林编《夏丏尊论语文教育》，河南教育出版社1987年版，第193页。

[2] 夏丏尊：《一九一九年的回顾》，张圣华总主编《夏丏尊教育名篇》，教育科学出版社2007年版，第82—83页。

应，对当时教育界理想死去、激情褪色、意志消沉现象的当头棒喝，极富锐意进取的青春气象，却又十分的灵动、圆通，哪里有半点偏执、衰朽的绝对化痕迹？

但是，相较于叶圣陶、朱自清，还有当时盛行的耽于内容讲解的教学现象，夏丏尊又的确是"极端"的。

联系他的著述，极端的好尚更是明显。在《彻底》一文中，他这样说道："向精神主义走固好，向物质主义走也好，彻底走去，无论向哪条路都可以到得彼岸。否则总是个进退维谷的局面。"在《并存和折中》一文中，他更是痛斥折中，崇尚极端的。"在这并存和折中主义跋扈的中国，是难有彻底的改革，长足的进步的希望的。""我们不能不诅咒古来'不为已甚'的教训了！我们要劝国民吃一服'极端'的毒药，来振起这祖先传下来的宿疾！"

这令人情不自禁地想到了鲁迅说过的一段话："中国人的性情是总喜欢调和、折中的。例如，你说，这屋子太暗，须在这里开一个窗，大家一定不允许的。但如果你主张拆掉屋顶，他们就来调和，愿意开窗了。没有更激烈的主张，他们总连平和的改革也不肯行。"[①] 不过，同是主张极端，二者背后的认识论却是有异的。鲁迅是想针对中国人折中的心理惯性，用极端的主张，经"打折"后，曲折地达成目标，而夏丏尊则认为，倘若能"偏激彻底"，用不着多少弯弯绕，最终一样可以"通彻"。就像一直南辕北辙，最终亦能到达目的地一样。因此，他语文教育形式美学中的极端，亦可作如是观。极端在于他，是一种手段，一种智慧，旨在最终创造谐和的境界，驶向理想的彼岸，并非孤立、静止、盲目地看待问题。

---

① 鲁迅：《鲁迅全集》第四卷，中国文联出版社2013年版，第11页。

因此，愤激其表，深情其里；看似片面，其间却又蕴藏了很深的哲学智慧。月圆后是月缺，但月缺到极点，又会转向圆；花开后会谢，但谢了之后，又会孕育新的花蕾。正因为对立面不断转化、生成，所以和谐才是对立的和谐、动态的和谐、互补的和谐。丰子恺说："夏先生与李先生（李叔同）对学生的态度，完全不同。而学生对他们的敬爱，则完全相同。这两位导师，如同父母一样。李先生的是'爸爸的教育'，夏先生的是'妈妈的教育'。"① 完全相反的教育形式，一样可以步入相同的教育境界，这也验证了夏丏尊"偏激以达通彻"的思想。

还有，估衡夏丏尊语文教育形式美学思想必须结合一定的语境。当他在教育生涯的初期强调内容，认为普通教育中所列的科目都是养成人的材料，不是教育的目的物的时候，主要是针对了社会上重视技能、实用，忽略品性陶冶的现象而发的；当他强调国文科的学习"不在从内容上去深究探讨，倒在从文字的形式上去获得理解和发表的能力"时②，实是针对了语文教材内容远远落后于时代，语文教学体性模糊，学生中学毕业依旧文字不通等现象而发的。不同阶段各有侧重，并非舍此而取彼，只不过突出抓住主要矛盾罢了。这颇像他的人生——留学日本时，对日本的生活情趣及文学艺术保持高度的爱好，但当日本侵华时则表现出义无反顾的仇日情绪；面对社会政治的改革，他既是"热情的改革者"，却又是"冷静的观察者"；与弘一法师的交往使他"对佛门心生向往"，但"儒家经世致用的传统对他的

---

① 丰子恺：《悼丏师》，杜草甬、商金林编《夏丏尊论语文教育》，河南教育出版社1987年版，第307页。

② 夏丏尊：《学习国文的着眼点》，张圣华总主编《夏丏尊教育名篇》，教育科学出版社2007年版，第151页。

行事仍产生决定性的影响"①,似乎行走在思想的两极,但不管处于哪一极,都有一定的内在根源,反常而合道。

鉴于此,对夏丏尊语文教育形式美学中所呈示的"偏激",亦不可"偏激"视之。

二 形式与语文教育形式

语文教育形式是对形式概念外延的拓展。

长期以来,人们研究夏丏尊语文教育形式美学,一直是限于"文本形式"或"言语形式"的层面,而对其他层面的语文教育形式,如"语文课程形式""语文教材形式""语文教学形式""语文测评形式"等,则不知不觉地忽视了。仅在一两个层面上打转,自然难以尽览夏丏尊语文教育形式美学的无限风光。我国古代的美学思想强调"和而不同",西方强调"和谐",都道出了美是多因素、多层次的积累与转化,是多样、复杂,甚至是对立因素的相互作用而又彼此统一的道理。黑格尔说:"在音乐里,孤立的单音是无意义的,只有在它和其他的声音发生关系时才在对立、协调、转变和融合之中产生效果,绘画中的颜色也是……只有各种颜色的配合才产生闪烁灿烂的效果。"②与我国古代"声无一听,物无一文"的说法完全声气相通。音乐需要多音的协调,绘画需要多色的配合,夏丏尊语文教育形式美学研究,自然也应对彼此联系着的多种教育形式加以全面、深入、立体的观照。

也许有人会不以为然:连夏丏尊本人都没有自觉地对其他语文教

---

① 杨舒惠:《夏丏尊及其作品研究》,硕士学位论文,(台湾)政治大学中文研究所,2006年,第29页。
② [德]黑格尔:《美学》第2卷,商务印书馆1979年版,第371页。

育形式有过系统的归纳和提升,我们又何必费心劳神,凑这个热闹呢?如果这样想,肯定是短视的,也是立不住脚的。夏丏尊本人不自觉,或没意识去提炼、总结,并不代表他对这方面的形式研究是缺席的、肤浅的、无价值的。恰恰相反,有时越是无意识,越是不自觉地触及,反而越会无意插柳,直通本质,充分揭示语文教育的深层奥秘,尽显研究者独特的思想魅力。

先秦诸子,古希腊诸哲,他们的教育论述不多是零散的、片段的且寄寓在他们的哲学著作或随性的生活言谈,甚至弟子们的回忆之中吗?但这并不代表他们对教育问题的思考不深刻、无价值,甚至不存在。事实上,那些看似不经意的吉光片羽式的灵感触发,即事而谈,反而成就了他们对教育的卓越建树。孔子的"启发式"教育方法,孟子的"存养式",荀子的"积渐式",苏格拉底的"讥讽、助产术、归纳和定义"四步教育法,还有柏拉图倡导的促使"灵魂转向",何尝不是如此呢?夏丏尊本人首创,被学者们反复研究,甚至还引进"语文新课标"的"语感"说,当初不也是因为他"无力多购买新书,时取以前所已读而且喜读的书卷反复重读,觉得对于一书,先后所受的印象不同",方才悟出各人因知、情方面的修养不同,语感("对于文字应有灵敏的感觉"[①])能力也会有所差异的道理,然后建构起来的吗?所以,通过对夏丏尊语文教育形式不同层面的悉心探究,一定还可以源源不断地寻觅到更多诸如此类的闪光的思想"珍珠"。

从心理学的角度讲,关注人的不自觉、无意识,有时反而更能寻绎人物的精神密码和思想价值。20世纪最伟大的摄影艺术家优素福·卡什曾说过一段意味深长的话:"我深知每个人物内心深处都隐藏着

---

① 夏丏尊、刘薰宇:《文章作法》,中华书局2013年版,第140—143页。

第七章 体上求用，用中见美

一个秘密，作为摄影师，我的任务就是尽可能地去揭示这一秘密。尽管所有的人都会用面具极力掩饰，然而，人们内在的自我意识，有时会在一瞬之间，通过他无意识的手势、眼神以及短暂的失态流露出来。这个稍纵即逝的瞬间关系着摄影师的成败。"① 捕捉瞬间，揭开试图掩藏的心灵秘密，还人性一个饱满的真实，不仅对摄影艺术至关重要，对文学创作、文本解读、语文教育同样重要。

在某种程度上，夏丏尊的各种语文教育形式都可谓折射其思想秘密的瞬间定格。这些被定格的瞬间虽然因时、因地、因人会略有差异，但总体上是恒定的，所以说是他语文教育思想的载体、图式、现身情态，均未尝不可。海德格尔有言，"语言是存在的家园"，特别是语言对世界的命名，可以"召唤物，令物到来"②。海洛庞蒂说："通过将词语运用于一个对象上，我就意识到我把握住了这个对象。"③ 其实，夏丏尊的所有语文教育形式都在呈示、都在召唤——呈示他的思想，召唤他的智慧，并使它们到来、扎根、生长，扬芳吐蕊。也可以说是通过各种形式实现其对教育现象、问题、本质的把握、剖析和诠释，并使自己的教育思想升华、现身，达致与不同精神生命对话的目的。缘于此，作为读者、研究者，只有忠实地沿其形式之波，才能顺利地讨其思想之源。

这个道理不难理解。通过夸美纽斯倡导的作业形式——各种练习中，先要进行感觉的练习；环境布置形式——让学校布满图像，如图画、文字、格言和象征标志等；教材形式——让一切教科书充满图像，我们不难发现他"感性先于理性，理性先于启示"的教学原则，

---

① ［加］优素福·卡什：《寻求伟大》，史亚娟编译，《英语沙龙》2002 年第 10 期。
② ［德］海德格尔：《在通向语言的途中》，孙周兴译，商务印书馆 2004 年版，第 12 页。
③ 涂纪亮：《现代西方语言哲学比较研究》，中国社会科学出版社 1994 年版，第 62 页。

· 333 ·

还有遵循自然，摆脱宗教束缚的唯物主义倾向和民主性要求①。通过夏丏尊悬拟的中学生国文能力形式：

（1）他能从文字上理解他人的思想感情，用文字发表自己的思想感情，而且能不至于十分理解错，发表错。（2）他是一个中国人，能知道中国文化及思想的大概。知道中国的普通成语与辞类，遇不知道时，能利用工具书自己检查。他也许不能用古文来写作，却能看得懂普通的旧典籍；他不必一定会作诗、作赋、作词、作小说、作剧本，却能知道什么是诗、是赋、是词、是小说、是剧本，加以鉴赏。他虽不能博览古昔典籍，却能知道普通典籍的名称、构造、性质、作者及内容大略。（3）他又是一个世界上的人，一个二十世纪的人，他也许不能直读外国原书，博通他国情形，但因平日的留意，能知道全世界普通的古今事项……②

我们不难发现他对读写兼擅、自学意识、审美能力、素养积淀、世界眼光的倚重。说是对中学生能力的悬拟，实际上也是自我国文学习心路历程的一种回顾、国文学习优质体验的一种提炼和分享。只不过，在这种过程中他已将自己"异能"性的要求降低，化为普通中学生的国文"共能"要求罢了。萨丕尔说："单个人的经验位置在个人的意识中，严格地说是不能传达的。要想传达，它必须归入一个社团所默认的共同的类。"③夏丏尊的卓越之处正在于：以人为背景，从学生现有国文能力发展的存在问题出发，放眼世界，自然、轻松地实现

---

① 姚全兴：《审美教育的历程》，上海社会科学院出版社1992年版，第24页。
② 夏丏尊：《关于国文的学习》，张圣华总主编《夏丏尊教育名篇》，教育科学出版社2007年版，第96页。
③ ［美］爱德华·萨丕尔：《语言论》，陆卓元译，商务印书馆1985年版，第11页。

了个体经验与群体经验的打通。李长之说:"在莱布尼兹的哲学中,有小单子反映宇宙的话,《史记》一书可以说就是反映宇宙那样的单子了。莎士比亚号称具有世界的眼睛,司马迁也便是中国的莎士比亚!"① 夏丏尊正是"具有世界的眼睛"的人,广纳中西形式美学的思想,却又能自如融化,自然出之。说他的教育形式反映了他思想、情感的宇宙,一点也不为过。

正因为语文教育形式是思想的现身情态,所以夏丏尊特别看重教育形式的健康、成熟、完美与活力。对病态、落后、陈腐、萎靡的教育形式,他是深恶痛绝,并要严加挞伐的。当时的教育界,形式主义之风泛滥成灾,比如,"先生拿了书上堂下堂,学生拿了书上班退班。腰间系一条麻绳与小刀,戴起有边的帽子,提着木棍,就是童子军;挂幅中山像,每周月曜向他鞠三个躬,静默三分钟,就是党化教育;各处通路钉几块'大同路''平等路''三民路'的牌子,就是公民教育"。对此,夏丏尊不无愤激地指出:"中国的中学校本身已在暴露着空虚与破绽,已在自己中毒的途上了……这种教育真值得诅咒。"② 由此可见,在夏丏尊的眼里,教育形式不仅是"器"和"用",也是"道"和"体",从教育形式中完全可以一窥教育境界、教育品格、教育创新的天光云影。

这样看来,夏丏尊语文教育形式也体现出"层累"与"创新"的特点。

所谓"层累",突出的是语文教育形式的"复合性""共创性";所谓"创新",突出的是语文教育形式的"新颖性""独创性"。就像

---

① 李长之:《司马迁之人格与风格》,生活·读书·新知三联书店1984年版,第178页。
② 夏丏尊:《悼一个自杀的中学生》,张圣华总主编《夏丏尊教育名篇》,教育科学出版社2007年版,第32—33页。

文学形式的诞生和成熟要历经累代审美经验、智慧和规范的积累一样——如中国的格律诗从沈约发现平仄声律始，至盛唐律诗形式规范的完全成熟，经历了400年的历史；小说即使从意大利早期的短篇故事起，至写出典型环境中的典型性格的现实主义精品，其间差不多也有四五百年的历史，语文教育形式亦然。"艺术形式的成熟是如此之缓慢，其原因在于形式不仅仅是一种公式或模式，其中还融汇着几代艺术家的审美经验和艺术技巧等等。没有形式，美感经验、审美规范、艺术技巧无以积累，脱离了文学形式的审美规范，艺术技巧是不可能存在的。"[①] 这一样适用于语文教育形式。

  仅以夏丏尊"点线结合，立体阅读"的阅读形式为例。"一书到手，最好先读序，次看目录，知道有若干篇，若干卷，若干分目，然后再去翻阅全书，明白其大概的体式，择要去读。"基本的学修应该是"原书"与"史"的结合：先读原书，再读史；万不得已，也应一边读史，一边读原书，"以求知识的充实"。对于单篇文字的细读，则要做到"理解"与"鉴赏"的结合。"理解"涉及词句和全文，重在把握全文的"真意""旨趣"；"鉴赏"要注意：（1）"放入"——"一壁读，一壁自问：'如果叫我来说，将怎样？'对于文字全体的布局，这样问；对于各句或句与句的关系，这样问；对于每句的字也这样问"；（2）"冷静"——"用了玩的心情，冷静地去对付作品，不可再囫囵吞咽，要仔细咀嚼。诗要反复吟，词要低徊地诵，文要周回地默读，小说要耐心地细看"；（3）"借力"——"把前人鉴赏的结果拿来做参考，发达自我的鉴赏力，但要用了自己的眼识去鉴赏，切不可为所拘执。"（夏丏尊《关于国文的学习》）

[①] 孙绍振：《文学创作论》，海峡文艺出版社2007年版，第219页。

这种先总后分，择要读去；优游涵泳，生命融合；立足体验，参考他见的读书形式，便积淀了很多古人的阅读智慧。早在先秦时期，孔子就认为"书教"是"疏通知远"，"易教"是"絜静精微"（《礼记·经解》），但为什么读《书》《易》，就可以"疏通知远""絜静精微"？对怎样达致这种境界，则语焉不详。读书要冷静、专心，荀子在《劝学》篇中提到了："蚓无爪牙之利，筋骨之强，上食埃土，下饮黄泉，用心一也。蟹六跪而二螯，非蛇鳝之穴无可寄托者，用心躁也。"但是对如何"用心"，则未作发挥。关于阅读要得其"真意""旨趣"，王粲的《英雄记钞》里说到了诸葛亮与徐庶、石广元、孟公威等人的不同之处，"三人务于精熟，而亮独观其大略"。颜之推也是反对烦琐考证，力主"明练经文，粗通注义"，一时"言行有得，亦足为人"的（颜之推《勉学》）。到了南宋史学家、教育家吕祖谦那里，阅读形式开始走向了具体和精致——第一看大概主张。第二看文势规划。第三看纲目关键，如何是主意首尾相应；如何是一篇铺叙次第；如何是抑扬开合处。第四看警策句法，如何是一篇警策；如何是下句下字有力处；如何是起头换头佳处；如何是衔接有力处；如何是融化屈折剪截有力处；如何是实体贴题目处（吕祖谦《古文关键》）。

略作梳理，夏丏尊语文教育形式的"层累"性已可见一斑。但是，夏丏尊语文教育形式在积淀、吸收前人智慧的基础上，也有自己的独特体验与创造。比如，他的"小钱"与"钱索子"之喻（读原书与读史书结合）已融入了打通历史与现实，自我体验与他人体验的贯通思想；"放入法"中已有了磨合"期待视野"的双角色意识，即有些学者所说的"写作的时候，要为读者着想；阅读的时候，要为作者着想"[①]。

[①] 张世禄：《读书和作文》，顾黄初、李杏保编《二十世纪前期中国语文教育论集》，四川教育出版社1991年版，第703页。

以上是从历时性的角度讲的。如果从共时性的角度讲,夏丏尊语文教育形式"层累"与"创新"的特点也是很明显的。

比如,面对米莱的名画《晚钟》,他见出了劳动(一对男女在耕作)、恋爱(一望而知为协同的夫妇)及信仰(田野尽处隐隐地显着教会钟楼)的调和融合,很自然地将看似各自独立的知觉表象,整合成了既有情味,又有哲理的艺术形象,这是典型的阅读形式中的知觉表象层。在作文教学中,力倡"勿模仿、勿抄袭""须自己造辞"(夏丏尊《作者应有的态度》),我们不难看到其对古人"惟陈言之务去"(韩愈《与李翊书》)思想的回应;主张"记叙文应以不露作者面目为正宗"①,甚至主动尝试纯"对话体"文章的写作,这与古人"不着一字,尽得风流""薄言情语,悠悠天钧"(司空图《二十四诗品》)的审美追求又是高度一致的,这可以被视为作文教学形式中的"社会历史层"。鼓励学生写作要从情、意方面去表达,但同时指出:"情意与知识,虽方面不同,实是彼此联系的。情意如不经知识的驾驭,就成了盲目的东西。"② 这又是教育形式中的心理意识层了。

在人的心理意识中,有的属于理智,其功能是认识;有的属于意志,其功能是行动;有的又属于感情,其功能是对客观事物表示主观的爱憎态度。甚至还有无意识层面,含个体无意识和集体无意识。因为教育形式是思想、情感的现身情态,背后积淀着一定的社会意识、文化心理、审美规范,甚至是极具开掘价值的个体无意识,所以心理意识层是一个无法回避的存在。尤其是无意识,因为能直觉而深刻地反映一个人灵魂的本真,更应引起研究者的关注。木心说:"所有伟大的人物,都有一个不为人道的哲理的底盘。艺术品是他公开的一部

---

① 夏丏尊、刘薰宇:《文章作法》,中华书局2013年版,第129页。
② 夏丏尊、叶圣陶:《文心》,生活·读书·新知三联书店2008年版,第47页。

分，另有更大的部分，他不公开。不公开的部分与公开的部分，比例愈大，作品的深度愈大。"① 木心说的不公开应该有两层含义：一为有意识的，二为无意识的。无意识的不公开，往往更会成为永远说不尽的形式秘妙，如韩愈《马说》中的11个"不"字和5个"也"字，在不知不觉中将作者，以及那个时代万千怀才不遇的知识分子的悲凉之命、悲愤之情、悲愤之争给淋漓尽致地表现出来了；陆文夫《美食家》中对"美食家"等外来词汇的无意识高频使用、讥讽、批判，反而更有力地表现了"固穷者的自慰和自恋"，也将"中外文化的对立、传统和现代的对立"给抖搂出来，同时还"泄漏出改革开放初期深藏在国人内心的隐痛：一方面意识到国外先进文化的存在和饮食文化之美，一方面又惟我为大、惟我独尊，固守着沉重的历史包袱，用敌视的目光窥视来自域外的异类"②。

所以说，语文教育形式的创造，是一个多层次的积累所造成的极具开放性、涵纳力的系统。在空间上，它有无限的排列与组合；在时间上，它则生生不息，处于永不停歇的创造与革新之中——尽管相较于内容，它表面上显得比较恒定。

夏丏尊语文教育形式也极具说服力地证明了这一点。

三　形式论与形式美学

谈到夏丏尊的形式思想，人们多以"唯形式论""只注意于文字的教授，而把那维持传达精神生活的重要目的，完全丢在脑后"③，或

---

① 木心：《文学回忆录》，广西师范大学出版社2013年版，第352页。
② 赵宪章：《形式美学与文学形式研究》，《中南大学学报》2005年第2期。
③ 慈心：《读法教授的各问题》，《教育杂志》1921年第2卷，第13页。

以"是抽象的数学公式,而非审美的形式"来名之①,很少从形式美学的角度加以认识和研究。

个中原因,固然有罔顾特定语境,对夏丏尊的激进言论有所误读之外——如夏丏尊强调一般学科"应该偏重于阅(关注事项本身),语文文字的学科应该偏重于读(研究文章的结构、词句的样式、描写的表现方法等)"②,"偏重"并非"只重""唯一""只关注""只追求"。拿"1+2=3"这样的算式当形式,说"梨子""狗"等内容都可以代进去,只是一个形象的比喻,意在说明形式执一御万,对缤纷内容的涵容力、统摄力、规范力,并非真的当作数学公式。但是,最深层、最根本的原因还在于人们对形式论与形式美学概念的不同认识上。

早在民国时期,便有人开始批判唯形式论,认为国文教学重视形式无可厚非,但不能将学生当作语言学家、文字学家、文艺理论家来培养,"倘单及声音、迹象一部分,则是研究科学,乃专门学者之所事,于小学校转嫌无当"③。当下学者也认为:"夏丏尊可以说是我们今天建构语文学科的'立足揭秘的艺术形式知识体系'的前驱。但也恰恰在'揭秘'这一点上,《国文百八课》出现了方向性的失误。"④这种"方向性的失误"指的是指将文本解读及其揭秘的实践排除在外。还有人认为,将言语形式当作抽象的公式,以为内容可以随意"代入",完全是忽略了形式的审美性,因为"艺术形式绝不是无足重轻的仅仅起呈现内容的因素,而是一种给内容以美学阐释,并使内容

---

① 张心科:《清末民国儿童文学教育发展史论》,北京师范大学出版社2011年版,第353页。
② 夏丏尊、叶圣陶:《文章讲话》,中华书局2007年版,第148页。
③ 吴贯成:《小学校的国语教学》,《小学教育月刊》1926年第4卷第2期。
④ 赖瑞云主编:《文本解读与语文教学新论》,北京师范大学出版社2013年版,第204页。

获得艺术秩序的力量,它的美学意义是完全不可忽视的"[1]。正如苏珊·朗格所说:"你愈是深入地研究艺术品的结构,你就会愈加清楚地发现艺术结构与生命结构有相似之处。"[2] 所以,不应该把言语形式看作抽象的规则,而应视为"生命(审美)的形式",在教学中多多"引导学生体验"[3]。

可见,在对形式自在价值、科学价值、美学价值的觉知上,论者们的意见基本是一致的。这当然是一个了不起的进步。因为在中国传统美学中,形式向来是处于从属的、工具性的地位的。只要涉及内容("道""神""体")与形式("文""形""貌")的关系时,一律将形式放在等而下之的地位。进入现代社会,因各种教育思潮风起云涌,各种教育理念纷至沓来,"重质轻文""贬形扬意"的倾向其实一直长盛不衰。"脱离内容""形式主义""形式仅是传递思想的工具"之声不绝于耳,使语文老师在教学中对形式唯恐避之不及。

在西方,"形式"虽然是一个重要的美学范畴,甚至还形成了所谓的"三座美学高峰",即古希腊、古罗马美学,以康德为代表的德国古典美学,以及20世纪现代美学,但因为模仿说的雄健和强势,将形式视为现象,认为形式只是具体事物外观的看法一直占据主流。真正把形式视作本体,事物得以产生、存在的原因和根据的思想是从19世纪后期开始的。语文界的学者们形式意识觉醒并力求从语文体性的立场上加以捍卫,正是呼应了世界美学史上形式本体化的思潮,此其一。

---

[1] 童庆炳:《现代心理美学》,中国社会科学出版社1993年版,第470页。

[2] [美]苏珊·朗格:《艺术问题》,滕守尧等译,中国社会科学出版社1983年版,第55页。

[3] 张心科:《清末民国儿童文学教育发展史论》,北京师范大学出版社2011年版,第353页。

其二，学者们对何谓形式论，何谓形式美学，基本的评判标准是科学的认知，还是审美的观照？是科学的认知、数学的认知，追求模式化、体系性的认知，即为形式论；是美学的观照、秘妙的揭示，关注生命结构的探寻、艺术秩序的建构的，即为形式美学。指责夏丏尊国文教学中"不及物（内容）"；教材编制中排除"文本解读及其揭秘的实践"；抽绎出形式知识作静态分析，忽略美学的阐释，也不瞩目于对作者艺术创造的"生命结构"的把握，正是着眼于此。

这种评判标准当然也有一定的理据。因为对于形式主义来说，其思想资源有二：一是科学主义；一是审美主义。其知识依据也有二：一是语言学，尤其是结构语言学；一是美学，尤其是康德美学。前者提供了一种将文学现象整合为符号化逻辑模型的阐释技术，后者为形式主义提供了文学场，成为自律系统的依据。由此也带来了思维和表现方法的差异：语言学"致力于将文学研究的知识对象范式化，它要求一种超越个体经验的整体性和普遍性"，而美学提供给文学研究的方法恰恰是一种"审美描述的方法"，要求"对个体心理经验中的审美内涵进行描述"。由于审美"不依赖概念而展开"，因此审美经验必然是"个体的、具象的"[1]，一如唯美主义者佩特所言："重要的不在于批评家为知识界提出一个关于美的正确而抽象的定义，而应该具有这样一种气质，即在美的事物面前深受感动的能力"[2]。基于此，夏丏尊的教材编写追求文章学、语言学的体系；语文教学追求形式知识、语言学知识的授受，就只能被视作与科学主义、语言学一路，属于形式论的范畴，而非形式美学的范畴了。

---

[1] 冯黎明：《形式研究与形式化方法》，赵宪章、南帆、方克强、汪正龙编《文学与形式》，南京大学出版社 2011 年版，第 29—30 页。

[2] ［英］沃尔特·佩特：《文艺复兴·前言》，《十九世纪英国文论选》，姚永彩、左宜译，人民文学出版社 1986 年版，第 245 页。

不过，这种非此即彼的二元对立思维值得检讨。事实上，形式论与形式美学很难截然分开，前者为属概念，后者为种概念，是包含与被包含的关系。在西方美学史上，形式论与形式美学几乎就是二而一的。如果一定要区分，必须结合具体的条件、语境，进行动态的、辩证的、整体的把握才行。

把握的标准之一：指向以谁为主，求真还是求美？

毋庸讳言，形式论与形式美学都会涉及形式知识、形式秘妙、形式化策略（建立封闭自足的文学场；提取非指涉性的结构元素，诸如雅各布森的"隐喻与换喻"、兰色姆的"肌质与构架"、巴尔特的"功能与标志"，以及"故事""情节""韵律序列""意义序列"等；用基本概念构建普遍性的逻辑模型，并以之为文学定义），呈现一种杂糅、斑斓的风貌，但是必须明确：背后的主要指向到底是什么？以求真为主要指向，属于形式论；以求美为主要指向，则属于形式美学。比如，强调本质至上、理性第一的经验美学，从亚里士多德到笛卡尔，再到黑格尔，莫不是注重推理、思辨，追求科学的准确性、逻辑的严密性的，似乎是一种认识论，但因其背后的主旨都关涉着"美"——"美是理念的感性显现"，这是在探讨美的本质；研究作家的创作动机、创作过程，这是在揭示美生成的原因、机制，所以又是地地道道的认识论美学。形式论与形式美学的区别，在本质上与之相通。

在这方面，乔纳森·卡勒所做的一个语言游戏就很能说明问题。奎因的论著《从一种逻辑的观点出发》（*From a Logical Point of view*）开卷第一句话是："本体论问题中最有趣的一件事就是它本身的质朴性。"（*A curious thing about the ontological problem is its simplicity.*）这是一句极富理性色彩的句子，是有求真指向的、典型的认识论，但是卡勒按特定形态重新排列后，这句话立刻焕发出潜在的诗学能量：

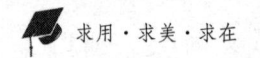

一件令人奇怪的
　　　　　　事
　　　　关于
　　　　　　本体的
　　　　问题
　　　　　　是
　　　　它的
　　　　　　质朴性

　　卡勒认为诗学特性与语言属性关系较少，而是更多地关涉"阅读策略，它的主要操作被运用于词语对象，作为诗歌来放置，即使它们的韵律和语音形式并不明显"[①]，但是他不得不膺服雅各布森的观点，正是这种形式"使诗歌远离日常谈话的交际功能"，也使理性思辨走向了审美。试想，从这方面探讨其间蕴藏的诗学规律，能不属于形式美学吗？

　　把握的标准之二：是否注意了理性与感性的相谐？

　　形式美学是在理性感性化，感性理性化的双向过程中诞生的。理性虽然能提升情感，"照亮一切"，但是过度了，便会有伤诗美。就像古希腊神话中的宙斯一样，一旦现出他雷电之神的真身，他所钟情的人间女子便会在顷刻之间灰飞烟灭。所以，要想赢得心上人的芳心并使她得到安全的保护，宙斯必须化装成风度翩翩的美男子。理性的关于"知"的学问的形式论，要想成为感性的关于"情"的学问的形式美学，也必须经过"化装"，即理性的感性化。但是，一味地停留

---

① Jonathan Culler, *Structuralist Poetics: Structuralism, Linguistics and the Study of Literature*, Ithaca and New York: Cornell University Press, 1975, p. 163.

在感性的层面，也会有损美的品格。在西方哲学中，感性曾长期被视为低级、虚假、杂乱的象征，难登大雅之堂，在柏拉图哲学中，感性就是这样一种地位。到了美学之父鲍姆加登那里，他终于意识到了感性的重要性，渴望提升感性的价值和地位，但同时也很明白：感性必须要被理性"引导"，二者需要手拉手前进，而不能"强制"，乃至"强暴"。

从这个角度说，形式美学就是对形式的美学研究，或者说是从美学的角度研究文学艺术的形式问题。形式美学"不仅不回避操作性和技术性的'形而下'问题，而且将'形而下'作为最直接的对象，但它并不拘泥于和局限在'形而下'层面，而是将古典美学的思辨传统与现代美学的实证方法融为一体，重在从哲学的层面全方位地考察形式的美学意蕴"①。汪曾祺也说过："小说使读者受到感染，小说的魅力之所在，首先是小说的语言。小说的语言是浸透了内容的，浸透了作者的思想的……语言的粗糙就是内容的粗糙。"② 富有感染力的小说语言，正是因为有了富有魅力的思想的浸润、引领和提升；富有魅力的思想，正是因为伴随了生动、形象、精致的语言形式，才得以存在、生长、熠熠生辉的。这些论述都道出了形式美学的真谛。

把握的标准之三：是否注意了主体与客体的相融？

形式论以求真为指向，注重逻辑的推理、概念的辨析、知识的建构，因此"及物"的、功利色彩较强、主体性不是很明显，大有"无我之境"的感觉，而形式美学因为以求美为导向，注重诗性沉潜、直觉顿悟、感性迷狂，所以"及人"的、超现实的、审美无功利色彩较强，给人以鲜明的"有我之境"的感觉。孔子的诗论、刘勰的《文心

---

① 赵宪章：《形式主义的困境与形式美学的再生》，《江海学刊》1995年第2期。
② 汪曾祺：《汪曾祺文集》文论卷，江苏文艺出版社1993年版，第2页。

雕龙》、司空图的《二十四诗品》、严羽的《沧浪诗话》，都是将客体的创作知识和主体的生命体验调剂、融化得仿佛天成的美学经典。即使是擅长理性分析的西方语言论美学，如主张抓住张力、含混、悖论、反讽等语言现象分析文本的新批评，提倡用语言学要素和模型分析文本的结构主义，提倡带着"此在"去阅读，实现自我与他人视界融合，过去、现在、未来融合的存在阐释学，看似冷若冰霜，客观如铁，但是其理性阐释的背后，都蕴含了自我的生命体验、价值追求，以及对美的探寻。解读就是解写，解读就是解世，解读就是解人（他人，或人类），解读就是解己，是精神的对话、是能量的交换、是智慧的彼此唤醒。在很大程度上，就是在寻找、确证、建构一个理想的、精神的大我。因此，在主客一体、天人合一的形式美学中，"我"的在场感是清晰可辨的。

以上述的美学理论，来观照夏丏尊的语文教育形式美学，对"唯形式论""是抽象的数学公式，而非审美的形式"等说法就得存疑了。比如，夏丏尊提倡教育要以人为背景，强调身心诸能力协调、整体地发展，语文教育要着眼于形式，而在文本形式分析中不忘诗趣、情味，与席勒强调的"只有形式才能作用到人的整体，而相反地，内容只能作用于个别的功能。内容不论怎样崇高和范畴广阔，它只是有限地作用于心灵，而只有通过形式才能获得真正的审美自由"[①]，在精神深处多有暗合，能说"唯形式"吗？反对"强牛饮水"的教育形式，提倡兴趣的激发及自觉意识的唤醒，能说是"抽象的数学公式"吗？

[①] ［德］席勒：《美育书简》，徐恒醇译，中国文联出版公司1984年版，第114—115页。

四　夏丏尊语文教育形式

这是相对于其他学者的语文教育形式观而言的。

民国时期，其他学者关于语文教育形式的理论探讨，多集中在文本形式，或言语形式的层面上。因为言语分口头与书面两种，所以言语形式也有动态、静态之别。静态的言语形式主要指文本形式，动态的言语形式则主要指教学形式。孙钰认为，认字、写字，应偏于"工具方面"，"阅书、作言"则可偏于内容方面。"认识语句与文章的作法，乃工具性的学习（亦可谓之技能的学习）"。但是，"工具之利用，必有其依附之内容，比如使学生学'狗'字，'狗'之读法、写法，乃属于工具方面，'狗'所代表的动物的形态与性情，即属于内容方面。离开内容，工具亦没有了，欲使工具的学习良好，必须兼究其内容；内容明了，工具方能任意运用，故内容与工具的学习，只可谓一种学习之两方面"[①]。"工具"正是"形式"之意。如果说"语句与文章的作法"属于静态的言语形式的话，那么，采取何种方式去学，则属于动态的言语形式了。

关于语文教育形式的研究，多限于学科视野、工具中心，这便使能力本位、"应需"指向特别显豁。穆济波说："国文科唯一之目的即养成有思想，有作为，有修养，在中等教育范围以内，有充分使用本国语文技能的新中国少年。""语文本身不是教育的目的，语文只是人类生存必要之一种工具。"[②] 既然语文是一种生存的工具，形式作为表达思想、训练语文技能的工具，也就在情理之中了。孙本文认为，"国文教

[①] 孙钰：《小学校的国语教学》，《小学教育月刊》1926 年第 2 卷第 4 期。
[②] 穆济波：《中学校国文教学问题》，《中等教育》1924 年第 2 卷第 5 期。

授之作用，不外形式、实质二端，形式以涵养能力，实质以陶冶心性……所谓汇集知识、发表思想者形式也，所谓启发德智者实质也"①。

从呈现形态来看，当时的语文教育形式有下述三种。

（1）重内容，轻形式。种因说："文字本于语言，语言本于思想，思想清澈，语言文字不会不清澈。"② 慈心就说得更为坚定、明确了："把国语看作形式的材料，这是普通人的谬见。文字是声音的符号，而声音又是内容的符号；所以教授文字的人，总要确实了解那表示文字的内容和他内容的符号，两者兼相结合……以国语看作形式的教科的第二个误解，就是只注意于文字的教授，而把那维持传达精神生活的重要目的，完全丢在脑后。"③

（2）形式、内容并重。针对当时国文教学中"外形为重，内容为轻"，将"启发德智、涵养性情"列为国文课程的副目的，乃至取消的思想倾向，吴贯成撰文写道："所谓语言文字，必同时具有外形（声音、迹象）和内容（意义）才能完成其功能……小学校的国语，在养成儿童读书能力、欣赏能力、发表能力，等等，即自动的能说能作，能听能读——皆有关于心意的陶冶，是为内容。若无内容，虽欲听、欲说、欲读、欲写，将为何听、何说、何读、何写乎！"对只重形式，罔顾内容的作法，他不无讥讽地将之比成"耕夫不耕而频动其犁，织女不织而屡动其梭，其使用工具虽勤且劳，曾未得使用工具的效果"，力倡在国文教学中内容和形式的训练要"等量齐观，双齐并进，不容稍有歧视，显分高低"④。

（3）重形式，轻内容。顾树森指出："国文要旨，可分形式、内

---

① 孙本文：《中学校之读文教授》，《教育杂志》1919 年第 11 卷第 7 期。
② 种因：《对于现在中学国文教授的批评及建议》，《教育杂志》1920 年第 12 卷第 5 期。
③ 慈心：《读法教授的各问题》，《教育杂志》1921 年第 13 卷第 2 期。
④ 吴贯成：《小学校的国语教学》，《小学教育月刊》1926 年第 2 卷第 4 期。

容二部，如'学习普通语言文字，养成发表思想之能力'为形式方面，为教授国文之主目的。'启发德智、涵养性情'属于内容方面，为教授国文之副目的。"①

与其他学者语文教育形式观形成呼应、比照的是，夏丏尊语文教育形式观虽然也以对文本形式和教学形式的体知为主，但他还旁涉了课程形式、教材形式、测评形式，乃至编辑形式、办刊形式。尽管其他学者的思考也会涉及课程形式，如朱自清、白作霖、顾树森、陈启天等；或者教材形式，如陈望道、阮真、张世㭌等，但都不及夏丏尊的探索集中、饱满和自觉。从这个角度说，夏丏尊语文教育形式观的整体感、立体感、纵深感更形突出。如果说其他学者的语文教育形式是狭义的语文教育形式的话，那么，夏丏尊语文教育形式则属于广义的语文教育形式。

由此，夏丏尊语文教育形式呈现出了一种整体的课程视野、素养核心、存在本位，"应性"指向清晰可辨。认为"真正的教育需完成被教育者的人格，知识只不过人格的一部分，不是人格的全体"；提倡"自觉地从各科目摄取身心上的能力"；呼吁将教育视为"英雄的事业"，甚至要有圣贤心胸、宗教情怀……这些闪光的思想，可以说都是其存在本位、应性指向的具体展开。

从明清时期愈演愈烈的形式主义，到民国初期的思想独大、内容至上，再到后来夏丏尊等人形式美学思想的崛起，表面上看似乎又绕回了老路，但实质上却是不折不扣的否定之否定。

在夏丏尊那里，形式并非意义自足、结构自足、功能自足，完全撇开社会历史、思想内容，与"城堡上飘扬的旗帜"无关的封闭系

---

① 顾树森：《实用主义生活教育实施法》，《中华教育界》1914年第4期。

统,而是立足于具体文本、实际问题,既广纳中西形式美学精髓,又有本土转化的,极富个性化、生命化、审美化色彩的开放系统。《文心》的畅行天下,绝不仅仅在于读法与作法以讲故事的形式出之,化抽象为形象,化艰深为浅易,其间更有作者献身语文教育的诗意情怀、英雄气魄、圣贤心胸;对中学生"能力形式"(如健康力、想象力、判断力、记忆力、思考力、忍耐力、鉴赏力、道德力、读书力、发表力、交际力等)的勾勒中,德、智、体、美、劳皆有触及,并说这种能力"虽然很空洞,很抽象,却是人生一切事业的基础……"(夏丏尊《受教育与受教材》)实际上也自然地融入了以虚统实的生命之道,以及培养"整体人"的教育之道。即使是讲具体的文字理法,似乎是纯粹的形式知识,还只是形成技术的必要而不充分的条件,但他同时也会强调其执一御万,触类旁通的价值,是"没用而有用"的统一——真正凭练习而成功的,必是暗合于法则而不自知的。这实际上何尝不是在讲写作之道呢?

更为重要的是,夏丏尊语文教育形式并非只是大讲特讲原本相济、"济于实用",后来却流于琐屑、机械的"义理、考据、辞章",剥离语境的静态、烦琐的形式知识、辞章技巧,亦非代圣贤立言、为封建道统服务的工具,更非僵死的"八股"程式(破题、承题、起讲、入手、起股、中股、后股、束股),而是强调施于学习、融于生活的化用、生长和发展。如强调读书过程中的对话、反省、做札记,认为"仅仅留心内容,或只注意于文字的摹效,都不是最好的方法"[1]。对如何加强文气的总结和归纳:(1)以一词统率许多词句;(2)在一串文句中叠用相同的词句;(3)多用接续词,把文句

---

[1] 夏丏尊:《夏丏尊文集·文心之辑》,浙江文艺出版社1983年版,第549页。

尽可能地上下关联（夏丏尊《所谓文气》）。白作霖说："所谓国文科之目的，实括言语、文字、文章三者之知识授予之，使确知而善用而已。故除上述三者之形式外，实有其内容。内容者，即由形式表示其思想感情，其相须为用，殆如物之表里焉。故课儿童时，于此授以形式知识，养其活用之力。于彼即取修身、地理、理科等内容材料以启发其心情。"① 对形式知识的"善用""活用"，夏丏尊很出色地做到了！

在他那里，形式是可以代表语文体性，养成学生身心诸能力，指引阅读、写作秘妙，利于师生更好言语表现的精神存在、智慧存在。对于这一点，阮真看得十分清楚："夫国文一科，其所以异于哲学、教育、政治、经济、社会、史地、生物诸科者，正以此重形式章句，而后重思想内容也。学生既学习诸科，获得常识，有所思矣，而笔不足以达之，此有赖于国文也。使其为文，句无修炼、章无结构，即富有思想，则谓国文教学之失败可也……使学生仅能为粗浅之白话，字句累赘、篇章散漫、语不成文、文不成章，下笔辄数千言，而纠缠复杂无可取者，此重思想而不重发表思想之形式训练缘故也。"② 称得上与夏丏尊语文教育形式形成了一种精神的互文。

第三节 语文教育形式美学：拔高，还是实评

将"夏丏尊语文教育形式观"，定性为"夏丏尊语文教育形式美学"，这是拔高，还是实评？其间是否含有一定的依据？这需要作进

---

① 白作霖、蒋维乔：《各科教授法精义》，上海商务印书馆1909年版，第47页。
② 阮真：《谈高中文科读文教学》，《中华教育界》1925年第12卷第6期。

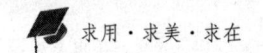

一步的学理审视。

在回答这个问题前，有必要回顾一下中、西美学史上对形式美的认识。

一　中西形式美学思想回顾

在中国古典诗学中，并无"形式"一说。第一个运用"形式"概念，且从"形式美学"的角度探讨问题的，是晚清的王国维——他还是受了康德形式美学思想的启发。但是，中国古代文论中对诗、词、文、戏曲的篇法、句法、字法的讨论，以及积案盈筐的诗词格律理论、书画批评中的笔法、技法理论，无疑属于文艺的形式研究。

也无独立的"形式美"一说——形式美是同构于艺术境界、艺术典型之中的。在古代诗学理论家看来，形式之美并非僵化、被动地写实，追求形似——这一点迥然不同于重模仿的西方传统诗学，而是注重神似，以求获得言外之意、象外之象、味外之旨。并非着力"言到"，而是着力"意到"，"注重意义在关系中的呈现，注重气韵在空白处的流动，注重境界在言语道断时的创化"[①]。这从"澄思""玄览""意会""神思"等一系列的批评范式中便可见出。

但在西方美学史上，"形式"始终是个重要的美学范畴。从古希腊、古罗马美学，到以康德为代表的德国古典美学，再到20世纪的现代美学，这三座形式美学的高峰，堪称后世形式美学研究的"武库"和"土壤"，一直发挥着重要的作用。

在西方美学家看来，形式何以能美，主要是因为：

---

① 王松泉、王柏勋、王静义主编：《语文教学心理学基础》，社会科学文献出版社2002年版，第41页。

(1) 有与"道"相融的充实之美①。这种"道"在毕达哥拉斯学派学者的眼中是"数"——"整个天体就是一种和谐和一种数",音乐的和谐在于声音的长短高低的协调,人体的美则是各部分之间的比例对称;在柏拉图眼中是"理式"——艺术、感性事物都是理式的影子(形式),因分享了理式而美;在中世纪文艺理论家眼中是"上帝的光辉"——完整性、适当的匀称与调和,光辉和色彩,这些形式要素都是上帝光辉的显现;在17世纪新古典主义者的眼中是"理性"——形式上的清晰、周密,与他们强调的"一切文章只凭着理性获得价值和光芒"(布瓦洛《诗的艺术》)的思想,是紧紧捆绑在一起的。

(2) 有悦目愉情的自洽之美——比如,亚里士多德在《形而上学》中强调"美的主要形式是秩序、对称和比例的原则";奥古斯丁认为美就是"各部分的匀称,加上色彩的悦目"②;博克在其美学著作中则提到了"小、柔滑、娇弱、明亮"③ 等。也就是说,形式美源于自身的自主性和不依赖内容的独立性。更何况,"形式本身也有其审美意味或表现的审美内容,形式内涵的审美意味表现出形式审美的本质"④。

(3) 有主体力量的张扬之美——如贺拉斯在《诗艺》中提到"统一、一致""适度和节制""安排得巧妙";英国经验派代表人物夏夫兹博里主张"(美)决不能在物体本身,而在形式或是赋予形式

---

① 汲安庆:《重构诗意:基于形式的语文教育》,《安徽师范大学学报》(人文社会科学版)2015年第3期。
② 蒋孔阳:《美学新论》,人民文学出版社2006年版,第67页。
③ 朱光潜:《西方美学史》,人民文学出版社1979年版,第239页。
④ 张利群:《论文学语言形式及其形式美生成与建构》,赵宪章、南帆、方克强、汪正龙编《文学与形式》,南京大学出版社2011年版,第345页。

的力量"①。安排巧妙、赋予形式力量、通过形式消除素材……这些创造活动,离开主体力量的发挥,根本无以为继。

以上主要是从"内质"的角度,谈形式何以能美。

如果从"转化"的角度讲——内容向形式转化,使形式具有独立价值的美,那么,形式美的生成则体现为下述几种转化:(1)从功利向审美转化;(2)从写实向抽象转化;(3)形式的相对固定化;(4)形式的相对独立化;(5)内容积淀为形式。

人类对形式的感受,起初都是基于功利的。将工具打造成何种形状,均要受制于工具的实用功能。随着反复打制与改进,工具形式慢慢趋于固定。一旦固定,形式的功利性便会淡化,审美性就会突出。在形式中考虑功利性,必然会带来形式的写实特征。但是,当形式趋于固定和独立时,写实便走向了抽象。远古时代陶器的纹样,从动物纹走向几何纹,即是最好说明。"由再现(模拟)到表现(抽象化),由写实到符号化,这正是一个从内容到形式的积淀过程,也是美作为'有意味的形式'的原始形成过程。"② 形式趋于固定、独立的过程,体现了人类形式感和形式思维的增强。这说明,人类在劳动的创造过程中,不仅会根据功利性的需求去创造,而且会根据形式的规律去创造。由此,更加剧了形式的固定和独立,最终使内容积淀为形式。但是,积淀不是消失,而是潜蕴。因此,形式是积淀了内容的形式,内容是被形式化了的内容。世上没有离开内容的绝对的"纯形式",也没有离开形式可以独立的"纯内容"。

---

① 朱光潜:《西方美学史》,人民文学出版社 1979 年版,第 211 页。
② 李泽厚:《美的历程》,天津社会科学院出版社 2001 年版,第 32 页。

二 多重观照中的美学契合

依据上述的形式美学理论,来观照夏丏尊的语文教育形式观,其间是有许多契合之处的。比如,他谈文字中的人品、诗趣、文气、周至深长的意味,其实就是在探索、品味"言外之意""味外之旨"及"气韵","意义在关系中的呈现",有"形""道"相融的充实之美。这时候,应付生活的功利性需求是很淡薄的,应对心灵的审美性需求则得到了充分的强化。在分析句读、句子的安排、段落对于整篇的分割,揭示形式的秘妙时,他其实就是在引领学生体味形式悦目愉情的自洽之美并在此基础上充分领略创作主体的力量张扬之美。

更为可贵的是,夏丏尊对中西形式美学思想的借鉴和运用,不是生搬硬套,也不是隔靴搔痒,而是熔铸了自我独特体验、思考的灵活化用,在很多地方甚至是有出色的发展与创造的。例如,对中国美学中的留白艺术,他从省略的角度切入,将省略分为"字面的省略""意义的省略""事件的省略",然后结合实例来探析为什么要这样省略,这样的省略有什么学理依据,抽象化的程度很高,完全发人之所未发,一下子深化、丰富了留白艺术的理论,也为言语表现理论做出了开拓性的贡献。但因为这种理论上的发现是渗透在对鲜活事例、现象的阐述中的,所以又显得"润物无声"。

如果从表现形态的角度,对夏丏尊的形式观进行审视,那么,他的语文教育形式美学思想,就更为凸显了。

首先,理性与感性的和谐。一如前文所述,美学是在感性理性化、理性感性化的双向过程中诞生的,夏丏尊语文教育形式美学也不例外。很高深、很抽象的形式美学理论,在夏丏尊那里都能以形象的语言出之。如"寡兵御敌"实质上阐述的是视角与剪裁的理论,"浮菱之喻"其实表达的是如何让言语表现更蕴藉的思想，亦即西方文艺理论家们所津津乐道的"冰山理论"，深入浅出，形象生动，却又具有浓浓中国地方风味，还有作者的个性气息，令人过目不忘。更为可贵的是，他的语文教育形式美学都是针对了具体的问题（或学生的困惑），在与问题或困惑的遇合与攻克中自然生长出来的，如《文心》的专题写作形式，对教材编制形式、语文测评形式的构想，等等，莫不如此。无论是将高深的理论通俗化、形象化，还是在寻常的叙述、阐述中含蕴、融化着深刻的哲理，他都能做得驾轻就熟、水乳交融，与他主张"循循善诱"，反对"强牛饮水"的教育思想，高度契合（夏丏尊《近事杂感》）。其实，如果冷静寻绎，也是不难发现他语文教育形式美学思想中理性追问、层层分析的浓烈色彩的，只不过因为其化入具体的问题分析之中，加之生动的案例信手拈来，又被泥土般朴实的语言出之，所以不太为人所知罢了。朱自清认为："在中等学校里——尤其是低年级里——学习文法和修辞法，实是困难的事；因材料零星不整，不易引起浓厚的兴趣。若是国文科全教这两种，那是趣味将更少了！而且只讲琐碎的法式，不常见成篇的组织，也不能明白那全体大用的！"[①]朱自清的担心，在夏丏尊那里几乎是不存在的。逢山开路、遇水搭桥，浅而能深、深入浅出，再深的理论、再难的问题，都应不在话下。

其次，内容与形式的和谐。从表面上看，夏丏尊的形式观是一头重（形式），另一头轻（内容），还处于不断的动荡、变化之中，二者的关系是失衡的。但如果深入他的具体实践看，则会发现二者如同书法中的斜中求正，实际上是处于一种动态的和谐之中的。比如，他

[①] 朱自清：《中等学校国文教学的几个问题》，张圣华总主编《朱自清语文教学经验》，教育科学出版社2007年版，第14页。

对朱自清《背影》中首句"我最不能忘记的是他的背影"的句读分析，便很能说明这个问题。夏丏尊将之分为三式：

> 我最不能忘记的是他的背影。（一）
> 我最不能忘记的，是他的背影。（二）
> 我最不能忘记的是，他的背影。（三）

他认为：（一）式只作一口气读，（二）（三）式都作两口气读。（二）式中的"不能忘记的""是"二部分读起来比（一）式中的意味强。（三）式中的"是"字意味特别强，"他的背影"也比（一）（二）两式中的都要强。① 看上去很重视形式，对一句话的句读竟然有着如此细致的区分，但是细味之下，你分明又感到：这种形式分析与"意味"（含情味、诗味）的玩赏，是紧密联系在一起的，颇有古人所说的"文质彬彬"的味道。

再次，整体与局部的和谐。因为夏丏尊"着眼于形式"的语文教育思想已广为人知，加上他著述中此类的实践比比皆是，所以常会给人一种错觉：只重形式，不顾内容；只重局部，不顾整体。事实上，夏丏尊是非常看重整体的，是既注重整体的"意"，又注重局部的"形"。

在《关于国文的学习》一文中，他就这样强调过：

> 文字的理解，最要紧的是捕捉大意或要旨，否则逐句虽已理解，对于全文仍难免有不得要领之弊。一篇文字，全体必有一个中心思想，每节每段也必有一个要旨。文字虽有几千字或几万字，其中全文中心思想与每节每段的要旨，却是可以用一句话或

---

① 夏丏尊、叶圣陶：《文章讲话》，中华书局2007年版，第4页。

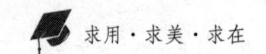

几个字来包括的。阅读的人如不能抽出这潜藏在文字背后的真意，只就每句的文字表面支离求解，结果每句是懂了，而全文的真意所在仍是茫然……

好的作品至少要读二遍以上。最初读时不妨以收得梗概、了解大意为主眼，再读时就须留心鉴赏了……①

把握全文的"大意""要旨""真意""梗概"，虽措辞各异，但都是在突出整体把握的重要性。也就是说，在夏丏尊的形式分析中，局部的求解、鉴赏，与思想上整体的统摄是融为一体的。不过，如果跳出阅读的范围，在语文课程视野下来看待语文教育，他的形式则成了统摄的"整体"，而一篇篇文本的思想内容则成了"局部"。"凡是文字，都是作者的表现。不管所表现的是一桩事情，一种道理，一件东西或一片情感，总之逃不了表现。我们学习国文所当注重的，并不是事情、道理、东西或感情的本身，应该是各种表现方式和法则。"这样看来，夏丏尊语文教育形式观中整体与部分的统一，就呈现出一种动态、变幻、开放的姿态。

这种姿态在文本与文本的打通、文本与生活的打通、文本与自我的打通方面，也有极富特色的表现。比如，他从叠用同句调、重复之中求变化的角度，将解读胡适《差不多先生传》中的外貌描写部分（"他有一双眼睛，但看得不是很清楚……他的脑袋也不小，但他的记性却不很精明，思想也不很细密"），与魏学洢《核舟记》中的结尾部分（"通计一舟，为人五、为窗八……对联、题名并篆文，为字共三十有四"）进行比照阅读②，与当下新课标强调的实现课程打通的

---

① 夏丏尊：《关于国文的学习》，张圣华总主编《夏丏尊教育名篇》，教育科学出版社2007年版，第103—107页。

② 夏丏尊、叶圣陶：《文章讲话》，中华书局2007年版，第28页。

思想是高度一致的。其间，文本写法上的共通点是"整体"，而各异的内容则是"局部"。

夏丏尊希望学生"用实生活来做作文的材料"，并且能养成"对于生活有玩味观察的能力"①，因为这些是"没有字的书"，玩味久了，积累多了，在阅读与写作中还可以形成一种"触发"的能力。有了触发，便会"觉得什么都新鲜，什么都有意义，能从蝉声悟到抑扬的韵律，从日影悟到明暗的对照，从雷阵雨感到暴力的难以持久，从雨后的清凉悟到革命的功用，从盆栽的裁剪悟到文字繁简的布置，从影戏的场面悟到叙事文的结构，从照片悟到记事文的法式"②。这种素朴而清新的感悟，不就是北大诗人林庚所说的"婴儿眼光"吗？不就是美国诗人梭罗所说的"黎明感觉"吗？但是，夏丏尊学理性阐述更能启发言语潜能的开掘和言语生命的绽放：经观察、玩味、积累、触发，由个体内心生长起来的哲理感悟、写作智慧，是言语生命的整体升华，它带有"道"的色彩，是完全可以再一次融入个体生活、阅读、写作的细部，实现更高层次的打通，进而促使个体的精神生命不断拔节的。

最后说说"悟其然"与"悟其所以然"的和谐。夏丏尊的形式分析，都是指向文本的秘妙，以及言语表现素养的积淀的，启悟的特征很鲜明。很多时候，读者觉得很平常，没什么可说道的地方，经他一指点、一挖掘，立刻觉得情味盎然，美不胜收。从形式入手，夏丏尊不仅会告诉你美在何处，而且会告诉你"因何而美"，所以常给人"悟其然"，又"悟其所以然"的愉悦、通透的美感体验。

贾谊《过秦论》的开头几句——秦孝公据崤函之固，拥雍州之

---

① 夏丏尊：《夏丏尊散文选集》，浙江人民出版社 1983 年版，第 35 页。
② 夏丏尊、叶圣陶：《文心》，浙江文艺出版社 1983 年版，第 83 页。

地,君臣固守以窥周室,有席卷天下,包举宇内,囊括四海之意,并吞八荒之心,《古文观止》评道:"此四句(见加点部分)只一意,而必叠写之者,盖极言秦有虎狼之心,非一辞而足也。"《古文释义》指出:"此四句(同上)总是一句,然不如此,却衬不起。"评说得已经非常精彩了,但是夏丏尊并不满足于此。他从文气的角度,又作了进一步的分析:一是"以一词统率许多词句,足以加强文气",从"秦孝公"一直统率到"之心";二是"叠用调子相同的词句",加强文气,"席卷天下""包举宇内""囊括四海""并吞八荒"都是调子相同之句;三是"于同调子中故意求变化""以助长波澜,叫文气更生动"——贾谊没有说"有席卷天下,包举宇内之意,囊括四海,并吞八荒之心",因为这虽然工整,却平板,"念起来等于宣卷,反足减省文气"(夏丏尊《所谓文气》)。等于是在人家的精彩中再翻新、翻奇,让人一下子捕捉到了作者的匠心所在,而且将鲁迅曾推崇的"不应该那么写"[①]的诀窍也给抖出来了,从而使"悟其然"与"悟其所以然"达到了完美的统一。

综上所述,夏丏尊语文教育形式观,"用"为其表,"善"为其里,而"美"则是其整体追求中散逸出来的气质。认识他的形式观,如果没有上升到美学的高度,显然是不到位,也是不客观、不公正的。

三 粗粝、开阔的阐释空间

夏丏尊的形式探索是在中国现代形式美学发轫期展开的,涉及面广、空白点多,且多充满张力,因而留下了一个极为粗粝、开阔

[①] 鲁迅:《鲁迅全集》编年版第9卷,人民文学出版社2014年版,第146页。

的阐释空间。

如果说王国维"一切之美皆形式之美"的思想，主要开示于康德"可爱玩而不可利用"的学说，对"文以载道"或"文艺服务于政治改良"思想持排斥态度，却看重形式的美育普及功能，从而使自己的形式观念纠结为一种张力关系的话，那么，夏丏尊"着眼于形式"的语文教育美学思想，更多的是吸纳了中国古典形式美学的精髓。在积累文章学、写作学知识，捍卫语文的体性，与指向人格的培养、身心诸能力的培养，以及审美熏陶方面，同样构成了充满复杂纠葛的张力关系。在形式本体的建构中，王国维尚停留在理论的推想与阐发阶段，如建议小学音乐课所选择的歌曲应当在形式（乐曲）和内容（歌词）两方面都适合儿童身心发展的特点，二者之中，他尤其看重形式，"虽有声而无词之音乐，自有陶冶品性、使之高尚平和之力"[1]。夏丏尊则更进一步，不但有形式美学理论的探索与建构，还将之用到了语文教育实践中。因此，相对于王国维，夏丏尊语文形式美学理论阐释的空间更大，语文学意义也更见丰富。

这种粗粝、开阔的阐释空间，主要体现为：

（1）涉及面广。美学、文学、艺术、语文学、教育学、心理学、社会学，森罗万象，无所不包——后人从他的情感教育、读者意识、编辑意识、出版意识、课程理念、阅读观、写作教学观等多个领域、多个层面展开研究，也足以说明这一点。因此显得斑斓多姿、生气郁勃。

（2）空白点多。夏丏尊语文教育形式美学中的很多概念或范畴都是开创性的，如语感、内部注意力、外部注意力、关于写作的"寡兵

---

[1] 王国维：《论小学校唱歌科之材料》，徐洪兴编选《求善·求美·求真——王国维文选》，上海远东出版社1997年版，第160页。

御敌"智慧，以及教学文体的分类（记述文、叙述文、说明文、议论文）等，都是基于现实问题的思考、探究而提出来的，理论与实践的价值兼备。但因为是草创，也留下了不少了空白，甚至值得商榷之处，所以可供开拓的空间很大——后世学者对语感理论的丰富与完善，对真文体与伪文体的检讨与批判，都是在夏丏尊探索的基点和空白处发展起来的。加上他本人对理想教育与现实教育、理想教师与现实教师、理想学生与现实学生的思考，以及基于形式的语文教育研究，一直没有中断，所以在无形中也不断诱发、推动着"阐释共同体"的形成和发展。

（3）统摄力强。夏丏尊语文教育形式美学呈现的是一种网状、立体、动态的结构，形式与"用"（语文知识的积累、身心诸能力的养成等）、形式与"体"（语文的体性，不要将语文课上成修身课，或公民道德课）、形式与"格"（科学化的品格，像狄尔泰致力于"精神科学"一样，夏丏尊也孜孜追求语文学科的科学化）、形式与"性"（学修、人格等）、形式与"道"（人事、万物、宇宙之规律）、形式与"情"（对教育的深情）、形式与"智"（个性化的创造，戒一味模仿、尊古卑今）……极度开放，但又都被形式美学所统摄。说它动态，则是指夏丏尊的语文教育形式美学，是在与具体问题、对象的遇合、作用过程中生成的，有普适化的一面，更有自我言语生命的弘扬。

结　语

　　总之，夏丏尊语文教育思想是我国现代语文教育史上的一个光辉存在。

　　他对语文教育本体的思考，不仅关注求用、求美，而且还涉及了求在，讲求三者的浑然相融：求用其表，求美其里，求在其魂，从而使语文教育既扎根了现实的土壤，又拥有了理想的星空。特别是对语文教育求美、求在的重视，虽然囿于当时自身精力、文化语境、社会心理等因素，尚无体系性的建构，但已经为语文教育勾勒出了一幅极其美好的愿景，也为无数有语文教育理想和情怀的人提供了不竭的精神动力。难能可贵的是，他还孜孜践行，在困境重重、变动不居的语文现实中不断求证、丰富、拓展自己的思考。谋求语文的应用性，却始终警惕唯实唯利；建构语文的科学性，却不忘美的浸润与提升；关注语文学科的现代化发展，亦不忘追求人的坚韧而美好的存在。这在那个"灵明日以亏蚀，旨趣流于平庸"的时代，堪称空谷足音。对当下工具本体高扬，情感本体式微的语文教育，亦具有拨乱反正的拯救意义。潘新和教授指出："语文'使人之为人'，是人的确证、自证，这是语文教育得天独厚之处，语文教师足以自豪处，师生的心灵与理想翩跹翱翔之本源。这是语文教育之道，之美，之魅。"① 夏丏尊在语文独立设科的初始阶段，教育整体的软、硬条件均欠发达的情况下，便确立了语文求美、求在的维度，更显其思想的超前与伟大。

他的指向灵肉一致、陶养成人的语文课程灵魂观，工具性、人文性、言语性混融自在的语文性质观，注重精深理解与自由表达相谐的语文课程目标观，以及追求课程与人相融，"滚雪球"式学养积淀，历史与现实打通，学习与生活打通，问学与自学结合等极具现代感的语文课程美学观，不仅集西方"儿童中心""社会中心""学问中心"课程论之所长，而且还有本土化的个性建构，对当下如何更好地建设、发展语文课程，也是极具启示价值的。事实上，在关于语文课程的思考和建设中，夏丏尊不仅注重学生知识、能力的获得，还注重人格的锻造、情意的濡染、诗趣的牧养，时刻戒备在教育过程中学生整体的人的内部分裂。不仅强调如何养成实力，与外在的世界打交道，而且还关注如何让自我精神充盈，与优秀的自我相遇，"教育是人的教育，应当用人来做背景"成了他语文教育永远的主旋律②，不朽的教育灵魂。因此，他语文课程思想的"当下感""存在感"是很强的，深入接触，更能发现它的全面、厚重、温暖而富有诗意。

至于现代语文教材，是在他那里奠基、开拓，也是在他那里走向成熟与辉煌的。作为开明派的精神领袖，他领衔编著的语文教材《国文百八课》《文章讲话》《文心》《开明国文讲义》等均成为一时之选，备受历代学者的广泛称誉。这些教材既关注语文知识系统性的建构，亦不忘学生的心理需求、认知结构；既聚焦陈述性知识精致、恰当地呈示，亦不忘程序性知识如何巧妙贯穿与渗透；既致力于教者思

---

① 潘新和：《语文：人的确证》，上海三联书店2014年版，第8页。
② 夏丏尊：《夏丏尊教育名篇》，张圣华总主编，教育科学出版社2007年版，第73页。

想、体验的优化和传授，亦不忘学生的思想呼应与言语实践，这使他的语文教材不仅有理性思考的深度，而且还有人文关怀的温度，主体创造的高度；不仅具有古代文选本的审美内质，更具有现代教材的理性品格。其中，教材编制科学化的追求，对语文体性捍卫的思想，以及对灵活化用，确证自我的强调，堪称其语文教材编制中的最大亮点，至今仍鼓舞并启发着从事语文教材编制的学者们为之上下求索，不懈奋斗。泽被后世，岂一个"智""精"或"美"字所了得？

关于阅读教育，他对当时的争鸣热点，如阅读以语体文为主，还是以文言文为主？侧重应用文，还是文学文？强化默读，还是诵读？读书是装饰，致用，还是其他？阅读教学注意得意忘言，还是得言忘意等，均作出了细致深入而又高屋建瓴的思考并形成了广涉中西、博通古今，生命融合、养成能力，多元共生、意在读外的语文阅读教育思想，为现代语文教育留下了弥足珍贵的精神财富。其中，对语文教育形式美学的思考之精、之深、之特，无出其右。着力于形式的强调，不仅对语文教育整体感、生命感、美感的缺失现象是一种有力的救赎，对"种了别人的田，荒了自家的园"的体性沦丧现象，更是一种及时的当头棒喝。他的努力修养，在知、情、意方面培养敏锐的语感一说，非常精准地切入了语文素养的核心。在追求语文知识科学化，讲求"传授"正确、高效的同时，还能发现"传染"的价值，努力逼近"言语道断"的境界，这种可贵的冷静、独特的发现、圆融的思辨，为后世学者如何磨砺语文能力，渊深语文素养，开启了一条重要的思考路径，至今仍令人叹为观止。

与其他学者相较，他的写作教育思想除了有融于生活，服务自我的应世取向，更有营构美境，诗意栖居；思若泉新，为我而存的应性取向。不仅密切关注"多读，多作，多商量"的切实功夫，而且还会自觉探讨何以如此的缘由，以及怎样如此的智慧。不仅倾情摸索写作的规矩、技法，而且还不倦地呼吁关注写作主体的态度、真情与人格的陶冶，谋求知、情、意素养的浑然统一，力图使言由心生，文从道出成为言语表现的健康生态。因此"诚意正心，阳明兼得"成了他写作教育思想最为精粹的写照。尤其是通过写作，发荣滋长自我精神生命的思考，触及了写作的真正原动力，显得非常深刻，境界博大，意义非凡。在小品文、驳论文写作方面，无论是相关概念的界定，具体问题的剖析，还是"寡兵御敌""振起全文""浮菱之喻""勿助长敌论的声势""勿曲解敌论""驳论的位置"等言语表现智慧的启迪，都能给人以常读常新之感，泽及一代又一代的莘莘学子。

　　夏丏尊的语文测评思想，一言以蔽之：遵路识真，化为关怀。在他那里，语文测评不仅是帮助学生对已学知识的清算、反省和考察，更是对学生学习方法的点拨、学习兴趣的激发、学习品质的锻造。通过其命题的视角、结构和方式，我们甚至还能隐隐地感受到他不时超越测评，引领学生确证自我，实现自我的努力。其他方面，诸如抨击命题罔顾时代需求，无视学生知识实际，关注检测服务于学生将来的进修与生活；警惕大而无当的随意、任性，讲求检测的精细化、科学化；摒弃知识的机械识记，能力的无聊操练，建构素养本位下融语文基础知识、基本能力、学习态度、探索兴趣、人格素养于一炉的立体考查；既注意他测，亦不忘自测、互测、混测，形成检测的动态化、优质化，并构成对目标设定、课堂教学的有力互动。这使他的语文测评思想不仅具有科学的效度、信度、梯度，更具有人文的热度、广度和深度。

　　夏丏尊语文教育形式美学是民国时期语文教育中的一道魅力风景。本是为了追求语文的科学化，捍卫语文的体性，提升教育的品质，但因为在形式本体的建构中，既注意形式知识的积累与化用，又关注语感的训练、情味的体验、诗趣的领略，人格的陶冶，所以他的形式观既有技道相融的充实之美，又有悦目愉情的自洽之美、主体力量的张扬之美。这不仅对当时功利主义大行其道的语文教育现状是一种有力的反拨，对当下语文教育中"工具理性"盛行，"价值理性"受挫的不良趋向，还有语文教学中存在的整体感、生命感、美感严重缺失的状况，以及语文体性模糊、类性特征缺乏辨正、篇性特征开掘一片荒寒的现象，更是一种有力的矫治。

所以，重温夏丏尊语文教育思想，不仅是对现代语文教育思想精华的有效萃取，也是对当下语文教育境界开拓、品质提升的有力指导，而且还为展望与建构未来理想的语文教育确立了重要的高标。

附录一

夏丏尊先生年谱简编

一八八六年（清光绪十二年，丙戌年，诞生）

六月十五日（农历五月十四日），生于浙江省上虞县崧厦镇。祖上经商，父寿恒，号心圃，秀才。祖父去世后，家道中落。兄妹六人，先生行三，名铸，小名钊哥、钊君、阿钊，字勉旃，号闷庵，一九一二年改字丏尊，笔名默之。自幼从塾师读经书。

一九〇一年（清光绪二十七年，辛丑年，15岁）

夏前，考中秀才。家道中落，兄弟均外出经商，先生在家自修。因"八股"文将废，转读《东莱博议》《古文观止》《史记》《汉书》《通鉴纲目》等书；因向往新学，自修《笔算数学》。

一九〇二年（清光绪二十八年，壬寅年，16岁）

春，遵父母命，入上海中西书院（东吴大学前身）初等科就读。一学期后，因家贫辍学。在家自修英文、代数，另再作些策论《四书议》，请邑中的老先生评阅，并开始阅读严复翻译的《原富》《天演论》及梁启超主编的《新民丛报》等，接触新思潮。

秋，赴杭州应乡试，因送考的舅父喝醉酒，延误了入试场的时间，应试未果。接触《原富》《天演论》《新民丛报》等书刊。

冬，与金嘉女士结婚。

一九〇三年（清光绪二十九年，癸卯年，17岁）

入绍兴府学堂就读（浙江省第五中学前身），经学教师为徐锡麟。府学堂不收学费，月考成绩优良，可得几毛至一元的"膏火"费。

一九〇四年（清光绪三十年，甲辰年，18岁）

辍学回家，代父坐馆授徒并自修文史及英文。长子采文出生。

一九〇五年（清光绪三十一年，乙巳年，19岁）

向亲友借贷五百元，赴日留学。先入弘文学院补习日文，后考入东京高等工业学校，学习染织。因官费不继，被迫于一九〇七年辍学回国。

一九〇八年（清光绪三十四年，戊申年，22岁）

应浙江两级师范学堂沈钧儒邀请，出任该校通译助教，为教育科日本教员中桐确太郎（早稻田大学教授）做翻译。中桐确太郎与日本宗教团体关系密切，赠送先生"谢罪袋"一只。先生当时年轻，不以为意，后因种种不幸，引起人生的烦闷，遂对宗教书发生兴趣。

一九〇九年（宣统元年，己酉年，23岁）

鲁迅从日本留学归国，到浙江两级师范学堂任教，赠以《域外小说集》，先生眼界为之一广，谦称是"受他启蒙的一个人"。

冬，因原任监督（相当于校长）沈钧儒辞职，新任监督夏震武专横、顽固，先生遂与鲁迅、许寿裳等相率罢教，搬出校舍，以示抗议，迫使夏震武辞职。因夏震武顽固不化，为人木强，被教员戏称为"夏木瓜"，故此次事件亦被称作"木瓜之役"。

一九一一年（宣统三年，辛亥年，25岁）

武昌起义胜利后，杭州宣告"光复"。先生精神振奋，参加了全城学界的庆祝活动——提灯会。

母亲去世。

一九一二年（民国元年，壬子年，26岁）

风传将实行普选，先生不愿当选，特意改字"丐尊"，代替读音相近的"勉旃"，意欲让选举人误"丐"为"丐"，造成废票。后普选没有实行，先生仍以"丐尊"为字。

秋，李叔同来浙江两级师范学堂任图画、音乐教员，两人由此共事七年，结下深情厚谊。

一九一三年（民国二年，癸丑年，27岁）

原舍监辞职，先生自告奋勇接任。舍监在当时是一个"很屈辱的位置"，常受学生欺侮。先生接任后，严慈相济，终于折服学生。其教育方法被学生亲切地称为"妈妈的教育"。

鉴于学生国文程度低下，先生又毛遂自荐担任国文教员。教学中提倡自由思想、平等交流，鼓励学生多看书、多写作，深孚众望。

浙江两级师范学堂改为浙江省立第一师范学校，成立校友会，先生被选为校友会文艺部长，组织学生创办《校友会志》杂志，在该刊第 1 号上发表《学斋随想录》。

三月，宋教仁被暗杀，先生第一次感到幻灭。因感受到革命前、后除了黄龙旗变成五色旗，男子辫子被剪去外，没有多大变化，又一次感到幻灭。

一九一四年（民国三年，甲寅年，28 岁）

春，与浙江一师同人徐作宾、徐道政、郦忱、姜丹书、陈子韶等同时加入南社，入社编号为四百五十四号。

住杭州城内弯井巷，窗前有一株梅树，因取屋名为"小梅花屋"。请留日时的朋友陈师曾作画《小梅花屋》，李叔同在画上题小令《玉连环》，先生自题《金缕曲》，共同发表在《校友会志》上。时袁世凯专权，社会黑暗，先生情绪郁闷。

参加"乐石社"。

长女吉子出生。

一九一五年（民国四年，乙卯年，29 岁）

暑假，李叔同出家。法名"演音"，又号"弘一"，世称"弘一法师"。李氏出家前，先生曾竭力恳留；出家后，则尽力护持，数十年如一日。

一九一六年（民国五年，丙辰年，30 岁）

从日本杂志上看到村井氏介绍断食的文章，颇感兴趣，介绍给李叔同。

一九一八年（民国七年，戊午年，32 岁）

因不舍李叔同而发愤激之辞，结果助缘李叔同出家，懊悔不已。

约定护法一年，从此不敢谤佛，后仍尽力护法。

父病故。幼子阿兔患肺炎夭亡。

一九一九年（民国八年，己未年，33岁）

五四运动爆发。先生配合经亨颐校长在浙江一师推行新思想，进行教学改革。与陈望道、刘大白、李次九等人积极支持新文化运动，革新语文教育，深得学生爱戴。四人引起当局注意，被称为一师的"四大金刚"。

一九二〇年（民国九年，庚申年，34岁）

三月，一师学生施存统在《浙江新潮》上发表《非孝》一文，引发顽固派强烈不满，最终发生"倒经风潮"，夏丏尊和经亨颐、陈望道、刘大白等均辞职离去。

秋，应聘到湖南第一师范学校任教，同时应聘的还有熊梦飞、匡互生、舒新城、孙俍工、沈仲九、余家菊、陈启天、张明纲等。与毛泽东共事，很受尊敬。

幼女满子出生。

一九二一年（民国十年，辛酉年，35岁）

二月，离开湖南一师。

初夏，与陈独秀、李大钊、李达、周作人、李季、李汉俊、沈玄庐、周佛海、邵力子、沈雁冰、陈望道、戴季陶、周建人、经亨颐等筹建新时代丛书社。

秋，加入文学研究会，入会编号为五十五。

冬，回家乡上虞白马湖，在经亨颐主持的春晖中学任教并在学校附近盖平房定居,题名为"平屋","平"含有平民、平淡、平凡之意。后来把在这里写的散文随笔等辑为《平屋杂文》。

一九二二年(民国十一年,壬戌年,36 岁)

三月,与李维桢合译日本高畠素之的著作《社会主义与进化论》,由上海商务印书馆出版,列为新时代丛书第十种。

介绍丰子恺来春晖中学任音乐、美术教员,兼教英文。

十月,与刘薰宇、赵友三等创办了《春晖》半月刊,为《春晖》首任出版主任。在《春晖》上发表《我们应把学生培养成怎样的人》,阐明德、智、体全面发展的教育方针。

一九二三年(民国十二年,癸亥年,37 岁)

邀朱自清来春晖中学执教国文。先生的为人、品格和理想,令朱自清颇为赞佩。先生去世,朱自清写下《教育家的夏丏尊先生》一文,以示缅怀,称先生是"始终献身于教育,献身于教育理想的人""一位诲人不倦的教育家"。

将日译本《爱的教育》(作者:意大利作家埃德蒙多·德·亚米契斯)译为中文,在《东方杂志》上连载。

一九二四年(民国十三年,甲子年,38 岁)

邀朱光潜来春晖中学执教。

经亨颐兼任宁波浙江省立第四中学校长,先生也应邀兼任该校国文教员。往返于甬绍道上,历时一年。

二月,翻译美国瓦特的《女性中心说》,由上海民智书局出版。

年底,春晖中学连续发生风潮:第一次因学生黄源戴绍兴毡帽上课，遭体育教员训斥，师生发生冲突。训育主任匡互生等支持学生，愤然辞职离校。第二次是部分教员因主张男女合校，与经亨颐意见不合，集体辞职，先生亦在其中。

一九二五年（民国十四年，乙丑年，39岁）

春，先生与匡互生、朱光潜、丰子恺、刘薰宇在上海联络胡愈之、叶圣陶、郑振铎、周予同、白采、陈抱一等组织立达学会，创办立达中学，后易名为"立达学园"。立达学园创建后，先生任学园常务委员。时先生仍寓居白马湖，每星期从白马湖赶到立达学园两次，讲授国文和文艺思潮，不拿薪金，不支旅费。

翻译田山花袋的《棉被》。

与匡互生等创办《立达季刊》。

为《子恺画集》作序。

一九二六年（民国十五年，丙寅年，40岁）

一月，与叶圣陶、王伯祥、沈雁冰、周建人、胡愈之、郭沫若、郑振铎等四十三人共同签署《人权保障宣言》。

参加胡愈之等组织的上虞青年协进会，为该会会刊《上虞声三日报》撰稿。

三月，译作《爱的教育》由上海商务印书馆出版。再版时，改由开明书店印行，列为《世界少年文学丛刊》之一。迄一九四九年三月止，发行超过四十版次，为新文学以来儿童文学译作中之最畅销书。

八月，开明书店成立，参加编辑工作。同月，在湖南第一师范和春晖中学编的讲义，经立达学园同仁刘薰宇补充修订，题为《文章作法》，由开明书店出版，迄一九四六年九月止，已发行二十二版。

九月五日，立达学会同人刊物《一般》月刊在上海创刊，先生主持编务，开明书店发行，迄一九二九年十二月五日出至九卷四期后停刊，前后共出三十六期。

秋，兼任复旦大学国文教授，前后达两学期。

一九二七年（民国十六年，丁卯年，41岁）

一月，所译日本田山花袋的《棉被》由商务印书馆出版。

八月，译作《国木田独步集》由上海文学周报社出版，开明书店发行。

九月，应国立上海暨南大学校长郑洪年之聘，兼任该校第一任中国文学系主任，同时教大一国文。

十一月六日上午，邀鲁迅至华兴楼暨南大学"同级会"讲演，并与其共进午餐。

十二月，与章克标等译《芥川龙之介集》，由先生编辑，开明书店出版。

以开明书店为掩护，救助一些革命青年。原浙江一师学生中共浙江上虞县委书记叶天底"四·一二"被捕，后被杀害。先生奔走营救无果，仰天长叹："宁愿早死，莫做先生。"愤然辞去暨南大学教职，回到故乡白马湖，从事著译工作。

一九二八年（民国十七年，戊辰年，42岁）

年初，辞去立达学园国文教师之职。其后，仍常到立达学园演讲。

七月，《开明》月刊创刊，先生为编辑之一。

九月，所著《文艺论ABC》一书，由上海世界书局出版，列为

· 375 ·

《ABC丛书》之一。

译作《近代的恋爱观》（日厨川白村著）由上海开明书店出版，列为《妇女问题研究会丛书》之一。

十一月，与刘质平、经亨颐、周承德、穆藕初、朱酥典、丰子恺在报纸上发布《为弘一法师筑居募款启》，集资为弘一法师在白马湖建筑住所。翌年初夏竣工，受李义山"天怜芳草，人间重晚晴"诗句启发，题名"晚晴山房"。

一九二九年（民国十八年，己巳年，43岁）

一月，为朱光潜《给青年的十二封信》写序，开明书店出版。

八月，为叶圣陶长篇小说《倪焕之》作序《关于〈倪焕之〉》，开明书店出版。

应教育部小学课程标准委员邀请，赴南京参加小学国语课程的修订。

一九三〇年（民国十九年，庚午年，44岁）

元旦，《中学生》杂志在上海创刊，每年出版十期，由先生与章锡琛、丰子恺、顾均正四人主编，开明书店发行，迄一九三七年七月一日止，共出七十六期。撰写《中学生》"发刊辞"，并每期拟题约稿，撰写卷头言与编者后记，对青年读者的来信必亲自作答。

三月，译作《续爱的教育》（意大利孟德格查著）一书由开明书店出版，列为《世界少年文学丛刊》之一，迄一九四九年三月止，共出二十六版。先生在《译者序》中说："亚米契斯的《爱的教育》是感情的教育，软教育，而这书所写的却是意志教育，硬教育"，使人发出"勇敢的自信来"。

六月，杭州《中国儿童时报》创刊，先生任顾问。

一九三一年（民国二十年，辛未年，45 岁）

一月十七日，左联作家柔石、胡也频等被国民党逮捕，先生与叶圣陶联名写信，请国民党元老邵力子帮忙营救。

四月，为贾祖璋著《鸟与文学》作序，开明书店出版。

九月十八日，日本侵占东北，先生写《闻警》，呼吁"永远不要忘记这日子"。

十二月十九日，与郁达夫、胡愈之、丁玲等二十余人发起成立"文艺界反帝抗日大联盟"，被推举为执行委员，并担任抗日大联盟机关刊物《文化通讯》的编辑。又与一些青年作家在沪发行《新光》月刊，"一面报导东北人民不愿做亡国奴而自行起来英勇抗日的事实，一面唤醒关内同胞，只有'抗日'才有生路！"

一九三二年（民国二十一年，壬申年，46 岁）

"一·二八"淞沪抗日战事发生，开明书店损失惨重。先生在《上海文化界发告世界书》和《为抗议日军进攻上海屠杀民众宣言》上签字，抗议日本侵略军之暴行。

六月，先生参加编辑的《开明文学辞典》由开明书店出版。

十二月，国民党在人民舆论的压迫下与苏联复交。先生与茅盾、鲁迅、柳亚子、叶圣陶等五十五人签署《中国著作家为中苏复交致苏联电》。

一九三三年（民国二十二年，癸酉年，47 岁）

年初，迁居上海，与叶圣陶、徐调孚同住华德路汾安坊三号。与叶圣陶合作《文心》，在《中学生》上连载。以故事体裁写关于语文的知识，把抽象的道理和日常的具体事情融成一体，生动活泼，深入浅出，受读者热捧。

五月十四日，丁玲、潘梓年被捕。二十三日，先生与蔡元培、叶圣陶、杨杏佛、陈望道、柳亚子、胡愈之、郁达夫、邹韬奋、洪深等三十九人联名打电报给国民党政府行政院院长汪精卫、司法行政部部长罗文干，吁请查明情况并释放丁玲、潘梓年。

六月二日，与鲁迅、柳亚子、叶圣陶等人发表《为林惠元惨案呼冤宣言》。

七月，《文学》在上海创刊，先生与鲁迅、茅盾、陈望道、郁达夫、郑振铎、叶圣陶等同为编委。

八月十六日，与鲁迅、茅盾、胡愈之、叶圣陶等发表《中国著作家欢迎巴比塞代表团启事》。

同年，与章锡琛、叶圣陶等开明书店同人创办"上海市私立开明函授学校"，先生任社长（校长），邵力子、张梓生、刘淑琴、叶圣陶、宋云彬、陈望道、刘薰宇、林语堂、傅彬然、丰子恺等任教师，茅盾、胡愈之、周建人、范寿康等任顾问。函授学校共办了两年。

一九三四年（民国二十三年，甲戌年，48 岁）

二月，国民党中央宣传部查禁鲁迅、茅盾、郭沫若、陈望道等二十八人译著一百四十九种，并加强对书店和出版社的控制，出版进步书刊的书店濒于破产。先生与章锡琛、叶圣陶挺身而出，由开明书店领头，上海二十几家书店联名，两次向国民党上海市党部请愿。同时，先生与章锡琛、叶圣陶还给蔡元培、邵力子写信，要求设法"解除禁令"。

六月，与叶圣陶合著的《文心》单行本由开明书店出版，风行一时。陈望道称赞它"的确是一部好书"；朱自清认为写出这本读写故事"确是一件功德"；日本《新中国事典》称誉这本书"在国语教育史上划了一个时代"。

是夏，先生与叶圣陶、陈望道、陈子展、徐懋庸、车嗣炳、曹聚仁等在上海福州路印度咖喱饭店集会，针对当时汪懋祖的"读经运动"与许梦因的"提倡文言"，决定在《申报·自由谈》上发表文章，倡导大众语运动。

一九三五年（民国二十四年，乙亥年，49 岁）

三月，参与发起"推行手头字"运动。

六月，与叶圣陶、胡愈之、郑振铎、章锡琛等人集资排版鲁迅编辑的瞿秋白遗嘱《海上述林》。

应南京教育部邀请，与叶圣陶一起担任中等教育播音演讲，向全国中学生作关于国文学习的演讲。先生的讲题为《阅读什么》《怎样阅读》和《学习国文的着眼点》。

长女吉子因患伤寒不幸去世。

十一月，与叶圣陶、宋云彬、陈望道合编的《开明函授学校讲义》《开明国文讲义》（共三册）出版。

十二月，与上海文化界人士两百余人成立"上海文化界救国会"。同月，《平屋杂文》由开明书店出版，内收所作评论、小说、随笔三十二篇，前有自序。

一九三六年（民国二十五年，丙子年，50 岁）

元旦，为《中学生》读者题字："击楫澄清志未伸，时艰依旧岁华新。闻鸡起舞莫长叹，忧患还须惜好春。"刊《中学生》一月号。

一月，《新少年》杂志（半月刊）创刊，先生任社长。杂志由开明书店发行，迄一九三七年七月一日止，共出三十八期。

六月，中国文艺家协会成立，先生被推为主席，后当选为理事。与叶圣陶共同编著的《国文百八课》，由开明书店出版。出版后，颇得好评，被公认为是一部颇有特色的语文课本。

八月，开明书店为纪念创业十周年，编印小说集刊《十年》，先生为之作序，又编印《十年续集》，先生作《流弹》一文。

十月一日，与鲁迅、郭沫若、巴金、王统照、包笑天、沈起予、林语堂、洪深、周瘦鹃、茅盾、陈望道、张天翼、傅东华、叶圣陶、郑振铎、郑伯奇、赵家璧、黎烈文、谢冰心、丰子恺共二十一人签名发表《文艺界同人为团结御侮与言论自由宣言》。

十月十九日，鲁迅逝世。先生问询后，当即与叶圣陶赶到鲁迅寓所吊唁，并在已发排的《中学生》和《新少年》上，临时增加悼念鲁迅先生的文章和照片。作《鲁迅翁杂忆》一文，刊载于上海《文学》月刊第七卷第六期。文中回忆了清末在浙江两级师范学堂与鲁迅"晨夕相共者好几年"的往事。

一九三七年（民国二十六年，丁丑年，51岁）

一月，《月报》（大型文摘杂志）创刊，先生任社长。该刊由开明书店发行，迄七月十五日止，共出七期。

六月，与叶圣陶合编的《初中国文教本》（共六册）由开明书店出版。

七月，上海编辑人协会成立，先生被选为候补理事。

八月十三日，日军大举进攻上海，开明书店的厂房毁于炮火，

《中学生》《新少年》《月报》同时停刊。先生由虹口区麦加里迁居霞飞路霞飞坊三号。

八月二十四日，上海文化界救亡协会机关报《救亡日报》创刊，编委共三十人，先生为编委之一。

九月，开明书店同人陆续内迁。先生在上海坚守。

一九三八年（民国二十七年，戊寅年，52岁）

参加抗日后援会。

四月，与叶圣陶合著的《阅读与写作》和《文章讲话》由开明书店编辑出版，列为《开明青年丛书》。

应邀受聘南屏女中高中国文教员。该校校长曾季肃为小说《孽海花》作者为曾孟朴之妹，是我国早期的一位女教育家。先生为她的办学精神感动，故应聘任教。

一九三九年（民国二十八年，己卯年，53岁）

一月，与傅东华、胡朴安、陈望道、章锡琛等在上海发起组织中国语文教育学会。

继续在南屏女中任教。

两个孙子因经济困难而失学当学徒。

五月，《中学生》战时半月刊在桂林复刊，叶圣陶（在四川乐山武汉大学任教）任社长兼主编。

六月三日，夏满子与叶至善的婚礼在四川乐山红十字会会所举行。先生感赋四绝，遥寄祝福。

为开明书店主持字典编纂工作。这部字典别具一格，依词类分列单字，列举复词印证并补充单字的释义，有助于读者了解汉语语法特

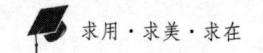

点和汉语构词规律，惜未完成。

一九四一年（民国三十年，辛巳年，55 岁）

"珍珠港"事件发生后，日军占领上海租界，环境日趋恶劣。日本人想利用先生的名声为他们办事，先生坚贞自守，毅然拒绝。因见环境日趋恶劣，辞去南屏女中教职，深居简出。先生"节衣、缩食、渴饮、饿餐"，尝日用两餐，自谓"吃挑担饭"。

某大寺院募得一笔款项，发起翻译《南传大藏经》，其中的《本生经》部分请先生从日译本重译（日译本据东方学家浮斯培奥尔的校订本，富有学术价值）。先生邀请几位朋友同译，其中有坚持地下工作的楼适夷。

一九四二年（民国三十一年，壬午年，56 岁）

十月十三日，弘一法师圆寂于福建泉州，先生作联哀挽，又作《怀晚晴老人》《弘一大师的遗书》等文悼念，并为《弘一大师咏怀录》《晚晴老人讲演录》《晚晴山房书简》作序。《晚晴山房书简》中有《致夏丏尊函》九十五件。

长子采文因肺病去世。

一九四三年（民国三十二年，癸未年，57 岁）

一月二十一日，与夫人结婚四十周年。按照欧洲结婚四十年为"羊毛婚"的风习，开明同人章锡深、王伯祥、顾均正、徐调孚、王统照、周德符等于八月某夕，各带自家烹制的西味菜肴，到先生家聚宴庆贺。席间吟诗相赠，"或表祷颂，或含幽默，总之是在四周鬼蜮现形民生艰困的孤岛上，聊以破颜自慰，也使夏先生掀髯一笑而已"

（王统照语）。叶圣陶、朱自清、朱光潜、贺昌群闻悉此举，也从大后方各寄一首到沪以申祝贺，寄托希望。

十二月十五日，与章锡深等三十九人被日伪宪兵司令部逮捕，威武不屈。后经日本友人内山完造等奔走营救，于二十五日获释。先生经此磨难，肺病复发，健康状况更加恶化。

一九四四年（民国三十三年，甲申年，58 岁）

秋，与李芳远合编之《弘一大师晚晴山房书简》一书由上海开明书店出版。

参与翻译的《南传大藏经》，由普慧大藏经刊行会出版（未出齐）。

一九四五年（民国三十四年，乙酉年，59 岁）

一月十三日，内山完造夫人内山喜美子去世，葬于上海万国公墓。先生为之撰写碑文。

八月九日夜，日本投降的消息传到上海，市民涌上街头，欢呼庆祝。先生也极为兴奋。其后，内地文化界朋友陆续复原来上海，先生常在欢迎聚会上出现。

十一月，与李健吾、柯灵、唐弢、夏衍、于伶、赵景深、张骏祥等十五人被选为中华全国文艺家协会上海分会理事。看到国民党接收大员的丑恶行径，先生作《好话与符咒式的政治》一文，刊于十一月二十五日《大晚报》，予以尖锐的讽刺。

一九四六年（民国三十五年，丙戌年，60 岁）

一月，为在沪复刊的《中学生》作《寄意》一文，向阔别多年的青年读者致意和问候，并表示"从今以后，愿继续为本志执笔"。

三月，肺病加剧，仍坚持工作，写就《双声词语的构成方式》一文，刊于《国文月刊》。之后，便卧床不起。

四月二十二日，在病势垂危中对前来探望的叶圣陶说："胜利！到底啥人胜利——无从说起！"

四月二十三日晚九时四十五分，与世长辞。上海中共办事处送了花圈。

四月二十七日，重庆新华日报发表社论《悼夏丏尊先生》。

六月，《中学生》第一七六期中特设悼念夏丏尊先生特辑，执笔者有徐调孚、周振甫、张沛霖、楼适夷、丰子恺、傅彬然、贾祖璋、钟子岩等。

六月二日下午，上海各界在玉佛寺举行追悼会，由马夷初介绍先生生平事迹，茅盾、姜丹书、许广平、叶圣陶等生前好友致辞，沉痛悼念先生。根据先生遗愿，谢绝财赠。治丧委员会推选九人组成"夏丏尊先生纪念金委员会"，募集纪念基金，专赠予任职十年以上，成绩卓著，或在中学国文教育上有创见的教师。纪念金征集后，颁发过一次，受奖者为姚韵漪女士。后因通货膨胀，无法继续而中止。

十一月，移灵浙江上虞白马湖，葬骨灰于先生故居平屋之后的山丘上。

附录二

夏丏尊先生著述年表简编

1913 年

1.《学斋随想录》刊于浙江第一师范学校《校友会志》第1号。

1914 年

1.《评俄国契哀荷〈写真贴〉》刊于浙江一师校友会刊物《白阳》；

2. 为居所"小梅花屋"题《金缕曲》，刊于《校友会志》，期数不详。

1919 年

1.《教育的背景》分别刊于4月《教育潮》第1卷第1期及6月第2期。

2.《家族制度与都会》刊于浙江第一师范10月30日《校友会十日刊》第2号。

3.《一九一九年的回顾》刊于浙江第一师范12月31日《校友会十日刊》第5号。

4. 在《校友会十日刊》还发表《机械》《"的"字的用法》《入

学式训词》等文章，期数不详。

1920 年

1. 与黄集成合译日本关宽之《儿童的游戏》，刊于《校友会十日刊》第 10 号。

1921 年

1. 译作《俄国的诗坛》（日本白鸟省吾）、《俄国的童话文学》（日本西川勉）、《阿蒲罗摩夫主义》（俄国克鲁泡特金）同时刊于 9 月《小说月报》第 12 卷号外"俄国文学研究"专号。

2. 译作《女难》（日本国木田独步）刊于 12 月 10 日《小说月报》第 12 卷第 12 期。

1922 年

1. 《近代文学与儿童问题》刊于 1 月 10 日、25 日《东方杂志》半月刊第 19 卷第 1、2 期。

2. 译作《幸福的船》（俄国爱罗先珂）刊于 2 月 25 日《东方杂志》半月刊第 19 卷第 4 期。

3. 译作《恩宠的滥费》（俄国爱罗先珂）刊于 4 月 10 日《东方杂志》半月刊第 19 卷第 7 期。

4. 《生殖的节制——欢迎桑格夫人来华》刊于 4 月 26 日《民国日报》副刊《妇女评论》第 38 期。

5. 《并存和折中》原题为《误用的并存和折中》，刊于 5 月《东方杂志》第 19 卷第 10 期。

6. 译作《月夜的美感》（日本高山樗牛）刊于 8 月 25 日《东方

杂志》第 19 卷第 16 期。

7.《论单方面的自由离婚》原题为《男子对于女子的自由离婚》，刊于 9 月 6 日《民国日报》副刊《妇女评论》第 57 期。

8. 译作《夫妇》（日本国木田独步）刊于 9 月 25 日、10 月 10 日《东方杂志》第 19 卷第 18、19 期。

9.《我们将使我们的学生成为怎样的人》刊于 10 月 31 日《春晖》半月刊第 1 期。

10.《对于本校改进的一个提议》刊于 12 月 1 日《春晖》半月刊第 3 期。

11.《读书与冥想》刊于 12 月 1 日《春晖》半月刊第 3 期、5 月 1 日第 12 期。

12.《汉字所表现的女性的地位》刊于 12 月 20 日《民国日报》副刊《妇女评论》第 12 期，原题为《中国文字上所表现的女性的地位》。

1923 年

1.《中国的实用主义》刊于 1 月 8 日《民国日报》副刊《觉悟》。

2. 译作《马尔萨斯的中国人口论》（日本田中义夫）刊于 5 月 25 日《东方杂志》第 20 卷第 10 期。

3.《教学小品文的一个尝试》原题为《作文教授上的一个尝试》，刊于 6 月 16 日《春晖》半月刊第 14 期。

4.《叫学生在课外读些什么书》刊于 10 月 16 日《春晖》半月刊第 17 期。

5.《日本的一灯园及其建设者西田天香氏》刊于 10 月 25 日《东方杂志》第 20 卷第 20 期。

6.《初中国语科兼教文言文的商榷》刊于 11 月 16 日《春晖》半月刊第 19 期。

7.《春晖的使命》刊于 12 月 2 日《春晖》半月刊第 20 期。

1924 年

1.《回顾和希望》刊于 1 月 1 日《春晖》半月刊第 22 期，原题为《一年间教育界的回顾和将来的希望》。

2. 译作《爱的教育》（意大利亚米契斯）刊于 1 月 25 日《东方杂志》，自第 21 卷第 2 期起，至 12 月 10 日第 21 卷第 23 期止。

3.《作文的基本态度》刊于 3 月 1 日《春晖》半月刊第 24 期。

4. 4 月 1 日，为孙俍工小说集《海的渴慕者》作序，上海民智书局出版。

5.《近事杂感》《学说思想与阶级》同时刊于 5 月 1 日《春晖》半月刊第 28 期。

6.《我在国文科教授上最近的一个信念》刊于 6 月 1 日《春晖》半月刊第 30 期。

7.《〈爱的教育〉译者序言》收录于开明书店 1924 年 10 月 1 日出版的《爱的教育》，夏丏尊译。

8.《无奈》《彻底》刊于 11 月 16 日《春晖》半月刊第 36 期。

1925 年

1. 译作《牛肉与马铃薯》（日本国木田独步）刊于 4 月 10 日《东方杂志》第 22 卷第 7 期。

2.《论记叙文中作者的地位并评现今小说界的文字》刊于 6 月《立达季刊》第 1 卷第 1 期。

3.《弘一和尚的快乐》（原题为《〈子恺漫画〉序》）刊于 11 月《文学周报》第 198 期。

1926 年

1. 1 月 10 日，译作《棉被》（日本山田花袋）刊于《东方杂志》，自第 23 卷第 1 期起，至 2 月 10 日第 23 卷第 3 期止。

2.《〈爱的教育〉译者序言》收录于《爱的教育》一书，开明书店 1926 年 3 月出版。

3. 译作《芥川龙之介氏的中国观》刊于 4 月 10 日《小说月报》第 17 卷第 4 期，前有译者序。

4.《怯懦者》刊于 5 月 10 日《小说月报》第 17 卷第 5 期。

5.《闻歌有感》刊于 7 月 1 日《新女性》月刊第 1 卷第 7 期。

6.《〈文章作法〉绪言》收录于夏丏尊、刘薰宇的《文章作法》一书，开明书店 1926 年 8 月出版。

7.《长闲》刊于 9 月 5 日《一般》月刊第 1 卷第 1 期。

8.《白采》刊于 10 月 5 日《一般》月刊第 1 卷第 2 期。

9.《猫》刊于 11 月 5 日《一般》月刊第 1 卷第 3 期。

10.《读〈中国历史上的上帝观〉》刊于 12 月 5 日《一般》月刊第 1 卷第 4 期。（注：《中国历史上的上帝观》为王治心所著）

1927 年

1. 译作《第三者》（日本国木田独步）刊于 4 月 5 日《一般》月刊第 2 卷第 4 期。

2.《关于国木田独步》收录于国木田独步的《国木田独步集》一书，开明书店 1927 年 7 月出版。

3. 译作《湖南的扇子》（日本芥川龙之介）刊于9月10日《小说月报》第18卷第9期。

4. 译作《南京的基督》（日本芥川龙之介）刊于10月5日《一般》月刊第3卷第2期。

5. 《黄包车礼赞》刊于11月《秋野》创刊号。

1928年

1. 《文艺随笔》刊于1月5日《一般》第4卷第1期"文艺专号"。

2. 4月，与叶圣陶合著的《文章讲话》由开明书店出版。

3. 《知识阶级的运命》刊于5月5日《一般》第5卷第1期。

4. 《关于济南事件日本论客的言论二则——吉野作造与长谷川如是闲的话》刊于6月5日《一般》第5卷第2期。

5. 《对了米莱的〈晚钟〉》刊于8月《新女性》第3卷第8期。

6. 《〈近代的恋爱观〉译者序》收录于厨川白村的《近代的恋爱观》，开明书店1928年9月初出版发行。

7. 9月，论著《文艺论ABC》由上海世界书局出版，列为由徐蔚南主编的《ABC丛书》之一。

1929年

1. 1月1日，为朱光潜的《给青年的十二封信》一书作序，该书由开明书店1929年3月出版。

2. 1月，译作《续爱的教育》（意大利孟德格查）开始在教育杂志连载，自第21卷第1期起，至12月第12期止。

3. 《"中"与"无"》刊于4月1日《民铎》月刊第8卷第5期。

4.《关于〈倪焕之〉》收录于叶圣陶的《倪焕之》一书，开明书店 1929 年 8 月出版。

1930 年

1.《〈中学生〉发刊辞》《"你须知道自己"》《谈吃》同时刊于 1 月 1 日《中学生》创刊号。

2. 3 月，译作《续爱的教育》由开明书店出版，书前有《〈续爱的教育〉译者序》。此书被列为"世界少年文学丛刊"之一。

3.《受教育与受教材》刊于 4 月 1 日《中学生》第 4 期。

4.《悼一个自杀的中学生》刊于 10 月 1 日《中学生》第 8 期。

5.《〈李息翁临古法书〉跋》收录于李叔同的《李息翁临古法书》一书，开明书店 1930 年出版。

1931 年

1.《关于国文的学习》刊于 1 月 1 日《中学生》第 11 期。

2.《做了父亲》刊于 1 月 1 日《妇女杂志》第 17 卷第 1 期。

3.《〈鸟与文学〉序》收入贾祖璋的《鸟与文学》一书，开明书店 1931 年 4 月出版。

4.《致文学青年》刊于 5 月 1 日《中学生》第 15 期"致文学青年特辑"。

5.《我的中学生时代》《关于职业》同时刊于 6 月 1 日《中学生》第 16 期"我的中学生时代特辑"。

6.《怎样对付教训》刊于 9 月 1 日《中学生》第 17 期。

7.《其实何曾突然》刊于 9 月 28 日《文艺新闻》第 29 期。

8.《闻警》刊于 10 月 1 日《中学生》第 18 期。

9. 12 月，与林语堂等人所著《中学各科学习法》一书，由开明书店出版，并列为"开明青年丛书"之一，书中收有先生《中学国文学习法》一文。

1932 年

1.《人所能忍受的温度》刊于 7 月 1 日《中学生》第 26 期。

2.《歌德的少年时代》刊于 9 月 1 日《中学生》第 27 期。

3.《国文科课外应读些什么》刊于 11 月 1 日《中学生》第 29 期。

1933 年

1. 1 月 1 日，开始以《文心》为题发表文章，连载于《中学生》杂志，自 1933 年第 31 期至 1934 年 6 月第 46 期止，共 32 篇。

2.《新年的梦想》刊于 1 月 1 日《东方杂志》第 30 卷第 11 期。同日，《电子的话》刊于《中学生》第 31 期"科学特辑"。

3.《命相家》刊于 7 月 1 日《文学》月刊第 1 卷第 1 号。

4.《文学的力量》刊于 1933 年 8 月 31 日出版的《上海市教育局无线电广播演讲集》。

5.《原始的媒妁》刊于 9 月 1 日《中学生》第 37 期。

6.《蟋蟀之话》《光复杂忆》同时刊于 10 月 1 日《中学生》第 38 期。

7.《我之于书》刊于 11 月 1 日《中学生》第 39 期。

8.《白马湖之冬》刊于 12 月 1 日《中学生》第 40 期。

1934 年

1.《灶君与财神》刊于 1 月 1 日《文学》第 2 卷第 1 期。

2.《恭祝快乐》刊于 1 月 1 日《中学生》第 41 期。

3.《紧张气氛的回忆》刊于 2 月 1 日《中学生》第 42 期。

4.《一个从四川来的青年》刊于 3 月 1 日《中学生》第 43 期。

5.《春的欢悦与感伤》《春日化学谈》同时刊于 4 月 1 日《中学生》第 44 期。

6.《白屋杂忆》刊于 4 月 1 日上海《文艺茶话》月刊第 2 卷第 9 期"纪念刘大白先生特刊"。

7.《国文科的学力检验》刊于 6 月 1 日《中学生》第 46 期。

8.《先使白话文成话》刊于 1934 年 6 月 27 日《申报·自由谈》，亦刊于《文言、白话、大众语论战集》（1934 年 9 月出版）。

9.《一个追忆》刊于 9 月 1 日《中学生》第 47 期。

10.《一种默契》刊于 9 月 20 日《太白》第 1 卷第 1 期。

11.《良乡栗子》刊于 10 月 1 日《中学生》第 48 期。

12. 译作《新教师的第一堂课》（日本田山花袋）刊于 10 月 5 日《太白》第 1 卷第 2 期。

13.《中年人的寂寞》刊于 11 月 1 日《中学生》第 49 期。

14. 同月，与叶圣陶、宋云彬、陈望道四人合编的《开明国文讲义》三册，由开明函授学校出版，开明书店印行。

15.《两个家》刊于 12 月 1 日《中学生》第 50 期。

1935 年

1. 1 月，《送殡的归途》刊于《二十四年文艺日记》。

2.《钢铁假山》刊于 2 月 1 日《中学生》第 52 期。

3.《试炼》刊于 3 月 1 日《中学生》第 53 期。

4.《幽默的叫卖声》刊于 3 月 20 日《太白》第 2 卷第 1 期。

5. 《阮玲玉的死》刊于 4 月 5 日《太白》第 2 卷第 2 期。

6. 《读诗偶感》刊于 5 月 1 日《中学生》第 55 期。

7. 《坪内逍遥》刊于 6 月 1 日《中学生》第 56 期。同月，与叶圣陶合编的《国文百八课》，由开明书店陆续出版。

8. 7 月，《怎样叫作世界文学的两大思潮》收录于《文学》月刊两周年纪念特辑《文学百题》一书。

9. 《中高级读物：少年之侦探》刊于 1935 年《日语月刊》第 1 卷第 6 期。

10. 《旱老者的忏悔》刊于 10 月 1 日《中学生》第 58 期。

11. 《整理好了的箱子》刊于 12 月 1 日《中学生》第 60 期。

12. 《〈平屋杂文〉自序》收入开明书店 1935 年 12 月版《平屋杂文》一书，该书被列为"开明文学新刊"之一。

1936 年

1. 《阅读什么》系广播稿，1924 年 12 月 10 日在中央广播电台开讲，最初刊于 1936 年 1 月《中学生》第 61 期。

2. 《怎样阅读》系广播稿，1924 年 12 月 10 日在中央广播电台开讲，最初刊于 1936 年 1 月《中学生》第 61 期。

3. 《文章的省略：文章偶谈》刊于《中学生》第 62 期。

4. 《句子的安排：文章偶话》刊于《中学生》第 65 期。

5. 《我的畏友弘一和尚》刊于 3 月 3 日《越风》杂志第 9 期。

6. 《学习国文的着眼点》系 1925 年 9 月 24 日、26 日教育部中等学校播音讲演稿，最初刊于 1936 年 10 月《中学生》第 68 期。

7. 《一个夏天的故事》刊于 7 月 10 日《新少年》第 2 卷第 1 期。

8. 8 月，为弘一大师《清凉歌集》作序，该书由开明书店出版。

同月，编《十年》一书，作为"开明书店创业十周年纪念"。

9.《关于〈国文百八课〉》，与叶圣陶合写，最初刊于 1936 年 9 月 1 日的《申报·读书俱乐部》。

10.《日本的障子》刊于 9 月 16 日《宇宙风》第 25 期。

11.《鲁迅翁杂忆》刊于 12 月 1 日《文学》月刊第 7 卷第 6 期。同月，编《十年续集》一书并为之作序，作为"开明书店创业十周年纪念"。作《流弹》一文，收入该书。

1937 年

1.《"自学"和"自己教育"》刊于 1 月 1 日《中学生》第 71 期。

2.《文章的静境》刊于《中学生》第 72 期。

3.《文章的动态》刊于《中学生》第 75 期。

4. 6 月，与叶圣陶合编的《初中国文教本》六册，由开明书店出版。

1938 年

1938 年 4 月，与叶圣陶合著的《阅读与写作》《文章讲话》由开明书店出版，后被列为"开明丛书"之一。《文章讲话》一书中除《开头和结尾》一文由叶圣陶所写，其余皆为夏丏尊先生所作，共 9 篇，分别为：《句读和段落》《句子的安排》《文章的省略》《文章中的会话》《文章的静境》《文章的动态》《所谓文气》《意念的表达》《感慨及其发抒的方式》。

1939 年

1.《弘一法师之出家》一文写于此年，刊于何处不详。

2.《关于〈倪焕之〉》收入开明书店 1939 年 8 月版《倪焕之》。

3. 同年，编辑《夏氏字典》。该字典三分之二的部分由先生完成，其余部分由周振甫续编，但因商业考量，未能出版。

1940 年

1. 10 月，为丰子恺《续护生画集》作序。

2. 11 月 15 日夜半，写《与丰子恺论画信》，刊于何处不详。

1941 年

1.《致阿满》是夏丏尊写给女儿夏满子的一封书信，写于 1941 年 2 月 20 日夜。

2. 参与编译《南传大藏经》，先生重译《本生经》。

1942 年

1.《弘一大师的遗书》一文写于 1942 年 10 月，刊于何处不详。

1943 年

1.《怀晚晴老人》一文写于 1943 年 2 月，刊于何处不详。

2.《〈中诗外形律详说〉跋》，刊于 8 月 15 日上海《学术界》月刊创刊号。《中诗外形律详说》一书为刘大白所著，中国联合出版公司 1943 年出版。

3. 9 月，译作《读〈缘缘堂随笔〉》（日本谷崎润一郎）刊于《中学生》第 77 期。

4. 10 月，编《弘一大师永怀录》，由上海大雄书局出版。其中除了《〈弘一大师永怀录〉序》外，先生还发表了《弘一法师之出家》《怀晚晴老人》《〈子恺漫画〉序》《弘一大师的遗书》四篇作品。

5.《夏丏尊羊毛婚唱和诗》刊于9月1日《万象》杂志第3卷第3期。

1944年

1. 10月，与李芳远合编《晚晴山房书简》，由开明书店出版，书前有先生所作的《〈晚晴山房书简〉序》。

1945年

1.《读日本松方公爵遗札——日本对华政策史料》刊于10月1日《新语》第1期。

2.《好话和符咒式的政治》刊于1月25日《大晚报》。同月，《中国古籍中的日本语》刊于《新语》第4期。

3.《中国书业的新途径》刊于12月17日《大公报》。

1946年

1.《寄意》刊于1月1日《中学生》第171期。同月，《读〈清明前后〉》刊于《文坛月报》创刊号。（注：《清明前后》为茅盾所作剧本）

2.《双字词语的构成方式》刊于3月20日《国文月刊》第41期。

参考文献

一　相关著作

1. ［俄］阿·托尔斯泰：《论文学》，程代熙译，人民文学出版社1980年版。

2. ［美］爱德华·萨丕尔：《语言论》，陆卓元译，商务印书馆1985年版。

3. ［法］埃德加·莫兰：《复杂性理论与教育问题》，陈一壮译，北京大学出版社2004年版。

4. ［美］艾伦·C.奥恩斯坦、弗朗西斯·P.汉金斯：《课程：基础、原理和问题》，柯森主译，钟启泉审校，江苏教育出版社2002年版。

5. ［美］爱因斯坦：《爱因斯坦文集》第3卷，许良英等编译，商务印书馆1979年版。

6. ［美］奥尔德里奇：《艺术哲学》，程孟辉译，中国社会科学出版社1986年版。

7. 白作霖、蒋维乔：《各科教授法精义》，上海商务印书馆1909年版。

8. 北京大学哲学系美学教研室编：《西方美学家论美和美感》，商务印书馆1980年版。

9. ［美］彼得·A. 瑞德帕兹：《阅读的革命——怎样读难懂的书》，查连芳、陈勋远译，中国科学技术出版社 2001 年版。

10. ［苏］彼得罗夫斯基主编：《普通心理学》，孙晔等译，人民教育出版社 1981 年版。

11. ［俄］别林斯基：《别林斯基论文学》，查良铮译，上海新文艺出版社 1958 年版。

12. ［英］波拉德：《中国对文学的看法：就传统而言，周作人的文学价值》，美国加州大学出版社 1973 年版。

13. 蔡元培：《蔡元培教育名篇》，教育科学出版社 2007 年版。

14. 蔡元培：《蔡元培教育论集》，高平叔编，湖南教育出版社 1987 年版。

15. Caswell and Campbell, *Curriculum Development*, American Book Company, 1935.

16. 曹明海主编：《语文教学本体论》，山东教育出版社 2007 年版。

17. 曹明海、陈秀春：《语文教育文化学》，山东教育出版社 2005 年版。

18. ［俄］车尔尼雪夫斯基：《艺术与现实的美学关系》，周扬译，人民文学出版社 1957 年版。

19. 陈必祥主编：《中国现代语文教育发展史》，云南教育出版社 1987 年版。

20. 陈来：《宋明理学》，辽宁教育出版社 1991 年版。

21. 陈平原：《当年游侠人》，生活·读书·新知三联书店 2006 年版。

22. 陈平原：《中国小说叙事模式的转变》，北京大学出版社 2010 年版。

23. 程稀：《夏丏尊与现代语文教育》，中国社会科学出版社 2010 年版。

24. 陈星：《平凡·文心——夏丏尊》，台湾文史哲出版社 2003 年版。

25. 陈雪虎：《传统文学教育的现代启示》，广东教育出版社 2006 年版。

26. ［英］戴维·伯姆：《论对话》（*On Dialogue*），李·尼科编，王松涛译，教育科学出版社 2004 年版。

27. 董菊初：《叶圣陶语文教育思想概论》，开明出版社 1998 年版。

28. ［美］杜威：《民主主义与教育》，王承绪译，人民教育出版社 1990 年版。

29. ［德］恩斯特·卡西尔：《人论》，甘阳译，上海译文出版社 1985 年版。

30. 方智范：《理解与创新：人本中心的透视和解读》，山东教育出版社 2012 年版。

31. 方智范：《语文教育与文学素养》，广东教育出版社 2005 年版。

32. 丰子恺：《丰子恺散文全编》，浙江文艺出版社 1992 年版。

33. 冯友兰：《中国哲学简史》，新世界出版社 2004 年版。

34. 傅红英：《夏丏尊评传》，中国社会科学出版社 2012 年版。

35. ［德］弗里德里希·威廉·尼采：《尼采全集》，杨恒达译，中国人民大学出版社 2011 年版。

36. 傅佩荣：《〈四书〉心得》，北京理工大学出版社 2011 年版。

37. 耿红卫：《中国语文教育史教程》，山东教育出版社 1991 年版。

38. 龚鹏程：《文学散步》，世界图书出版公司 2006 年版。

39. 顾黄初：《现代语文教育史札记》，南京出版社 1991 年版。

40. 顾黄初：《语文教育论稿》，人民教育出版社 1985 年版。

41. 顾祖钊：《文学原理新释》，北京新华出版社 2002 年版。

42. ［美］古德（T. L. Good）、［美］布罗菲（J. E. Brophy）：《透视课堂》，陶志琼译，中国轻工业出版社 2009 年版。

43. ［美］哈吉斯：《阅读与致富》，赖伟雄译，当代中国出版社 2008 年版。

44. ［德］海德格尔：《在通向语言的途中》，孙周兴译，商务印书馆 2004 年版。

45. ［德］赫尔巴特：《普通教育学》，李其龙译，浙江教育出版社 2002 年版。

46. 贺麟：《文化与人生》，商务印书馆 1988 年版。

47. ［德］黑格尔：《美学》第 1、2 卷，朱光潜译，商务印书馆 1979 年版。

48. ［德］黑格尔：《小逻辑》，贺麟译，商务印书馆 1980 年版。

49. H. P. Rickman. *Selected Works of Welhelm Dilthey*, Cambridge University Press, 1976.

50. 胡经之主编：《西方文艺理论名著教程》（下卷），北京大学出版社 2003 年版。

51. 胡适：《胡适文集》第 2 卷，北京大学出版社 2013 年版。

52. 华东师范大学教育系、杭州大学教育系编：《现代西方资产阶级教育思想流派论著选》，人民教育出版社 1980 年版。

53. 黄良：《现代美育范畴建构》，中国社会科学出版社 2004 年版。

54. 黄玉峰：《我只想站得直一点》，华东师范大学出版社 2016 年版。

55. 霍炳坤主编：《教学方法与设计》（修订版），商务印书馆香港有限公司 2004 年版。

56. 蒋孔阳：《美学新论》，人民文学出版社 2006 年版。

57. 蒋勋：《蒋勋说唐诗》，中信出版社 2012 年版。

58. 蒋勋：《蒋勋说宋词》，中信出版社 2012 年版。

59. John Dewey, *Experience and education*, the MacMillanPublishingCompany, 1938.

60. 康震：《康震评说李清照》，中华书局 2007 年版。

61. 康震：《康震评说苏东坡》，中华书局 2008 年版。

62. ［意］克罗齐：《美学原理美学纲要》，朱光潜、韩邦凯译，外国文学出版社 1983 年版。

63. 孔庆东：《国文国史三十年》6（上、下），中华书局 2011 年版。

64. 赖瑞云：《混沌阅读》，福建教育出版社 2010 年版。

65. 赖瑞云主编：《文本解读与语文教学新论》，北京师范大学出版社 2013 年版。

66. 雷通群：《西洋教育史》，东方出版社 2007 年版。

67. ［俄］莱芒（Lemon）、里斯（Reis）编译：《俄国形式主义批评：四篇论文》，美国内布拉斯加大学出版社 1965 年版。

68. ［美］理查德·舒斯特曼：《实用主义美学》，彭锋译，商务印书馆 2002 年版。

69. 李长之：《司马迁之人格与风格》，生活·读书·新知三联书店 1984 年版。

70. 李铎：《中国古代文论教程》，北京大学出版社 2000 年版。

71. 李海林：《李海林讲语文》，语文出版社 2008 年版。

72. 李海林：《美国中小学课堂观察》，教育科学出版社 2015 年版。

73. 李海林：《言语教学论》，上海教育出版社 2000 年版。

74. 李建盛：《理解事件与文本意义》，上海译文出版社 2002 年版。

75. 李明德：《西方教育思想史》，人民教育出版社 2008 年版。

76. 黎琼锋：《教学价值与美好生活》，人民教育出版社 2012 年版。

77. 李卫华：《二十世纪西方文论选讲》，河北人民出版社 2007 年版。

78. 李杏保、顾黄初主编：《二十世纪前期中国语文教育论集》，四川教育出版社 1990 年版。

79. 李杏保、顾黄初：《中国现代语文教育史》，四川教育出版社 1997 年版。

80. 李镇西：《听李镇西老师讲课》，华东师范大学出版社 2010 年版。

81. 黎泽渝、马啸风、李乐毅编：《黎锦熙语文论著选》，人民教育出版社 1996 年版。

82. 李泽厚：《美的历程》，天津社会科学院出版社 2001 年版。

83. 李泽厚：《美学四讲》，天津社会科学院出版社 2001 年版。

84. 李泽厚：《华夏美学》，天津社会科学院出版社 2001 年版。

85. 李泽厚：《美学与艺术讲演录》，上海市美学研究会编，上海人民出版社 1982 年版。

86. 联合国教科文组织国际教育发展委员会编著：《学会生存》，教育科学出版社 1996 年版。

87. 梁启超：《饮冰室合集·专集 70、71》，中华书局 1936 年版。

88. 梁启超：《作文入门》，教育科学出版社 2007 年版。

89. 林语堂：《林语堂美文精粹》，作家出版社 1992 年版。

90. 林治金：《著名语文教育家评介》，青岛出版社 2001 年版。

91. 凌继尧：《美学十五讲》，北京大学出版社 2003 年版。

92. 柳士镇、洪宗礼主编：《中外母语课程标准译编》，江苏教育出版社 2000 年版。

93. 刘小枫：《拯救与逍遥》，华东师范大学出版社 2007 年版。

94. 刘新科、粟洪武主编：《中外教育名著选读》，中国人民大学出版社 2013 年版。

95. 刘再复：《人文十三步》，中信出版社 2010 年版。

96. 刘再复、刘剑梅：《教育论语》，福建教育出版社 2012 年版。

97. 刘正伟主编，张蕾、温欣荣副主编：《名家解读：语文教育意蕴篇》，山东教育出版社 2009 年版。

98. 刘正伟：《语文教育现代性探索》，商务印书馆 2014 年版。

99. 鲁迅：《鲁迅全集》，中国文联出版社 2013 年版。

100. 龙协涛：《文学阅读学》，北京大学出版社 2004 年版。

101. ［波］罗曼·英加登：《对文学的艺术作品的认识》，陈燕谷、晓未译，中国文联出版公司 1986 年版。

102. ［奥］马丁·布贝尔：《我与你》，陈维纲译，生活·读书·新知三联书店 1986 年版。

103. ［美］马斯洛：《人性能达的境界》，方林译，云南人民出版社 1987 年版。

104. 孟宪承：《孟宪承教育论著选》，周谷平、赵卫平编，人民教育出版社 1997 年版。

105. 敏泽：《中国美学史》（上、下卷），湖南教育出版社 2004 年。

106. 木心：《文学回忆录》，广西师范大学出版社 2013 年版。

107. 南帆等：《符号的角逐》，江苏文艺出版社 2008 年版。

108. 南帆、刘小新、练暑生：《文学理论》，北京大学出版社 2008 年版。

109. 倪文锦、欧阳汝颖主编：《语文教育展望》，华东师范大学出版社 2002 年版。

110. 倪文锦、谢锡金主编：《新编语文课程与教学论》，华东师范大学出版社 2006 年版。

111. ［美］帕克·帕尔默：《教学勇气——漫步教师心灵》，华东师范大学出版社 2005 年版。

112. 潘新和：《不写作，枉为人——潘新和语文学术随笔》，福建教育出版社 2014 年版。

113. 潘新和：《语文：表现与存在》，福建人民出版社 2004 年版。

114. 潘新和：《"表现与存在论"语文学视界》，人民出版社 2014 年版。

115. 潘新和：《语文：存在与变革——穿越时空的语文学》，山东教育出版社 2012 年版。

116. 潘新和：《语文：回望与沉思》，福建人民出版社 2008 年版。

117. 潘新和：《语文：人的确证》，上海三联书店 2014 年版。

118. 潘新和：《语文：我写故我在》，海峡文艺出版社 2014 年版。

119. 潘新和：《中国写作教育思想史论纲》，人民教育出版社 1998 年版。

120. 潘新和主编，赖瑞云、王荣生、李海林副主编：《新课程语文教学论》，人民教育出版社 2005 年版。

121. Pratt, *Curriculum：Design and Development*, California：HarcourtBraceJovanovichInc, 1980.

122. ［美］普林斯：《叙事学：叙事的形式与功能》，徐强译，中国人民大学出版社 2013 年版。

123. 钱理群：《语文教育门外谈》，广西师范大学出版社 2003 年版。

124. 钱理群：《中国教育的血肉人生》，漓江出版社 2012 年版。

125. 钱理群：《经典阅读与文学教育》，漓江出版社 2012 年版。

126. 钱梦龙：《导读的艺术》，人民教育出版社 1995 年版。

127. 瞿葆奎主编：《教育学文集·课程与教材》，人民教育出版社 1988 年版。

128. 饶杰腾：《近现代中学语文教育的发展》，广东教育出版社 2008 年版。

129. R. S. Zais, *Curriculum：Principles and Foundations*, New York：Thomas Y. Crowell Company, 1976.

130. Saylor Alexanderand Lewis, *Curriculum Planning for Better*

Teaching and Learning, New York: Holt, Rinehart and Winston Company, 1981.

131. 申小龙:《汉语与中国文化》,复旦大学出版社 2013 年版。

132. 施良方:《学习论》,人民教育出版社 2001 年版。

133. [德]叔本华:《作为意志和表象的世界》,石冲白译,商务印书馆 1982 年版。

134. [美]苏珊·朗格:《艺术问题》,滕守尧译,中国社会科学出版社 1983 年版。

135. 孙绍振:《名作细读——微观分析个案研究》,上海教育出版社 2009 年版。

136. 孙绍振:《文学创作论》,海峡文艺出版社 2007 年版。

137. 孙绍振:《月迷津渡——古典诗词个案微观分析》,上海教育出版社 2012 年版。

138. 孙绍振、孙彦君:《文学文本解读学》,北京大学出版社 2015 年版。

139. [美]泰勒:《课程与教学的基本原理》,罗康、张阅译,中国轻工业出版社 2014 年版。

140. 陶行知:《陶行知名篇精选》,教育科学出版社 2007 年版。

141. 童庆炳:《文学理论教程》,高等教育出版社 1998 年版。

142. 童庆炳:《文艺审美特征论》,华中师范大学出版社 2000 年版。

143. 涂纪亮:《现代西方语言哲学比较研究》,中国社会科学出版社 1994 年版。

144. 汪潮:《语文学理》,浙江大学出版社 2013 年版。

145. 王爱娣:《美国课堂教育》,东南大学出版社 2014 年版。

146. 王弼：《周易略例》，楼宇烈、王弼集校释，中华书局 1999 年版。

147. 王炳照、阎国华主编：《中国教育思想通史》，湖南教育出版社 1994 年版。

148. 王道俊、郭文安主编：《教育学》，人民教育出版社 2002 年版。

149. 王国维：《求善·求美·求真——王国维文选》，徐洪兴编选，上海远东出版社 1997 年版。

150. 王国维：《王国维戏曲论文集》，中国戏剧出版社 1957 年版。

151. 王国维：《王国维学术经典集》，干春松选编，江西人民出版社 1997 年版。

152. 王蕙主编：《现代教育学》，北京师范大学出版社 2012 年版。

153. 王纪人主编：《文艺学与语文教育》，上海教育出版社 1995 年版。

154. 王建疆：《修养、境界、审美——儒道释修养美学解读》，中国社会科学出版社 2003 年版。

155. 王利民：《平屋主人——夏丏尊传》，浙江人民出版社 2005 年版。

156. 王荣生：《听王荣生教授评课》，华东师范大学出版社 2007 年版。

157. 王荣生、郑桂华主编：《语文教育研究大系》中学教学卷，上海教育出版社 2007 年版。

158. 王荣生：《语文科课程论基础》，上海教育出版社 2014 年版。

159. 王荣生主编，童志斌执行主编：《文言文教学教什么》，华东师范大学出版社 2014 年版。

160. 王荣生主编，步进执行主编：《散文教学教什么》，华东师范大学出版社 2014 年版。

161. 王尚文：《人文·语感·对话》，上海教育出版社 2010 年版。

162. 王尚文：《语感论》，上海教育出版社 2006 年版。

163. 王松泉等：《语文教学心理学基础》，社会科学文献出版社 2002 年版。

164. 王文彦、蔡明主编：《语文课程与教学论》，高等教育出版社 2002 年版。

165. 王先霈：《文学文本细读讲演录》，广西师范大学出版社 2006 年版。

166. 王一川：《文学理论演讲录》，广西师范大学出版社 2004 年版。

167. 王一川：《修辞论美学——文化语境中的 20 世纪中国文艺》，中国人民大学出版社 2009 年版。

168. 王意如：《在课堂上思考语文》，华东师范大学出版社 2009 年版。

169. 王意如：《语文素养和语文教师的素养》，文汇出版社 2011 年版。

170. 汪曾祺：《汪曾祺文集》理论卷，江苏文艺出版社 1993 年版。

171. ［德］威廉·冯·洪堡特：《语言与人类精神》，钱如敏译，北京师范大学出版社 1997 年版。

172. ［美］温特贝尔特大学认知与技术小组：《美国课程与教学案例透视》，王文静、乔连全等译，华东师范大学出版社2002年版。

173. 吴非：《王栋生作文教学笔记》，江苏教育出版社2012年版。

174. 吴广平主编：《文学教育新视野》，西南交通大学出版社2012年版。

175. 吴庆麟等：《认知教学心理学》，上海科技出版社2000年版。

176. 吴式颖主编，李明德、单中惠副主编：《外国教育史教程》，人民教育出版社1999年版。

177. 夏弘宁：《夏丏尊传》，中国青年出版社2012年版。

178. 夏弘宁主编：《夏丏尊纪念文集》，上虞市文学艺术界联合会2001年版。

179. 夏丏尊：《夏丏尊集》，商金林编注，花城出版社2012年版。

180. 夏丏尊：《夏丏尊教育名篇》，张圣华总主编，教育科学出版社2007年版。

181. 夏丏尊：《夏丏尊论语文教育》，杜草甬、商金林编，河南教育出版社1987年版。

182. 夏丏尊：《夏丏尊散文》，李友谊选编，上海科学技术文献出版社2013年版。

183. 夏丏尊：《平屋杂文》，北京师范大学出版社2012年版。

184. 夏丏尊：《夏丏尊散文选集》，浙江人民出版社1983年版。

185. 夏丏尊：《夏丏尊文集·平屋之辑》，浙江人民出版社1983年版。

186. 夏丏尊：《夏丏尊文集·文心之辑》，浙江文艺出版社 1983 年版。

187. 夏丏尊、刘薰宇：《文章作法》，中华书局 2013 年版。

188. 夏丏尊、叶圣陶：《国文百八课》，生活·读书·新知三联书店 2008 年版。

189. 夏丏尊、叶圣陶：《文心》，生活·读书·新知三联书店 2008 年版。

190. 夏丏尊、叶圣陶：《文章讲话》，中华书局 2007 年版。

191. 夏丏尊、叶圣陶：《阅读与写作》，开明书店 1948 年版。

192. 夏志清：《新文学的传统》，新星出版社 2010 年版。

193. 席勒：《美育书简》，徐恒醇译，中国文联出版公司 1984 年版。

194. 肖朗：《中外教育名著选读》，高等教育出版社 2009 年版。

195. 谢然：《不读论语枉少年》，海天出版社 2011 年版。

196. 谢春风、时俊卿：《新课程下的教育研究方法与策略》，首都师范大学出版社 2004 年版。

197. 谢保国：《中国古代语文教育史稿》，宁夏人民出版社 2009 年版。

198. 熊逸：《思辨的禅趣》，线装书局 2011 年版。

199. 徐葆耕：《清华学术精神》，清华大学出版社 2004 年版。

200. ［古希腊］亚里士多德：《诗学》，人民文学出版社 2002 年版。

201. 严家炎：《问学集——严家炎自述》，人民日报出版社 2014 年版。

202. 杨斌：《教育照亮未来——民国八大教育家经典文选》，华东师范大学出版社 2013 年版。

203. 杨春时、俞兆平、黄鸣奋：《文学概论》，人民文学出版社 2002 年版。

204. 杨牧：《文学的源流》，台北洪范书局 1984 年版。

205. 杨晓萍：《教育科学研究方法》，西南师范大学出版社 2012 年版。

206. 杨义：《读书的启示》，生活・读书・新知三联书店 2007 年版。

207. 姚全兴：《审美教育的历程》，上海社会科学院出版社 1992 年版。

208. 姚永彩、左宜译：《十九世纪英国文论选》，人民文学出版社 1986 年版。

209. 叶邦义：《悦读之旅（诗歌之美 文学之美 阅读之美）》，安徽师范大学出版社 2015 年版。

210. 叶圣陶：《叶圣陶集》，叶至善等编，江苏教育出版社 1992 年版。

211. 叶圣陶：《叶圣陶教育名篇》，张圣华总主编，教育科学出版社 2007 年版。

212. 叶圣陶：《叶圣陶语文教育论集》，中央教育科学研究所编，教育科学出版社 1980 年版。

213. 叶圣陶：《叶圣陶教育文集》第 3 卷，刘国正编，人民教育出版社 1994 年版。

214. 叶嘉莹：《唐宋词十七讲》，北京大学出版社 2007 年版。

215. 叶澜：《回归突破："生命・实践"教育学论纲》，华东师范大学出版社 2015 年版。

216. 叶学良：《教育美学》，四川人民出版社 1989 年版。

217. ［德］伊瑟尔：《审美过程研究》，霍桂桓，李宝彦译，中国人民大学出版社 1988 年版。

218. 余秋雨：《艺术创造论》，上海教育出版社 2005 年版。

219. 于漪：《语文教育微思考》，复旦大学出版社 2014 年版。

220. 余映潮：《中学语文精品阅读课教学实录》，中国轻工业出版社 2016 年版。

221. ［美］约翰逊：《伽达默尔》，何卫平译，中华书局 2003 年版。

222. 袁振国主编：《当代教育学》，教育科学出版社 2004 年版。

223. 曾祥琴主编：《阅读学新论》，语文出版社 1999 年版。

224. 詹丹：《语文教学与文本解读》，上海教育出版社 2015 年版。

225. 詹丹：《语文教学的批语与反批评》，商务印书馆 2012 年版。

226. 张法：《中国美学史》，四川人民出版社 2008 年版。

227. 张惠芬、金忠明编著：《中国教育简史》，华东师范大学出版社 2001 年版。

228. 张红霞：《教育科学研究方法》，教育科学出版社 2009 年版。

229. 张隆华：《中国语文教育史纲》，湖南师范大学出版社 1991 年版。

230. 张隆华、曾仲珊：《中国古代语文教育史》，四川教育出版社 2000 年版。

231. 张少康：《中国文学理论批评史教程》，北京大学出版社

1999 年版。

232. 张首映：《西方二十世纪文论史》，北京大学出版社 1999 年版。

233. 张堂锜：《清静的热闹——白马湖作家群论》，台北东大图书馆股份有限公司 1999 年版。

234. 张新科：《清末民国儿童文学教育发展史论》，北京师范大学出版社 2011 年版。

235. 张新科：《语文课程论》，福建教育出版社 2014 年版。

236. 张志公：《张志公语文教育论集》，人民教育出版社 1994 年版。

237. 张志公：《张志公自选集》，北京大学出版社 1998 年版。

238. 赵林：《西方哲学史讲演录》，高等教育出版社 2009 年版。

239. 赵国栋、漆永祥、郭九苓主编：《北大中文名师教育谈》，广西师范大学出版社 2015 年版。

240. 赵宪章、南帆、方克强、汪正龙编：《文学与形式》，南京大学出版社 2011 年版。

241. 赵毅衡主编：《"新批评"文集》，百花文艺出版社 2001 年版。

242. 赵毅衡：《符号学原理与推演》，南京大学出版社 2011 年版。

243. 赵志伟：《现代语文教育发展》，华东师范大学出版社 2012 年版。

244. 赵志伟：《高中语文课程新探》，东北师范大学出版社 2004 年版。

245. 浙江省委党史征集研委会编：《浙江一师风潮》，浙江大学出版社 1990 年版。

246. 郑家建：《藏在纸背的眺望》，海峡文艺出版社 2013 年版。

247. 郑金洲、陶保平、孔企平：《学校教育研究方法》，教育科学出版社 2003 年版。

248. 郑国民、谢锡金：《怎样进行语文教育研究》，北京师范大学出版社 2013 年版。

249. 郑振铎：《郑振铎文集》第 3 卷，人民文学出版社 1985 年版。

250. 中华人民共和国教育部：《义务教育语文课程标准》（2011 年版），北京师范大学出版社 2012 年版。

251. 钟启泉编著：《现代课程论》，上海教育出版社 2006 年版。

252. 钟启泉编译：《现代学科教育学论析》，陕西人民教育出版社 1993 年版。

253. 钟仕伦主编：《美育与美育心理》，中国社会科学出版社 2006 年版。

254. 钟仕伦主编：《西方美育思想简史》，中国社会科学出版社 2007 年。

255. 周铭三、冯顺伯：《中学国语教学法》，商务印书馆 1926 年版。

256. 周国平：《周国平论教育》，华东师范大学出版社 2009 年版。

257. 朱狄：《当代西方美学》，人民出版社 1984 年版。

258. 朱光潜：《谈文学》，安徽教育出版社 2006 年版。

259. 朱光潜：《西方美学史》，人民文学出版社 1979 年版。

260. 朱光潜：《我与文学及其他》，广西师范大学出版社 2004 年版。

261. 朱光潜：《文艺杂谈》，安徽人民出版社 1981 年版。

262. 朱立元主编：《当代西方文艺理论》，华东师范大学出版社 2005 年版。

263. 朱永通：《做幸福的好教师——名家名师教育访谈》，华东师范大学出版社 2015 年版。

264. 朱永新：《我的阅读观》，中国人民大学出版社 2012 年版。

265. 朱自清：《朱自清论语文教育》，中央教育科学研究所编，河南教育出版社 1985 年版。

266. 朱自清：《朱自清语文教学经验》，张圣华总主编，教育科学出版社 2007 年版。

267. 朱自清：《朱自清全集》第 2 卷，江苏教育出版社 1988 年版。

268. 宗白华：《美学散步》，上海人民出版社 1981 年版。

269. ［日］佐藤学：《学习的快乐：走向对话》，钟启泉译，教育科学出版社 2004 年版。

270. ［日］佐藤学：《教育方法学》，于莉莉译，教育科学出版社 2016 年版。

二　期刊文章

1. 边昭彬：《从形式对内容的颠覆看本体论形式美学》，《社科纵横》2008 年第 8 期。

2. 陈鹤琴：《活教育的目的论》，《活教育》1948 年第 5 卷第 2 期。

3. 成复旺：《关于形式美学的思考》，《浙江学刊》2000 年第 4 期。

4. 慈心：《读法教授的各问题》，《教育杂志》1921 年第 13 卷第 2 期。

5. 耿秋芳：《谈白马湖作家——夏丏尊散文风格》，《国文天地》2003 年第 3 期。

6. 顾树森：《实用主义生活教育实施法》，《中华教育界》1914 年第 4 期。

7. 关名朴：《夏丏尊语文教育思想研究综述》，《四川教育学院学报》2006 年第 7 期。

8. 韩高年：《南朝文学的形式美学倾向及其价值》，《文学评论》2007 年第 2 期。

9. 何永清：《夏丏尊〈文心〉述要》，《中国语文》1995 年第 4 期。

10. 何永清：《"风"言"风"语——〈白马湖之冬〉析赏》，《国文天地》2003 年第 1 期。

11. 何仲英：《白话文教授问题》，《教育杂志》1920 年第 12 卷第 2 期。

12. 洪镇涛：《积累·语感·语感训练——小学生自发仿写古体诗的启示》，《中学语文教学》2004 年第 1 期。

13. 汲安庆：《语文教育中，文本形式何为》，《中学语文》2014 年第 7—8 期合刊。

14. 汲安庆：《重构诗意：基于形式的语文教育》，《安徽师范大学学报》（人文社会科学版）2015 年第 3 期。

15. 简宗梧：《愧对行云一高僧——评夏丏尊散文"生活的艺术"》，《师友》1985 年第 12 期。

16. 姜荣刚：《晚清中小学堂国文教学改革及其当代启示》，《大理大学学报》2016 年第 5 期。

17. 李晓琦：《学校是一间学习的大教室》，《教师月刊》2015 年第 7 期。

18. 李兴洲：《爱的教育：夏丏尊的教育思想与实践》，《河北师范大学学报》（教育科学版）2010 年第 11 期。

19. 刘半农：《应用文之教授》，《新青年》1918 年第 4 卷第 1 期。

20. 刘连庚：《学习语法和培养语感——访吕叔湘先生》，《语文学习》1985 年第 1 期。

21. 刘真福：《为现代新语文教材奠基铺路——夏丏尊、叶圣陶〈国文百八课〉文章学体系建构》，《中华读书报》2015 年 5 月 20 日第 8 版。

22. 刘正伟、宋颧江：《中国现代语文教育史的辛勤开拓者——顾黄初先生现代语文教育史研究述评》，《忻州师范学院学报》2003 第 12 期。

23. 刘正伟：《治教育则归于至情，研语文则时获创见——夏丏尊语文情感教育思想论》，《淮阴师专学报》1994 年第 4 期。

24. 楼适夷：《我和夏先生》，《中学生》1946 第 176 期。

25. 吕萍：《夏丏尊的语文教育观》，《绍兴师专学报》（社会科学版）1989 年第 3 期。

26. 马仲殊：《读部颁国文课程标准》，《集美周刊》1933 年 9—10 期。

27. 穆济波：《中学校国文教学问题》，《中等教育》1924 年第 2 卷第 5 期。

28. 潘立勇：《朱熹对文道观的本体论发展及其内在矛盾》，《学术月刊》2001 年第 5 期。

29. 潘新和：《夏丏尊写作教学观初探》，《福建师范大学学报》（哲学社会科学版）1994 年第 3 期。

30. 潘新和、张心科：《颠覆·超越·互通—潘新和教授访谈录》，《语文教学通讯》高中刊 2016 年第 2 期。

31. 庞翔勋：《我的中学读文教学经验》，《国文月刊》1944 年第 25 期。

32. 阮真：《谈高中文科读文教学》，《中华教育界》1925 年第 12 卷第 6 期。

33. 商金林：《绚烂与平淡的统一——夏丏尊和他的散文》，《江苏行政学院学报》2009 年第 2 期。

34. 沈仲九：《对于中等学校国文教授的意见》，《教育潮》1919 年第 1 卷第 5 期。

35. 沈仲九：《初中国文教科书问题》，《教育杂志》1925 年第 17 卷第 10 期。

36. ［加］优素福·卡什：《寻求伟大》，史亚娟编译，《英语沙龙》2002 年第 10 期。

37. 孙本文：《中学校之读文教授》，《教育杂志》1919 年第 11 卷第 7 期。

38. 孙钰：《小学校的国语教学》，《小学教育月刊》1926 年第 2 卷第 4 期。

39. 谭桂林：《夏丏尊与佛学文化的关系》，《安徽教育学院学报》1994 年第 1 期。

40. 覃思：《读夏著〈文章作法〉一得》，《中国语文》1981 年第 3 期。

41. 田瑞云：《夏丏尊教育思想中的宗教精神》，《泰安学院学报》

2007 年第 4 期。

42. 童尔男：《论夏丏尊散文的客观性倾向——从夏丏尊散文的"对话体"现象说起》，《湖州师范学院学报》2007 年第 29 卷第 3 期。

43. 王昌焕：《夏丏尊"生活的艺术"修辞策略》，《国文天地》2001 年第 7 期。

44. 王晨：《西方形式论的沿革与辨析》，《山东社会科学》2007 年第 8 期。

45. 王倩：《体上求用，用中见体——〈国文百八课〉"文话"系统对作文教学的启示》，《首都师范大学学报》（社会科学版）2003 年第 3 期。

46. 王荣生：《夏丏尊文学鉴赏教学论辩证》（上），《宁波大学学报》（教育科学版）1999 年第 5 期。

47. 王荣生：《评我国近百年来对语文教材问题的思考路向》，《教育研究》2002 年第 3 期。

48. 王荣生：《建设确定性程度较高的语文教材》，《语文建设》2007 年第 7 期。

49. 魏杰：《现代文章学奠基人之一——夏丏尊》，《殷都学刊》1988 年第 4 期。

50. 韦俊识：《莲荷风骨，道德文章——夏丏尊散文简论》，《浙江师大学报》（社会科学版）1991 年第 3 期。

51. 吴贯成：《小学校的国语教学》，《小学教育月刊》1926 年第 2 卷第 4 期。

52. 谢昭新：《鲁迅对中国现代小说理论的贡献》，《安徽师范大学学报》（人文社会科学版）2003 年第 5 期。

53. 徐蔚南：《悼叶赵陈夏四先生》，《民国日报》1946年4月29日。

54. 晏阳初：《"误教"与"无教"》，《民间》1936年第2卷第12期。

55. 杨昌年：《具象与情绪——夏丏尊散文》，《国文天地》1997年第6期。

56. 姚铭恩：《小学作文教学法》，《教育杂志》1915年第7卷第6、7期。

57. 叶苍岑：《对中学新生谈国文学习》，《国文杂志》1942年第1卷第2期。

58. 叶至善：《给爆竹安上药线——夏丏尊先生论"命题作文"》，《中学语文教学》1986年第6期。

59. 张文昌：《中学国文教学底几个根本问题》，《新教育评论》1927年第3卷第8期。

60. 张小羁、周峰：《成为学霸的正确姿势》，《青年文摘》2015年第7期。

61. 张心科：《夏丏尊、叶圣陶的语文教科书选文教学功能观评析——兼说"教教材"与"用教材"》，《中学语文教学》2000年第5期。

62. 张旭曙：《关于构建中国形式美学的若干思考》，《天津社会科学》2014年第3期。

63. 张永祥：《论夏丏尊编辑思想的教与学特征及其显示意义》，《焦作师范高等专科学校学报》2012年第12期。

64. 赵宪章：《形式美学与文学形式研究》，《中南大学学报》（社科版）2005年第2期。

65. 赵宪章：《形式美学：中国与西方》，《文史哲》1997年第4期。

66. 赵宪章：《形式主义的困境与形式美学的再生》，《江海学刊》

1995 年第 4 期。

67. 赵新华、贺朝霞：《清末民国中学国文教科书编排的演进》，《编辑之友》2014 年第 3 期。

68. 郑友霄：《初中语文测评考核改革构想》，《语文教学通讯》2001 年第 17 期。

69. 种因：《对于现在中学国文教授的批评及建议》，《教育杂志》1920 年第 12 卷第 5 期。

70. 周予同：《对于普通中学国文课程与教材的建议》，《教育杂志》1922 年第 14 卷第 1 期。

71. 周振甫：《从编字典看夏丏尊先生的为人》，《辞书研究》1986 年第 4 期。

72. 朱光潜：《敬悼朱佩弦先生》，《文学杂志》1948 年第 3 卷第 5 期。

73. 朱国、粟斌：《浅论夏丏尊写作教学观》，《沈阳工程学院学报》（社会科学版）2012 年第 2 期。

74. 朱文斌：《生活的艺术化——评夏丏尊的〈白马湖之冬〉》，《名作欣赏》2007 第 4 期。

75. 朱自清：《中等学校国文教学的几个问题》，《教育杂志》1925 年第 17 卷第 7 期。

三　学位论文

1. 陈珑：《论夏丏尊的语文课程思想》，硕士学位论文，湖南科技大学，2012 年。

2. 陈雪莹：《卡西尔形式美学研究》，硕士学位论文，黑龙江大学，2014 年。

3. 陈玉芳：《夏丏尊、叶圣陶的读写理论研究》，硕士学位论文，台湾师范大学，2000年。

4. 关名朴：《夏丏尊语文教育观新探》，硕士学位论文，西南大学，2007年。

5. 郭慧丽：《苏珊朗格艺术形式美学思想》，硕士学位论文，河北师范大学，2007年。

6. 黄贺：《夏丏尊语感论及其在当代的发展》，硕士学位论文，首都师范大学，2009年。

7. 金真真：《论夏丏尊的中学作文教学思想》，硕士学位论文，重庆师范大学，2013年。

8. 马妮娜：《夏丏尊语文教育思想述评》，硕士学位论文，上海师范大学，2006年。

9. 杨舒惠：《夏丏尊及其作品研究》，硕士学位论文，台湾政治大学中文研究所，2006年。

10. 袁宝莲：《夏丏尊语文教育思想新探》，硕士学位论文，首都师范大学，2006年。

11. 张宏怡：《夏丏尊"形式论"四部著述比较探究》，硕士学位论文，福建师范大学，2011年。

12. 赵顺华：《论康德形式美学对美育的启示意义》，硕士学位论文，华中师范大学，2008年。

13. 张哲英：《清末民国时期语文教育观念考察》，博士学位论文，华东师范大学，2011年。

14. 朱双莹：《中美语文教材选文系统比较研究——以鲁版高中语文教材和〈美国语文〉为例》，硕士学位论文，山东师范大学，2008年。

四　网络资源

1. Zhang Minxuan, Kong Lingshuai, *An Exploration of Reasons for Shanghai's Success in the OECD Program for International Student Assessment* (*PISA*) 2009, http：//wenku. baidu. com/view/52a845053186bceb18e8bb44. html.

2. http：//www. pisa. oecd. org/ pisa/.

后　　记

本书是在我博士学位论文《求用·求美·求在——夏丏尊语文教育思想研究》的基础上修订而成的。

读博于我，一如凤凰涅槃。有为学的艰辛、焦虑，甚至惶恐……但最终悉数化为新生的华美、飘逸与芬芳。

感谢恩师潘新和先生！自 2008 年给先生写第一封电子邮件起，先生从未因我起点低、年龄大、底子薄而有丝毫的嫌弃，反倒是一直默默地传递着温煦的鼓励和赞许。从入学考试专业课的令我热血沸腾的高分，到许多潘门弟子羡意满满的转夸，还有不惧"戏台里喝彩"，趁外出讲学的空档，向某知名高校的提前荐引，使我平添了无限的自信和感动。求学期间，受先生思致锐敏、清新俊逸的文字润泽，时有茅塞顿开、生命拔节之感，而先生课堂上对当下语文界浮游之论、浅薄之见的抨击，更是让我凛然而惊，不敢在学养积淀和学术探究上心存半点疏忽与懈怠。先生笃信生命化存在性写作乃"人"之种差，勤勉践行，在苦累中耕耘，在孤独中探索，看淡浮华，超越死生，活出了自我的大淡定、大充实、大潇洒，令我零距离地感受到了做学问的神圣与美好。论文写作过程中，无论是对文章架构的把握，还是观点的推敲，甚至引文的审视，先生总能不时刷新我的体验与震撼。每问必复，复之必速，或三言两语，或溶溶漾漾，无一不切中肯綮、画龙点睛，而言辞又是那样的平易、素朴和真诚。至于生活中的诸多关怀，如不时地提醒我"不要太拼命，慢慢来"；聚餐时的悄然为我续杯，或将碗、瓶移走，使我吃得更为顺手；还有聊天时的敞开心扉，任情而谈，更是令我甘之如饴，使长期处于"战斗"状态的神经得以自然放松并重新萃聚起郁勃的精神能量，投入新一轮的言语表现征程。尤其是书序写作，让我再一次感受到学术思考的力量与美丽——启人也妙、化人也深、励人也力，这是先生送给我学术人生的一份大礼、厚礼，我将永远珍藏。将自己的学术研究、专著出版，外出讲学传统抛弃，趁节假日为我撰写书序，更是令我情动于衷，感激滔滔。我常好奇，一个在学术研究中可以横刀立马，斩问题于立决的豪勇之人，生活中竟是那般心细如丝，蔼然可亲。也很庆幸，治学路上得遇如此德高才赡的恩师指点和关照，何其幸福！

感谢业师孙绍振先生！听孙先生的课，实在是一种莫大的享受。雄辩、畅达、幽默、奇拔，美不胜收。近三个小时的课，一路听下来竟然毫无倦意。心理学上所说的优势兴奋中心，成人仅能维持二十多分钟的论断，在他这里被彻底轰毁。他的课是名副其实的思想的盛宴、语言舞蹈、心灵节日。孙先生非常看重问题意识、批判意识、建构意识，要求学生在学术研究中不断提问，不断证伪，因为真理不是一个论点，而是一个理论发展的过程，过程比结论更为重要。但是他同时强调，必须关注第一个问题和第二个问题的过渡，一定要清楚，不能开"中药铺"，因为质疑和解惑是一个问题的两个方面。即使举证，也得趁势发展自我的思考……诸如此类的点化，对我自然有醍醐灌顶之效且无形中强化了对学术界潜滋暗长的"软骨病""跪拜风"的自觉戒备。令我感动的还有孙先生的热情鼓励。东北师范大学出版社欲推出我的教育随笔选集《享受教育——那些美丽的瞬间》，我抱

· 426 ·

着试试看的心理请他惠赐荐语，没想到他爽然应允，给予了很高的评价。信中，他还特地嘱托："你的知识面比较广，要注意理论和文献资源的积累。但愿能够天天向上，把我们这一代开拓的事业继承下去。"读得我情动于衷，回味再三。后生小子，湮没无闻，竟能享受到如此名满天下的大学者的殷殷期许，夫复何求？唯一能做的就是不懈奋进。虽不能至，心向往之。

感谢业师赖瑞云先生！赖老师博学笃思，治学谨严，思维的气场颇为强悍。加上时刻以文本形式秘妙的揭示为核心，注重美的积累、发现与创造，又能紧密针对现实语文教育中存在的各种问题，理论与实践并茂，所以听其课常有"深山探宝、满载而归"的欣悦。福州市中小学面向全国公开招师，福建师范大学文学院的学子占据了96%的高录用率，这与赖老师为首的学术团队辛勤而智慧的付出，显然有着深刻的关联。蒙老师青睐，博二时我便登上大学讲台，为学生讲授语文课程与教学论，于是有了更多亲聆音旨的机会，因而对他的仁厚宅心，深邃见识，还有超凡的记忆力，有了更为深切的体认。赖老师的开示，连同他的著述，颇如古人所言："整练而有扶疏之致，严重而饶点染之姿"。耳濡目染，岂能不"日日新，又日新"？至今难忘一次深夜，准备就寝的我，突然接到他的电话，大意是说他直觉到王羲之在《兰亭集序》中对生命的感悟尚未说透，要我备课时多加留心。这立刻触发了我的思考。比之苏轼的"自其不变者而观之，则物与我皆无尽"，王羲之的确不够深刻与豁达；比之陶渊明的"死去何所道，托体同山阿"，王羲之的确没有陶渊明的洒脱和轻盈。于是，备课中的会通意识随即增强，内容也跟着丰满起来，深度、高度、新度都有了。影响所及，论文写作也更能时刻注意忠于自我，不为空言了。

感谢已经长眠于地下的席扬教授！一个在理论话语系统和日常话

语系统之间自由出入、挥洒自如的西北汉子，一个认为可以"在复仇的百般折磨中成为一条汉子"，也可以"在百般呵护中成为一条汉子"的狂狷之士。是他，让我真切地感受到学问高手与武林高手一样的从容与威风。我无法想象，一个在课堂上对不良习惯，或平庸见解可以拍案而起，毫不留情地予以怒斥的猛男型人物，竟然在露天地里，料峭寒风中，与我像兄弟般热聊了足足半个多小时！聊他未能读博的遗憾，聊他投稿追求的集束炸弹效应，聊他第一部五十余万字的专著《选择与重构》诞生的淋漓往事———一个炎炎夏日，找齐所有资料，将自己关进地下室，挥汗如雨、夜以继日，以每天一万多字的速度推进，终于得偿所愿。其惊人的才气、激情与毅力，令我感到了做学问的阳刚之美、雄霸之气。当下的我，也算只争朝夕，对学术探究情深意笃吧，曾被同学戏称的"学霸机制""学神机制"一直在运转着，这种激情有不少来自席老师。因为他，我更具了坚韧的毅力和冲天的豪情，还有披荆斩棘的锐气。

感谢华东师范大学巢宗祺、方智范、马以鑫、沈龙明、王意如、赵志伟诸师！读博后，他们或问候或勉励或赞许或指点，不仅给了我绵绵不绝的奋斗勇气，也让我有了可以憧憬的光明未来。有了他们的凝望，生活真的充满了热乎乎的正能量。感谢福建师范大学林富明、冯直康、雷文学等老师，有幸忝列语文课程与教学论团队，耳濡目染，受益良多。富明老师的缜密、干练，直康老师的灵动、爽直，文学老师的沉静、平易，均给我留下了深刻的印象。当时还是学生身份，却被委以重任——主持2015年师范生就业专家指导会；与专家一同选拔优秀授课选手；带领学生参加全国师范生教学技能大赛……那份清爽磊落的信赖与尊重，令我一想起来就心潮澎湃。

感谢《教育研究》许建争老师，《教育发展研究》南钢副主编，

《福建师范大学学报》丁翔副编审，《山东师范大学学报》李宗刚主编，《安徽师范大学学报》杨柏岭副主编，《青海师范大学学报》安海民副主编，青岛大学《东方论坛》冯济平副主编，《集美大学学报》施茂枝主编，西南大学《教师教育学报》唐益明、邓香蓉老师，还有《语文建设》张兰，《中学语文》聂进，《福建教育》吴炜旻、李武、林菁、吴琳玉，广东《师道》李淳，江西《教师博览》方心田、余华，《中学语文教学》韩振，《语文教学通讯》彭笠，《中学语文教学参考》葛宇红、吉萍，《渭南师范学院学报》朱正平，东北师范大学出版社苏晓军，《海峡导报》魏文诸君！蒙他们不弃，读博期间的著述得以源源不断地面世，让我赚足了歆羡的目光。

尤其是甫入学不久完成的论文《"应需"旗帜下诗意的无声运行——叶圣陶语文教育观中"潜在诗意"的审视》，被丁翔女士在《福建师范大学学报》哲学社会科学版刊出后，我瞬间成了学校的新闻人物。不谙行情的我哪里会知道，在 CSSCI 来源期刊发表文章，对于刚入学的博士来说，几乎难于上青天。去研究生院网站浏览，也的确发现当年博士学位论文答辩已通过，竟然还有 18 人无法卒业，皆因未能在 CSSCI 来源期刊上发表至少一篇学术论文。因此，这一开门红对我后来的研究起着怎样的激励作用，可想而知。

还有《教育发展研究》的南钢老师，在不到半年的时间内竟奇迹般地发表了我的两篇论文，这是何等珍贵的信赖和褒奖！因为他，我真正体味到了 CSSCI 来源期刊的公正、大气和灵动以及学术界弥足珍贵的清新、明媚和温暖。四万余字的长篇论文《一个被尘封的美学存在——夏丏尊语文教育形式美学论》，被山东师范大学博士生导师李宗刚先生相中并发表，让我彻彻底底地经历了一次鲁迅先生所说的全身惊悚的喜悦。刊发 4 倍于他人版面的文章，得需要多大的胆量和气魄！让一位无名小卒跻身于长江学者和大多数博导组成的作者队伍中，何其高贵的青睐和扶掖！李先生说："我们刊物的论文，国家图书馆会收藏，其中部分文章是会进入历史的。但愿这部分中，有你的这一篇！"我岂敢作此奢望？但是先生的别样祝福定然会伴随我一生，引领我不断飞升。歌德说："高昂的热情，坚持不了两个月。"可是，因李先生的这句话，我坚信有足够的自信超越歌德的断言。

感谢我的双亲！为了让我心无旁骛，全力以赴地撰写论文，他们牺牲了自己的悠闲自在，含泪卖掉了家中那群相伴已久的鸡、鸭，将一老、一小两只猫托付给邻居照管，千里迢迢地赶赴厦门，替我照顾才过两周岁的儿子。厦门虽美，但是饮食、多雨的气候却使他们颇难适应，牙疼、腰痛时时发作，可是为了我的学业，他们都默默地承受了。2015年清明，父亲回家扫墓，发现院中已杂草没膝，房中异味弥漫。四处寻找，才发现那只老猫死在了床上，满身蛆蝇。原来，小猫因无所顾忌，大大方方地到别人家蹭食而活命，老猫却因太过矜持，或念主心切，固守家中翘首等待，硬是被活活饿死。谈及此事，父亲神色凄然。但以后的日子，他和母亲依然安心陪伴心爱的孙儿。我知道，在对我的美好守望中，他们承受了太多、太多的艰难。

感谢我的妻子！在我离开的日子里，家中置换新房、装修督促、购置家具、教育孩子、带孩子打防疫针，乃至安装净水器、修理厨房的垃圾清理器，全靠她一人打理，完全将自己炼成了一个不折不扣的女汉子。这对原本温婉柔弱，连换灯泡都不会的她来说，真是沧海桑田的变化。恋爱时，她曾非常坚决地说不喜欢两地分居。可是，一俟我考上博士，她又拼命地说服自己，竭力适应，以支持我的学业。在家庭经济极为拮据的情况下，她不由分说为我买了大量昂贵的营养品，以补充我的体能。她的独当一面和悉心照顾，为我顺利完成博士学位论文，着实立下了汗马功劳。感谢我的儿子！从一开始见我背起行囊，就像遭了蛇咬般撕心裂肺地啼哭，用稚嫩的小手抱着我，死活不肯松开，到后来的若有所懂地与我理智道别，让我心酸地见证了他的成长与坚强，也更坚定了奋发向上的信念。每当写作疲倦，或受到连日阴雨影响，心情低落时，与他视频，见他流利地背出《三字经》，唱出《小兔子乖乖》，或如雨后春笋般冒出各类惊人语时，立刻会神清气爽。他成了我的开心果，也成了我的动力源。儿子奶声奶气地说："爸爸，我也要去福州读书。"这句别人听来或许极为寻常的童音，却温暖了我的整个读博岁月。

还要感谢昔日在华东师范大学读研的同窗李李！文稿初成，是她，第一时间为我完成了无可挑剔的审读，从正文到注释，连一个序号、标点都不放过；是她，让我拥有了和理想读者对话的幸福以及分身的神奇，从而以更加饱满的热情投入到文稿的深度打磨之中。感谢福建师范大学的同窗简贵灯、刘栋、李光辉、历伟、潘吉英、郑海婷、陆露、王水香、李恒庆、师妹黄云姬、李耀平，学弟孙景鹏、彭霖等人！虽然说起来大家是"并肩作战"，其实做起来更像"相濡以沫"——彼此鼓励，相互支招，共同走过了一个又一个平凡而伟大、紧张而温馨的日子。虽然被尊为"带头大哥"，给了他们"太多的指点与帮助"，但是必须承认，我从他们身上获得的更多。风雨无阻的体锻，每天至少10小时的学习——高峰期，凌晨3:30即起床写作，一直战斗到晚上11:30（中午一个半小时的午休除外），还有吃饭、跑步、洗澡、如厕都能照常进行思索的神奇，莫不包含了被领跑或被拥戴所催生的巨大能量。这对以前看书仅一个小时，便腰酸背痛，不得不起身活动的我来说，真是一个天大的奇迹。

书稿得以顺利出版，更要感谢大理大学科技处的资助，中国社会科学出版社郭晓鸿女士的肯定,还有席建海编辑字斟句酌的审校。在学术著作出版基金管理委员会的严苛挑选中胜出,又幸得一流出版社的垂青,被幸福不断敲门,真有恍入梦境之感。

从得悉考博喜讯到如今在高校讲台耕耘,不觉四度春秋已过,真像苏轼感叹的那样:"暗中偷负去,夜半真有力。"可是,时间再怎么无情,再怎么有力,也无法阻挡我这几年来的充实生长和幸福升华——以读博的心态心怀远方,扎实行走,早已化作我诗意精进的生命自觉了。

这一切,皆因有了和你们的美丽遇见,温暖相伴!